Enciclopedia del esoterismo

Roberto Tresoldi

ENCICLOPEDIA DEL ESOTERISMO

A pesar de haber puesto el máximo cuidado en la redacción de esta obra, el autor o el editor no pueden en modo alguno responsabilizarse por las informaciones (fórmulas, recetas, técnicas, etc.) vertidas en el texto. Se aconseja, en el caso de problemas específicos —a menudo únicos— de cada lector en particular, que se consulte con una persona cualificada para obtener las informaciones más completas, más exactas y lo más actualizadas posible. EDITORIAL DE VECCHI, S. A. U.

A Greta y a Carola.

AGRADECIMIENTOS

Quiero manifestar mi más sincero agradecimiento a todas las personas que han colaborado, directa o indirectamente, en la preparación de esta obra, y en particular a mi familia, por su apoyo constante, así como a los muchos colegas y amigos que han sido fuente de inspiración en las distintas fases de la elaboración de mi trabajo.
En primer lugar, a quienes han escrito algunas partes del libro: a Marina Alessandra Ricci, periodista y escritora, que investiga en el campo del bienestar psicofísico, por los términos «Chamanismo» y «Astrología»; a Morris L. Ghezzi, Presidente de la Corte Central del Gran Oriente de Italia, por el término «Masonería (Libera Muratoria)», y a Floriana Puccini, por el término «Tarot».
Quiero dar las gracias también a las dos bibliotecas que han puesto a mi disposición parte del material iconográfico: la Biblioteca Filosófica Hermética de Amsterdam, en donde me han facilitado material fotográfico proveniente de numerosas publicaciones de temática hermética y esotérica, y la Biblioteca Nacional de Francia, que me ha autorizado a reproducir algunas imágenes del la página web Internet Gallica.
Un sincero agradecimiento a la Biblioteca Venezia de Milán, por su disponibilidad y siempre cortés colaboración, y a Fabio Severino, un joven ilustrador que ha sabido interpretar temas y personajes con gran atención y sensibilidad artística.

Traducción de Gustau Raluy Bruguera.

Diseño gráfico de la cubierta de Design 3.

Ilustraciones del interior del autor (A), de la Biblioteca Filosófica Hermética de Amsterdam (BFE) y de la Biblioteca Nacional de Francia, sección Gálica (BNF/G).

Dibujos de Fabio Severino (FS).

© Editorial De Vecchi, S. A. 2018
© [2018] Confidential Concepts International Ltd., Ireland
Subsidiary company of Confidential Concepts Inc, USA
ISBN: 978-1-64461-169-2

Impreso bajo demanda gestionado por Bibliomanager

El Código Penal vigente dispone: «Será castigado con la pena de prisión de seis meses a dos años o de multa de seis a veinticuatro meses quien, con ánimo de lucro y en perjuicio de tercero, reproduzca, plagie, distribuya o comunique públicamente, en todo o en parte, una obra literaria, artística o científica, o su transformación, interpretación o ejecución artística fijada en cualquier tipo de soporte o comunicada a través de cualquier medio, sin la autorización de los titulares de los correspondientes derechos de propiedad intelectual o de sus cesionarios. La misma pena se impondrá a quien intencionadamente importe, exporte o almacene ejemplares de dichas obras o producciones o ejecuciones sin la referida autorización». (Artículo 270)

Índice

Introducción 7

Parte I - Autores y personajes 11

Parte II - Temas 99

Parte III - Obras 217

Parte IV - Símbolos 255

Bibliografía 278

Índice de nombres 283

Introducción

En los albores del tercer milenio muchas personas parecen estar convencidas de vivir en una época en la que, gracias a los brillantes adelantos de la tecnología, la mayor parte de los problemas de orden científico, filosófico y social han encontrado respuestas, si no definitivas, por lo menos suficientes para confirmar la idea muy difundida de que nuestra época es superior a otras del pasado e incluso a las propias leyes de la naturaleza.

Sin embargo, no es difícil demostrar que se trata de una convicción ilusoria: al igual que en otros periodos de la historia, en la época en la que vivimos la ciencia, la filosofía y el desarrollo económico son contingentes, es decir, están limitados a nuestro tiempo. Muchos descubrimientos científicos actuales dentro de unos decenios habrán sido superados; en cuanto a los problemas filosóficos, se pondrán en duda las soluciones actuales, mientras que una situación ecológica, demográfica y económica dramática obligará incluso a los más soñadores a replantearse la presunta superioridad del saber moderno.

Nuestra civilización occidental contemporánea, fundamentalmente material y materialista, cuando no se ha visto suavizada y guiada por vías espirituales se ha alejado tanto de la esencia del conocimiento y del saber antiguo que ha perdido incluso las re-

Esta conocida imagen representa a aquel que, pese a llevar gafas y tener suficiente luz, no quiere ver. Khunrath, Amphiteatrum Sapientiae Aeternae, *1609 (BFE)*

ferencias históricas y culturales que se necesitan para estudiar, analizar y entender el saber tradicional, aquella gran herencia que el mundo pasado ha dejado en todas las épocas a pocos iniciados para que fuera transmitida a las generaciones futuras. Por este motivo ya no somos capaces de interpretar los símbolos tradicionales y, por ejemplo, la lectura de un texto sobre alquimia crea momentos de desasosiego por culpa de nuestra incapacidad de «entender». Surge entonces la pregunta inmediata: ¿cuál debería ser el objeto de nuestra comprensión? ¿Qué tipo de saber misterioso nos propone el pensamiento tradicional?

Considerado como una superstición o delirio de hombres tecnológicamente retrasados, el conocimiento del pasado, sin embargo, puede proponer al hombre moderno una respuesta inesperada a numerosas preguntas que tienen que ver con el mundo de hoy. En las páginas de este libro intentaremos identificar algunas de estas preguntas y responderlas según la tradición.

Tiempo atrás, profundizando en el estudio de la alquimia, nos dimos cuenta de que la dificultad de comprensión de los textos se debía a nuestra perspectiva, tan diferente de la del hombre tradicional. El hombre actual establece diferencias fundamentales entre cada una de las manifestaciones de la naturaleza, los seres humanos en general y la conciencia individual de cada persona, distinguiendo una serie de universos que no están relacionados entre sí, salvo en el plano físico (todas las cosas están compuestas por los mismos elementos). Además, muchos creen que no puede existir otra dimensión, de tipo espiritual, que interactúe con la material. La mayor parte de las personas ven esta otra dimensión como un gran sistema mecánico, regido por leyes inmutables. La consecuencia es que los referentes del hombre moderno son totalmente distintos de los del hombre tradicional, para quien todo estaba en constante relación: el plano físico y el espiritual están relacionados; la naturaleza, el hombre y la conciencia individual se relacionan en varios niveles; todo vive, desde las plantas hasta los animales, pasando por las piedras; todo está sometido a una dimensión espiritual que, si es necesario, tiene capacidad suficiente para cambiar hasta el curso de los acontecimientos. No obstante, esto no se produce como ruptura de las leyes naturales: utilizando el conocimiento superior obtenido del estudio de la naturaleza y secundando algunas de sus leyes, el mago o el alquimista pueden acelerar determinadas reacciones, anticipar ciertos acontecimientos, modificar el resultado del principio causa-efecto, porque intervienen en un nivel de naturaleza más elevado, situado por encima de la transformación de la energía espiritual originaria en materia y acontecimientos.

El pensamiento tradicional es típicamente mágico y el conocimiento de las leyes superiores que regulan el universo requiere al iniciado el mismo comportamiento que se exige al mago: secretismo, circunspección, sabiduría y estimación muy atenta de la transmisión de la información, ya que, si es verdad que el espíritu bien dirigido puede modificar la materia, el conocimiento de secretos tan tremendos y a la vez simples por parte de personas de malas intenciones podría causar daños importantes a otros o incluso a los propios adeptos, si no están preparados debidamente. Esta es, después de la diferencia del sistema interpretativo, la segunda razón que explica la oscuridad de los textos y del pensamiento tradicional. Es decir, quien sabe no dice o, si dice, lo hace únicamente de manera que sólo pueda ser entendido por quien es digno de hacerlo, ya sea por capacidad innata (don divino o vocación), ya sea por iniciación (a través de un maestro). No existe una tercera vía.

Acerca de este punto la tradición es muy precisa. Por ejemplo, según el historiador Giamblico, las escuelas fundadas por Pitágoras se caracterizaban por un saber doble: uno esotérico (o más interno), reservado a los adeptos, y otro exotérico (o más externo), resumido generalmente en máximas éticas y de comportamiento, y dirigido a la gran masa de personas. Esta división se remonta a las escuelas de saber del antiguo Egipto, que tuvieron continuación en las escuelas pitagóricas. También a través de Giamblico conocemos el rígido planteamiento iniciático del aprendizaje de los adeptos pitagóricos, que continuaba el modelo muy rígido que tuvo que seguir Pitágoras durante su estancia en Egipto. El joven que deseaba aproximarse a sus enseñanzas era objeto de un atento estudio: Pitágoras analizaba su comportamiento con los padres y sus coetáneos, probaba si sabía callar y contenerse, si era moderado y abierto a la amistad. Durante tres años la persona era ignorada. Después, si se la consideraba digna y si todavía mostraba interés por formar parte de la comunidad de los pitagóricos, debía someterse a varios años de silencio. Además, no podía escuchar directamente las lecciones del maestro, sólo podía oírlas desde el exterior de la tienda donde Pitágoras departía con los otros iniciados. Otro aspecto en el que se asemejan el sistema de enseñanza pitagórico y el egipcio son las fórmulas simbólicas oscuras que el adepto tenía que ser capaz de descifrar.

Todo planteamiento iniciático comporta, pues, la obligación de mantener en secreto los conocimientos esotéricos superiores transmitidos de maestro a alumno, para evitar que experiencias consideradas perturbadoras puedan difundirse entre quienes no sabrían utilizarlas correctamente.

Por todos estos motivos puede ser útil este libro, cuyo propósito es ayudar a quien desea conocer, profundizar, entender los grandes temas del esoterismo. Hemos dividido la obra en cuatro grandes secciones para permitir un uso ágil y variado de los términos y los temas.

La Biblioteca Filosófica Hermética de Amsterdam es un moderno centro de estudio de la tradición. En ella no sólo se conservan numerosas obras herméticas antiguas, sino que también se realizan muestras y se promueve el estudio en los campos hermético y esotérico (A)

La primera parte abarca las vidas y las obras de los personajes más significativos del pensamiento esotérico, muchos de los cuales se citan con frecuencia, aunque sin conocer su línea histórica e iniciática.

La segunda sección presenta los temas fundamentales del mundo esotérico y tradicional: pitagorismo, gnosis, alquimia, magia, masonería, templarios...

La tercera parte recoge algunas de las obras importantes de la tradición. En ella se proponen los textos o los monumentos más relacionados con los temas tratados, junto con resúmenes y comentarios.

En la cuarta parte se describen algunos símbolos esotéricos y se propone una lectura de tipo energético de símbolos tradicionales.

La característica distintiva de este libro es que, pese a ser básicamente descriptivo e informativo, también procura ser «operativo», si bien en menor medida. Con ello pretendemos acercarnos al modo tradicional de comunicar el conocimiento, ofreciendo al lector interesado la posibilidad de convertirse en parte activa de la investigación, invitándolo a la experimentación y a la confirmación directa de lo que ha sido tratado. En la práctica, el libro es una introducción dinámica e interactiva que requiere, según la capacidad individual de cada uno, la participación en algunos ejercicios simples, igual que se hacía en el pasado con el adepto que quería aproximarse a estos temas.

Este planteamiento «desde dentro» es indispensable, porque no es posible aplicar al estudio del esoterismo exclusivamente nuestra visión científica académica. Tal como destaca Titus Burkhardt «semejantes confusiones [de los estudiosos occidentales] fatalmente tienen que ocurrir, ya que la formación universitaria y el saber adquirido a través de libros autorizan en nuestra cultura a ocuparnos de temas que, en Oriente, están reservados a aquellos que están dotados de intuición espiritual y que se dedican a su estudio en virtud de una afinidad real y bajo la guía de los herederos de una tradición vigente».

En efecto, una visión occidental puramente descriptiva sería como pretender explicar lo que ocurre en la psique y en el alma de un monje zen durante la meditación. Por mucho que intentemos aproximarnos al contenido de esta experiencia, solamente podrá apreciar qué ocurre en esta situación quien se siente en el *zafú*, el cojín típico de los monjes zen, con las piernas cruzadas en la postura del loto activando la respiración abdominal y asumiendo la disposición mental correcta. Tal como opinan muchos pedagogos, sólo «se aprende» realmente cuando «se hace».

Por este motivo en varias ocasiones hacemos referencia a técnicas experimentales tradicionales, como la radiestesia, a nuevas técnicas de diagnóstico, como la quinesiología, o bien a la utilización del mundo de las energías (la acción mágica de los antiguos) para hacer más claras algunas teorías o algunos fenómenos descritos, y dar la posibilidad de comprobarlos experimentalmente.

Por otro lado, también queremos poner en guardia a quienes opten por seguir la vía experimen-tal. La experien-cia esotérica de la vida puede comportar peligros, no sólo materiales, sino también, y sobre todo, espirituales. Muchos autores que presentamos en esta obra han comunicado lo aprendido de entes de difícil identificación, actuando como canales de transmisión de determinados mensajes. En tales casos no siempre es fácil distinguir lo que es útil para la evolución espiritual del hombre de lo que puede comportar un empeoramiento de sus condiciones. Habrá que mantener, por lo tanto, una actitud crítica, sin dejarse llevar por entusiasmos fáciles, ni por la sensación de poder afrontar cualquier cosa sin la debida preparación y defensa. No olvidemos que por cada alumno aceptado por un maestro, muchos otros son rechazados. Y esto es así porque no todos son aptos para seguir un camino fascinante, pero a la vez difícil, plagado de obstáculos, transgresor, que pasa por un estrechísimo puente que lleva al abismo.

Al seleccionar y abordar los personajes que se han ocupado del esoterismo hemos intentado seguir el criterio de la utilidad para una comprensión mejor del fenómeno esotérico. Por esta razón tratamos con mayor profundidad algunos autores, como Apuleyo, Vilanova, Nicolás Flamel, Basilio Valentino, Paracelso, Boehme o Swedenborg, que han contribuido significativamente a la evolución del esoterismo o que han comunicado informaciones sobre fenómenos esotéricos importantes del pasado, y también otros que con su obra han preparado el terreno sobre el cual se han formado las escuelas y las corrientes de pensamiento modernas y contemporáneas. Y lo hemos hecho con el deseo de que este libro conduzca a muchas personas al camino del conocimiento.

El elegido de Dios pasa de la actividad cabalística, mágica y alquímica a la oración. Khunrath, Amphiteatrum Sapientiae Aeternae, *1609. El laboratorio Oratorio* (BFE)

PARTE I

AUTORES Y PERSONAJES

ABU AL-IRAQI

(Siglo XIII) Alquimista iraquí

De las dos corrientes desarrolladas a partir de la escuela de Geber, la de la alquimia operativa y la de la especulativa, Abu al-Iraqi sigue sobre todo la segunda, y se dedica a la alquimia simbólico-espiritual.

ABU BAKR AL-RHAZI

(Siglos IX-X) Alquimista árabe

Dentro de la tradición surgida en torno a Geber, que abarca todos los aspectos de la práctica de la alquimia, tanto operativa como espiritual, Abu Bakr al-Rhazi se dedica sobre todo a la alquimia práctica.

AGRIPPA DI NETTESHEIM

(1486-1535) Médico, jurista y estudioso alemán, de cultura enciclopédica y espíritu independiente

Nacido en Colonia, se licencia a los veinte años en letras y continúa los estudios de varias disciplinas: jurisprudencia, medicina, teología.

Profundo conocedor de varios idiomas, viaja a distintos países europeos impulsado, más que por el deseo de conocer, por las continuas persecuciones de las que es objeto. En contrapartida, es respetado y estimado por monarcas, altos prelados, científicos y filósofos.

Finalizados los estudios, viaja a España y más tarde, en 1509, a Francia, donde enseña teología. Sus posiciones teológicas, respetuosas pero innovadoras, provocan la reacción de los franciscanos, que lo hacen expulsar de la ciudad.

Años después lo encontramos en Londres, en Colonia y posteriormente en Italia, donde vive siete años. Allí enseña en Pavía y Turín. Alcalde de Metz en 1519, logra que el obispo retire la acusación de brujería impuesta por el Gran Inquisidor contra una campesina. La fuerza de la oposición lo obliga a abandonar la ciudad.

Más tarde lo encontramos en Friburgo, donde trabaja como médico; luego, en la corte de Luisa de Saboya, como médico personal de la soberana; finalmente, en Lyon, donde reside cuatro años.

La obra *De Incertudine et Vanitate Scientiarum et Artium*, que ve la luz en aquellos años, fue quemada en 1531 por orden de la facultad de teología de la Sorbona. Otra obra en la que Agrippa trabajaba aquellos años (probablemente desde hacía ya mucho tiempo) es *De Occulta Philosophia Libri Tres*, que empieza a publicar (con dura oposición por parte de la Inquisición) en Bonn a partir de 1532.

Años más tarde encontramos al filósofo en Lyon, donde fue encarcelado por orden de Francisco I y posteriormente puesto en libertad. Se refugió en Grenoble, donde murió.

LAS OBRAS

De todas las obras que se le atribuyen (más de 20, algunas de las cuales apócrifas), la más importante y conocida es el *De Occulta Philosophia Libri Tres*.

La obra fue publicada en edición completa en 1533, en un volumen de seis páginas no numeradas y 362 páginas numeradas. No figura el nombre del editor, ni tampoco el lugar donde fue impreso. La única indicación es la fecha: julio de 1533.

La publicación costó a Agrippa duros enfrentamientos con el senado de los magistrados de la ciudad de Colonia, quienes habían recibido la acusación de herejía contra Agrippa formulada por un monje de la Inquisición.

Estas reacciones de condena son en cierta manera comprensibles al proceder a una lectura atenta del *De Occulta Philosophia*. La obra, dividida en tres libros, trata la magia desde un punto de vista tradicional e iniciático. No es una antología de supersticiones antiguas (aunque estas también aparezcan), sino un texto de alta magia que hace especial incidencia, desde el principio, en la preparación del mago: debe estar investido con la iluminación espiritual que viene de arriba y le ha transmitido el maestro, después de haberse purificado en función de una maduración y una expansión espirituales. Sin este paso inicial, ninguna obra puede considerarse de verdadera magia, sino sólo un conjunto de actos de brujería y, por lo tanto, estará condenada al fracaso.

El primer libro habla de la Magia Natural. Después de un preámbulo en el que se define la magia (ciencia superior que reúne a la física, las matemáticas y la teología), Agrippa trata los elementos, sus relaciones, las correspondencias, los influjos astrales, las características y poderes ocultos de las cosas, las fumigaciones, los ungüentos, las fascinaciones, los encantamientos, los vaticinios y la fuerza de la palabra.

En el segundo volumen, dedicado a la Magia Celeste, son especialmente importantes los 28 capítulos que tratan del número, la relación, la música y la proporción. Sigue el tratado de temas astrológicos.

El tercer libro está dedicado a la Magia Ceremonial.

EL PENSAMIENTO

La figura de Cornelio Agrippa es básica para cualquier persona que quiera estudiar esoterismo, porque trata de manera completa y exhaustiva los aspectos más importantes relacionados con la magia. El análisis de sus escritos permite hacerse una composición bastante exacta de cómo era visto el mundo por el pensamiento mágico tradicional.

Destacan sus intuiciones relativas a la numerología y a la cábala, así como su percepción de la figura del mago.

Pese a las persecuciones de las que fue objeto (y a la fama de ser brujo), Agrippa se presentaba como un decidido defensor de la libertad de pensamiento y de prensa, aunque estaba convencido, siguiendo la tradición esotérica, de que el mago debía mantener el secreto sobre temas considerados incomprensibles para los no iniciados y peligrosos si se revelaban a quien no era digno de ellos o a quien estaba falto de preparación.

AL KINDI (YA'AQUB IBN ISHAQ)

(Siglo IX-873?) Filósofo, científico y astrólogo árabe

Nace con toda probabilidad en Kufa, ciudad donde su padre ejercía de juez (*qadi*). Cursa estudios gramaticales y religiosos en Basra.

Hombre de vasta cultura, vive en Bagdad, donde frecuenta la Casa del Saber, una academia fundada por el califa al-Ma'mun. Murió en esta ciudad.

Es un hombre polifacético, competente en varias disciplinas (ciencia, filosofía, matemáticas, astronomía, magia). En el mundo árabe se le considera uno de los sabios más importantes de las tradición cultural del Islam.

LAS OBRAS

Se atribuyen a Al-Kindi más de 260 obras, la mayor parte de las cuales se ha perdido. Destaca un pequeño tratado muy conocido en la Edad Media en su traducción al latín con el título *Theorica Artium Magicarum* (o, más simplemente, *De Radiis*, del título árabe *Fi'l Shu'a'at, Sobre los Rayos*), que constituye uno de los tratados de magia (astrológica) más interesantes que se han escrito.

EL PENSAMIENTO

La obra de Al-Kindi tiene una importancia notable porque encierra y sintetiza influjos provenientes de todas las tradiciones del mundo antiguo de Oriente Medio: pitagorismo, neoplatonismo, pensamiento persa, magia asiriobabilonia e Islam, que estaban difundidos en la espléndida ciudad de los califas.

En *De Radiis* parte del presupuesto de que cada uno de los componentes del universo está en relación con todos los otros, y que dicha relación está regida por los influjos astrales.

Según este principio todos los elementos de la creación emitirían unas radiaciones que servirían para relacionarse e influenciarse mutuamente. En este gran esquema, el hombre, por medio de sonidos, palabras y formas (dibujos, símbolos), sería capaz de interactuar con las radiaciones del cosmos, modificando sus características.

Desde este punto de vista, la magia no está considerada una disciplina negativa, sino, al contrario, una verdadera ciencia de la naturaleza, capaz de actuar en ella.

Un tema especialmente importante es el conocimiento del universo: mediante esta armonía cósmica en la que todo influye en todo, sería posible, partiendo del conocimiento de una determinada relación cósmica, saber lo que ha sucedido, sucede o sucederá en referencia a un solo elemento; del mismo modo, conociendo a fondo un solo elemento, espejo de todas las radiaciones del cosmos, sería posible reconstruir la armonía general de la creación.

La obra está dividida en 10 capítulos, que parten del origen del conocimiento y llegan a definir los momentos en los que deben cumplirse las operaciones mágicas.

El *De Radiis* fue considerado durante mucho tiempo un prontuario de magia práctica, pese a que básicamente era un tratado teórico sobre el funcionamiento del cosmos.

ANDREAE, JOHANN VALENTIN

(1586-1654) Teólogo alemán

Sobrino de Jakob Andreae, rector de la universidad protestante de Tubinga e hijo del pastor alemán Johann Andreae, que ejercía en Württemberg.

El padre, dedicado a los estudios de alquimia y ocultismo y que gozaba de buenas relaciones con Federico I, señor de Württemberg, inicia a Johann Valentin en las ciencias esotéricas. Después de la muerte de su padre, en 1601, Johann Valentin se traslada con su madre y sus hermanos a Tubinga, donde la familia, sumida en la pobreza, es ayudada por unos familiares.

Andreae cursa los primeros estudios de teología, pero luego prefiere dedicarse a las ciencias naturales, concretamente a la óptica y la astronomía (tuvo el mismo maestro que Kepler, de quien más tarde sería gran amigo).

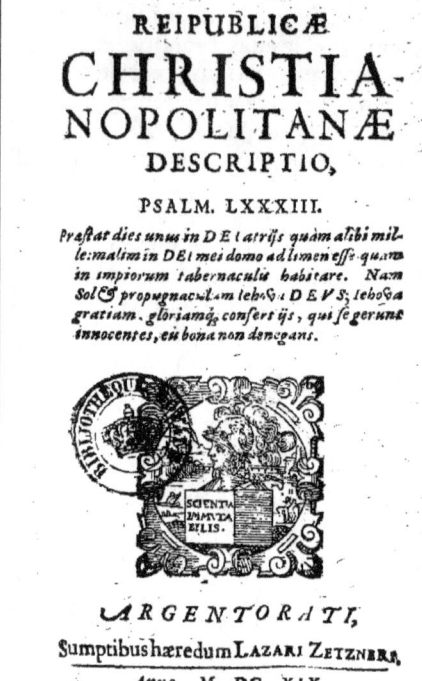

El íncipit de la obra Reipublicae Christianopolitae descriptio *de Andreae (BNF/G)*

En 1605 se diploma *magister*, recibe una beca de la universidad y trabaja como docente. Se ve involucrado injustamente en un escándalo, por culpa del cual es apartado temporalmente de la universidad y de la clerecía.

Después de una breve estancia en Salzburgo, vuelve a Tubinga, donde hace amistad con algunos personajes de alta cultura y de ideas teológicas con tendencias místicas, alejadas de la tradición luterana. Entrar en este círculo le cuesta la separación definitiva de la clerecía y la universidad.

Trabaja como preceptor en Baviera, donde se relaciona con los ambientes católicos, quizás en un intento de solucionar las dudas creadas por la frialdad de la teología luterana. En él la llamada del misticismo es muy fuerte, y ello le hace buscar una dimensión religiosa más interior y totalizadora.

Después de realizar algunos viajes a Francia, Italia y España, reside en Suiza, donde entra en contacto con el calvinismo, que le parece que encarna la realización en la Tierra de una verdadera sociedad cristiana.

En el transcurso de un posterior viaje a Italia, que le confirma la gran diferencia espiritual entre la visión del mundo que él tiene y la de la Iglesia católica romana, decide comprometerse activamente a favor de la fe. En 1614 se convierte en diácono y, ese mismo año, contrae matrimonio.

En 1614 y 1615 son publicados los dos manifiestos rosacrucenses, *Reforma Universal y General de Todo el Universo* y *Fama Fraternitatis*, que algunos atribuyen a Andreae. Nosotros, al igual que Paul Arnold y muchos otros, no compartimos esta opinión.

En 1616 hace su aparición la obra *Bodas Químicas de Christian Rosenkreutz*, de la que Andreae es considerado autor, esta vez más correctamente. Él, a pesar de insistir en el hecho de que era una obra de juventud y que en realidad no existía ninguna confraternidad con la Rosacruz (toda la operación de los manifiestos rosacrucenses habría sido sólo una broma), no reniega de los valores que contiene.

La siguiente actividad, orientada a formar una confraternidad cristiana y una auténtica Jerusalén espiritual, encuentra el contenido ideal en los escritos *Invitatio ad Fraternitatem Christi* (1617), *Reipublicae Christianopolitanae descriptio* (1619) y *Christiani amoris dextera porrecta* (1620).

En 1620 Andreae es el responsable de la abadía de Calw, en Württemberg. Si bien su actividad espiritual tiene un cierto seguimiento, el teólogo debe enfrentarse nuevamente a las opiniones dominantes.

La obra de 1628 *Verae Unionis in Christo Specimen* no da los frutos esperados, y su sueño de unificar a los hombres en una nueva sociedad cristiana no se realiza. Murió en la abadía de Adelberg.

APOLONIO DE RODAS

(*c.* 295 A. DE C.-*c.* 230 A. DE C.) POETA Y GRAMÁTICO GRIEGO

Nació en Egipto, probablemente en Alejandría.

Fue preceptor de Tolomeo Evergete (nacido el año 280 a. de C. aprox.), que subió al trono de Egipto en el 247. Hacia el año 260, Evergete nombró a Apolonio rector de la biblioteca de Alejandría, la institución cultural más famosa del mundo antiguo. Se sabe que en el 274 le sucedió Eratóstenes.

A consecuencia de la disputa con Calímaco, un famoso poeta de Alejandría, se alejó de Egipto durante un tiempo, que transcurrió en Rodas, donde al parecer terminó la última redacción de su poema *Las Argonáuticas*. La obra, no obstante, ya se conocía en Alejandría, porque Apolonio había hecho una lectura pública antes de su exilio.

Posteriormente regresó a su patria, donde murió.

Pese a formar parte de la cultura griega, Apolonio se interesó también por la cultura antigua egipcia (cosa normal, habida cuenta de la erudición y de la documentación que tenía a su disposición como responsable de la biblioteca). Se le atribuye una obra titulada *Sobre los Convites de los Egipcios*.

LAS OBRAS

Las Argonáuticas (literalmente «Las empresas de los Argonautas») narran la expedición panhelénica guiada por Jasón a la conquista del vellocino de oro, que tuvo lugar, cuenta la leyenda, unos decenios antes de la guerra de Troya.

La obra es interesante no sólo porque en la época alejandrina el mito del vellocino de oro tiene una lectura en clave de alquimia (el alquimista que busca el oro y debe afrontar numerosas y difíciles pruebas), o porque el personaje principal, Medea, es una maga con mucho poder, sino también porque nos encontramos ante el fruto de una civilización que está asumiendo unos modelos literarios nuevos, que se apartan de los cánones tradicionales (*Ilíada* y *Odisea*) para entrar en un mundo diferente, más terrenal, menos ideal o divino, en el que los dioses y las diosas no actúan como divinidades entendidas en el sentido místico, ni son adoradas y veneradas, sino que lo hacen como individuos inmersos en lo cotidiano, llenos de defectos, de maldad, de deseo de venganza.

La obra merece ser conocida porque proporcionó personajes y símbolos a la tradición esotérica que vendría a continuación.

APOLONIO DE TIANA

(c. 97 D. DE C.) FILÓSOFO NEOPITAGÓRICO ORIGINARIO DE CAPADOCIA

Las noticias que se tienen de este personaje son legendarias, transmitidas a partir de sus seguidores y recogidas especialmente en la obra *Vida de Apolonio de Tiana*, del rector Flavio Filostrato (170-244/249?).

Según la tradición, Apolonio fue educado en Tarso por un filósofo neopitagórico. Más tarde, cansado de la vida mundana de Tarso, se recluyó y llevó una vida de ermitaño.

Posteriormente decidió viajar, trabajó como taumaturgo y conoció a sabios de los países que visitó (Asiria, Babilonia, Egipto, Grecia, Italia, España).

Sus características de curandero, líder carismático y conocedor de varios sistemas filosóficos (misterios eleusinos) hacen que se le considere casi una divinidad. Según cuenta la leyenda, al morir Apolonio ascendió al cielo, y quizá por esto se le llamaba el Cristo pagano.

Dos obras se atribuyen a Apolonio: la *Vida de Pitágoras* y el libro *De los Sacrificios*.

Apolonio de Tiana (FS)

APULEYO

(125-?) ESCRITOR LATINO

Nació en Madaura (la actual Mdaurush, en Argelia) en la época del principado de Antonino Pío y de Marco Aurelio.

EL CONTENIDO DE LAS ARGONÁUTICAS

Jasón, para obtener del rey de Pelia la restitución del trono de Yolco, del que era heredero legítimo, se compromete a llevarle el vellocino de oro. Una vez al mando de la embarcación parlante Argos, debido a la negativa de Hércules, Jasón, después de muchas peripecias, llega con sus compañeros al destino final, la Cólquida, donde el rey Ayete tiene el vellocino de oro, custodiado por un dragón insomne.

Las diosas Era y Atenas, partidarias de Jasón, piden ayuda a Venus, que convence a su hijo Eros para que lance una de sus flechas de amor a Medea, hija del rey y maga poderosa, capaz de preparar pociones mágicas de gran eficacia.

Cuando Jasón es recibido por el rey, Medea, que asiste al encuentro, se enamora irremediablemente de él y decide ayudarlo.

Para conseguir el vellocino, Jasón ha de superar una prueba ardua: después de haber puesto el yugo a dos toros de pies de bronce y respiración de fuego, debe arar con ellos un campo y sembrar los dientes de un dragón, de los que nacerán temibles guerreros armados a los que tendrá que enfrentarse. Entonces Medea prepara un filtro mágico para Jasón. Este lo bebe, se convierte en invencible y derrota a los guerreros astutamente, haciendo que luchen unos contra otros. Luego, con otro filtro Medea duerme al dragón, haciendo posible que Jasón recupere el vellocino precioso y cumpla con éxito el objetivo de su expedición. Finalmente Jasón puede regresar a su patria, junto con Medea, que se convertirá en su esposa.

Después de haber heredado, junto a su hermano, una importante suma de dinero (dos millones de sestercios), se dedicó a viajar y a estudiar, especialmente retórica, gramática, poesía, literatura, música y, con un interés especial, filosofía.

Durante su estancia en Grecia fue iniciado en numerosos cultos y profundizó en ritos y ceremonias.

Contrajo matrimonio con Pudentilla, madre de su amigo Ponciano. Más tarde este último incitaría al hijo menor de Pudentilla, fruto de un matrimonio anterior, a acusar a Apuleyo de magia, sosteniendo que el escritor había seducido a su madre recurriendo a artes mágicas. El proceso, que probablemente se celebró en el año 160 d. de C., parece que no causó problemas a Apuleyo, que prosiguió su actividad literaria y sacerdotal, considerado y apreciado por todos. No se sabe con exactitud la fecha de su muerte.

LAS OBRAS

Apuleyo, escritor fecundo y polivalente, se dedica a todos los géneros de composiciones poéticas, literarias, filosóficas y científicas.

Sus obras más conocidas son: *Las Metamorfosis* (o *El Asno de Oro*), en 11 libros; la *Apología (Libro sobre la Magia)*, que versa sobre su defensa en el proceso por magia; *Florida*, en cuatro libros (compilación de discursos); *De Deo Socratis*; *De Platone et Eius Dogmate*; y *De Mundo*.

Algunas obras que se le atribuyen, entre las que figura el diálogo hermético *Asclepius*, son de épocas más tardías (siglos III-V d. de C.).

EL CULTO A ISIS EN LAS METAMORFOSIS

La novela titulada *Las Metamorfosis* o *El Asno de Oro* tiene una importancia capital para entender el culto mistérico de Isis, la religión que disputó al cristianismo y al culto de Mitra la supremacía religiosa del Imperio.

Probablemente escrita durante la madurez de Apuleyo, representa el viaje alegórico del alma desde su caída al cuerpo del hombre hasta su liberación, después de las tribulaciones de la vida cotidiana. Aparentemente el libro es la historia de un joven griego llamado Lucio que, estando de invitado en casa de un amigo cuya mujer es maga, quiere experimentar la emoción de transformarse en pájaro. Esta, sin embargo, se equivoca con el ungüento y lo transforma en asno, aunque conserva intactos el intelecto y la conciencia. Al ser irreconocible, puede observar lo que hacen los hombres y tomar nota de todos los comportamientos increíbles y desconcertantes. Después de muchas peripecias, consigue volver a ser hombre gracias a la intervención de la diosa Isis y a la iniciación en sus misterios.

También se encuadran en la narración varias historias, que son alegorías de los ritos de iniciación. La más conocida y hermosa es la de Amor y Psique, una representación dramática de la iniciación del alma (Psique) a los misterios de Isis, a través de sus sufrimientos amorosos.

La fábula describe todo el proceso iniciático, no de forma explícita sino comprensible únicamente para los conocedores del mundo isiaco. En esta clave de lectura, Psique es el adepto *(mista)* que quiere ser iniciado a los misterios de la diosa Isis.

Eros, el amante, en el Egipto helenístico recibe el nombre de Arpócrates y corresponde a Horus, hijo de Isis. El objetivo de su descenso es devolver al alma, mediante un vínculo sentimental con la divinidad, el deseo de estar de nuevo en el lugar celeste de donde ha caído.

La función de la diosa del renacimiento y de la regeneración típica de Isis perdura hasta pasada la Edad Moderna: medalla francesa, acuñada en ocasión de la Fiesta de la Fuente de Isis (regeneración francesa) del 10 de agosto de 1793 (BNF/G)

LA FÁBULA DE AMOR Y PSIQUE

Psique es una doncella a la que todos consideran más bella que la propia diosa Venus. Esta, envidiosa, encarga a su hijo Eros (Amor) que haga que se enamore de la persona peor que exista en la Tierra, pero Eros, al verla, se enamora de ella.

Como nadie quiere casarse con Psique, sus padres, obedeciendo a la respuesta de un oráculo, la llevan a una alta peña para entregarla en matrimonio a un monstruo terrorífico. Al llegar allí, es llevada a un palacio maravilloso, donde se encuentra con su esposo, que la visita cada noche, pero ella tiene prohibido verle el rostro.

Las hermanas de Psique, celosas de su suerte, la convencen para que descubra la identidad del esposo misterioso. Entonces mientras este duerme, Psique lo ilumina con una lámpara y lo observa embelesada; el marido resulta ser Eros, dios del Amor. Mientras lo mira, una gota de aceite hirviendo de la lámpara cae sobre su piel. El dios se despierta, se da cuenta de que Psique no ha cumplido con su palabra y huye hacia el cielo, abandonándola.

Presa del dolor, la muchacha se tira al río, pero este no acepta su muerte y la devuelve a la orilla. Allí encuentra al dios Pan, que la anima a ponerse en busca de su Amor.

A lo largo de esta empresa, Psique deberá superar muchas pruebas y se vengará de sus hermanas, hasta que por fin podrá estar de nuevo en los brazos de Amor, que la conducirá al cielo para compartir la suerte de los dioses.

Las bodas de las que habla el oráculo serán bodas de muerte: la iniciación es matrimonio y muerte.

También es típico que anuncios de este tipo se produzcan a través de un sueño o de un oráculo. La exigencia de secreto de Amor corresponde a la que se pide siempre al iniciado, que ha de jurar no revelar el secreto ni a sus familiares. Si viola el juramento, se aleja del camino hacia la divinidad, y para recuperarlo debe superar pruebas difíciles y largas peregrinaciones.

Otro elemento de la narración que tiene un gran valor simbólico es la escena de la lámpara, que representa la relación entre el adepto y la posibilidad de acceder a una visión real del dios. El encuentro con lo divino es, por una parte, maravilloso, pero, por otra, tiene una breve duración. El iniciado quizás ha visto la cabeza del dios en el templo, pero ahora debe volver a la vida de todos los días.

Otro elemento inciático simbolizado en la fábula es el baño ritual, correspondiente al bautizo cristiano: Psique se arroja al río con la intención de morir. Así, el iniciado muere en el pecado para renacer renovado. El agua aparece a menudo en las ceremonias de iniciación: una de las muchas pruebas es la búsqueda del agua de la vida, que mana de la fuente del Estige (que estaría a la altura de las primeras cataratas del río Nilo) y que se recuerda simbólicamente bebiendo agua de un punto concreto del templo.

Las fábulas y las anécdotas se intercalan en el texto y encuentran su justificación en la última parte de la narración, en el libro XI, que presenta, esta vez de manera explícita, los ritos de iniciación del protagonista al culto de Isis. Entonces se ve claramente que todo el libro no es más que una alegoría del paso de la vida del no iniciado a la vida del iniciado, que encuentra en los misterios de Isis el camino hacia la liberación de una condición de inferioridad y el paso a un mayor conocimiento (*justificación*, habrían dicho los egipcios).

El libro XI es la parte más importante de la obra porque en él se describe una ceremonia isiaca tal como tenía lugar en el siglo II d. de C., lo cual es un ejemplo completo único en el mundo antiguo. El interés de este último capítulo reside en el hecho de que se muestra expresamente cómo estaba estructurada la gran fiesta de Isis y cómo, dentro de ella, aparecían claramente los elementos iniciáticos: Lucio, que a causa de la transformación de bestia a ser humano resucita gracias a la intervención de Isis, es invitado a entrar en la santa milicia y a convertirse en un fiel de la religión de Isis, primero, y de Osiris, después.

Es el recorrido de cualquier rito iniciático: el hombre antiguo necesita morir para nacer como hombre nuevo.

EL LIBRO XI DE LAS METAMORFOSIS

Escapado de su cautiverio, el asno Lucio llega a orillas del mar y suplica a la diosa, llamándola Regina caeli, *Reina del cielo, que le deje ser de nuevo ser humano o, si no se lo concede, por lo menos que le permita morir. Al oír sus invocaciones, emerge del mar una divinidad de aspecto maravilloso: largos cabellos rizados, una corona de flores en la cabeza, un disco luminoso en la frente. A izquierda y derecha, dos víboras la escoltan. Detrás de su figura, hay un fondo de espigas.*

Viste una túnica de colores tornasolados y está envuelta en un precioso manto negro repuntado de estrellas, con una Luna luminosa en el centro, bordado con una guirnalda de flores y frutos.

En la mano derecha lleva un sistro de bronce que, si lo hace sonar tres veces, emite un sonido argénteo, y con la izquierda sostiene una lámpara de oro. Sus pies están calzados con hojas de palma.

La diosa misteriosa se presenta y dice que se ha manifestado en respuesta a sus súplicas. Es la madre del Universo, señora de todos los elementos, el origen primero de los siglos, la más grande entre los dioses: los frigios la llaman madre de los dioses; los áticos, Minerva Checropia; los chipriotas, Venus de Pafo; los cretenses, Diana; los sicilianos, Proserpina Estigia, pero los etíopes y los egipcios son los únicos que la veneran y la llaman por su nombre verdadero: Isis Regina. Y da a Lucio las instrucciones que debe seguir para encontrar la salvación.

Al día siguiente tendrá lugar la gran fiesta de Isis. Lucio deberá participar en ella en pureza total. El sacerdote llevará en la mano derecha, en torno al sistro, una corona de rosas. Lucio deberá abrirse camino entre la multitud, acercarse al sacerdote y comer las rosas. De este modo se convertirá nuevamente en un ser humano. A cambio, la diosa pide a Lucio devoción total hasta el final de sus días.

Lucio, cuando el alba anuncia un día maravilloso, se da cuenta de que un cortejo religioso se está aproximando. El cortejo está formado por varios grupos de personas. El primero, no religioso, recuerda a nuestro carnaval, por los disfraces de los participantes. Luego está la parte más propiamente religiosa: mujeres vestidas con ropa clara y guirnaldas de flores primaverales que arrojan flores por el camino. Otras mujeres llevan espejos brillantes colgados de la espalda y otras esparcen perfumes. Muchos de los que participan en la ceremonia sostienen lámparas, antorchas y velas, indicando que Isis, en tanto que madre de las estrellas que están en el cielo, encuentra en la luz su elemento natural y más verdadero.

El cortejo sigue con los músicos y los iniciados, hombres y mujeres, vestidos con ropa de lino claro, que llevan sistros de oro, plata y bronce.

Seguidamente, llegan los sacerdotes con los objetos de culto, una lámpara, un altar, un palmón, el caduceo de Mercurio y una copa para las libaciones. A continuación, van las estatuas de los dioses, que cargan unos hombres.

Horus, dios-halcón del antiguo Egipto (A)

Primero se muestra Anubis, con el caduceo en la izquierda y un palmón en la derecha, luego, una ternera (simbolizando la fecundidad de la diosa), un sacerdote con la cesta mística que contiene los símbolos misteriosos del culto y, finalmente, otro sacerdote que lleva el símbolo de la diosa, hecho de oro resplandeciente. Es una especie de urna de pequeñas dimensiones, de base circular y con representaciones egipcias, con una abertura puntiaguda. El asa está envuelta por una serpiente en espiral que yergue el cuello.
Ha llegado por fin el momento mágico en que Lucio dejará de ser un asno y se convertirá en hombre. Aparece el sacerdote que lleva en la mano el sistro y la corona de rosas espléndidas. Lucio avanza lentamente hacia él y devora las flores perfumadas. La escena de la transformación, un acto de magia propiamente dicho, impresiona a la gente, que se postra en adoración por esta intervención maravillosa de la diosa. El sacerdote hace vestir a Lucio para ocultar su desnudez y le anuncia que la diosa, la única capaz de desligarlo de sus cadenas, lo ha rescatado. Si Lucio desea recibir todavía más protección por parte de Isis, deberá iniciarse en sus misterios. Después de un sueño profético y de las pruebas patentes de la atención de la diosa, Lucio decide hacerse iniciar, aunque será la diosa quien determine el día. Mientras tanto él deberá mantenerse alejado tanto del exceso de celo como de la indisciplina y deberá abstenerse de ciertas comidas.
Cuando llega el día establecido, el gran sacerdote lo acompaña delante de la gran puerta del templo, celebra la ceremonia de abertura, realiza los sacrificios de la mañana y toma de la celda más secreta unos libros escritos con caracteres desconocidos, de los que lee a Lucio las instrucciones para la iniciación. Seguidamente lo llevan a los baños, donde recibe el agua bendita, y vuelve para arrodillarse a los pies de la diosa y recibir una enseñanza secreta.
Durante diez días no puede tomar determinados alimentos y bebidas. El décimo día, al anochecer, llega gente de todas partes, que le rinden homenaje ofreciéndole regalos. Luego, una vez se han marchado los profanos, es cubierto con un vestido de lino y conducido ante el sacerdote, que le estrecha la mano y lo lleva a la parte más interna del sagrario.
La analogía es clara: del mismo modo que Anubis lleva de la mano al difunto a la sala de Osiris, el sacerdote lleva de la mano a Lucio a la parte más sagrada del templo.
Por la mañana, una vez concluida la noche sagrada, sobre la que Apuleyo anuncia no querer revelar nada, Lucio, vestido espléndidamente, con una corona de palma en la cabeza y una antorcha en la mano izquierda, es obligado a subirse a un podio para que los fieles puedan admirarlo. Todo termina con un gran banquete.
Al cabo de un año, Lucio tiene una nueva y extraña visión: la diosa se le aparece en sueños y le habla de una nueva iniciación y consagración. Después de meditarlo, entiende que la nueva iniciación es la de los misterios de Osiris.
A partir de las visiones, Lucio, que vive en un estado de pobreza, decide vender gran parte de sus vestimentas para obtener todo lo necesario para la iniciación. Pero nuevamente, sin que haya transcurrido mucho tiempo, los dioses se manifiestan, incitándole a una tercera iniciación.
Esto lo deja muy perplejo, porque está convencido de haber obtenido ya la consagración definitiva, pero un nuevo sueño le aclara las dudas: el hecho de ser iniciado varias veces debe ser motivo de alegría, porque los demás a duras penas lo son una vez.
El simbolismo del tres (en egipcio antiguo es la forma para indicar el plural, es decir, todos) debería garantizarle que su felicidad durará para siempre.
Después de su tercera iniciación, Lucio, habiendo obtenido el favor del más grande de todos los dioses, Osiris, pasa a ser uno de los sacerdotes, y más tarde es elegido decurión quinquenal (cargo sacerdotal máximo del culto de Isis).

Aceptando las nuevas reglas impuestas por la religión y las enseñanzas de los iniciadores, la persona que se somete a la ceremonia se desprende de la piel vieja (la del asno), cargada de culpas y de pecados, y se viste con una nueva, igual que ocurre en las órdenes caballerescas, cuando el nuevo caballero, arrodillado, es investido con la capa de la orden en la espalda, signo de renovación de su espíritu, que a partir de ese momento está protegido por los símbolos de la orden.

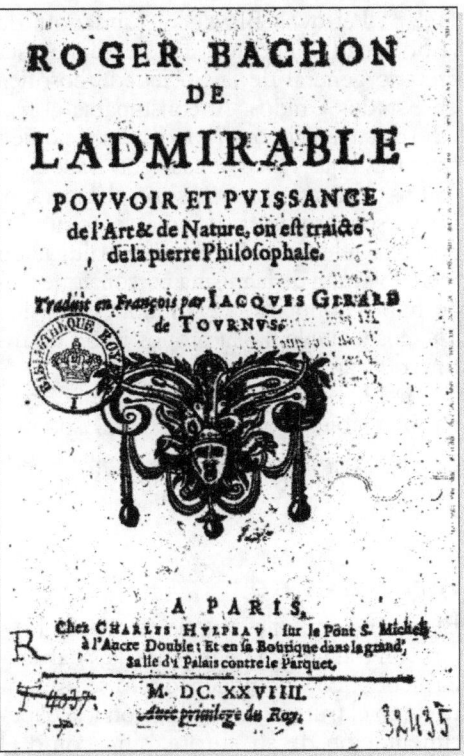

Roger Bacon, Del Admirable poder y potencia del Arte y de la Naturaleza, en donde se trata de la Piedra Filosofal, *París, 1626 (BNF/G)*

BACON, ROGER

(1214-1294) Filósofo, teólogo y científico inglés

Roger Bacon nació en el condado de Somerset. Estudió en Oxford y París. En 1250 volvió a Oxford y se hizo franciscano.

Perseguido por su sabiduría y su libertad de pensamiento —sus compañeros le llamaban *Doctor Mirabilis*— fue apartado por San Buenaventura, general de la orden, y posteriormente «encarcelado» en París en un convento de franciscanos.

Después de haber sido liberado por intercesión papal, en 1277 fue apresado nuevamente por sus ideas demasiado críticas con las concepciones teológicas de la época.

Estuvo en la cárcel hasta 1292, y continuó escribiendo obras de gran importancia filosófica y científica.

Entre todas las obras esotéricas de Bacon destaca especialmente un breve tratado titulado *De las Operaciones Secretas del Arte y de la Naturaleza y de la Confutación de la Magia.*

BAILEY, ALICE A.

(1880-1949) Teósofa y esoterista inglesa

Nació en Manchester. Perdió en muy tierna edad a sus padres y fue educada según los más rígidos principios tradicionalistas.

A los 27 años contrajo matrimonio con Walter Evans, rector de la Iglesia episcopal, a quien le unía el fervor religioso.

En 1915 Alice entró en la Sociedad Teosófica, aplicándose a la enseñanza de Annie Besant y refiriéndose constantemente a

Retrato de Alice Bailey (FS)

Helena Petrovna Blavatsky, fundadora de la Sociedad. Conoció a Forster Bailey, secretario general de la Sociedad Teosófica en Estados Unidos. Al consumarse el fracaso de su matrimonio con Evans, de quien tuvo tres hijas, Alice se casó con Bailey.

Los primeros contactos con el Tibetano, un personaje misterioso que se comunica con ella telepáticamente, tienen lugar en 1919. Se trata de la misma persona que Alice había conocido personalmente a los 15 años y que le había pronosticado un futuro de viajes y de servicio.

En 1923 Bailey fundó la Escuela Arcana, más abierta que la Escuela Esotérica de la Sociedad Teosófica, que tenía el objetivo de formar a los adeptos. Murió en Nueva York.

EL PENSAMIENTO

El sistema de Bailey, expuesto en 22 obras (con un total de 25 volúmenes), es particularmente rico y homogéneo. No se presenta como el fruto de la meditación y la experimentación de su autora, sino como el resultado del dictado directo del Tibetano. Este personaje, que tiene una importancia capital en la vida de Bailey, aparece por vez primera en una declaración publicada en 1934: «[...] soy un discípulo Tibetano de un cierto grado [...]. Yo vivo en un cuerpo físico como los otros hombres, en los confines del Tíbet, y en ciertos periodos —desde el punto de vista esotérico, y cuando mis otras obligaciones me lo permiten— presido un nutrido grupo de lamas tibetanos».

Afirma que su obra de información está impulsada por la necesidad de transmitir la Luz: «Por eso tengo que actuar como transmisor de la Luz, a cualquier precio».

Los principios más importantes del pensamiento de Bailey se definen en cuatro postulados:

Una sola vida invade todas las formas,
que en el tiempo y en el espacio son
expresión de la energía central universal.

La vida única, manifestándose
a través de la materia, produce un tercer
factor que es la conciencia. Esta,
resultado de la unión de dos polos,
espíritu y materia, es el alma de todas las
cosas [...]. La vida única se convierte así
en una entidad determinada
y consciente por medio del sistema solar
y es, por lo tanto, esencialmente
la totalidad de las energías,
de todos los estados de conciencia
y de todas las formas existentes.

El objetivo por el cual la Vida toma forma
y el propósito del ser manifestado es
el desarrollo de la conciencia o revelación
del alma (teoría de la evolución de la luz).

Todas las vidas se manifiestan cíclicamente.
Es la teoría del renacimiento o
reencarnación, demostración
de la ley de periodicidad.
(A. Bailey, *Tratado de magia blanca*)

El planteamiento de Alice Bailey, a diferencia del de otros personajes célebres del movimiento teosófico, se mantiene profundamente cristocéntrico, aunque Jesucristo es visto como el guía de los maestros espirituales de la humanidad.

Él, en realidad, no habría desaparecido nunca: sólo se habría ocultado, actuando continuamente a favor de la humanidad, a la espera de manifestarse nuevamente en su glorioso retorno. Los adeptos acelerarían su llegada, contribuyendo a hacer madurar espiritualmente a todos los individuos.

BLAKE, WILLIAM

(1757-1827) POETA, ARTISTA Y VISIONARIO INGLÉS

Nació en Londres en el seno de una familia de comerciantes textiles y ya en la infancia demostró una capacidad visionaria notable. Tuvo la primera visión a los cuatro años. A partir de los ocho, las visiones se hacen más frecuentes. Los primeros dibujos y poesías se remontan a los años 1767-1769.

Su extraordinaria sensibilidad artística indujo a sus padres a matricularlo en la escuela de dibujo de Henry Pars y ponerlo de aprendiz con el grabador Basire. Al finalizar el periodo que transcurrió junto a Basire, Blake se alistó en la Royal Academy. Fue un periodo de formación rico en experiencias artísticas, de lecturas, de estudios. Las obras y los autores que más le influyeron fueron la Biblia, Dante Alighieri, Shakespeare, Bacon, Milton y Winckelmann.

En 1870 expuso en la Royal Academy dos dibujos y una acuarela. Durante estos años frecuentó un círculo de amigos artistas, entre los cuales figuraba el grabador suizo Füssli y el pintor Flaxman, que era swedenborguiano.

Swedenborg fue, sin duda, un personaje importante en la formación esotérica de Blake, por lo menos en las primeras épocas de su vida. El padre y el hermano mayor lo tenían en gran consideración, pero su separación de Swedenborg, al que pese a todo continuará respetando, es clara, sobre todo en su obra.

Así se expresa en el *Matrimonio del Cielo y del Infierno*, en referencia a la influencia de Swedenborg:

> Swedenborg se jacta de que lo que escribe
> es nuevo, pero se trata sólo del Contenido
> o Índice de libros ya publicados [...].
> Escuchad ahora un hecho muy llamativo:
> Swedenborg no ha escrito
> ninguna verdad nueva.
> Y otro: ha reproducido todas las viejas
> falsedades. [...]
> Así, los escritos de Swedenborg
> son una recapitulación
> de todas las opiniones superficiales y
> un análisis de las más sublimes,
> pero nada más.

En 1782 Blake contrajo matrimonio con Catherine Boucher, una mujer que permaneció a su lado incluso en las peores circunstancias. En efecto, a causa de las rarezas de Blake, el matrimonio probablemente no fue demasiado feliz, a pesar de los esfuerzos de la mujer.

A partir de 1785, Blake empezó a usar una técnica nueva de tallar que le permitió reproducir en el mismo folio texto poético y dibujo.

En el año 1797, después de un atento estudio atestado por centenares de bocetos, Blake publicó 43 tablas para los *Pensamientos Nocturnos (Night Thoughts)* de Edward Young.

En octubre de 1804 recibió otra iluminación que le generó nuevas inspiraciones artísticas. Los años siguientes se caracterizaron por la creación de grandes obras, como los frescos de *Los Peregrinos de Canterbury*, las ilustraciones de *El Libro de Júpiter* (1825) y de la *Divina Comedia*, obra que inició en 1824 y quedó incompleta.

Blake murió a causa de un cálculo biliar.

W. Blake, Libro de Job, Londres, 1926 (BFE)

W. Blake, The Grave, Londres, 1808-1813. *Muerte del malvado*. Grabado de Schiavinetti a partir del dibujo de Blake (BFE)

EL PENSAMIENTO

El lenguaje a veces crudo de Blake, por ejemplo en el tema de la libertad sexual, era solamente simbólico. Profundo defensor de los valores de la Revolución Americana y de la Revolución Francesa (por lo menos hasta el periodo del Terror), demuestra una marcada intolerancia hacia el poder constituido, tanto político como religioso. Su oposición a la represión es clara.

Tiene el profundo convencimiento de que los deseos carnales y las pasiones son una consecuencia de la caída del hombre y de que desaparecerían con una nueva Edad del Oro (siguiendo en esto el pensamiento de Jakob Boehme).

En 1803, escribiendo a un amigo, Blake explica la génesis de algunas de sus obras, en concreto de *Milton* y *Jerusalén*. Inspirado en el ambiente donde vive (en este caso en una casa en la costa en Felpham, Sussex), entra en un estado particular en el que recibe el dictado por parte de los espíritus.

En poco tiempo escribe una gran cantidad de versos, en algunos casos incluso contra su voluntad.

LAS OBRAS

Las obras poéticas de Blake, todas o casi todas caracterizadas por un simbolismo de tipo esotérico, religioso y poético absolutamente original, y en muchos casos acompañadas de sus grabados, aparecen a partir de 1783: *Esbozos poéticos* (1783), *Cantos de Inocencia* (1789), *El Matrimonio del Cielo y del Infierno* (1790), *La Revolución Francesa* (1791), *Un Canto de Libertad* (1792), *América* (1793), *Cantos de Experiencia* (1794), *Europa* (1794), las distintas composiciones contenidas en el *Manuscrito Pickering* (1803) y en el *Manuscritto Rossetti* (1811), *Los Cuatro Zoa* (1804), *Milton* (1808), *Las Puertas del Paraíso* (1810) y *Jerusalén* (1820).

BLAVATSKY, HELENA PETROVNA

(1831-1891) Espiritista y teósofa ucraniana

Helena Petrovna Blavatsky nació el 12 de agosto de 1831 en Ekaterinoslav, Ucrania.

Hija de un capitán del ejército del Zar de origen alemán (von Hahn) y de una da-

Helena Petrovna Blavatsky (FS)

ma de origen noble, de niña tuvo que cambiar frecuentemente de lugar de residencia a causa de la profesión del padre y de los cuidados que necesitaba la madre, enferma, que murió con sólo 25 años.

A la edad de 14 años acompañó a su tío en un viaje a Oriente, hasta la frontera de Mongolia, y conoció a sus habitantes y a los lamas de la región. A los 18 años se casó con N.V. Blavatsky, un hombre mucho mayor que ella. La incomprensión entre ambos llevó a Helena Petrovna a abandonar a su marido y volver a casa.

En el periodo comprendido entre 1849 y 1873 viajó mucho por todo el mundo, lo cual le permitió conocer muchas poblaciones de Europa, Asia, África, el Lejano Oriente y América.

A los veinte años, en Inglaterra, conoció a un hombre al que a partir de entonces llamará M, identificándolo con el maestro que tiempo atrás se le había aparecido en sueños.

Su evolución psicológica experimentó cambios después de algunos accidentes que minaron seriamente su salud (primero una caída a caballo, que le produjo graves lesiones en la columna vertebral, luego una enfermedad que sufrió desde 1862 hasta 1865). Algo le empujó a comprometerse personalmente a favor de la difusión de los conocimientos, que cada vez más le eran comunicados por misteriosos maestros espirituales. En el año 1872 fundó una sociedad artística en El Cairo. Se trasladó a Estados Unidos, donde frecuentó el círculo espiritista de los hermanos Eddy; allí conoció a Henry Steel Olcott, un famoso jurista.

Juntamente con Olcott y W.Q. Judge fundó en 1875, por orden de los maestros indios, una sociedad esotérica a la que llamaron Sociedad Teosófica. Olcott era el presidente, Judge el director y H.P. Blavatsky la secretaria.

La Sociedad se extendió rápidamente por todo el mundo y se abrieron sedes en Europa y Estados Unidos. También se fundó una Escuela Esotérica, dirigida personalmente por Blavatsky.

A partir de 1878, el carácter secretista y no declaradamente cristiano de la Sociedad provocó una serie de agresiones por parte de algunas personas e instituciones, tanto en Occidente como en Oriente, ataques que no fueron redimensionados hasta muchos años después de la muerte de la fundadora. Acusada de impostora y charlatana, Blavatsky trasladó la sede de la Sociedad a la India, donde ejerció una influencia importante en muchos de los pensadores autóctonos. En 1885, Helena Petrovna regresó a Europa. Pasó los últimos años de su vida en Londres, donde murió después de haber asignado a Annie Besant y a W.Q. Judge el encargo de dirigir la Sociedad Teosófica.

LAS OBRAS

Blavatsky sostuvo siempre que no era la verdadera autora de las obras que escribía. Su misión era sólo percibir telepáticamente el mensaje que le enviaban sus maestros, y escribirlo. Para hacerlo, permanecía horas sentada en el escritorio, lugar donde se producía la comunicación. En efecto, la modesta formación cultural de Blavatsky no justifica la increíble cantidad de datos, informaciones, citas, observaciones agudas y la profundidad de algunos conceptos que se encuentran en sus obras. Como destacan también algunos testimonios oculares, Blavatsky no pasaba su tiempo en la biblioteca o buscando documentación. Era como si no hiciera otra cosa que transcribir algo que le era revelado en una visión, o que percibía íntimamente, por sugerencia de terceros.

Además, sus capacidades paranormales se consideraban excepcionales, y Blavatsky se servía de ello para dar estatus de verdad a sus afirmaciones.

La primera obra en orden cronológico que se atribuye a Blavatsky es *Isis Revelada*, un importante tratado de dos volúmenes, escrito a partir de 1875 y publicado en Nueva York en septiembre de 1877.

El primer volumen, titulado *Ciencia*, contiene una dura crítica del materialismo científico tal como estaba evolucionando en la segunda mitad del siglo XIX. En él explica el significado de la obra: «Nuestra obra es una defensa del reconocimiento de la filosofía hermética, la sabiduría religiosa antaño universal, como la única clave posible de lo Absoluto en la ciencia y en la teología» (H.P. Blavatsky, *Isis Revelada,* Introducción).

La obra pretende desencadenar un despertar espiritual en una época de enfrentamiento entre ciencia y teología: «Entre estos dos titanes en lucha, la ciencia y la teología, hay un público trastornado que pierde rápidamente la fe en la inmortalidad personal del hombre, en una divinidad del tipo que sea, y se rebaja al nivel de una simple existencia animal».

El tratado abarca desde los antiguos conocimientos científicos hasta la ciencia moderna, pasando por las teorías relativas a los fenómenos psíquicos, el cielo, los misterios de la naturaleza, el hombre interior y exterior, y la diferencia entre realidad e ilusión, con referencias también al mundo de los antiguos egipcios y a la India antigua.

El segundo volumen, titulado *Teología*, ataca con fuerza las pretensiones de las religiones reveladas, las somete a una dura crítica y propone una visión religiosa de inspiración más oriental, con una revisión de la experiencia precristiana y la religión budista, y con una comparación entre cristianismo y budismo. Esta obra, todavía hoy, suscita estupor y, pese a que los tiempos han cambiado, obliga al lector a replantearse constantemente sus convicciones personales.

Por otra parte, también es fruto de la época en la que fue escrita; muchas teorías, hipótesis o indicaciones que en la actualidad no pueden aceptarse sin crítica reflejan el contexto cultural de las primeras décadas de la segunda mitad del siglo XIX. Quizás uno de los méritos de *Isis Revelada* es haber dado a conocer al gran público una serie de textos, filosofías y referencias religiosas orientales prácticamente desconocidos en Occidente, salvo en círculos orientalistas, y el hecho de haber comparado ideas, mitos y conceptos provenientes de distintas tradiciones religiosas.

El texto fue revisado, modificado y ampliado, originando una nueva obra, *La Doctrina Secreta*, publicada en 1888 en colaboración con la fundación de la Escuela Esotérica. Está dividida en tres tomos: *Cosmogénesis*, rico en referencias a numerosas religiones y que contiene siete estrofas atribuidas al libro *Dzyan*, *Antropogénesis* y *Esoterismo*.

Otras obras destacadas de Blavatsky son *The Key to Theosophy*, publicada en 1889, y el librito *The Voice of the Silence*, un breve testamento espiritual para los discípulos más avanzados en el camino del aprendizaje espiritual.

BOEHME, JACKOB

(1575-1624) FILÓSOFO, TEÓSOFO Y MÍSTICO ALEMÁN

Nació en la localidad de Alt Seidenberg, en las proximidades de la ciudad de Goerlitz, en una familia de campesinos probablemente de origen bohemio.

Aprendió a leer y a escribir en la escuela pública de Seidenberg, de rígida orientación luterana, y entró como aprendiz en un taller de zapatero.

Después de un periodo de peregrinaciones por Alemania, a partir de 1594 trabajó en Goerlitz como mozo zapatero, hasta que en 1599 llegó a maestro zapatero. Contrajo matrimonio con la hija de un zapatero, con quien tuvo cuatro hijos (según algunas fuentes, seis).

Siendo todavía joven conoció a un personaje misterioso que entró en el comercio de su dueño, adquirió unos zapatos caros, lo llamó desde la calle y le reveló que estaba destinado a ser un gran hombre. Además, lo exhortó a estudiar la Biblia. Después del encuentro con este personaje misterioso, Boehme vivió algunos momentos fundamentales de iluminación, fruto de su dedicación a la filosofía mística.

Jakob Boehme (BFE)

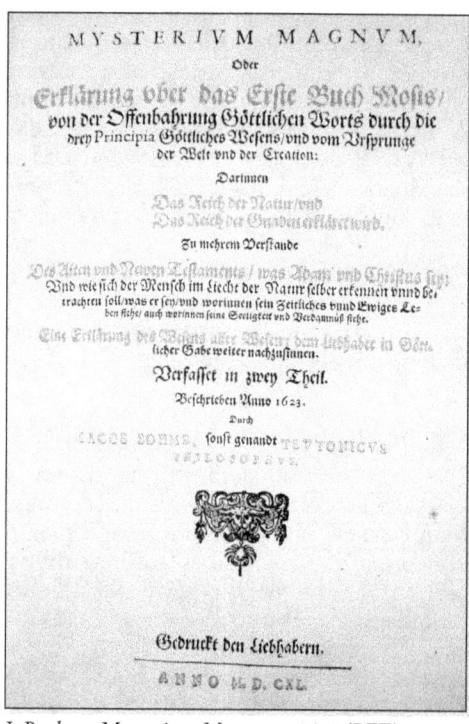

J. Boehme, Mysterium Magnum, *1640 (BFE)*

Según algunos autores, vivió años de vida espiritual profunda. En cualquier caso, una de las fechas que marcaron su evolución fue el año 1600, momento en que ad-

J. Boehme, Mysterium Magnum, *ilustración de la edición alemana publicada en Amsterdam en 1682 (BFE)*

quirió una mayor capacidad de comprensión espiritual de la realidad, pero también el año 1610, cuando una nueva iluminación le llevó a comprender el orden divino de la creación.

Vivió luego un periodo de notable producción literaria: entre 1612 y 1624 escribió más de 30 libros de temática espiritual e ideológica, fruto de la comprensión directa, intuitiva e inspirada de las dimensiones celestes y humanas. Cuando estaba a punto de concluir el primero de estos escritos, *Aurora*, fue duramente atacado por el párroco de la ciudad de Goerlitz, Gregorius Richter, que también ejercía presiones en el Consejo de la ciudad para que fuera expulsado o condenado por herejía. Inicialmente el Consejo impuso el exilio a Boehme, pero luego decidió readmitirlo en la ciudad con la condición de que entregara su obra y dejara de escribir. Boehme obedeció durante unos años, pero al final reanudó su actividad. En 1623 *El Camino hacia Cristo* suscitó nuevamente las iras del párroco, y el Consejo se vio obligado a expulsar al místico de Goerlitz que, en 1624, se instaló en Dresde. Poco después de haber terminado su última obra *(Tablas sobre la Manifestación Divina)* enfermó gravemente y murió el 20 de noviembre de 1624.

LAS OBRAS

Las obras de Boehme han ejercido una influencia duradera en muchos personajes destacados del ámbito esotérico, como Blake y Yeats. Una de las obras del místico que mejor resumen su visión global es *Sex punta theosofica*, escrita en 1620.

El texto versa sobre lo que el hombre ha de saber para comprender el mundo espiritual, partiendo del presupuesto de que tiene los instrumentos necesarios para poder hacerlo. En efecto: «La verdadera esencia humana no es terrena, ni pertenece al mundo oscuro; nace sólo en el mundo de la luz y no tiene ninguna semejanza ni con el mundo oscuro ni con el mundo externo; entre ellos hay una gran diferencia: la muerte» (Capítulo VIII del V Punto).

En la obra *Diálogo de un Alma Iluminada y de un Alma sin Luz*, escrita en 1624, el místico nos presenta una pobre alma caída del Paraíso y al diablo que intenta convencerla para que abrace el camino de la materia, la posesión, la riqueza, la gloria. El alma sucumbe, pero el encuentro con Jesucristo y posteriormente con un alma electa le dará la fuerza para recuperarse y luchar con paciencia contra las seducciones del mundo.

Pese a ser uno de los escritos más simples de Boehme, resulta extraordinariamente convincente y útil para quien recorre el difícil camino del redescubrimiento de la propia espiritualidad.

EL PENSAMIENTO

En su aparente simplicidad Jakob Boehme alcanza cimas casi inimaginables en el ámbito de la espiritualidad humana. Todo pasa a ser comprensible: ya no queda misterio alguno para el hombre que ha elegido la vía de Dios.

Pero ¿cómo es posible? ¿De qué manera se puede producir esta gran revolución interna que lleva a modificar la forma en que el hombre ve e interpreta el mundo?

La respuesta es muy sencilla: haciéndose Templo del Espíritu. Cuando el hombre reniega de su propia individualidad e intenta imitar al Salvador, Jesucristo, que renegó de sí mismo para hacer la voluntad del Padre, se pone de parte de Dios. La existencia deja de ser un misterio y se convierte en un espejo de los propósitos divinos: las relaciones de causa-efecto, el sentido de la vida, la propia materia, todo se hace transparente e inmediatamente accesible.

Boehme rompe con cualquier impedimento y avanza por el camino de la verdad, contra toda forma de hipocresía: no es el respeto exterior y vacío de espiritualidad lo que salva, sino la capacidad de proyectar la figura de Jesucristo en el corazón del hombre. El fariseo que reza de pie engreído en su gloria aparente ante Dios ha de ceder el paso al publicano que, en su humildad, se cuestiona a sí mismo y se da cuenta de la insignificancia de su persona. Identificado con esta visión del mundo, el publicano penitente Jakob Boehme no opone resistencia a los ataques del terrible fariseo, el párroco del pueblo que intenta por todos los medios atacarlo y arruinarlo, y a las presiones del Consejo de la ciudad, temeroso de repercusiones políticas y religiosas en caso de una tolerancia excesiva en relación con el místico. Cuando el hombre se convierte en canal de la energía espiritual se adapta a la sustancia que lo atraviesa, se convierte en materia dúctil, partícipe de la fuerza sutil que pasa por su superficie y se transforma. La alquimia espiritual es potente: sólo experimentando sus transformaciones el hombre es capaz de entender lo que ocurre en su estructura psicofísica. Por esta razón es imposible describir adecuadamente estas experiencias. Es un terremoto perturbador que diviniza al ser corrupto y decadente, y le permite acceder a la luz divina originaria, reconciliándolo, gracias a la acción del Redentor, con el Padre. Entonces cesa la soberbia, el deseo de grandeza o de riqueza. Todo encuentra el equilibrio. El hombre emprende humildemente el camino del exilio. No contraataca, se defiende con la fuerza de la fe y de la intuición teológica. Prosigue la vida de cada día y no pretende convertirse en el dominador del mundo.

Es una postura, sin embargo, que requiere una actitud heroica de abnegación. El hombre tiende de forma espasmódica hacia la voluntad de Dios, que acepta y a la cual se ciñe, imponiéndose una fuerte disciplina. La primera lucha, la más difícil y ardua, es consigo mismo. La visión de Boehme confiere al hombre un papel fundamental, ya que este se une a la voluntad revelada por Dios.

Pero hay que prestar atención: adaptarse a la dimensión del espíritu no quiere decir que el hombre se convierta en Dios; es como la Luna, que no emite luz propia, sino que refleja la del Sol.

Es una posición próxima a la visión teológica de la Iglesia cristiana ortodoxa. Cuando se dice que «Dios se hizo hombre para que el hombre pudiera hacerse Dios» se quiere decir que el hombre se deifica porque participa de las energías divinas que lo elevan hacia la divinidad, y no que se convierta en Dios, lo cual es imposible para una criatura. Así, el hombre se convierte en receptáculo y canal de la fuerza del espíritu que le da vida y lo eleva a niveles espirituales superiores.

BRUNO, JORDANO

(1548-1600) Filósofo, letrado y mago italiano

Filippo Bruno, hijo de Giovanni Bruno y de Fraulissa Savolino, nace en Nola en enero o febrero de 1548. Cambia el nombre por el de Jordano a los 17 años cuando entra como novicio en el convento de S. Domenico Maggiore, en Nápoles.

En 1568 realiza un par de viajes a Roma y dedica a Pío V el tratado perdido *El Arca de Noé*. En 1572 es ordenado sacerdote en Nápoles, y en 1575 se convierte en lector de teología en el convento de los dominicos.

Sospechoso de herejía (concretamente por la lectura de las obras de Erasmo y por opiniones heterodoxas sobre la Trinidad), en 1576 huye a Roma, donde es investigado por haber lanzado al Tíber a otro fraile dominico.

Cuelga los hábitos y se instala en Génova. En Noli enseña gramática y astronomía. Viaja a Savona, Turín, Bérgamo, Brescia y Venecia. Más tarde va a Ginebra (1578), ciudad en la que abraza el calvinismo, a Lyon y a Tolosa, donde es nombrado Magister Artium. En 1581 se traslada a París, donde publica varias obras: *De Umbris Idearum*, *Cantus Circaeus*, *Ars Memoriae*, dedicada a Enrique III, *De Compendiosa Architectura et Complemento Artis Lullii* y la comedia *El Velero*. Entre 1583 y 1585 vive en Londres, huésped del embajador del rey de Francia, y durante varios meses enseña en Oxford, ciudad de la que fue expulsado con la acusación de plagiar a Marsilio Ficino. En Inglaterra, en 1583 publica *Ars Reminiscendi, Sigillus Sigillorum* y *Explicatio Triginta Sigillorum*. Al año siguiente publica *La Cena de las Cenizas, De Causa Principio et Uno, De Infinito Universo et Mondi* y *El Despido de la Bestia Triunfante*. En 1585 publica la *Cábala del Caballo Pegaso, El Asno Cillenico* y *De los Heroicos Furores*. Después de una corta estancia en París, marcada por la polémica con Fabrizio Mordente

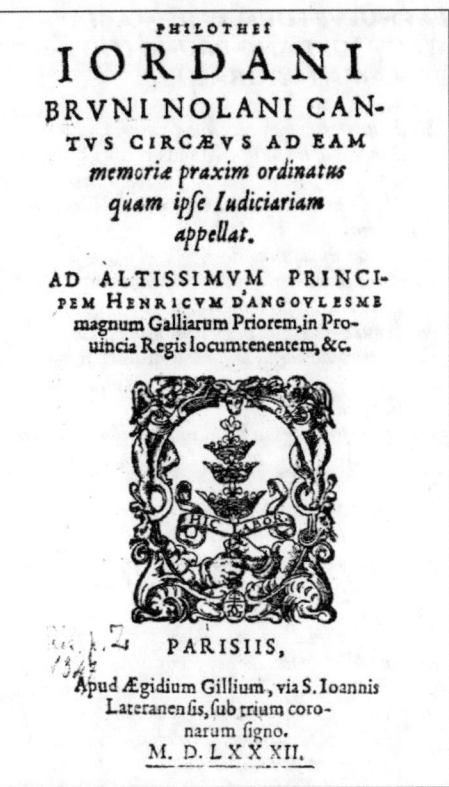

Jordano Bruno, Cantus Circaeus, *París, 1582 (BNF/G)*

y los peripatéticos, en agosto de 1586 se traslada a Alemania, primero a Marburgo y luego a Wittemberg, donde entra como docente en la universidad.

Entre 1588 y 1589 lo encontramos en Praga, donde publica muchas otras obras, entre las que destacan *De Magia, Theses de Magia* y *De Magia Mathematica*. Aquel año la Iglesia luterana lo excomulga.

En 1590 viaja a Frankfurt y publica los poemas latinos *De Triplici Minimo, De Monade, Numero et Figura* y *De Immenso et Innumerabilibus*. En 1591, después de un breve paréntesis en Zurich, vuelve a Frankfurt, donde publica *De Imagine Signorum*.

Al aceptar la invitación de Giovanni Mocenigo, que deseaba aprender de él el arte de la mnemotecnia, viaja primero a Padua y luego a Venecia, donde su anfitrión lo denuncia por hereje. En 1592 es arrestado y procesado por la Inquisición. En un primer momento

LAS NUEVE FORMAS DE MAGIA SEGÚN JORDANO BRUNO (EXTRAÍDO DE MAGIA NATURALI)

Según una primera acepción de magia, el mago no es más que un sabio (Magus primo sumitur pro sapiente), *en la práctica, un científico dotado de una comprensión especial de las leyes del cosmos.*
En una segunda forma de magia, el mago se identifica con quien lleva a cabo obras mediante la aplicación de los principios activos y pasivos, como en el caso de la medicina y la alquimia. En este caso se trata de magia natural (naturalis magia).
La tercera forma de magia no es otra que el arte prestidigitador.
La cuarta forma es la de la interacción magnética entre las cosas, causada por la presencia en ellas del espíritu (o alma), como en el caso del imán. Esta última también es magia natural.
La quinta forma de magia es la oculta (o matemática): utiliza siglas, números, imágenes, etc. y se sitúa a medio camino entre la magia natural y la sobrenatural.
La sexta forma de magia añade a esta última la invocación de entes demoniacos (dioses, héroes, demonios) para recibir en uno mismo el espíritu invocado o para utilizar algunos espíritus con el fin de dominar a los demás (y entonces tenemos la teurgia o magia transnatural o metafísica). Bruno da una descripción irónica del primer tipo de este arte, sosteniendo que se trata de un saber que puede ser evacuado fácilmente, junto con el espíritu, con una simple purga (facile pharmaco una cum spiritu possit evacuare).
La séptima forma de magia es la necromancia, el arte de interrogar a los difuntos a través de los demonios, utilizando un cadáver o parte de este. Cuando falta la materia prima, el mago (que aquí se define de modo peyorativo con el término energúmeno) pronuncia unos encantamientos para interpelar al espíritu que vive en las vísceras y se define como mago «pitónico» (de Apolo Pizio, porque los sacerdotes utilizaban este sistema en el templo del dios).
La octava forma de magia, importante por las influencias negativas que puede ejercer en los otros seres vivos, es la que profesan los maléficos y los benéficos. En efecto, además de hechizos, utilizan vestimenta, excrementos, restos y «todas aquellas cosas que se considera que pueden estar en relación con el tacto» (et omnia quae tactu communicationem aliquam concepisse creduntur). *El objetivo es disolver, ligar o hacer enfermar. Cuando estas artes se utilizan para el bien, incluyen de algún modo a la medicina.*
La novena forma de magia es la que llevan a cabo los adivinos, que puede clasificarse según la modalidad con la que operen.

declara estar dispuesto a arrepentirse, pero acaban trasladándolo, después de no pocas discusiones internas en el Senado de Venecia, a la Inquisición General de Roma.

El segundo proceso dura de 1596 a 1599. Después de haberse declarado dispuesto a abjurar, en el transcurso del último interrogatorio (21 de diciembre), Bruno se niega a retractarse. El pontífice ordena que lo entreguen el 20 de enero a la justicia secular, y el filósofo es quemado vivo el 17 de febrero de 1600 en Campo de' Fiori.

EL PENSAMIENTO

Jordano Bruno está convencido de que la magia es una disciplina lícita e importante, mediante la cual se puede actuar en varios niveles.

En *El Despido de la Bestia Triunfante*, en un fragmento dedicado a la religión de los egipcios, dice: «Esta (la magia), dado que trata de principios sobrenaturales, es divina; y dado que trata sobre la contemplación de la naturaleza y la investigación de sus secretos, es natural».

Bruno dedica muchas obras al tema de la magia, que escribe entre 1587 y 1589: *De Magia Mathematica, De Magia Naturali, Theses de Magia, De Vinculis, De Rerum Principiis, Medicina Lulliana* y *Lampas Triginta Statuarum*.

Destaca por la claridad de los conceptos expuestos *De Magia Naturali*. En esta obra, publicada en 1589, Jordano Bruno reinterpreta algunos de los elementos de la tradición, y el cuadro general responde a la interpretación de la magia que dan también otros autores. Es importante la definición de las diferentes formas de magia: identifica nueve especies, cada una de ellas con características diferentes.

El texto más significativo es quizás el *Lampas Triginta Statuarum*, la visión dinámica del mundo mágico de Bruno mediante treinta conceptos básicos de la magia como si fueran treinta estatuas.

La obra se presenta como un compendio mágico-filosófico que se propone aclarar los misterios del universo, partiendo de las realidades sensibles y de las imágenes fantásticas hasta alcanzar los conocimientos universales, que son causa y principio de todas las cosas particulares.

CAGLIOSTRO, ALESSANDRO, CONDE DE

(1743-1795) Mago y alquimista italiano

El conde de Cagliostro es el nombre con el que se conoce al aventurero originario de Palermo Giuseppe Balsamo.

Después de entrar en calidad de novicio en el convento de Fatebenefratelli de Caltagirone en 1756, se le pierde la pista durante 12 años.

Se conoce la fecha de su boda con Lorena Feliciani, que se celebró en Roma en 1768. Con su esposa realizó numerosos viajes por Europa.

Adopta el nombre de conde de Cagliostro a partir de 1776. Hay noticias de su presencia en Londres ese año. En Inglaterra frecuenta círculos masónicos y decide dar vida a una nueva logia de inspiración egipcia, de la que se convierte en líder.

Con el nuevo rango de Gran Cofto de la logia visita muchos países de Europa, donde funda nuevas logias y se hace apreciar como filósofo de lo oculto, médico, taumaturgo y vidente.

A consecuencia de un hurto del que fue acusado injustamente, pasó un breve período encarcelado en la Bastilla. Se le encuentra de nuevo en Londres y, a partir de 1789, en Roma.

Su actividad esotérica y masónica (en Roma también fundó una logia) levanta las sospechas de las autoridades pontificias. El Santo Oficio lo procesa por hereje y lo condena a muerte (1791). La intervención del Papa transforma la condena a muerte en cadena perpetua. Las duras condiciones de encarcelamiento en el fuerte de San Leo llevan a Cagliostro al borde de la locura y, finalmente, a la muerte.

El conde de Cagliostro es recordado sobre todo por ser un gran taumaturgo, que es el motivo por el cual es bien recibido por los príncipes y personajes poderosos. Ejerce el arte médico a partir de 1780, cuando se hubo establecido en Estrasburgo.

En los años precedentes había realizado sesiones de médium y alquimista.

A Cagliostro no se le puede considerar, como muchos pretenden, un simple charlatán. Fue un individuo genial que logró unir el encanto personal con conocimientos sólidos de medicina y farmacopea. Pese a no contribuir de manera significativa en el progreso de la ciencia terapéutica, supo utilizar con inteligencia los preparados de los que se disponía en la época. El secreto de su éxito se debe probablemente a una acción combinada de terapia de autosugestión y terapia médica. A la pregunta de por qué los mismos medicamentos hacían efecto cuando los administraba él, y no cuando lo hacían otras personas, respondía que el motivo era el toque maestro, el secreto que guardaba en su corazón.

Pese a relacionarse con la alta sociedad, dedicó tiempo, esfuerzo y dinero a pobres y a necesitados, curando gratuitamente a los indigentes que lo necesitaban y trabajando sin descanso desde primera hora de la mañana hasta bien entrada la noche.

CAMPANELLA, TOMMASO

(1568-1639) Filósofo, mago y astrólogo italiano

Nace en la ciudad de Stilo (Calabria) e ingresa muy joven en la Orden de Santo Domingo (1582).

Se forma sobre los platónicos, en particular sobre la filosofía de Tedesio, que defiende frente a las posiciones del aristotélico G.A. Marta, revelando una visión del mundo antiaristotélica.

Es trasladado a Nápoles por culpa de problemas con otros miembros de la orden en Calabria. En la ciudad de la Campania profundiza en sus conocimientos de astrología y magia, y se relaciona con Giambattista Della Porta.

A lo largo de su vida debe afrontar cuatro procesos por herejía (el primero en Nápoles en 1592 por la publicación de su primera obra importante, *Philosophia Sensibus Demonstrata*) y uno por conspiración política, por el cual es condenado a cadena perpetua en 1602. En 1626 es excarcelado, pero al poco tiempo vuelve a la prisión, esta vez por obra de la Inquisición, tres años más. Sale en libertad en 1629, gracias a Urbano VIII.

A causa de las fuertes presiones españolas, y no pudiendo contar ya con el apoyo del Papa, Campanella huye a Francia en 1634. En París es gratamente acogido por Luis XIII, que le asigna una pensión. De este modo puede dedicarse tranquilamente a la publicación de sus manuscritos. Muere en esta ciudad.

LAS OBRAS

Los escritos de Campanella son difíciles de incluir en una categoría, porque en ellos coexisten elementos diferentes, que ponen en evidencia intereses filosóficos, políticos, religiosos o mágicos y astrológicos.

En *Philosophia Sensibus Demonstrata* (Nápoles, 1591) el objeto de su tratado es la filosofía de Tedesio, que Campanella defiende vehementemente de los ataques de los aristotélicos. En los años siguientes escribe *De Monarchia Christianorum* (1593), *De Regimine Ecclesiae* (1593), *Discursos a los Príncipes de Italia* (1594) y *Diálogo contra Lutero, Calvinistas y otros Herejes* (1595).

Justo antes de ser encarcelado y durante todos los años que transcurre en la cárcel, escribe la mayor parte de sus obras más significativas, entre las que destacan *La Ciudad del Sol*, publicada en *Philosophia Realis* en 1623, el *De Sensu Rerum* (1603), *Philosophia Rationalis* (1619), *Apologia pro Galileo*, escrita en 1616 pero publicada en 1622, y una autobiografía, publicada después de su muerte, en 1642.

El éxito de Campanella en Europa está ligado directamente a la relación que tenía con Tobia Adami, un erudito alemán con quien entra en contacto el año 1613 en Nápoles y con el que establece un intercambio epistolar continuo.

Tommaso Campanella, Realis Philosophiae Epilogisticae Partes Quator, *Frankfurt, 1673 (BNF/G)*

Tommaso Campanella, Astrologicorum Liber Septimus, *1629 (BNF/G)*

Adami publica en 1617 la obra *Prodromus Philosophiae Instaurande*, partiendo de una edición anterior titulada *Compendium de Rerum Natura*.

En el año 1623 se imprime en Frankfurt la obra *Realis Philosophia Epilogistica*, subdividida en cuatro partes: *Physiologia, Ethica, Politica* y *Oeconomica*. En cuanto a las obras de contenido esotérico, es importante *Astrologicorum Libri VII*, escrita en 1613 y publicada en 1629, en la que argumenta que la ciencia astrológica no está en desacuerdo con la fe, una vez ha sido depurada de todos los influjos que parcialmente la han desnaturalizado.

EL PENSAMIENTO

Campanella se propone como proyecto de vida la realización de la unidad religiosa de la humanidad, basándose en el redescubrimiento y la aplicación de los tres principios del ser (primalidad): potencia, inteligencia y amor.

A esto se añade el proyecto de realizar una república teocrática, donde la religión cristiana, revelación verdadera, no esté para nada en desacuerdo con la religión natural. En el ámbito de la magia, Campanella encuentra en la física de Telesio las pruebas de la vida, la sensibilidad y la interacción de todas las cosas. Toda la creación se dirige a un fin, perseguido por el alma del universo. El conocimiento del mundo se basa sobre todo en los sentidos, y el intelecto mismo sería, en el fondo, sensibilidad. Sin embargo, existe un conocimiento innato del propio ser, una especie de conciencia originaria, principio fundamental del cual parte el conocimiento de las cosas externas: de hecho, nosotros no las conocemos directamente, sino a través de nuestros propios cambios, debidos a nuestra asimilación de las cosas.

CANSELIET, EUGÈNE LÉON

(1899-1982) Hombre de cultura y estudioso francés, uno de los máximos exponentes de la alquimia del siglo XX

Nace en Sarcelles, en Francia, hijo de Henri Joseph Canseliet y de Aline Victoire Hubert. A la edad de 13 años ve en sueños un escrito en latín que encontrará muchos años después en la villa del marqués Palombara, en Roma.

En 1915 se traslada a Marsella para estudiar dibujo en la Escuela de Bellas Artes.

Durante estos años, Canseliet, que ya había mostrado interés por la alquimia, conoce a Fulcanelli y descubre la materia prima. En aquella ocasión conoce y frecuenta a J.J. Champagne, dibujante al servicio de Fulcanelli desde 1910.

En el año 1917 obtiene la licenciatura en Letras Antiguas en la universidad de Aix-en-Provence y continúa los estudios de latín en París. Allí sigue en contacto con Fulcanelli (que también se había trasladado) y Champagne.

Vuelve a Sarcelles, donde contrae matrimonio con Raymonde Caillaird, en 1921.

En 1922 habría logrado su primera transmutación del plomo en oro, con la guía de Fulcanelli y de un tal Gaston Sauvage.

A pesar de publicar numerosas obras, continúa dedicándose a la alquimia y a las transmutaciones.

Eugène Canseliet (FS)

A partir de 1933 Canseliet colabora con algunos médicos, utilizando la espagírica y obteniendo buenos resultados.

En 1939 trabaja durante varios meses en la pirotécnica de Bourges.

Durante la guerra pierde una parte importante de su archivo y los manuscritos originales de las obras de Fulcanelli.

En 1945 conoce en París, a través de René Alleau, a varios estudiosos de hermetismo y simbolismo, entre los cuales figuran André Breton y Mircea Eliade.

En 1952, según cuenta él mismo, habría coincidido de nuevo en España con su maestro, Fulcanelli.

Continúa trabajando incansablemente, publicando textos sobre alquimia y prosiguiendo sus investigaciones. Muere en Savignies.

Canseliet es quizá la persona que más ha contribuido a relanzar el interés por el hermetismo en general y por la alquimia en particular.

Las obras de Fulcanelli, que él difundió, y las publicadas con su propio nombre han formado a generaciones de investigadores, que han encontrado en sus escritos un filón inagotable de información e indicaciones sobre la cultura alquímica.

En cambio, las indicaciones operativas son escasas, casi como si Canseliet quisiera transmitir una serie de conocimientos, pero solamente como preparación para la acción propiamente dicha. En efecto, el estudioso y quien quiere seguir la vía alquímica deben ponerse a trabajar en un laboratorio siguiendo las enseñanzas de un maestro.

LAS OBRAS

El contacto continuo con Fulcanelli le lleva a reelaborar, entre 1923 y 1926, dos de las tres obras que el maestro le había confiado, que aparecen en 1926 (*Fulcanelli, El Misterio de las Catedrales* y *La Interpretación Esotérica de los Símbolos Herméticos de la Gran Obra*) y en 1930 (*Fulcanelli* y *Las Moradas Filosofales y el Simbolismo Hermético en sus Relaciones con el Arte Sagrado y el Esoterismo de la Gran Obra*).

En 1945 se publica en París la obra *Dos Casas Alquímicas al margen de la ciencia y de la historia*.

En 1956 ve la luz su edición de las *Doce Claves de la Filosofía* del Padre Basilio Valentino.

En los años siguientes asume ediciones nuevas de las obras de Fulcanelli y publica *Alquimia. Estudios diversos sobre el simbolismo y la práctica filosofal* (París, 1964), *La Alquimia y su Libro Mudo* (París, 1967), *La Alquimia Explicada sobre los Textos Clásicos* (París, 1972).

CARDANO, GEROLAMO

(1501-1576) Médico, matemático y astrólogo italiano

Nace en Pavía, probablemente hijo ilegítimo del agrimensor y jurista Fazio di Milano. Gracias a la intervención de su padre estudia primero en la universidad de Pavía y luego en la de Padua. Ejerce la profesión médica en el ámbito rural, se casa en 1532 e intenta infructuosamente entrar en el Colegio de Médicos de Milán, que rechaza su candidatura a causa de su nacimiento ilegítimo.

Durante varios años enseña ciencias matemáticas en Pavía, y posteriormente medicina en Milán.

El periodo en el cual enseñó matemáticas marca el inicio de su fama, consecuencia de importantes discusiones con otros matemáticos del tiempo, como Niccoló Tartaglia, que le acusó de haberle sustraído la fórmula de la resolución de las ecuaciones cúbicas, originariamente descubierta por Escipión dal Ferro y recuperada por Tartaglia en 1539.

Años más tarde, Cardano viaja a varios países, entre ellos Francia e Inglaterra, y regresa a Pavía para afrontar una situación familiar dramática (sus dos hijos son criminales y uno de ellos resulta condenado a muerte). Seguidamente se traslada a Bolonia, donde ejerce la docencia hasta que la Inquisición detiene su actividad.

Se traslada a Roma, con el compromiso de no publicar nada más, y obtiene una renta papal.

Muere en Roma

LAS OBRAS

La obra más exitosa de Cardano es *Ars Magna*, publicada en 1545.

Gerolamo Cardano (FS)

Es un tratado matemático en el que presenta una fórmula para resolver ecuaciones cúbicas y otra para las ecuaciones de 4.º grado, descubierta por uno de sus alumnos. Entre las otras obras, recordamos *De Subtilitate* (1550), *De Rerum Varietate* (1557) y su autobiografía, *De Propria Vita*, publicada en 1643 en París.

EL PENSAMIENTO

Cardano es un personaje de cultura enciclopédica y profundo conocedor de las ciencias matemáticas, la mecánica (suspensión por cardan), la física, la astrología (comenta la obra de Tolomeo) y la medicina práctica (diagnosis y terapia). Reconoce no saber demasiado de anatomía, botánica y química. En el ámbito médico obtiene éxitos significativos, al recurrir a un planteamiento que utiliza la analogía. Concretamente, cuando se sirve de plantas o hierbas, lo hace a partir de sus características de simpatía y antipatía, con lo que enlaza con el pensamiento tradicional.

Es especialmente interesante su gemoterapia: las gemas se colocan debajo de la lengua y tienen distintas capacidades de interactuar con el organismo, curando diferentes órganos y afecciones. Al igual que muchos otros pensadores de su tiempo, en su obra intenta desarrollar una visión del mundo unitaria, que busca la forma de reducir la multiplicidad a unos pocos principios esenciales.

Mediante el análisis introspectivo llega a definir su propio sistema científico como una interacción entre una preparación cultural sólida y una combinación de intuición e inspiración (que él denomina *splendor*). Esto le hace ver en todas las cosas y en todos los acontecimientos presagios misteriosos e indicaciones que pueden llegar a ser descifrados.

CHAMPAGNE, JEAN-JULIEN
(1877-1932) Artista y alquimista francés

Nace en Levallois-Perret. Estudia en la Escuela de Bellas Artes de París y se diploma en 1900 en dibujo y artes plásticas. Gran aficionado a la música (es violinista) se interesa desde niño por la alquimia.

A través de su amistad con el librero Pierre Dujols (Librairie du Merveilleux), conoce a muchas personalidades del mundo hermético y esotérico, como René Guénon y Oswald Wirth. Según Canseliet, en aquella época Champagne también conoce a Fulcanelli.

Trabaja como diseñador industrial al servicio de la familia de Ferdinand de Lesseps, y se instala en su vivienda, donde se dedica al estudio de la alquimia operativa.

En los primeros años del siglo XX también trabaja para un editor de libros raros y, a partir de 1910, colabora con Fulcanelli. Todavía en 1910, Champagne pinta un cuadro muy conocido de temática alquímica: *El Barco de la Gran Obra*.

En 1915 Champagne conoce a Canseliet. Al descubrir afinidades comunes, el artista presenta al joven a la familia Lesseps, que lo introduce en su círculo de amistades.

En los años 1916-1917 la sociedad Champagne-Canseliet continúa, con muchas visitas que el joven realiza al laboratorio de la rue de Vernier, en París. Champagne es uno de los cuatro personajes presentes en la transmutación obtenida en el laboratorio de Canseliet en 1922. Los otros son el propio Canseliet, Fulcanelli, que habría guiado a su alumno en esta tarea, y el químico Gaston Sauvage.

Champagne, que en los últimos años llevó una vida marcada por la bebida, murió de una gangrena en una pierna.

La importancia de Champagne se debe, en primer lugar, a la función de enlace entre personajes del siglo interesados en la alquimia y el hermetismo. Gracias a sus contactos con Canseliet, Dujols, René Schwaller de Lubicz y otros, se convierte en un asistente fijo, aparentemente en un segundo plano, pero en realidad importante para la transmisión de conocimientos. Por otro lado, es probable que su formación alquímica fuera destacable.

En segundo lugar, su figura está relacionada directamente con la de Fulcanelli, un personaje considerado por muchos misterioso y de difícil identificación.

Hay quien sostiene que Fulcanelli no fue sino el propio Champagne y que nunca habría existido como persona. La hipótesis no puede descartarse porque hay muchos indicios que le dan validez, por ejemplo la continua relación que establece en las reconstrucciones del periodo entre los dos hombres, o bien las palabras *Uber Campa agna* —Hubert Champagne, el nombre del padre de Champagne que figura en el documento falsificado por el hijo para parecer más mayor— que se encuentran en el escudo final de *El Misterio de las Catedrales*, obra atribuida a Fulcanelli.

Por otra parte, el testimonio de Canseliet según el cual se habría encontrado con Fulcanelli en España en 1952 no encajaría con la identificación de Fulcanelli con Champagne, que murió en 1932, a menos que, como alguien sostiene, este encuentro no fuera más que fruto de la invención (*véase Fulcanelli*).

CHARAKA

(Siglos I-II d. de C.) Médico, filósofo y astrólogo indio

No se tienen datos ciertos sobre su vida. Se le considera autor del escrito *Charaka Samhita*, considerado la obra más importante para la comprensión del Ayurveda. Sin embargo, la obra que nos ha llegado a nosotros con este nombre es una reelaboración de la original a cargo de Drdhabala, que data del siglo V d. de C. y que se titula *Agnivesa Samhita*.

El texto, compuesto de 8.400 versos y escrito en sánscrito, narra continuas discusiones entre grupos de estudiantes del Ayurveda sobre distintos temas.

Son particularmente importantes las indicaciones de carácter médico sobre las modalidades de tratamiento, interno o externo al organismo, sobre el diagnóstico (subdividido en 8 grados) y sobre la necesidad de curar no sólo el cuerpo sino también la mente y el alma.

Para una mejor definición del diagnóstico se utilizan también indicaciones que proporciona la astrología.

COSMOPOLITA SETHON, ALEXANDER

(?-1604) Alquimista escocés

Vive en la segunda mitad del siglo XVI. Profundo conocedor del hermetismo y la alquimia, probablemente está en posesión del secreto de la Piedra Filosofal, que el duque de Sajonia intenta arrebatarle en vano.

Encarcelado por este último, es liberado por su alumno Michele Sendivogius, que, según Jollivet-Castellot, después de la muerte de Sethon (1604), habría usurpado su sobrenombre, atribuyéndose el mérito de sus investigaciones.

Sendivogius habría publicado *De Lapide Philosophico Tractatus XII* en 1604.

CRASSELLAME (MARQUÉS FRANCESCO MARIA SANTINELLI)

(1627-1697) Noble, poeta y alquimista italiano

Nace en Pesaro. Autor de numerosas composiciones poéticas (dramas musicales, canciones, rimas), se le conoce también por su amistad con la reina Cristina de Suecia, a la que conoció en ocasión de su viaje a Italia en 1655.

La reina es hospedada por la familia Santinelli durante su viaje a Roma. La impresión que le causa el marqués es tal que lo nombra su Mayordomo. También forman parte del grupo de personalidades que rodean a la reina el marqués Palombara y el padre Athanasius Kircher. Según algunos autores, la principal composición de Crassellame, *Lux Obnubilata,* reflejaría los conocimientos alquímicos del grupo.

En 1678 el marqués Santinelli se traslada a Venecia, donde conoce al alquimista Fridericus Gualdus, con quien sienta las premisas para la publicación de varias obras de temática alquimista y hermética.

LAS OBRAS

Según varios estudiosos, Santinelli es autor de una oda anónima publicada en Venecia en el año 1666, con un amplio comentario, también anónimo. Es una obra muy importante porque sintetiza en pocos versos algunos puntos fundamentales del saber alquímico. Cuando se leen los versos de Crassellame, la sensación es que el autor, de forma directa o indirecta (es decir, a través de los miembros del círculo de hermetistas que frecuentaban a la reina Cristina), ha entendido el nivel de los filósofos.

La oda alquímica, conocida actualmente como *Lux Obnubilata,* es quizá la obra que más se ha acercado a revelar el secreto de la sustancia utilizada por los alquimistas para las transformaciones. En ella se hace patente que se trata de una materia única y que no es tratada según las modalidades químicas y físicas que se conocen.

La oda habla también de un campo energético omnipresente, que el alquimista debe recoger y tratar.

DE GUAITA, STANISLAS

(1861-1897) Esoterista y ocultista francés

Nace en Dieuze, en Lorena. Estudia en el liceo de Nancy y en la universidad de Burdeos, donde sigue los cursos de filosofía. A continuación, profundiza en el estudio de la química y la medicina, y publica versos de inspiración simbolista.

En 1884 lee las obras de Eliphas Lévi y se aficiona a la cábala.

Fruto de sus estudios, publica *En el umbral del Misterio* (1886). La obra se sitúa en un momento concreto de la evolución de De Guaita. De hecho, un número creciente de personas muestra interés por su actividad, y forman un grupo que gira alrededor del núcleo de conocidos y amigos del maestro, lo cual da vida a una auténtica organización.

En estos años De Guaita publica obras significativas, como la trilogía *La Serpiente del Génesis*: el primer volumen se titula *El Templo de Satanás*, el segundo, *La Clave de la Magia Negra*, y el tercero, que quedó incompleto, *El Problema del Mal*.

En 1887 funda la Orden Cabalística de la Rosacruz, de la que es Gran Maestro.

Uno de los miembros de la orden es Joséphin Péladan, escritor que destaca por su cristianismo devoto y fanático. Las divergencias con otros miembros hacen que Péladan abandone la orden y forme otra nueva (Tercera Orden Intelectual de la Rosacruz), que tiene un gran éxito en cuanto a difusión y participación.

De Guaita, para soportar los terribles dolores de la enfermedad que lo afecta, se ve obligado a recurrir a la droga. Muere a la edad de 36 años.

DE PASQUALLY, MARTÍNEZ

(1727-1774) Fundador de la escuela martinesista

Nace en Grenoble (Francia), probablemente en el seno de una familia de hebreos de origen español (o portugués) convertidos al catolicismo.

Según otras fuentes, De Pasqually sería originario de Oriente Medio, concretamente de Siria.

Su preparación denota un conocimiento profundo de las tradiciones hebreas y del esoterismo árabe. Dice haber sido iniciado por maestros desconocidos, que le habrían comunicado conocimientos secretos. Después de meditar acerca de las enseñanzas impartidas por la masonería (Gran Logia de Francia), funda una orden caballeresca y sacerdotal, los Electos de Cohen, que se propone restaurar la casta sacerdotal de los antiguos hebreos.

Su objetivo es la reconstitución del Hombre-Dios de los orígenes: Adán habría sido un ser superior, humano pero con grandes poderes y capacidades, a quien Dios habría puesto como guardia de la prisión de los ángeles rebeldes. Pero Adán habría caído también en el mismo error que los diablos: orgullo y soberbia. Ello le llevó a rebelarse contra el Creador, lo cual le sirvió para ser catapultado a la miserable condición actual. Con unas determinadas prácticas y una constante mejora espiritual, el hombre podría recuperar el esplendor original, pudiendo así comunicarse con las inteligencias angelicales que se mantuvieron fieles al Creador.

Entre 1765 y 1766 De Pasqually conoce en Burdeos al filósofo Louis-Claude de Saint-Martin. Este sigue las teorías del maestro, que lo había iniciado en la Orden de los Electos de Cohen, en la obra *El Libro Rojo*, escrito en 1768.

En 1773 De Pasqually nombra como su secretario al filósofo francés, que entre tanto se había instalado en Lyon.

De Pasqually muere en 1774 en la isla de Santo Domingo, a donde había viajado hacía un año.

La Orden de los Electos de Cohen sobrevivió poco tiempo más, hasta que, en 1778, se fusionó en París con la de los Filaleti y con la de los Grandes Profesos.

Las obras fundamentales de De Pasqually son: *Tratado de la Reintegración de los Seres en sus originales Cualidades y Virtudes Espirituales y Divinas* y las *Instrucciones para los Electos de Cohen*.

DE SAINT-MARTIN, LOUIS-CLAUDE
(1743-1803) FILÓSOFO Y MÍSTICO FRANCÉS

Nace en Amboise en el seno de una familia noble. Después de la muerte de su madre, lo cría la segunda mujer del padre, Claude François de Saint-Martin.

Se licencia en jurisprudencia en París. En 1765 elige la vida militar y entra como oficial en el regimiento de Foix, en Burdeos. En estos años conoce a Martínez de Pasqually y forma parte de los Electos de Cohen.

En 1768 escribe *El Libro Rojo*, una obra que resume las enseñanzas de De Pasqually y sus convicciones juveniles. Después de abandonar la vida militar, se desplaza a Lyon, hospedado por Willermoz, también miembro de la orden.

En aquellos años De Saint-Martin progresa en la jerarquía de la orden y empieza a trabajar como secretario de Martínez, recibe sus enseñanzas y en 1775 publica *De los Errores de la Verdad*, su primera obra original.

En 1772, Martínez de Pasqually viaja a Santo Domingo, donde muere en 1774.

La orden sobrevive unos años y se fusiona con la de los Filaleti, con sede en París, y se convierte en una orden masónica. Por esta razón, pese a ser invitado a formar parte de ella en 1784, De Saint-Martin rechaza el ofrecimiento.

Se instala en París, donde conoce a madame De la Croix y a madame de Luzignan, con quienes vive.

En 1782 aparece *Cuadro General de las Relaciones Existentes entre Dios, el Hombre y el Universo*, que trata sobre la caída del hombre de una dimensión espiritual originaria a una nueva dimensión material.

Entre 1787 y 1788 De Saint-Martin viaja a Inglaterra y a Italia.

Louis-Claude de Saint-Martin (FS)

En 1788, con motivo de un viaje a Alemania, contacta con madame Charlotte de Boeklin y con el estudioso Rodolphe de Salzmann, que lo inicia a la comprensión del gran místico Jakob Boehme.

La asimilación de la obra de Boehme constituye una verdadera revolución. De Saint-Martin ve en la obra del gran filósofo alemán la concretización de las intuiciones de De Pasqually y se dedica al estudio de su obra, aprendiendo el idioma y traduciendo sus textos.

En 1789 escribe *Mi Retrato Histórico y Filosófico*, una autobiografía.

En los años difíciles de la Revolución Francesa, que lo obligan a cambiar la localidad de residencia, escribe las obras *El Hombre de Deseo, Ecce Homo, El Nuevo Hombre* y otros textos significativos. En esa época el filósofo afronta en primera línea la batalla de las ideas, en defensa de la visión espiritualista contra la materialista, representada sobre todo por la filosofía de Condillac, que fundamentaba el intelecto en la sensación. Encuentra una ayuda valiosa en los escritos de Jakob Boehme. Su última obra, *El Ministerio del Hombre-Espíritu*, publicada en 1802 e impregnada de las enseñanzas de Boehme, dibuja la posible trayectoria del hombre decadente que, destinado originariamente a una posición muy diferente a la actual, podría volver, mediante la evolución espiritual, a las grandezas iniciales, trabajando con voluntad y ejercicio constante.

De Saint-Martin muere víctima de una hemorragia cerebral, en paz consigo mismo, apagándose en la oración.

EL PENSAMIENTO

La revolución del filósofo francés se basa en una revisitación del cristianismo, ligada al pensamiento original de De Pasqually, a la fuerte influencia de Boehme y a su experiencia espiritual.

El tema dominante sigue siendo la criatura caída que intenta reencontrar el camino para volver a ser lo que era.

La novedad de la visión de De Saint-Martin reside en el hecho de que lo que se intenta reconstruir no es tanto un estado de potencia exaltada del hombre, sino una dimensión de interacción equilibrada con Dios.

Según la Escritura, en las épocas más antiguas Dios «paseaba» con los hombres elegidos. En la práctica, lo que hace falta reconstruir es la capacidad de interlocución con las divinidades, sin necesidad de palabras, a través de una unidad de intentos que llega al hombre por haber sido creado a imagen y semejanza de Dios.

¿De qué modo se puede reinstaurar la relación interrumpida con la caída?

En primer lugar, mediante la *plegaria*. En efecto, situando al ser humano en una posición subalterna con respecto a la divinidad a la cual solicita una intervención directa, la plegaria permite que el flujo energético originario pase a través de él: el *Yo* no es más que un bloqueo de la energía y para que esta sea fluida es preciso que pueda circular libremente. Se puede llegar a ello entrando en contacto con la parte más íntima de uno mismo. Hace falta entrar en uno mismo, reconocer en el interior de cada uno la voz poderosa que proviene del espíritu, reencontrar intelectualmente la unidad de la que se había partido. El hombre no debe apoyarse solamente en la comprensión del mundo que le llega de los sentidos, sino también en la luz interior, traducción en su alma del mensaje transmitido desde otro centro, el del espíritu, que procede del Padre. Así, el hombre puede reconocer la comunidad con la divinidad y revisitar el mundo bajo una luz nueva.

Las tres condiciones necesarias para que pueda tener lugar esta toma de conciencia son: pensar, sentir y querer.

El pensamiento adquiere un papel importante, porque sólo a través de él se puede reconocer que algunos conceptos no provienen de la sensación, sino de otro centro de nuestro interior. Para De Saint-Martin, pues, la plegaria es un instrumento fundamental concedido al hombre para actuar en sí mismo, en su relación con Dios y con los demás. Existen dos tipos de plegaria, una mental, que se recita en silencio, y una oral, que se pronuncia en voz alta. Ambas son importantes y eficaces, aunque De Saint-Martin sugiere utilizar la primera cuando se quiere rezar para uno mismo, y hacerlo en voz alta cuando se reza para los demás.

La oración de intercesión para los demás es muy importante porque tiene la capacidad de inducir a la divinidad a intervenir, a petición nuestra, a favor de aquellos por quienes se ruega.

El autor aconseja rezar continuamente y no dejarse vencer por el cansancio. En efecto, el hombre debe rezar para contrarrestar al mal que no cesa nunca de actuar, utilizando para este fin la oración en voz alta (que De Saint-Martin define como un arma ofensiva, a diferencia de la oración mental que, según él, es defensiva).

Durante la oración el hombre se focaliza en elementos espirituales, en los errores y los pecados propios, y en la acción de Jesucristo (el Reparador). Todo ello permite entrar cada vez más en contacto con la esencia primaria de la experiencia espiritual. La práctica constante de este ejercicio logra elevar el nivel espiritual de la persona hasta hacerla oscilar al unísono con la divinidad.

Otro componente esencial del pensamiento de De Saint-Martin son los números, de los que se ocupa en varias obras, especialmente en *Los Números*.

La visión que tiene De Saint-Martin de los números es próxima a la de los círculos pitagóricos y a la de De Pasqually: los números no se analizan por su valor matemático, sino como símbolos sagrados.

Los números del 1 al 10 tienen la capacidad de representar realmente las características de la creación, mientras que sus combinaciones analógicas pueden incidir en la materia y en el hombre, y pueden representar situaciones y estados de ánimo espirituales.

DEE, JOHN
(1527-1608) Astrónomo, científico
y astrólogo inglés

Nace en Londres, hijo de un personaje relevante de la corte real.

Estudia en el St. John's College de Cambridge, y se traslada posteriormente a los Países Bajos, donde se licencia en la universidad de Lovaina.

Después de un breve periodo en Inglaterra ejerce la docencia en París, en la Sorbona (1550), y posteriormente vuelve a Inglaterra, donde obtiene el apoyo económico de Eduardo VI, hecho que le permite dedicarse a la astrología.

Sus profundos conocimientos en este ámbito le valen grandes amistades (por ejemplo, con María Tudor, Elisabeth I y Maximiliano II de Bohemia), pero también grandes enemistades, que incluso le acusan de nigromancia.

En los años posteriores viaja en varias ocasiones por Europa, hasta que en 1571 compra una casa a orillas del Támesis.

Una de sus aficiones es la cristalomancia y, a consecuencia de un cristal convexo que le entrega un misterioso joven, decide dedicarse a la comunicación con el mundo espiritual.

Colabora con él un personaje de reputación dudosa, Edward Kelly, falsario y alcoholizado, que dice tener grandes poderes de visión y le cuenta todo lo que ve en aquel cristal precioso. Juntamente con Kelly, Dee viaja a Polonia (1583), acogido por el príncipe paladino de Lasky. Allí se dedica a la alquimia y la magia, y va de ciudad en ciudad (en Praga coincide con el emperador Rodolfo II, en Cracovia, con el rey Stefan) declarando poder realizar transmutaciones.

En 1589, después de apartarse de la influencia de Kelly (que muere en un accidente en 1595), Dee, de nuevo en Inglaterra, es nombrado por la reina Elisabeth director del colegio de Manchester.

Al cabo de siete años vuelve a su casa de Mortlake, donde trabaja como vidente y astrólogo, siempre acusado por sus enemigos de nigromante. Muere sumido en la pobreza.

DELLA PORTA, GIAMBATTISTA
(1535 O 1540-1615) Científico, estudioso
de magia y literato italiano

Nace probablemente en Nápoles. Hombre de gran cultura, en consonancia con las mejores aspiraciones de su tiempo, estudia la naturaleza en todos sus aspectos, y se dedica a la física, la óptica y las matemáticas, disciplinas en las que realiza constantes experimentaciones obteniendo resultados destacables.

Realiza largos viajes por Italia, Francia y España.

Su mayor reputación se debe a la publicación de la obra *Magiae Naturalis Libri XX* (Nápoles, 1589), en la que explica que, para el mago, el mundo es un campo de acción de fuerzas vitales interrelacionadas, donde cada cosa está ligada a las demás. El objetivo de la magia entiende el funcionamiento del cosmos, imitando sus procesos.

Una de las partes de la obra más interesantes, por su modernidad, es la que dedica a la confutación de la demonología y de la creencia en las brujas. La publicación, traducida al poco tiempo a varios idiomas, da pie a una acusación de brujería hacia su persona, que posteriormente sería retirada por la Inquisición, pero en la que insistieron otros detractores.

Funda en Nápoles la Academia de los Secretos, que fue suspendida por las autoridades.

En las obras *De Humana Physiognomonia* (1586) y *Caelestis Physiognomoniae* (1603) indaga de qué manera la dimensión espiritual y arcana del mundo se traduce en la realidad que percibimos.

Parte de la obra *Magiae Naturalis Libri XX* trata sobre la transmutación de los metales *(De metallorum transmutatione)*. La destilación es tratada en una obra aparte, *De Distillatione*, publicada en 1609.

Sus principales invenciones fueron la cámara oscura y, según algunos (entre los cuales está Kepler), el telescopio.

Muere en Nápoles.

D'ESPAGNET, JEAN

(Siglos XVI-XVII) Alquimista francés

Vive entre la segunda mitad del siglo XVI y la primera del XVII en Burdeos, donde ejerce el cargo de Presidente del Senado de la ciudad.

Según varios autores habría escrito dos tratados, publicados anónimamente en 1623: *Obra Arcana de la Filosofía Hermética* y *Tratado Hermético de la Física Reintegrada*.

Son dos escritos breves pero muy importantes. En el primero se indica el camino para la realización de la Gran Obra, basándose en secretos extraídos de las obras de Trevisano y de Lullo, autores citados como maestros a seguir.

El tratado parte de algunas consideraciones generales sobre la alquimia, considerada como un don divino y como conocimiento perfecto de la naturaleza y del arte de trabajar los metales. Estos últimos han de ser cada vez más perfectos para poder obtener de ellos un remedio universal, capaz de sanar tanto los metales imperfectos como los cuerpos enfermos. El autor destaca la necesidad para el alquimista de trabajar inspirándose únicamente en pocos maestros, de calidad elevada y de fe contrastada. Por último, pone en guardia al lector sobre la interpretación de las palabras escritas en los textos alquímicos, que a menudo resultan engañosas.

En el resto del tratado reconstruye con gran claridad, aunque siempre ocultando lo que debe ser ocultado, el proceso alquímico, dando muchas indicaciones sobre los consejos expresados, las distintas fases de la operación y el instrumental necesario. Este texto es particularmente interesante porque parece sugerir algunas modalidades de captación del éter, considerado uno de los componentes esenciales del procedimiento alquímico.

El segundo tratado introduce la visión cosmológica difundida en los siglos XVI y XVII entre los filósofos ocultistas (y entre muchos científicos) y representa uno de los mejores textos para conocer qué pensaban los alquimistas sobre las ciencias de la naturaleza.

D'OLIVET, ANTON FABRE

(1767-1825) Ocultista, poeta y periodista francés

Nace en Francia, primero de seis hijos, en el seno de una familia protestante.

Durante la Revolución Francesa forma parte del Club de los Jacobinos.

Durante toda la dominación napoleónica se siente perseguido por Napoleón. El año 1797 representa para él una fecha muy importante, ya que funda el periódico *L'Invisible*, ventana crítica y moral sobre lo que acontecía en Francia en la época.

Años después, a causa de sus simpatías republicanas antinapoleónicas, está a punto de ser encarcelado, pero se libra gracias la mediación de un personaje influyente.

Un segundo dato significativo (que según él le causa una verdadera revolución interior) es la muerte de la joven de la que estaba enamorado: en 1800 fallece Julie Marcel, que después de morir se le aparece en varias ocasiones, lo cual le provoca un trauma psicológico.

A consecuencia de estas visiones, D'Olivet se dedica a la ciencia oculta y elabora un sistema filosófico propio.

En 1805 contrae matrimonio con Marie Warin.

En 1811 cura a un sordomudo de nacimiento aplicando la hipnosis.

En 1813 publica *Los Versos Dorados de Pitágoras*, traducción de una obra atribuida a Lisis; en 1816, *La Lengua Hebrea Restituida*, y en 1824, *Historia Filosófica del Género Humano*. Ese mismo año funda el culto teodóxico universal, rico en simbologías agrestes, en el cual la difunta amada es venerada como Egeria Teofania. Muere en París.

Fabre d'Olivet puede considerarse el primer esotérico de verdad de la era moderna. En un periodo en que la ciencia y la filosofía tendían al racionalismo más exacerbado, él, con su religión, al redescubrir la importancia del hebreo, con las referencias al mito de Atlántida y con su concepción del hombre cósmico y del fluido universal que es comunicado al mago en las operaciones de psicurgia (acción de la mente), sienta los fundamentos del despertar esotérico del siglo XIX.

DÜRCKHEIM, KARLFRIED

(1896-1980) Filósofo y psicólogo alemán

Nace en Mónaco en una antigua y noble familia bávara.

Es voluntario durante la primera guerra mundial (1914-1918) y renuncia al derecho de sucesión del título de conde de Steingaden para poder dedicarse al estudio y a la investigación, especializándose en psicología y filosofía en las universidades de Mónaco y Kiel.

Desde 1925 hasta 1932 trabaja como asistente en el Instituto de Psicología de la Universidad de Leipzig. Dos años después de la habilitación (Leipzig, 1930) ejerce la docencia en Kiel.

Los orígenes en parte hebreos de su familia le impiden continuar la actividad universitaria en Alemania. Sin embargo, en 1938 realiza un encargo en Japón al servicio de Joachim von Ribbentrop, ministro de exteriores del Reich. Allí transcurre dos periodos: de 1938 a 1939 y de 1940 a 1947. Esta estancia reviste una importancia especial para Dürckheim. Anteriormente había conocido la obra de Lao-Tze, cuya lectura lo había llevado a la iluminación. En Japón conoce el budismo zen y el arte del tiro con arco, disciplinas que le abren una dimensión nueva del conocimiento.

Este es el segundo componente de su nueva visión del mundo; el primero en orden cronológico es la lectura del gran místico alemán Meister Eckhart.

En 1948 Dürckheim funda, con María Hippins, en la localidad de Todtmoss-Rütte (Selva Negra), el Centro de Formación y de Encuentros de Psicología Existencial.

LAS OBRAS

Sus obras más importantes son: *Zen und wir* (1961), *Der Ruf nach dem Meister. Der Meister in uns* (1972), *Vom doppelten Ursprung des Menschen* (1973), *Japan und die Kultur der Stille* (1975), *Meditieren, wozu und wie. Die Wende zum Initiatischen* (1976) y *Mein Weg zur Mitte* (1986).

Karlfried Dürckheim (FS)

EL PENSAMIENTO

El objetivo que se propone el autor en numerosos artículos y escritos es crear una especie de zen occidental, llevando al hombre moderno a la vía de la iniciación. No es un camino abierto a todos: la iniciación propiamente dicha necesita de una elección previa, que viene de arriba y que sitúa al futuro iniciado en condiciones de querer y poder seguir la iniciación.

El objetivo final es el mismo que el del zen: en lugar del término *satori* («iluminación, despertar»), Dürckheim utiliza la expresión *gran experiencia*. Se trata de alcanzar el conocimiento intuitivo de nuestra verdadera naturaleza que es, en el fondo, un modo del ser divino.

La experiencia que se propone es parecida en parte a la de los místicos de tradición occidental: estos logran separarse de su dimensión personal (el Yo cotidiano) para ensimismarse en la propia esencia.

El pensamiento de Dürckheim se incluye en la base de la terapia iniciática, un método que permite al hombre pasar de forma gradual de un estado de existencia superficial a las dimensiones más profundas del ser.

ELIADE, MIRCEA
(1907-1986) Filósofo e historiador
de las religiones rumano

Nace en Bucarest y desde la infancia ya muestra un marcado interés por las ciencias naturales, que pronto transforma en afición por las religiones comparadas, la filología y los idiomas. A los dieciocho años ya sabe, además del rumano, su lengua materna, francés, inglés, alemán e italiano. Estudia filosofía en la universidad de Bucarest, donde se licencia con una tesis sobre los filósofos del Renacimiento, de Marsilio Ficino a Jordano Bruno.

Más tarde, aprovechando una beca de estudios, viaja a la India, donde reside cuatro años y aprende sánscrito, historia y filosofía indias.

De vuelta a Bucarest, en 1932 realiza una tesis de doctorado sobre el yoga, que fue discutida en 1933.

Entre 1933 y 1940 Eliade imparte Historia de la filosofía en la universidad de Bucarest, como asistente de Nae Ionescu, un famoso ideólogo de la derecha. Precisamente a causa de su relación con Ionescu, Eliade, que durante la guerra sirve al ejército rumano en el extranjero, ve cómo se le priva la entrada en Rumanía, donde se ha instaurado el régimen comunista.

Se instala en París. Allí, gracias a la amistad con George Dumézil, obtiene una plaza de profesor de Historia de las religiones en la Sorbona. Posteriormente enseñó en otras universidades de Europa.

De 1958 a 1986 es titular de la cátedra

Mircea Eliade (FS)

de Historia de las religiones en Chicago.

Eliade es un autor fundamental para la comprensión del mundo religioso, mágico y mítico. Su profundo conocimiento de la filosofía occidental, de las religiones orientales y del pensamiento mítico y religioso de todo el mundo (buena prueba de ello es la antología de 1967, *From Primitives to Zen*) le permite tratar los temas más importantes de la experiencia religiosa. Además, su obra sobre el chamanismo representa el primer intento de tratar de forma global este fenómeno, cuya importancia es capital para la comprensión del mundo mágico y mediánico.

LAS OBRAS

Las obras más destacadas de Eliade son: *El Mito del Eterno Retorno* (1949), muy importante por la distinción entre hombre religioso y no religioso en relación con la concepción del tiempo (heterogéneo y homogéneo); *Lo Sagrado y lo Profano, la naturaleza de la religión* (1956), donde se presenta la diferencia entre dimensión sagrada y dimensión profana del tiempo y del espacio; *Historia de las Ideas Religiosas* (1978-86); *Enciclopedia de la Religión* (1987); y *Chamanismo: técnicas arcaicas de éxtasis*

Julius Evola (FS)

(1951).
EVOLA, JULIUS
(1898-1974) FILÓSOFO, PINTOR Y ESOTERISTA ITALIANO

Nacido en Roma de padres de origen siciliano, se dedica desde joven al arte y a la filosofía. Le influencian Nietzsche, Michelstaedter y Weininger. El espíritu artístico se manifiesta en la afición por las vanguardias, concretamente por el futurismo y el dadaísmo. Juntamente con Cantarelli y Fozzi publica la revista dadaísta *Bleu*.

En 1917, a la edad de 19 años, lucha en la primera guerra mundial con el grado de oficial de artillería. Inmediatamente después de la guerra sufre una crisis profunda. En un momento de dispersión intenta huir de la inconsistencia de la vida cotidiana recurriendo a estupefacientes y pensando seriamente en el suicidio. La lectura de un texto budista le cambia la visión del mundo y modifica significativamente su actitud ante la vida.

Abandona la pintura y la literatura, frecuenta círculos espiritualistas, especialmente antroposóficos y teosóficos, y empieza a colaborar en algunas revistas. La experiencia más significativa de estos años es su actividad de coordinador del Grupo de Ur (1927-1929), formado por personas que desean experimentar directamente la magia, según el planteamiento iniciático antiguo. Las experiencias están recopiladas en una serie de fascículos, que posteriormente (1955-1956) se publican en tres volúmenes: *Introducción a la Magia como Ciencia del Yo*.

Durante los años en que se afirma el fascismo, Evola colabora en artículos de contenido antifascista, pero que no comparten la democracia tal como se entiende modernamente.

En 1928 publica *Imperialismo Pagano*, obra en la que propugna un fascismo tenazmente anticatólico. Son años muy importantes para el desarrollo de la personalidad de Evola, que entabla relaciones epistolares con Giovanni Gentile y Benedetto Croce.

A partir de 1930 publica la revista *La Torre*, inspirada en el pensamiento tradicional, con el objetivo de defender sus principios fundamentales. La revista es cesada porque incomoda al régimen y Evola empieza a escribir para *La Vita Italiana* y, sobre todo, para *Il Regime Fascista*. En el diario de Farinacci firma la rúbrica *Diorama Filosófico*.

Entre 1937 y 1941 se dedica al tema del racismo, publicando obras que, aun respetando las teorías oficiales, ponen en evidencia la incongruencia respecto al pensamiento tradicional, hasta el punto de suscitar la oposición de los ideólogos del nazismo. Se afilia a la RSI.

Años después Evola vive en Alemania y en Austria. En 1945, en Viena es víctima de un bombardeo que le causa parálisis de las extremidades inferiores.

Después de la guerra publica otras obras que defienden una visión aristocrática y tradicional del mundo, que a veces son utilizadas por grupos de derecha como base filosófica de sus acciones.

Evola muere en Roma en mayo de 1974.

LAS OBRAS

A partir de los años veinte, Evola publica muchas obras de temática filosófica y esotérica. Las principales son: *Teoría y Fenomenología del Individuo Absoluto* (1927-1930), *Imperialismo Pagano* (1928), *La Tradición*

Hermética (1931) y *Revolución contra el Mundo Moderno* (1934), que contiene —en la primera edición— un apéndice sobre el grial, suprimido después de la publicación de *El Misterio del Grial* (1937), *La Doctrina del Despertar* (1943), sobre la ascesis del budismo, y *Metafísica del Sexo* († 1958).

EL PENSAMIENTO

La visión de Evola se caracteriza por una crítica radical del mundo moderno. Las tendencias que deben ser combatidas son dos: por una parte, la banalización de los conceptos del pensamiento tradicional, actualmente desfigurados y empleados fuera de contexto; y por otra parte, el descenso del nivel espiritual de la humanidad, incapaz de unirse en torno a ideas-fuerza de gran valor.

Las tres obras más importantes de temática esotérica son: *La Tradición Hermética, El Misterio del Grial* y la recopilación de colaboraciones de la *Introducción a la Magia como Ciencia del Yo*.

En el primer texto, el autor pretende proporcionar al lector los instrumentos fundamentales para interpretar los textos herméticos del pasado.

En el segundo, se presenta la tradición legendaria del grial como la búsqueda del hombre medieval de un centro espiritual hacia el que debe tender el iniciado. Concretamente, el autor encuentra las raíces paganas, y no cristianas, del mito. El objetivo de Evola está presentado claramente en su autobiografía, *El Camino de Cinabrio* (Milán, 1963): sostiene que hace falta «demostrar la existencia, en la Edad Media en Europa, de una línea de espiritualidad que se entronca precisamente con la tradición primitiva en su aspecto real».

En la tercera obra aparecen numerosas indicaciones para que el iniciado se convierta en una persona capaz de acceder a la práctica mágica, entendida en sentido tradicional. El conocimiento expuesto no es puramente intelectual, sino experimental: el hombre, para conocer, debe fundirse con el objeto que pretende conocer, para lograr una comprensión inmediata (el Yo se realiza en el objeto y el objeto en el Yo).

El mundo espiritual puede ser conocido, pero es necesario distinguir este conocimiento superior del inferior, conectado con las formas mágicas más difundidas (como el espiritismo).

También se puede invocar la intervención de las fuerzas espirituales superiores para que apoyen el trabajo y la obra del iniciado.

Pese a que la aceptación del fascismo desacreditó parcialmente sus posiciones, Evola sigue siendo un autor importante, gracias a su profunda comprensión del pensamiento tradicional.

FICINO, MARSILIO

(1433-1499) FILÓSOFO Y HUMANISTA ITALIANO

Nacido en la localidad toscana de Figline Valdarno, realiza los estudios primarios en Florencia y, cuando se cierra el Estudio Florentino, continúa estudiando en Pisa (1449-1451). De nuevo en Florencia, estudia filosofía con Nicoló Tignosi da Foligno. El interés de Ficino no se centra en las obras aristotélicas, sino en los escritos platónicos.

A partir de 1458, gracias al mecenazgo de Cosme de Médicis, puede dedicarse enteramente al estudio del platonismo. Aprende griego clásico y traduce obras de varios autores, como Homero, Hesíodo y Hermes Trismegisto.

Instalado en la villa de Careggi, donada por Cosme de Médicis, realiza la traducción al latín de los *Diálogos de Platón* (1462- 1468) y crea un círculo de amigos con intereses filosóficos que forman la Academia Platónica (1474). Durante estos años especialmente fecundos, Marsilio Ficino elabora su filosofía, una visión mágica y simbólica de lo real.

Después de la conjura de los Locos, los ataques políticos contra Savonarola (que él había reconocido inicialmente como profeta, pero que ahora considera el Anticristo) y su dependencia del poder hacen más insegura su existencia.

Simultáneamente continúa su trabajo de traductor. En 1492 publica la traducción de las obras de Plotino, y más tarde las de Porfirio, Atenágora, Senócrates y los escritos pseudopitagóricos.

Muere en Careggi.

Marsilio Ficino, proemio de la traducción latina de las obras de Platón (BNF/G)

LAS OBRAS

Aparte de las traducciones, Ficino escribe obras en las que intenta conciliar cristianismo y platonismo: *De Voluptate* (1457), *De Christiana Religione* (1474), *Theologia Platonica de Immortalitate Animorum* (1482) y *De Vita* (1489).

Ficino es fundamental en el redescubrimiento del platonismo, del neoplatonismo y del pitagorismo que, mediante su trabajo de traducción y redacción de obras originales, se dan a conocer a un amplio público de estudiosos. Así, su contribución es determinante en el desplazamiento del interés de una visión aristotélica a una platónica del mundo, mucho más funcional de cara a la evolución de los estudios esotéricos.

FLAMEL, NICOLÁS

(1330-1418 O 1419) ALQUIMISTA FRANCÉS

Según la tradición, Nicolás Flamel nace en la localidad francesa de Pontoise, en la primera mitad del siglo XIV. Aprende el oficio de escribano público. Contrae matrimonio con Pernelle y se instalan en París, donde continúa su actividad profesional.

Hacia el año 1357 cae en sus manos un libro misterioso (*Libro de Abraham Hebreo*), escrito con jeroglíficos y símbolos, que intenta descifrar durante veinte años, como mínimo. Viaja a España para consultar con algún sabio hebreo. Encuentra lo que busca en la persona del maestro Chances, que le da indicaciones muy valiosas y le propone explicarle el libro durante el viaje de vuelta a Francia. Desgraciadamente, el maestro muere en el trayecto. Flamel se queda solo para descifrar la obra, lo cual le exige tres años más de trabajo. Al finalizar este periodo, consigue llevar a cabo tres transmutaciones y acumula una inmensa riqueza, que destina a obras benéficas.

La biografía de Flamel es muy criticada por sus detractores, que aportan informaciones contradictorias, por ejemplo, sobre el modo en que acumuló sus riquezas.

LAS OBRAS

El escrito más importante de Flamel es el *Libro de las Figuras Jeroglíficas*.

La obra fue objeto de muchas controversias. Hay quien dijo que no la había escrito Flamel, sino su sucesor, que se habría apoderado del nombre del conocido alquimista. Según otros, la obra sólo es original a medias, porque tiene mucho contenido externo.

El caso es que no disponemos del original, escrito (inicialmente) en latín por Flamel, sino de traducciones posteriores (la primera es de 1612).

Eugène Canseliet, en la introducción de su edición, destaca el hecho de que la obra ya era conocida por tres alquimistas normandos, Grosparmy, Valois y Vicot, que vivieron entre finales del siglo XIV y principios del XV, lo cual demuestra que la obra de Flamel ya existía en los primeros años del siglo XV.

Flamel describe así la génesis de la obra: mientras se ocupa de la construcción de hospitales, cementerios e iglesias en París, decide pintar en la cuarta arca del Cementerio de los Inocentes los símbolos del Arte Regia, pero ocultándolos en forma de figuras jeroglíficas que podrán ser leídas según dos modalidades distintas, una de tipo religioso, que gira en torno al misterio de la resurrección de los muertos al final de los tiempos y del segundo adviento de Jesucristo, y una segunda de tipo alquímico, centrada en las operaciones principales y necesarias del Magisterio. Ambos caminos pueden llevar a la vida celestial.

Para entender el desarrollo de las distintas operaciones que darán lugar a la transmutación hay que tener en cuenta que la materia de la que se parte deberá haber sido sometida a una serie de tratamientos con el objetivo de transformarla en cada uno de los cuatro elementos (agua, tierra, aire y fuego) hasta llegar a obtener la quintaesencia.

Es esta condición final de la materia la que hará posible los portentos que se atribuyen a la Piedra Filosofal.

La finalidad ética y moral del procedimiento se declara siempre: lo malvado es transformado en justo y el objetivo por alcanzar es la vida celestial.

Incluso el objetivo final que persiguen todos los alquimistas, el oro, deberá ser utilizado, no para acumular riquezas, sino para hacer el bien.

EL LIBRO DE LAS FIGURAS JEROGLÍFICAS

Primera figura
Representa el horno, comparable al vientre materno, donde se encuentra el verdadero calor natural. Inicialmente el fuego que lo alimenta será de poca intensidad y moderado. Se deben retener las sustancias en este calor templado día y noche, hasta el final del invierno, concretamente hasta que el Sol haya pasado de Aries a Cáncer. Luego se podrá aumentar la intensidad del fuego, mientras el Sol prosigue hacia Libra. Finalmente, cuando pase de Libra a Capricornio, se podrá aumentar todavía más. El fuego deberá ser continuo e ininterrumpido.

Segunda figura

La segunda figura representa dos dragones de color amarillo, azul y negro como el fondo. Los dos dragones están luchando, símbolo de los dos principios dentro del matraz: a la izquierda, el principio volátil, el mercurio, elemento frío y húmedo; a la derecha, el principio fijo, el azufre, elemento cálido y seco. Se representan luchando porque gracias a este combate dentro del matraz los dos principios pueden devorarse el uno al otro; encerrados juntos en el recipiente y hervidos a fuego lento, morirán, se pudrirán y conocerán la corrupción, y después, la generación.

Por medio de esta transformación perderán sus formas naturales y desarrollarán un único estado nuevo, más noble y mejor. Uno de los dos elementos, con su ardor, enciende el fuego del otro y se libera un humo venenoso y maloliente.

En un momento determinado, las dos sustancias se disuelven, a causa del calor externo y por obra del mercurio, que reduce a un polvo impalpable lo que se le opone, y aparece la negrura, indicadora de la disolución de la materia. Es el inicio de la concepción.

Se pueden seguir las distintas fases de la transformación por los colores que se forman durante el proceso. La aparición del color negro (nigredo) *es de capital importancia. Si este no se forma, toda la operación debe ser repetida. En efecto, el negro es indicador de la putrefacción: sin esta no hay corrupción y, por consiguiente, no puede haber generación, ni, por lo tanto, vida vegetativa. La Piedra no puede crecer y multiplicarse.*

El negro recibe el nombre de Cabeza de Cuervo y se debe formar en el plazo de 40 días, pero para ser un negro «verdadero», es decir, causado por la interacción de cuerpos metálicos perfectos, debe durar por lo menos cinco meses, antes de la aparición del blanco (albedo)*. En efecto, el negro podría ser «falso», es decir, producido por el calor externo demasiado fuerte que ha hecho evaporar la humedad de las sustancias.*

Por el contrario, la aparición de un color anaranjado-rojizo indica que el humor verde y la vivacidad de la Piedra han sido quemados, mientras que la formación de un color azulado-amarillento indica que la solución y la putrefacción todavía no han sido llevadas a término.

En este punto, la materia se ha disuelto en un polvo menudo y puede transformarse en Agua (materia prima). Se ha alcanzado el caos de los orígenes, donde todo se encontraba indiferenciado en las aguas confusas y el limo. Lo elaborado (las sustancias) ahora está licuado, reducido a la semilla originaria, ablandado, circulando en el matraz. La materia aparece negra y acuosa, y las naturalezas se mezclan perfectamente. Al calor del Sol, lo elaborado se convierte en polvo que escapa hacia arriba mediante sublimación y volatilización, y desciende nuevamente para formar un líquido graso y viscoso. El agua se coagula cada vez más hasta convertirse en pez muy negra y fétida. Esta condición es la transformación de la materia en tierra, el segundo de los cuatro elementos.

Se trata de una fase importante: «La tierra, seca y húmeda a la vez, es pariente y aliada tanto de lo seco como de lo húmedo, que son enemigos, y por esto podrá pacificarlos armonizándolos» (N. Flamel, El Libro de las Figuras Jeroglíficas).

Tercera figura

La tercera figura representa a un Hombre y una Mujer, con vestidos anaranjados sobre un campo azul claro y marino, y unos escritos en un Rollo.

Los dos personajes pintados, que tienen rasgos de Flamel y de su esposa Pernelle, simbolizan los principios masculino y femenino.

Las dos naturalezas de la primera figura, después de una lucha furibunda y la pacificación debida a la transformación en tierra, son ahora ya casi una. Los denominados enemigos naturales (calor y frío, seco y húmedo) empiezan a aproximarse el uno al otro, gracias a lo húmedo (intermediario entre caliente y frío). Las dos naturalezas son conjuntas porque el procedimiento anterior las ha fundido, permitiendo a la una convertirse en la otra: su fusión ha creado el andrógino (un solo cuerpo con dos naturalezas, femenina y masculina), que podrá formar un embrión en la matriz del vaso, capaz de parir la quintaesencia, llamada Rey potentísimo, invencible e incorruptible.

Al mismo tiempo, las dos figuras representan también una segunda operación: después de la anterior coagulación, lo que ha sido unido debe ser separado de nuevo y dividido en dos partes: una, el Nitrógeno, que servirá de agente de lavado y purificación, está simbolizado por los dientes del dragón sepultados por Teseo; y la otra, el Otón, que será objeto del blanqueo, está simbolizada por una serpiente pitón, que deberá morir, atravesada por los rayos de Apolo (el Sol, nuestro Fuego, igual al del Sol).

El fondo de la ilustración es de color azul claro y marino. Esto significa que se está saliendo del color completamente negro de la condición anterior: lo húmedo va cediendo al calor seco.

La humedad es dura de vencer, como demuestra el color anaranjado del hombre y de la mujer. Estos indican que la naturaleza conjunta del Cuerpo único (el andrógino llamado Rebis) no ha sido totalmente digerida: hasta que lo seco no sea predominante no aparecerá el tan esperado color blanco.

El blanco, fin último de esta operación, está representado por el rollo de pergamino con el escrito alrededor del cuerpo de la mujer: el Rebis se blanquea primero en los extremos en torno al círculo blanco.
Uno de los dos escritos dice: «El Hombre vendrá al Juicio Divino», es decir, se necesita llegar al color perfecto (el blanco) para ser juzgado y perdonado del mal (el negro), y ser transformado en criatura espiritual (siempre indicada por el blanco).

Cuarta figura
La cuarta figura presenta a «un hombre parecido a San Pablo, con un vestido blanco anaranjado y bordado de Oro, que empuña una Espada desenfundada, y a cuyos pies otro hombre se arrodilla, con un vestido naranja, blanco y negro, que lleva un rollo de pergamino donde hay escrito Dele mala quae feci*».*
Nos encontramos ante un paso importante: el fin de la nigredo (el color negro) y el blanqueamiento.
El cuervo está representado por el hombre arrodillado que sostiene el rollo: Dele mala quae feci *(«Borra el mal que he hecho»). El mensaje es claro: hay que cortar la cabeza al cuervo, eliminando así la nigredo (el Mal), para poder obtener el albedo (el Bien).*
Un aspecto importante viene dado por el hecho de que los procedimientos alquímicos han de ser repetidos varias veces para reforzar el efecto. En el caso de la nigredo, es necesario repetir el procedimiento para que «la Piedra crezca diez unidades cada vez que se le corte la cabeza al cuervo, cada vez que sea ennegrecida y luego blanqueada, es decir, cada vez que se disuelva y se coagule nuevamente».
La espada tiene un valor simbólico importante: el color del metal recuerda el candor de la Piedra al Blanco, mientras las volutas del cinturón que la rodean indican el número de imbibiciones (lavados con mercurio o solvente) necesarias para llevar a cabo la operación.
Los extremos del cinturón son más cortos que las volutas centrales y simbolizan las cantidades reducidas de la imbibición al principio y al final. Las volutas centrales indican imbibición abundante con la llamada Leche Virginal (mercurio). Cada vez que se produce una imbibición, esta va seguida de una nigredo, debido al hecho de que el fuego, actuando en lo húmedo, produce el negro.
Las cinco volutas indican que cada imbibición ha de durar un mes, con un total de 150 días, más unos días para el inicio y el final.
La Leche Virginal en la que se cuecen las sustancias, cuando se seca tiñe el cuerpo del mismo color blanco anaranjado que el vestido del personaje (San Pablo) que lleva la espada. Su vestido tiene un borde dorado y rojo-naranja: estos colores son de buen auspicio, porque si aparecen indican que la Obra se está desarrollando del modo adecuado.
Llegados a este punto, Flamel avisa: de ahora en adelante todo puede suceder, y se presentan mil vías. Es aquí, escribe, «donde todos han caído».
Hay que actuar al contrario del procedimiento inicial, coagulando lo que había sido disuelto y transformando en tierra lo que primero se había transformado en agua.
Pero antes de extinguir la nigredo y volverse cándida como el mármol o «como una espada desnuda llameante, la Piedra se vestirá de todos los colores que puedas imaginar».

Quinta figura
La quinta figura podría llamarse también «el triunfo de la vida».
Sobre un fondo verde dos hombres y una mujer resucitan, totalmente blancos; hay dos ángeles arriba, y, por encima de ellos, la figura del Salvador, juez del mundo, con un vestido naranja y blanco.
En este caso, el blanco de la Piedra interactúa a nivel simbólico con el verde del fondo.
El color verde (viriditas) es el de las sustancias que se vuelven verdes y conservan este color durante tiempo, aunque durante un periodo de tiempo inferior al color negro. El nuevo color indica que la Piedra ha adquirido un alma vegetativa, es decir, se ha enriquecido con la capacidad de germinar.
Los tres personajes de la figura, de color blanco, representan los tres componentes restaurados de la Piedra: la figura de la izquierda es el cuerpo, en el acto de salir de su propia tumba; la central es el alma, que no muere, como tampoco lo hace la tercera figura, el espíritu (de hecho, no hay referencia alguna a la tumba). En términos más físicos, el cuerpo es la tierra negra, que es blanqueada; el alma, el componente activo del cuerpo, que ha adquirido la capacidad de crecer y multiplicarse a través de las imbibiciones y las fermentaciones, y el espíritu es la tintura seca capaz de penetrar en todos los metales. No debemos olvidar que estas tres entidades también representan el azufre (alma), el mercurio (espíritu) y la sal (cuerpo), los constituyentes básicos de todas las cosas. Desde el punto de vista simbólico esto significa que ahora tenemos un solo preparado o sustancia, de color blanco (una pero compuesta por tres elementos), es decir, nos encontramos ante algo real y que existe, la Piedra al Blanco.
En este punto, el autor invita a observar la otra figura, en la parte superior. Se trata del Redentor, acompañado de dos ángeles, que simboliza el Elixir Blanco, la fase de preparación de la Piedra a la que se ha

llegado. El Elixir posee la capacidad de asimilar todo lo que está en contacto con él, eliminando todas sus impurezas.
Es la quintaesencia, una plata purísima sometida a 7 tratamientos alquímicos.

Sexta figura
La sexta figura presenta sobre fondo violeta y azul dos ángeles de color naranja y sus rollos de pergamino. Indica una nueva fase del proceso: la piedra, de blanca, deberá pasar a ser roja (Obra al Rojo) mediante una nueva serie de imbibiciones, utilizando Leche Virginal Solar (probablemente identificable con el acetato de plomo con agua de rosas).
A diferencia de las imbibiciones precedentes, que provocaban el ennegrecimiento del preparado, ahora estas conllevan la formación de colores como el violeta, el azul y la denominada Cola de Pavo (cauda pavonis, una multitud de colores) a causa del ambiente extraordinariamente seco que hay en el matraz.
En esta fase, el nuevo producto, que es uno (o no dividido como antes, sino compuesto por la energía sutil de los distintos elementos), emite una de las sustancias básicas (la fija, el azufre) en forma espiritual, indicando que ya ha adquirido las características de la volátil (el mercurio).
Después de haber subido dulcemente en el matraz, desciende nuevamente.
Las dos sustancias están representadas por ángeles para significar que ahora ya pertenecen a las cosas ultrasutiles, espirituales: se han transformado en verdaderas tinturas.
Se incluye en esta fase la utilización de mercurio naranja-rojo (sólo una o dos veces) para la sublimación (en química moderna, la transformación de un cuerpo de sólido a gaseoso) o calcinación seca.
El fuego utilizado se define como seco.
Los ángeles están pintados de naranja para indicar que los preparados, originariamente blancos, han sido cocidos el tiempo necesario para eliminar el violeta y el azul, que se conservan en una medida mínima para conferir un tono más acusado al anaranjado-rojo-dorado.
Un detalle importante: el rollo que aparece en la figura acaba en las fauces de un león rojo, lo que indica que la operación no debe interrumpirse hasta que aparezca el rojo púrpura, parecido a una laca roja (rubedo).

Séptima figura
La séptima figura es de importancia capital para entender tanto la forma de actuar de los alquimistas como otro aspecto, quizá poco conocido, del proceso alquímico.
Se presenta a un hombre que se parece a San Pedro, con un vestido rojo-naranja. En la mano derecha sostiene una llave y su mano izquierda se apoya en una mujer vestida de naranja, arrodillada a sus pies. En un rollo figura el escrito: Christe precor, esto pius («Cristo, te lo ruego, ten misericordia de mí»).
La mujer, que, según el autor, tiene el semblante de su mujer Pernelle, es la Piedra que pide al Mercurio de los Filósofos (San Pedro) poder multiplicarse y recibir un vestido más precioso. San Pedro concede
a la mujer la realización de lo que pide con tan gran deseo (le pone la mano en el hombro) y lo hace con el símbolo de la llave.
La llave opera en dos direcciones: abre y cierra. Ahora, estos términos hacen referencia a la expresión solve et coagula («disuelve y liga» o «abre y cierra»), que es la base del procedimiento alquímico: disuelve, hace fluido y cierra, es decir, coagula. Cada paso requiere que la coagulación se produzca después de una cocción más fuerte. Este procedimiento es interesante no sólo desde el punto de vista metalúrgico, sino también desde el energético.
Si sustituimos el solve («disuelve») por «haz líquido», es decir, «vuelve a la materia prima» (una vez eliminada la forma, que es fija, queda la esencia), y el coagula por «vuelve al cuerpo fijo», es decir, reintegra, y si valoramos el fuego más fuerte como la utilización de un sistema para potenciar la transformación, tendremos un esquema parecido al homeopático, donde el agua informe es turbada por un remolino (la subcusión o dinamización) que la lleva al estado de caos originario para hacerla apta para una nueva transferencia de información más sutil, y así sucesivamente hasta alcanzar niveles muy sutiles.
Una sola gota de lo que se habrá obtenido con este procedimiento tendrá la capacidad de teñir y transformar en metal perfecto (oro o plata) cualquier cantidad de metal (fundido).
Está claro lo que se quiere decir: una sola gota del líquido informe a estos niveles tan elevados será capaz de traspasar inmediatamente la información a grandes cantidades de materia líquida que la memorizan y se adaptan para reproducirla.
Hay que prestar atención a la cantidad del fuego: la dinamización no debe ser excesiva, ya que cabría el riesgo de que la turbulencia borrara toda la información transmitida. En efecto, dice la Piedra, «si se aumenta demasiado el fuego, (el vaso) explotará, y explotando me destruirá y me diseminará desgraciadamente entre las cenizas».

> **Octava figura**
> *Representa, sobre un fondo violáceo, un hombre de color rojo púrpura cogido a la pata de un león alado, de color rojo laca, que parece tener ganas de raptarlo.*
> *Estamos en el final de la Obra y el color dominante es el rojo: el hombre ha sido transformado, así como la Piedra (el león rojo laca). Uniéndose a la Piedra, el hombre se convierte en parte integrante del proceso alquímico y participa de los beneficios y las características espirituales de la Piedra, como el león, que es capaz de devorar los metales y transformarlos en oro.*

FLUDD, ROBERT

(1574-1637) MÉDICO, FILÓSOFO, ESPAGIRISTA INGLÉS

Nace en Kent. Vive algunos años en varios países de Europa, y regresa a Inglaterra, donde se licencia en medicina en 1605.

Cuando se produce la eclosión del fenómeno de la Rosacruz (1614-1616) Fludd se implica personalmente en la defensa del nuevo movimiento publicando algunas obras en su defensa. Es tal su fervor que hay quien lo considera miembro de la confraternidad.

En los años siguientes continúa difundiendo sus ideas en el terreno médico y realizando numerosos experimentos en el ámbito espagírico y físico, con la preparación de remedios de origen vegetal y la puesta a punto de invenciones relacionadas con la utilización del vapor.

Su vida está marcada por una larga polémica con la medicina de la época por su visión mágica y religiosa del mundo y de la enfermedad. Según Fludd la enfermedad está causada por entes demoniacos y se cura mediante la intervención de los ángeles dedicados a la curación de las distintas afecciones.

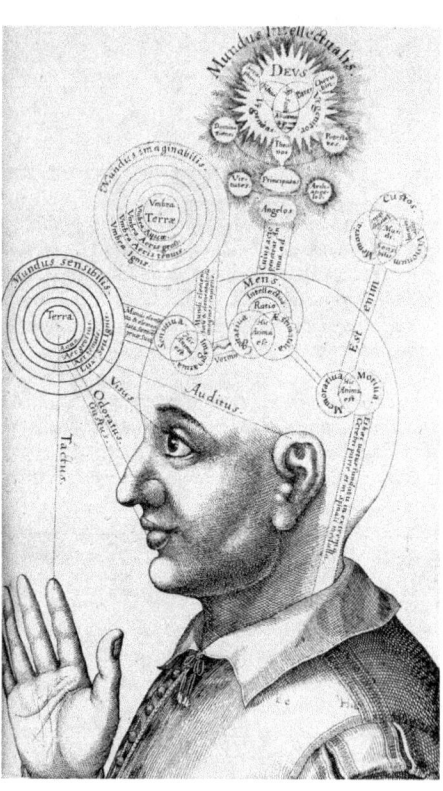

Robert Fludd, Tractatus Secundus Utriusque Cosmi Maioris scilicet et Minoris Metaphysica, Physica atque Technica Historia, *Openheim, 1617. «De la triple visión del alma en el cuerpo»* (BFE)

LAS OBRAS

En los años 1616-1617 Fludd publica algunas obras en defensa del pensamiento de la Rosacruz, que trata con especial entusiasmo en el *Tractatus Theologo-philosophicus*.

La obra se ocupa de la vida, la muerte y la resurrección, según una visión alquímica y veterotestamentaria de la creación. Antes de que las cosas fueran creadas sólo existían Dios, la Palabra y la Luz, que constituyen el principio de la vida, mientras que la muerte está representada por el diablo. La luz es un tema central en la obra de Fludd.

El tratado también aborda el tema de la caída de Adán, originariamente un ser divino, una obra de arte de Dios, centro de luz. La reconquista de este estado originario de gracia está representada por la resurrección.

En aquel mismo periodo publica el importante *Tractatus Secundus Utriusque Cosmi, Maioris scilicet et Minoris, Metaphysica, Physica atque Technica Historia*, con abundantes referencias astrológicas, cabalísticas y técnico-científicas.

Robert Fludd, Tractatus Secundus Utriusque Cosmi Maioris scilicet et Minoris Metaphysica, Physica atque Technica Historia, *Openheim, 1617. Inicio del volumen II (BFE)*

En 1621 publica *Medicina Catholica* y en 1623 *Anatomiae Amphitheatrum*. En 1633 escribe *Clavis Phylosophiae et Alchymiae Fluddanae*, obra también importante porque constituye una autodefensa de las críticas recibidas a lo largo de los años anteriores.

Fludd, médico y esoterista, representa uno de los últimos ejemplos de genio universal, capaz de tratar los problemas técnicos más complejos, utilizando la experimentación de forma sistemática, sin abandonar la visión mágica y religiosa del mundo característica de los siglos precedentes.

Incluso sus detractores han reconocido la profunda cultura y la seriedad de su trabajo.

FULCANELLI

(Siglo XX) Alquimista francés

Su actividad se conoce durante los dos primeros decenios del siglo XX. A partir de 1922 se pierde su pista. Reaparece en una ocasión en España, en 1952, donde se supone que se habría encontrado con Eugène Canseliet.

Ha sido identificado con Flammarion y con Jean-Julien Champagne.

EL CASO FULCANELLI

Este caso fue objeto de un largo debate en Francia. Su origen es la publicación de dos obras importantes sobre alquimia, *El Secreto de las Catedrales* (1926) y *Dos Lugares Alquímicos* (1930), firmadas por Fulcanelli.

Eugène Canseliet revisa las obras para su edición final, y las atribuye a quien él considera su maestro, Fulcanelli. De este personaje no sabemos prácticamente nada, salvo los pocos datos a los que hemos hecho referencia.

Sin embargo, en 1992, una joven estudiosa francesa, Geneviève Dubois, publica en París un trabajo sobre Fulcanelli y llega a conclusiones nuevas y revolucionarias: según ella, Fulcanelli nunca existió y, en cualquier caso, el personaje debería identificarse con J.J. Champagne.

Sus supuestas obras serían el fruto de una colaboración a varias manos: Dujols (librero y estudioso de alquimia), Champagne, autor principal, que debió tener acceso a estudios inéditos de René Schwaller de Lubicz, y Canseliet, redactor del texto final.

El objetivo de «la operación Fulcanelli» habría sido crear un mito que sirviera de catalizador de un nuevo interés por la ciencia hermética y alquímica, que se había ido apagando con el paso de los siglos.

Todo parece indicar que el objetivo se cumplió y las obras firmadas por Fulcanelli se han convertido en un clásico en la formación alquímica del adepto moderno *(véase Champagne)*.

Ge Hong (FS)

GE HONG
(Siglos iv-v) Alquimista y médico chino

Nace en Jurong, en la región de Dangyang, durante la dinastía Jin Oriental (317-420 d. de C.), hijo de un funcionario imperial que reside al sur del río Yangtze.

Tras la muerte de su padre, las condiciones de vida de la familia empeoran rápidamente, pero el joven Ge Hong no abandona los estudios y profundiza en el conocimiento de los clásicos confucianos. Más tarde conoce al alquimista Zheng Ying, que lo instruye sobre los secretos de la alquimia.

Dado que vive en un periodo de guerras, opta por la vida eremita en el monte Luofo, donde se dedica a la práctica de las técnicas taoístas y a la preparación del elixir.

EL PENSAMIENTO

La obra más conocida de Ge Hong es el *Libro Interior del Maestro que Abraza la Simplicidad (Baopuzi neipian)*, donde se describen las prácticas más antiguas taoístas para alcanzar la inmortalidad.

A diferencia de otros autores, Hong considera que para tener una vida larga no basta con trabajar ciertas técnicas físicas, como el control de la respiración, la gimnasia, la dietética o las prácticas eróticas, sino que también hay que practicar virtudes espirituales, como la amabilidad, la benevolencia y la justicia.

En la práctica aconseja la vida confuciana para relacionarse con los demás, la taoísta para mejorar uno mismo y la combinación de ambas para alcanzar una vida larga.

El folclore local recuerda a Ge Hong en numerosas narraciones que lo presentan como hábil alquimista, médico experto, perfectamente preparado en el arte del diagnóstico pulsológico y del tratamiento con hierbas y preparados.

Las obras que se le atribuyen, como *Prescripciones para las Emergencias después del Análisis Pulsológico* o *Prescripciones a partir de la Caja de Jade*, confirman su fama. De gran importancia es su recopilación de textos antiguos alquímicos y médicos.

GEBER (ABU MASA JABIR IBN HAYYAN)
(?-803) Médico y alquimista árabe

Vive en la época del califato abasí de Harun-Al-Rashid. La tradición islámica transmite la actividad de médico y alquimista a Kufa (en el actual Irak), en la segunda mitad del siglo viii.

Muere en Kufa. Está considerado uno de los máximos alquimistas. Se le atribuyen más de 100 escritos, muchos de los cuales son apócrifos. Veintidós obras tratan el tema de la alquimia.

Buena parte de la fama de Geber deriva de la convicción de que ideó por vez primera una serie de procedimientos alquímicos e inventó instrumentos para realizar experimentos en laboratorio. Muchos de sus descubrimientos fueron aprovechados años después en el ámbito de la química. También fue destacable su contribución en el terreno de la astronomía y la medicina.

La importancia de Geber en toda la Edad Media (e incluso más tarde) es notable. La traducción al latín de algunos de sus tratados, como el *Kitab al-Kimya* (*Libro de la Composición de la Alquimia*, Robert de Chester, 1144), el *Kitab al-Sap'in* (traducción al latín de Gerardo da Cremona, antes de 1187) y la famosa *Summa Perfectionis*, que no fue publicada hasta 1678 por Richard Russel, ha enriquecido el conocimiento de los europeos en materia de alquimia.

Según algunas tradiciones, Geber tuvo contactos en Extremo Oriente y contribuyó directamente en el intercambio de información sobre alquimia con sabios de otros países.

GOETHE, JOHANN WOLFGANG
(1749-1832) Poeta, científico y esoterista

Nace en Frankfurt. A la edad de dieciséis años se traslada a Leipzig para estudiar derecho. Vuelve a Frankfurt en 1768. Frecuenta ambientes pietistas y se interesa por el esoterismo y la alquimia. En 1770 vive en Estrasburgo, donde finaliza sus estudios y empieza a componer obras de teatro, alumbrando los ideales de los jóvenes miembros del movimiento Sturm und Drang (Ímpetu y Acción).

Durante estos años concluye negativamente diversas aventuras amorosas, que le inspiran, en 1774, la novela *Los sufrimientos del joven Werther*.

Mientras tanto prosigue las lecturas de corte esotérico y filosófico; Goethe estudia a Swedenborg y Spinoza.

En 1775 viaja a Suiza y posteriormente se traslada a Weimar, donde se convierte en preceptor del joven duque Karl August.

Johann Wolfgang Goethe (FS)

En este periodo tienen lugar las primeras lecturas públicas de partes del *Urfaust* (primera versión de *Fausto*).

Goethe profundiza en las disciplinas científicas, concretamente la óptica (*Teoría de los Colores*), la mineralogía y la botánica.

Mantiene una relación con Charlotte von Stein, que inspira muchas de sus composiciones. Sin embargo, en 1786 Goethe rompe la relación y abandona Weimar para viajar a Italia.

El viaje a Italia (descrito al cabo de muchos años en *Viaje a Italia*) resulta fundamental en la formación de Goethe, porque le sirve para visitar varias localidades italianas y conocer Roma y Venecia.

Compone las *Elegías Romanas* y los *Epigramas Venecianos*, y lleva a cabo las versificaciones de la *Ifigenia in Tauride*.

En 1788 regresa a Weimar y se dedica a las ciencias naturales. Mantiene una relación con una mujer joven y compone los dramas *Torcuato Tasso* y *Egmont*.

En 1795-1796 concluye la segunda redacción de la novela de desarrollo espiritual *Los Años de Noviciado de G. Meister*. La obra es importante por los aspectos iniciáticos que contiene, sobre todo en la parte final.

Las composiciones más destacadas de este periodo son la primera parte de *Fausto* (1808) y la novela *Las Afinidades Electivas* (1809).

En los años que vienen a continuación vive nuevos amores y compone numerosas obras poéticas y dramáticas, entre las que destacan las líricas del *Diván Occidental Oriental* (1814-19), una nueva versión de *Meister* y la edición de la segunda parte de *Fausto* (1831).

Goethe muere en Weimar.

El poeta se interesa desde joven por el esoterismo y la alquimia, y se inspira particularmente en las obras de Swedenborg.

A partir de 1780 se incorpora a la masonería, a la que se mantiene fiel hasta la muerte. Con motivo de los 50 años de su afiliación a la logia masónica de Weimar (y de su octogésimo aniversario), al no poder estar presente en los festejos por motivos de salud, escribe la poesía *Fünfzig Jahre sind vorüber* («Cincuenta años han pasado») (1830), en la que recuerda los valores de la pertenencia a la orden.

En *Los Años de Noviciado de G. Meister*, el protagonista comprende, al término de sus peripecias, que las dificultades y las pruebas que ha afrontado durante los años de formación habían sido ordenadas previamente por la Compañía de la Torre, una hermandad masónica que se había propuesto educarlo y hacerle madurar espiritualmente.

La primera parte de *Fausto* posee una gran fuerza narrativa, y en ella se describen los actos de magia del doctor Fausto y el encuentro de este con Mefistófeles.

Goethe también es autor de una opereta muy importante, *La Serpiente Verde*, que narra en un lenguaje muy simbólico y rico en referencias rituales un camino iniciático.

La obra podría ser la representación simbólica de una iniciación masónica, que comienza con el inicio de los trabajos de logia a medianoche y continúa hasta que «todo vuelve a seguir su curso normal. Poco a poco cada uno volvió a no preocuparse de otra cosa que no fuera seguir su camino». (J.W. Goethe, *La Serpiente Verde*).

En la frase que inicia la obra («En la orilla de ancho río [...]») repite las primeras líneas de *Siddharta* (1922), una importante narración de iniciación espiritual escrita por Hermann Hesse.

GUÉNON, RENÉ (JEAN-MARIE-JOSEPH)

(1886-1951) FILÓSOFO, HISTORIADOR DE LAS RELIGIONES Y MÍSTICO FRANCÉS

Nace en Blois. Finalizado el colegio, en 1904 se matricula en ingeniería y matemáticas, estudios que interrumpe en 1906 para participar en los cursos de la Escuela de Ciencias Herméticas fundada por Papus.

Continúa su formación en filosofía y perfecciona varios idiomas occidentales y orientales.

Poco tiempo después entra en la Iglesia gnóstica, y es ordenado obispo con el nombre de Palingeniuse. Dirige la revista *La Gnose* (1909-1912).

Más tarde funda la Orden del Temple y profundiza sus conocimientos en filosofía védica, taoísmo y budismo.

En 1912 entra en una orden sufí, bajo la guía de Abdul-Hadi (el pintor sueco Gustaf Agueli).

Después de un periodo dedicado a la enseñanza en Francia y Argelia, vuelve a París.

En 1921 publica un libro sobre la religión hindú, seguido de un texto muy importante, *El Teosofismo, historia de una pseudorreligión*. En esta obra, Guénon trata las teorías de varios grupos teosóficos de aparente derivación oriental y desenmascara sus presuntas falsedades. Comienza a abrirse camino en la mente del estudioso el sentido de la interpretación correcta de la tradición, sin desviaciones ni malos entendidos.

En 1923 publica *Erreur Spirite*, en el que examina los fenómenos espiritistas sacando a la luz la pobreza espiritual de esta aproximación al conocimiento de la realidad. Concretamente destaca que la comunicación con los difuntos, tal como la entienden los espiritistas, no es posible en modo alguno.

Años después, la actividad docente se combina con la publicación de varias obras significativas: *Oriente y Occidente* (1924), *El Hombre y su Devenir según el Vedanta*

René Guénon (FS)

(1925), *El Esoterismo de Dante* (1925), *El Rey del Mundo* (1927) y *La Crisis del Mundo Moderno* (1929).

Después de la muerte de su esposa (1928) y de un periodo de dificultades, en 1930 Guénon se establece en Egipto, en El Cairo, donde adquiere la ciudadanía egipcia, cambia su nombre por el de Abdel-Wahed-Yahia y se vuelve a casar. En 1931 publica otras obras, entre las que figura *El Simbolismo de la Cruz*.

Vive en El Cairo hasta su muerte, sin volver a Europa.

La obra y el ejemplo de Guénon tienen una importancia inestimable en un panorama caracterizado por la proliferación de sectas, movimientos y círculos de inspiración tradicional, pero de raíces difícilmente demostrables. En realidad, algunos de estos grupos sí han tenido el mérito de dar a conocer en Occidente aspectos característicos del mundo oriental, pero muchos otros han ofrecido una visión distorsionada y falseada de una parte de las enseñanzas tradicionales.

El profundo conocimiento de las filosofías védica, taoísta, budista, sufí y de muchas otras, adquirido siempre por experiencia directa, siguiendo a verdaderos maestros de las distintas disciplinas, ha llevado a Guénon a sentirse muy próximo al espíritu de la tradición y a ver en su correcta divulgación la misión de su existencia.

GURDJIEF, GEORGES IVANOVIC

(1865 O 1866-1949) MAESTRO
DE ESPIRITUALIDAD RUSO

Nace probablemente en 1865 o 1866 (aunque en su pasaporte figura 1877 como fecha de nacimiento) en Alejandrópolis, ciudad rusa próxima a la frontera con Persia. Su familia tendría orígenes griegos y habría vivido en el Cáucaso, en Georgia o en Armenia.

No se sabe casi nada de sus primeros años, salvo que fue educado por su padre, poeta popular, y por monjes armenios.

Viaja a muchos países de Oriente Medio y Asia central, lo cual le permite conocer el budismo y el islamismo, e inspirarse en las enseñanzas de los maestros con quienes se relaciona durante el viaje.

Al iniciarse la primera guerra mundial se traslada a Moscú y posteriormente viaja a San Petersburgo, Essentuki y Tiblisi, en Georgia, donde funda su Instituto para el Desarrollo Armonioso del Hombre.

La dramática situación política y militar de lo que queda del imperio zarista lo impulsa a viajar primero a Constantinopla y luego a Berlín. En 1922 llega a París, y en octubre del mismo año Gurdjief traslada su instituto a Fontainebleau, centro principal de difusión y conocimiento de sus enseñanzas hasta 1934.

A mediados de los años veinte sufre un accidente, y su nivel de compromiso directo parece decrecer. Quizás esta es la causa del inicio de su actividad de escritor. A partir de 1932 se establece en París, donde vive el resto de sus días.

LAS OBRAS Y LA FORTUNA

Una de las obras de mayor importancia es *Todo y cada Cosa*, dividida en tres volúmenes, el primero de los cuales aparece en

Georges Ivanovic Gurdjief (FS)

1950 con el título *Los Cuentos de Belzebú a su Nieto*: una crítica imparcial de la vida del hombre. Muy útil para comprender la formación de Gurdjief es su autobiografía, *Encuentros con Hombres Extraordinarios* (1963).

Varias personas que conocieron directamente al maestro han contribuido a la difusión de Gurdjief en el mundo: el matemático y científico ruso Ouspensky, autor de la obra *En busca de lo Milagroso: fragmentos de una enseñanza desconocida* (1949), que recoge de forma ejemplar la enseñanza de Gurdjief; el compositor ucraniano Thomas de Hartmann (junto con su esposa Olga) que, además de publicar la obra *Nuestra Vida con Mr. Gurdjief*, trabajó a su lado en la composición de músicas utilizadas para las danzas sagradas; Jeanne Salzmann, coreógrafa, que contribuyó a la difusión de los movimientos de las danzas sagradas creadas por Gurdjief.

EL PENSAMIENTO

Como todo verdadero maestro espiritual, su obra sólo puede entenderse leyendo sus escritos o los de sus alumnos.

El método que propone es el que se basa en la típica relación maestro-alumno, por lo cual resulta casi imposible reconstruirlo sin recorrer el mismo camino.

En los centros que se inspiraban (y se inspiran) en sus enseñanzas se daba mucha importancia al trabajo manual, la meditación, la música y la danza. El objetivo de este planteamiento es despertar la verdadera conciencia de uno mismo, concretamente a través de una percepción diferente del propio cuerpo, partiendo de la vida misma de la persona.

A partir de este principio es necesario desarrollar una nueva conciencia personal, mediante una serie de ejercicios orientados al desarrollo armonioso del hombre. El trabajo se realiza en grupos pequeños.

Uno de los aspectos más interesantes de Gurdjief es que, a diferencia de muchos otros maestros de espiritualidad, no creó a su alrededor un culto a la personalidad, pese a desempeñar un papel fundamental en la vida del instituto fundado por él y en la de los otros centros que se inspiraron en su enseñanza.

HELMONT, JAN BAPTISTE VAN

(1577 O 1579-1644) MÉDICO, QUÍMICO
Y FILÓSOFO HOLANDÉS

Nace en Bruselas en el seno de una familia holandesa de origen noble.

Genio precoz, se licencia en medicina en la universidad de Lovaina, a los veintidós años, después de haberse especializado en varias disciplinas, como matemáticas, química y astronomía.

Decepcionado de la medicina clásica, que conoce perfectamente, decide dedicarse a una forma de medicina próxima a la propugnada por Paracelso.

Con sus primeras obras, *Dagheraad* (1615), *De Magnetica Vulnerum Naturali et Legitima Curatione* (1621) y *Supplementum de Spadanibus Fontibus* (1624), sienta las bases de un sistema médico de diagnosis y curación alternativo, centrado en el espíritu vital y sus alteraciones, en el uso de la química, las plantas y el magnetismo.

Lleva a cabo una lucha sin cuartel contra la medicina de la época, en particular contra la teoría de los cuatro humores.

En 1626 es acusado por la Inquisición española y posteriormente por la universidad de Lovaina, que refutan muchas de sus tesis. En 1634 es arrestado y confinado en un convento. Posteriormente obtiene el arresto domiciliario.

Una vez cumplida la pena, en 1638 se dedica a la composición del revolucionario *Febrium Doctrina Inaudita* (1644), donde adopta las nuevas teorías de Harvey sobre la circulación sanguínea.

Muere en Vilvoorde, Bruselas. Ya muerto, su hijo Mercurius se encarga de la edición de sus obras, que se traducen rápidamente a muchos idiomas.

EL PENSAMIENTO

Los descubrimientos y las teorías de Van Helmont tienen una importancia parecida a las obras de Paracelso, aunque muestran un mayor rigor especulativo y experimental.

Su pensamiento tiene un carácter profundamente innovador y llega a intuiciones brillantes, como aquella según la cual la enfermedad sería la consecuencia de una reacción del arqueo principal (principio energético, situado en el epigastrio, junto al alma) respecto a una pérdida de energía de los arqueos periféricos (situados en los diferentes órganos). Según él, la psique tiene la capacidad de intervenir en todo este proceso.

Por lo tanto, en caso de enfermedad habría una causa externa, accidental, y una interna. El arqueo intervendría en ambos casos, debilitándose a causa de esta lucha continua: el desequilibrio provocaría una alteración del espíritu vital (o aura vital), con la consiguiente aparición de la enfermedad.

La curación sería consecuencia de un acto mágico que permitiría modificar la situación negativa incidiendo, gracias a la simpatía que liga todas las cosas, en el espíritu vital que está presente en todo elemento.

A pesar de las persecuciones de las que es objeto, Van Helmont se convierte en uno de los principales puntos de referencia de la medicina de la segunda mitad del siglo XVII.

KHUNRATH, HEINRICH (RICEMUS THRASIBULUS)

(1560-1605) Médico, filósofo y alquimista alemán

Nace en Leipzig. Estudia medicina en Basilea y se licencia en 1588. Ejerce de médico en Hamburgo y Dresde.

Estudia astrología y alquimia, y es autor de varias obras sobre el tema hermético.

La obra más famosa de Khunrath es *Amphiteatrum Sapientiae Aeternae*, que quedó incompleta y fue publicada póstumamente por Erasmus Wolfart en 1609.

La fama de la obra se debe a las ilustraciones, de gran riqueza simbólica, donde expone claramente una correspondencia entre Jesucristo y la Piedra Filosofal.

KREMMERZ, GIULIANO

(1861-1930) Esoterista y taumaturgo italiano

Kremmerz (pseudónimo de Ciro Formisano) nace en Portici (Nápoles).

Aprende las nociones básicas del esoterismo de Pasquale de Servis, que vive en el mismo inmueble que su familia y ha elaborado un sistema filosófico y esotérico propio, basado en la tradición occidental (de Pitágoras a los renacentistas, hasta Alessandro Cagliostro).

H. Khunrath, «La enseñanza de la Naturaleza». Amphiteatrum sapientiae aeternae, 1609 (BFE)

Obtiene la licenciatura de letras en la universidad de Nápoles, enseña en un colegio y colabora en el periódico *Il Mattino*.

A la edad de 27 años viaja a América latina, de donde vuelve al cabo de cinco años, en 1893. No se sabe nada del periodo que transcurrió en América, pero se supone que estudió las prácticas chamánicas.

Su primera publicación fue la *Llamada a los Aspirantes a la Luz*, en la revista *Il Mondo Segreto*, en 1897.

Más tarde publica numerosas obras de magia natural, esoterismo y alquimia, como la revista *Il Mondo Segreto*, los ensayos *La Medicina Hermética, Los Tarots desde el Punto de vista Filosófico, Commentarium para las Academias Herméticas, La Puerta Hermética* (1904-1905) o *Diálogos sobre el Hermetismo* (1929).

En los primeros años del siglo XX funda una escuela esotérica donde enseña magia terapéutica, una forma de terapia a distancia ejercida mediante la plegaria (concretamente la recitación de los Salmos) y la visualización de los órganos que deben ser tratados.

Antes de cada actuación, tal como se hace hoy en la terapia radiónica, el operador debe purificarse física y espiritualmente.

En 1907 abandona Nápoles, a causa de las continuas polémicas con sus detractores, se casa en Liguria y finalmente se establece en el Principado de Mónaco, donde vivirá hasta el final de sus días.

KRISHNAMURTI, JIDDU

(1895-1986) Maestro espiritual indio

Nace en Madanapalle (Madras, India). A partir de los 14 años es educado por miembros de la Sociedad Teosófica que ven en él a un futuro Maestro del Mundo, encarnación del Buda Maitreya.

Annie Besant, directora de la Sociedad Teosófica, y Charles Leadbeater, sacerdote anglicano que se afilia a la misma sociedad, organizan hasta los más mínimos detalles la formación del futuro maestro.

Para él se funda la Orden Star in the East (1911), al frente de la cual está el propio Krishnamurti, que escribe los primeros artículos en la revista de la orden, *Herald of the Star*.

Jiddu Krisshnamurti (FS)

La insistencia de Besant y de sus colaboradores directos sobre la persona de Krishnamurti como futuro Mesías encuentra la oposición de Rudolf Steiner, que tiene una visión claramente cristocéntrica. A consecuencia de su presión, en 1912 la sección alemana de la Sociedad Teosófica decreta la incompatibilidad de filiación de los miembros de la Sociedad Teosófica a la Orden Star in the East.

La respuesta de Annie Besant consiste en invalidar la constitución de la sección alemana, con la consiguiente decisión de Steiner de abandonar la asociación y de fundar, con numerosos miembros alemanes de la Sociedad Teosófica, la Sociedad Antroposófica.

Krishnamurti ejerce cada vez más el papel de Maestro del Mundo, hasta que decide seguir una vía independiente a lo que había sido programado por Besant. Las primeras dudas surgen en 1920, y en 1927 las posiciones son más críticas, hasta el punto de que rechaza el papel que le había sido otorgado, camino que culmina con la disolución de la orden, en 1929.

Más tarde Krishnamurti elabora un sistema propio centrado en la vía individual de la liberación interior, y no quiere asumir ningún papel central de maestro o gurú.

Viaja por todo el mundo, dando conferencias y cursos. Muere en California (Estados Unidos).

EL PENSAMIENTO

Las enseñanzas de Krishnamurti pueden resumirse en una frase fundamental: «Cada uno debe cambiarse a sí mismo para cambiar el mundo. La función del maestro es estimular a los hombres en la búsqueda de la verdad».

Es una posición muy diferente de la de las religiones y muchos gurús que intentan imponer un sistema interpretativo y operativo. Se da una importancia especial a la formación y se abren escuelas que ayudan a los jóvenes a madurar espiritualmente.

Las asociaciones que se inspiran en Krishnamurti han de ser, según la visión del maestro, simples centros organizadores, y no asociaciones autoritarias que impartan enseñanzas impuestas desde arriba.

Commentaries on Living (1956) es una de las obras más interesantes. En ella se aprecia el método discursivo y práctico, y al mismo tiempo iluminador, utilizado por Krishnamurti.

LÉVI, ELIPHAS ZAHED (CONSTANT, ALPHONSE LOUIS)

(1810-1875) Esoterista y revolucionario francés

Nace en París. Es hijo de un zapatero. Realiza los estudios primarios en un colegio católico y frecuenta el seminario de Saint-Nicolás du Chardonnet; luego, estudia en el colegio de Saint-Sulpice.

Aprende la lengua hebraica, hecho que condicionará en el futuro su visión del esoterismo.

En 1835 es ordenado diácono.

Enseña catecismo a las jóvenes y se enamora de Adèle Allenbach, una muchacha que idealiza profundamente. Antes de ser ordenado sacerdote, su padre espiritual le obliga a romper la relación, pero Constant no logra renunciar al amor por Adèle y decide abandonar el camino religioso. Como consecuencia de esta decisión, la madre de Constant se quita la vida.

Al carecer de medios, Constant trabaja de retratista. Colabora con grupos socialistas. En 1839 se retira un año en un monasterio benedictino, aunque no recupera la vía religiosa.

En 1841 publica *La Biblia de la Libertad*, una obra de contenido comunista que lo lleva a la cárcel.

Una vez excarcelado vive de las reproducciones de cuadros y obtiene la benevolencia del obispo de Evreux. Se cambia el nombre por el de Abbé Baucourt.

En 1845 tiene relaciones con una menor, Noémi Cadiot, con quien contrae matrimonio en 1846.

Eliphas Lévi (FS)

Otras obras de carácter revolucionario le causan problemas con las autoridades, y es encarcelado de nuevo. En 1848, durante la Revolución, se presenta a las elecciones, pero al no salir elegido decide abandonar la política.

Coincidiendo con la separación de Noémi, que lo deja por un marqués de edad avanzada, conoce al matemático Jozef Maria Hoehne-Wronski (1778-1853), que había elaborado un sistema en el que filosofía, religión y ciencias matemáticas se fundían de forma original.

El estudio del sistema de Wronski sirve a Constant para realizar una síntesis de cristianismo, cábala y racionalismo, que toma cuerpo en la publicación de la obra *Dogma de la Magia*, y desarrolla posteriormente en *Dogma y Ritual de Alta Magia* (1856), ambas publicadas con el seudónimo Eliphas Zahed Lévi.

Se establece temporalmente en Inglaterra (1854) y conoce al escritor Edward Bulwer Lytton, que le propone realizar experimentos de teurgia —concluidos con la evocación de Apolonio de Tiana— utilizando el grimorio (texto de magia) *La Clavícula de Salomón*. Posteriormente publica otras obras de temática mágica, entre las que destaca *Historia de la Magia*.

EL PENSAMIENTO

Lévi, juntamente con Fabre d'Olivet y Jozef Maria Wronski, representa sin lugar a dudas uno de los principales redescubridores del ocultismo en el siglo XIX. Su obra, que se basa en la asimilación y la elaboración de varias influencias (el cristianismo de los años juveniles, el aprendizaje del idioma y de la literatura hebreos, el pensamiento matemático de Wronski, la teurgia de Lytton), indica la vía de desarrollo de la alta magia entendida como un conocimiento superior del universo, muy diferente de la nigromancia o magia negra.

Lévi llega a la conclusión de que hay un saber tradicional de tipo mágico, separado del religioso, con el cual tiene a menudo una relación antitética. Dicho saber sería una antigua prerrogativa de sacerdotes y magos que se encuentra en todas las grandes corrientes de pensamiento (egipcio, asirio, indio, hebreo). Asimismo, asigna una importancia particular a la cábala, considerada la madre de todos los conocimientos que se remonta al mítico Enoc.

La magia a la que se refiere Lévi es una magia de luz, diferente de la baja magia tristemente conocida: sus tradiciones y su desarrollo se describen de manera particular en la *Historia de la Magia*, publicada en 1860, donde el autor trata el tema de los orígenes de la magia (los magos, India, Grecia), la magia matemática de los pitagóricos, la cábala y las corrientes mágicas europeas más recientes.

Eliphas Lévi, pese al excesivo entusiasmo romántico de muchas de sus posiciones, ha tenido el mérito de preparar el terreno al posterior desarrollo del ocultismo en Europa, en parte gracias al interés suscitado en los ambientes literarios franceses.

LLULL, RAMON

(1235-1313) ALQUIMISTA, FILÓSOFO Y TEÓLOGO CATALÁN

Ramon Llull nace en Palma de Mallorca en el año 1235. Después de una vida aventurera, entra en la orden religiosa y dedica el resto de su vida al estudio, la práctica alquímica y la actividad religiosa.

Ramon Llull, D. Stolcius v. Stolcenberg, Viridarium Chymicum, *Frankfurt, 1624 (BFE)*

Hombre de gran cultura, se le atribuyen centenares de escritos, algunos de los cuales fueron estudiados y comentados por alquimistas de diferentes periodos.

Una de sus obras más interesantes es, sin duda, el *Tratado de la Quinta Esencia, o de los secretos de la naturaleza*, un tratado espagírico sobre el tratamiento de las diferentes afecciones mediante la quintaesencia de plantas o metales.

El objetivo de la práctica espagírica es obtener la quintaesencia y aplicarla a los cuerpos humanos. La quintaesencia se presenta como una sustancia que puede preservar el cuerpo de la corrupción, y debe obtenerse de sustancias que tienen «tendencia a no ser».

En este tratado hay referencias a otra obra importante de Llull, *La Elucidación de nuestro Testamento*. Esta obra, que está dividida en seis capítulos cortos, trata sobre los componentes principales del procedimiento alquímico: la materia de la Piedra (I), que está descrita como compuesta por una sustancia única pero al mismo tiempo triple (alma, espíritu y cuerpo); del vaso (II), que debe ser único; del horno (III), que debe estar constituido por un horno de destilación con una cubierta; del fuego (IV), que en otras obras también se describe como triple; de la decocción (V), que incluye varias operaciones: solución, coagulación, sublimación, destilación, calcinación, separación, fusión, etc.; y, por último, de la tintura y multiplicación de la Piedra (VI).

MAIER, MICHAEL

(1566-1622) Médico, filósofo y hermetista

Nace en Rendsburg (Holstein). Estudia medicina en Basilea y se licencia en 1596. En 1597 obtiene la licenciatura de filosofía en Rostock. Una fecha importante para su carrera profesional es 1608, cuando se establece en Praga, al servicio de Rodolfo II, que lo quiere como médico personal. Después de la muerte de Rodolfo II (1612) visita Inglaterra, donde conoce a Fludd. En 1619 acepta el puesto de médico personal del landgrave de Asia. Muere en Magdeburgo.

LAS OBRAS

Escribe incansablemente; no en vano a partir de 1619 publica 17 libros (el último póstumo en 1624). La obra más conocida de Maier es *Atalanta Fugiens*, compuesta por 50 emblemas herméticos, acompañados de epigramas, partituras musicales para las partes cantadas (fugas y cánones para voz sin acompañamiento instrumental) y comentario.

El esplendor de las ilustraciones y la novedad de contener partes musicales la convierten en una obra estéticamente insuperable, con abundantes simbolismos y referencias mitológicas (según la consideración tradicional del mito antiguo como método para comunicar verdades herméticas mediante fábulas).

Siguiendo la tendencia de las obras rosacrucenses, o de inspiración rosacrucense, surge sobre todo una alquimia literaria, donde la exigencia de comprobar en el laboratorio las obras alquímicas del pasado co-

Michael Maier, Atalanta Fugiens, 1618. «Dei segreti della natura». Epigramma XXI (BFE)

rresponde a la búsqueda de congruencia con la simbología tradicional.

Sin embargo, en la obra de Maier se debe reconocer la capacidad de reelaborar grandes imágenes de la tradición en la riqueza estética y formal de una convergencia equilibrada de arte, música, poesía y mitología. Un aspecto importante presente en la obra es la comparación (fruto de la cultura médica de Maier) entre lo que ocurre en el hombre, entendido como un verdadero microcosmos, desde el punto de vista físico, y lo que ocurre en los procesos alquímicos y en el universo (macrocosmos).

MESMER, FRANZ ANTON

(1734-1815) Médico y magnetizador suizo

Nacido en Iznang (Lago de Constanza), estudia primero con los jesuitas y luego en la facultad de teología de Ingolstadt. Se licencia en medicina en la universidad de Viena, con una tesis sobre la influencia de los planetas en el cuerpo humano. En este escrito ya se muestra convencido de la exis-

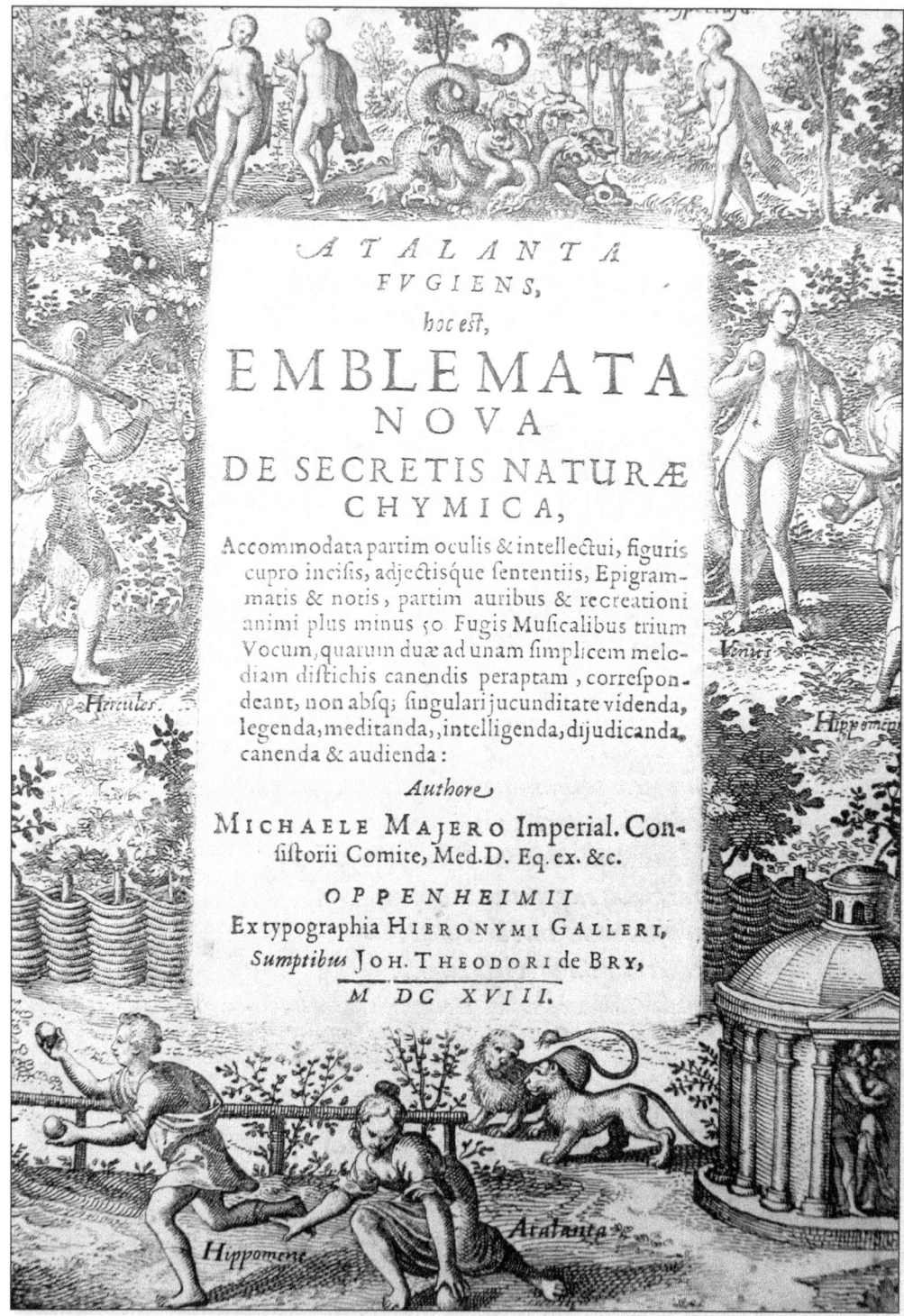

Michael Maier, Atalanta Fugiens, 1618. *Página inicial (BFE)*

tencia de un fluido que estaría en cada componente de la creación, y a través del cual el Sol y la Luna podrían ejercer una acción directa sobre el sistema nervioso humano.

El matrimonio con una viuda rica le permite vivir holgadamente y dedicarse la investigación.

En la *Carta a un médico extranjero*, publicada en 1775, expone sus teorías sobre el magnetismo animal, que se deducen de los resultados obtenidos utilizando imanes en el tratamiento de las enfermedades.

Según Mesmer, el hombre es parecido a un imán, con dos polaridades, una positiva y otra negativa. Poniendo en contacto los distintos puntos del organismo a través de un operador sería posible corregir el desequilibrio eléctrico que habría originado la enfermedad. En efecto, la salud sería el estado de armonía perfecta de todos los órganos y todas sus funciones. Sin embargo, las teorías de Mesmer reciben críticas por parte de los médicos de la época, y son pocos los que deciden examinar experimentalmente los sorprendentes resultados obtenidos por el magnetizador.

Varios estudiosos de la obra de Mesmer creen ahora que sus éxitos en el campo médico se debían a la fuerte personalidad de este hombre excepcional que, en su opinión, incluso se habría adelantado a la psicoterapia y a la terapia analítica. Los casos de algunos pacientes que se beneficiaron de las terapias de Mesmer habrían sido histerias de conversión, mientras que otros parece que podrían incluirse en las parálisis de tipo histérico, o incluso en los problemas respiratorios o cutáneos de origen psicosomático.

La fuerte oposición de los médicos vieneses obliga a Mesmer a abandonar la ciudad y a establecerse en París, donde trabaja hasta 1778. En 1779 publica la importante obra *Memorias sobre el Descubrimiento del Magnetismo Animal*. En 1784 se traslada a Londres, y regresa a Francia durante la Revolución Francesa.

Al volver a Viena, es detenido por sus simpatías revolucionarias. Es liberado, pero debe abandonar el país, por lo que se refugia en Suiza. Muere en Meersburg.

La obra y la actividad de Mesmer son dignas de estudio, no sólo por sus aspectos teóricos (teoría del fluido vital dinámico, o «magnetismo animal»), sino también porque varios de sus alumnos elaborarán nuevos planteamientos terapéuticos. Figuran entre ellos los franceses Joseph Deleuze, Charles Lafontaine y, sobre todo, los Durville, que fundaron la Escuela de Magnetismo y Masaje de París.

La impresionante obra de Henri Durville representa el primer intento de codificar el uso del magnetismo (en este caso, afín a la pranoterapia) sobre una base experimental y didáctica. Sus técnicas se enseñan todavía hoy en algunos centros de radiestesia.

MONTFAUCON DE VILLARS

(1635-1665) Abad e iniciado francés

Nace en Villars (en las proximidades de Rennes le Chateau). Estudia teología en Tolosa y se tiene constancia de su presencia en París en 1660.

Es encarcelado en la Bastilla hasta la muerte de Mazarino. Más tarde, quizá para vengar la muerte de su padre, participa, junto a sus hermanos, en el asesinato de su tío y en el incendio de su castillo. El tribunal de Tolosa lo condena por rebeldía.

Probablemente en este periodo ya está afiliado a diversas logias y sociedades secretas.

Causa un gran impacto la publicación en 1670 de la opereta *El Conde de Gabalis*, en la que el autor juega con los estudiosos de las ciencias herméticas, revelando también muchos secretos y rompiendo de este modo los juramentos ligados a las iniciaciones.

El interés de la obra reside en el hecho de que expone la teoría de las relaciones entre seres sobrenaturales y seres humanos: el mundo estaría poblado por muchas entidades no humanas (ninfas, sílfides, etc.) y para poder unirse con ellas el hombre debería mantenerse puro, absteniéndose de la práctica sexual.

En el texto se describen con gran detalle a los pobladores del aire y sus diferentes intentos de contactar con el hombre, en forma de verdaderas abducciones de individuos, que son raptados y transportados a su mundo, instruidos y devueltos a la Tierra (y aquí quemados sistemáticamente por su relación con los brujos del aire). Es de señalar que el estilo narrativo recuerda al de mucha literatura sobre este tema de los últimos años.

Montfaucon de Villars es hallado muerto en la carretera de Lyon.

NOSTRADAMUS
(MICHEL DE NOSTREDAME)

(1503-1566) MÉDICO, ASTRÓLOGO Y VIDENTE FRANCÉS

Nace en Saint-Rémy de Provence. Estudia medicina en la universidad de Montpellier y ejerce la profesión de médico. Durante la epidemia de peste de 1546 accede a curar a los enfermos de Aix-en-Provence. Mientras tanto continúa los estudios astrológicos hasta que, después de una serie de visiones, decide escribir las *Centurias*, una recopilación de profecías y pronósticos sobre el futuro.

La primera edición de la obra se publica en 1555 en Lyon, años después de haber sido escrita (parece que Nostradamus temía publicar lo que había descubierto). El éxito es inmediato: príncipes y soberanos le hacen consultas y buscan su amistad y colaboración.

LAS OBRAS

La fama de Nostradamus se debe a las *Centurias*, en total unas mil cuartillas divididas en series de cien.

Después de la primera edición en 1555, vienen las ediciones a cargo de Pierre Rigaud (el primer volumen en 1558 y el segundo en 1566) y la de 1568, a cargo de Benoist Rigaud.

CONTENIDO DE LAS CENTURIAS

Las Centurias *exponen los acontecimientos de la historia futura hasta el año 3797.*
Están escritas en un francés arcaico y no siempre comprensible; además (y Nostradamus lo destaca expresamente), necesitan un código de lectura, porque ocultan la verdad de forma unívoca; por lo tanto, se excluyen interpretaciones múltiples.
La lengua, los contenidos, los símbolos reflejan el modo de pensar, las fantasías, los temores, los mitos, las esperanzas de la época en la que vivió Nostradamus. Muchos intérpretes han querido leer en las cuartillas de Nostradamus lo que quizá no es, porque, de hecho, sin la clave de interpretación cualquier lectura es posible.

PALOMBARA, MAXIMILIANO, MARQUÉS

(Principios del siglo XVII) Noble y alquimista

Tuvo una estrecha relación cultural con la reina Cristina de Suecia (1626-1689), una gran mecenas y aficionada a la alquimia. Cristina viaja a Italia por vez primera entre 1655 y 1656, y probablemente en esa ocasión conoce al marqués Maximiliano Palombara. A su alrededor se reúnen numerosos científicos, poetas, artistas, alquimistas y lingüistas; entre ellos, el jesuita Athanasius Kircher, el noble de Pesaro Francesco Maria Santinelli, más conocido con el nombre de Crassellame, que desempeña el cargo de Ayuda de Cámara de la reina, y Francesco Giuseppe Borri, famoso médico milanés que, por motivos de tipo religioso, tuvo que enfrentarse con la Inquisición.

LA OBRA

El marqués Palombara monta un sofisticado laboratorio en su villa con jardín en el Esquilino. Gracias a esta tranquilidad, en contacto directo con la naturaleza, puede dedicarse a la práctica alquímica, tal como era su deseo. El laboratorio estaba probablemente en la planta baja, cerca de una gruta.

Se le recuerda sobre todo por la llamada Puerta Mágica, un monumento alquímico que ha perdurado a lo largo de los siglos, resistiendo incluso la destrucción de la villa donde se hallaba. La Puerta Mágica estaba en la entrada secundaria (véase Obras: Puerta Mágica).

PAPUS (GÉRARD ENCAUSSE)

(1865-1916) Médico y esoterista francés

Nace en La Coruña. Su padre, de origen francés, es químico y su madre, española.

Durante su infancia, los padres se establecen en París y es allí donde va al colegio. Se licencia en medicina en 1894, con una tesis sobre la medicina filosófica.

Desde joven siente interés por la ciencia hermética, y le dedica muchas horas de estudio en la sala de lecturas de la Biblioteca Nacional, donde consulta sobre todo obras de alquimia, magia y cábala. Profundiza en el conocimiento de la obra de Eliphas Lévi y estudia la ciencia médica de Louis Lucas, de planteamiento hipocrático, pero alternativa con respecto a la medicina oficial de la época. Gracias a estos estudios aprende a usar el principio tradicional de la analogía, que aplicará tanto en la práctica médica como en un intento de unificar todas las ciencias en una disciplina única.

Apenas con veinte años entra en la Sociedad Teosófica, pero la abandona al cabo de poco tiempo debido al corte excesiva-

Gérard Encausse (Papus) (FS)

mente orientalizante de las enseñanzas que en ella se imparten.

En 1888 funda, conjuntamente con Lucien Chamuel, la Librairie du Merveilleux y publica la revista *L'initiation*.

A partir del encuentro con el marqués Alexandre Saint-Yves, un gran conocedor del ocultista Anton Fabre d'Olivet, cuyos documentos había heredado, Encausse inicia su verdadero aprendizaje en el mundo del ocultismo. Ese mismo año, juntamente con Saint-Yves, Stanislas de Guaita, Joséphin Péladan y Oswald Wirth, funda la Orden Cabalística de la Rosacruz.

Al morir De Guaita (1897), Encausse se convierte en el último líder de la orden. Sin embargo, la actividad organizadora de Papus no se limita sólo a esta orden, ya que en 1891, agrupando las tradiciones de dos órdenes anteriores, entonces ya extinguidas, como eran los Electos de Cohen, de Martínez de Pasqually, y la Orden Rectificada de Saint-Martin, de Louis-Claude de Saint-Martin, funda la Orden de los Superiores Desconocidos (Orden de los Martinistas).

En 1893 Papus es nombrado obispo de la Iglesia Gnóstica de Francia, fundada por Jules Doinel, y posteriormente se hace miembro de la Golden Dawn (templo Ahathoor, París).

En 1894 abre su ambulatorio médico en la rue Rodin.

En 1897 funda la escuela de Ciencias Herméticas, en la cual imparten sus enseñanzas esoteristas de renombre como, por ejemplo, el alquimista Jollivet-Castellot.

El mayor éxito personal de Papus es la consulta y amistad con la familia del Zar. En varios viajes (1901, 1905, 1906) se gana su confianza y les transmite un mensaje recibido por vía mediánica del padre del zar Nicolás, Alejandro III, según el cual el Zar perecería en manos de revolucionarios. La intervención mágica de Papus, que duró hasta su muerte (poco antes de la Revolución de Octubre), habría impedido que se produjera la profecía. Pocos meses después de su desaparición, en 1916, estallaría la Revolución Rusa y el Zar moriría.

Papus murió en París el 25 de octubre de 1916, por culpa de una tuberculosis contraída en el frente.

LAS OBRAS

Las obras más significativas de Papus son: *Tratado Elemental de Ciencia Oculta* (1888), *Los Tarots de los Bohemios* (1889), *Tratado Metódico de Ciencia Oculta* (1891), *La Ciencia de los Maos*, considerada por Encausse como su obra más significativa (1892), *El Tarot Adivinatorio* (1909), *Primeros Elementos de Antroposofía* (1910). De publicación póstuma son: *Tratado Metódico y Magia Práctica* (1932) y *La Ciencia de los Números* (1934). Aparte de los textos de temática esotérica, Papus publicó algunos tratados de medicina, sobre la tuberculosis, la obesidad y las enfermedades nerviosas.

Gracias su constante actividad organizadora en varios movimientos y círculos esotéricos, junto con su labor de investigación esotérica y la publicación de los resultados de sus investigaciones, Papus ha desempeñado una función importante como divulgador del esoterismo en sus distintas formas, desde la cábala hasta el saber de los antiguos egipcios, pasando por la ciencia de los números.

TRATADO ELEMENTAL DE CIENCIA OCULTA

La obra es una introducción a la ciencia oculta, que se divide en seis capítulos.
El primero presenta la ciencia de la Antigüedad como una verdadera ciencia tradicional, de valor permanente en el tiempo y muy diferenciada de las ciencias tal como se entienden actualmente.
El segundo capítulo trata sobre el método típico de la ciencia tradicional: la analogía.
El tercer capítulo hace referencia a la fuerza universal y de la vida, que se entrega al hombre para que la transforme en algo más elevado gracias al alma, que está en él como una semilla.
El cuarto capítulo habla de la alquimia, de la tabla de Hermes Trismegisto, de la numerología.
El quinto capítulo analiza las tablas analógicas, la magia y la astrología.
En el sexto y último capítulo se presentan los pentáculos, vistos como una forma sintética de la expresión de las ideas.

PARACELSO

(1493-1541) Científico y mago suizo

Paracelso, nombre con el que se conoce en Italia a Philippus Aureolus Theophrastus Bombast de Hohenheim, fue un médico de familia ilustre proveniente de Württemberg (Alemania). Establecido en Maria-Einsiedeln (cerca de Zurich) ejerció la medicina y en 1492 contrajo matrimonio con la directora del hospital de la localidad.

En los primeros años de vida, Philippus fue educado directamente por su padre, que le enseñó las bases de la profesión médica, así como la alquimia. Siguió su formación en el convento de Sant'Andrea y a los dieciséis años estudió en la universidad de Basilea.

En los años siguientes fue alumno de dos grandes alquimistas, Johann Trithemius de Spanheim, abad de San Juan en Wuerzburg, y Sigismund Fugger, que tenía un gran laboratorio de alquimia en el Tirol. Posteriormente viajó mucho por toda Europa, llegando incluso hasta la India, donde vivió probablemente entre 1513 y 1521, año en que se desplazó a Constantinopla. Allí habría recibido la Piedra Filosofal de parte de un tal Trismosinus.

Los vagabundeos de Paracelso duraron cinco años aproximadamente, al término de los cuales, en 1525, volvió a Basilea. Allí, en 1527, ejerció como profesor de medicina, cirugía y física.

Por culpa de su carácter intransigente, al año siguiente se enfrentó con el Consejo de la Ciudad, y se vio obligado a reanudar el peregrinaje, que duraría todavía unos años.

Finalmente se estableció en Salzburgo, donde pudo trabajar con tranquilidad hasta su muerte.

Paracelso es sin duda un caso emblemático: siendo médico, farmacéutico, alquimista y mago, a lo largo de sus legendarios viajes pudo acumular experiencias únicas. Su estancia con los tártaros, por ejemplo, le habría proporcionado conceptos y conocimientos que en aquel tiempo se desconocían en Occidente.

Sus teorías de la *mumia* (cuerpo etéreo) o de los niveles energéticos del hombre están demostradas en los sistemas filosóficos orientales.

Sus planteamientos experimentales, fruto del aprendizaje alquímico y que en la

El joven Paracelso, en un dibujo de Hans Kolbein (FS)

medicina de la época estaban muy limitados (con algunas raras y loables excepciones), hacen que su obra sea muy incómoda para los médicos contemporáneos.

Su visión global de la naturaleza le permite moverse en los más variados ámbitos del saber contemporáneo, sin excluir la magia, de la que ha conocido las leyes más ocultas (desde las ondas en forma de dibujos y figuras hasta el influjo de los astros). Ciertamente su vida no es fácil: está convencido de la validez de sus ideas, algunas revolucionarias, y por su carácter combativo y poco diplomático, debe luchar constantemente contra situaciones adversas. Al mismo tiempo, es hijo de su tiempo, es decir, que por otra parte tiene ideas y prejuicios tradicionales que se reflejan en su obra, así como una cierta rudeza de comportamiento.

LAS OBRAS

Para formarnos una idea de la amplitud de la producción escrita de Paracelso podemos consultar la publicación completa en Aur. Phil. Theoph. Paracelsi, *Opera Omnia Medico-Chemio-Chirurgica, Tribus volumi-*

nibus comprehensa, Sumptibus Ioan, Antonij & Samuelis De Tournes, Ginebra, 1680.

Probablemente no todo lo que se le ha atribuido fue escrito por él, aunque de algunas obras se puede decir con toda certeza que tiene la paternidad. Seguidamente analizamos dos de sus escritos, representativos de sus conocimientos de física y alquimia, por un lado, y de magia terapéutica, por el otro.

Nueve Libros sobre la Naturaleza de las Cosas
La obra fue escrita en Villach en 1537, en sus últimos años de vida. Puede resultar curiosa por algunas ideas preconcebidas, prestadas directamente de la tradición, a veces sin demostración experimental. Sin embargo, su importancia deriva de la fiel imagen que proporciona de la física de la época y de las modificaciones que aporta Paracelso a este conocimiento, incluso a través de experiencias directas, como, por ejemplo, su conocimiento de las técnicas de extracción de minerales y su tratamiento.

La obra esta dividida en nueve libros, cuyo resumen permite ver de qué manera el pensamiento de Paracelso (y de sus

NUEVE LIBROS SOBRE LA NATURALEZA DE LAS COSAS

Primer libro: Sobre la Generación de las Cosas Naturales
En el primer libro Paracelso destaca que todas las cosas nacen de la putrefacción.
Después de hablar del calor húmedo, analiza en profundidad los distintos aspectos de este proceso y expone la teoría de la generación, interpretada fundamentalmente como una transformación. Recordemos que en aquella época era normal considerar que la materia viva podía nacer de materia en putrefacción, según el principio de la generación espontánea. También trata sobre la generación de los metales, de su alma y su regeneración, y finalmente de la generación de los minerales y las piedras.

Segundo libro: Sobre las Cosas Naturales que Crecen
El segundo libro trata sobre el calor y la humedad como principios importantes de la maduración de las cosas. Destaca, además, que el alquimista puede intervenir para apoyar la naturaleza de su obra. Se presentan operaciones alquímicas acerca de la generación del oro y del sílex artificial.

Tercer libro: Sobre la Conservación de las Cosas Naturales
En el libro se analizan las distintas modalidades para conservar raíces, frutos y flores, carne y sangre. Esta última se conserva a partir de la sangre entera, que se separa de su humor: se introduce en un recipiente y el humor queda en la superficie; entonces se retira y se sustituye por agua salada. De este modo «se conserva siempre fresca y perfectamente roja, durante muchos años como el primer día».
Paracelso discurre sobre el problema de la conservación de los metales y de las interacciones negativas que tienen algunos. Concretamente habla del mercurio, de la conservación de la plata, del hierro y del acero, del imán, los licores, los aceites y la madera. Al final analiza también el modo de conservar las bebidas.

Cuarto libro: Sobre la Vida de las Cosas Naturales
En este libro Paracelso afronta el problema de la vida. Una vez identificada en una esencia espiritual, «una cosa invisible e impalpable, espíritu y elemento espiritual», sostiene que esta no es prerrogativa exclusiva de las cosas animadas, sino también de las que se consideran inanimadas, y define qué es la vida para los hombres, los metales, las sales, las gemas, los vegetales, la madera, etc.
Termina planteando que la vida del agua se manifiesta en su dimensión dinámica (el fluir), mientras que la de fuego lo hace en el aire.

Quinto libro: Sobre la Muerte de las Cosas Naturales
El quinto libro es particularmente importante para comprender el fenómeno de la muerte, entendida como la destrucción de una naturaleza primitiva, a fin de crear otra nueva y diferente. Así, se considera que los minerales recién extraídos de la mina todavía están vivos, aunque son poco útiles, y por lo tanto deben ser mortificados y preparados adecuadamente (se limpian las escorias) para utilizarlos provechosamente.
A continuación, presenta las distintas formas de muerte de los metales, entre las que destaca la calcinación con sal, azufre, aguafuerte y mercurio, y la mortificación del hierro y del cobre.
Además, explica cómo se produce el agua de salitre, el verdete y el cobre quemado, cómo se sublima y se coagula el mercurio, cómo se preparan los precipitados, cómo se mortifica el oro, cómo se obtienen el azufre y el vitriolo del oro, y cómo se mortifican otros minerales o sustancias.

Sexto libro: Sobre la Resurrección de las Cosas Naturales
Es un punto fundamental para entender el mecanismo de la resurrección. Se basa en el hecho de que la muerte puede ser de dos tipos: la muerte propiamente dicha, debida al cumplimiento de la vida (muerte natural), y la mortificación, es decir, la muerte debida a la intervención del hombre (muerte violenta) de la que es posible resucitar.
Paracelso también explica cómo producir medicamentos a partir de los metales y se extiende ampliamente en la resurrección de estos últimos.

Séptimo libro: Sobre la Transmutación de las Cosas Naturales
La alquimia es la ciencia de la transformación. Paracelso explica qué es la transmutación, qué pasos se requieren y con qué medios se puede realizar. Es interesante observar la lista de los pasos que deben realizarse para llegar al último estadio de la transformación: calcinación (reducción a cenizas), sublimación (transformación del estado sólido al estado gaseoso), disolución, putrefacción, destilación, coagulación y tintura. Esta última representa el último grado de la transmutación, y hace perfecto lo que es imperfecto, transmutándolo en esencia y cambiando su color.
Los metales, para poder ser tintura, deben encontrarse en estado fluido.
Seguidamente se presentan las diferencias entre los distintos tipos de fuego, incluido el celeste o invisible (rayos solares). Por último, se discurre sobre la transformación de los metales en plata y en oro, del hierro en cobre y, en general, de un metal en otro.

Octavo libro: Sobre la Separación de las Cosas Naturales
La separación es la división de un cuerpo de otro, y puede ocurrir de muchos modos. El libro describe concretamente la separación de los metales, que pueden dividirse mediante polvos en licuefacción, aguafuertes y corrosivos, con el azufre, el mercurio vivo, etc.
En la parte final se estudia la separación de minerales, vegetales y animales.

Noveno libro: Sobre las Huellas de las Cosas Naturales
Este es, sin duda, uno de los libros más curiosos para el lector moderno, ya que trata sobre la influencia de los astros en el hombre y de la imaginación en las cosas. En concreto destaca la convicción de que los astros no son capaces de influir en el sabio, sino sólo en el tosco y el ignorante, que no tienen capacidad de entender la grandeza que hay dentro de ellos mismos. En efecto, el hombre tiene la posibilidad de liberarse de la influencia negativa de los astros: «Cada cual, sólo con la ayuda de su inteligencia, puede liberarse y escapar de su astro fácilmente».
Paracelso también habla de quiromancia, de hierbas y, sobre todo, de yacimientos minerales, sobre cómo hallarlos y cómo interpretar los signos que llevan a ellos. Termina con numerosas observaciones de tipo naturalista.

contemporáneos) catalogaba e interpretaba el mundo.

Los Siete Libros de las Supremas Enseñanzas Mágicas

Cuando se habla de Paracelso, la ciencia moderna tiende a recalcar sólo los aspectos que son más próximos al espíritu contemporáneo, como por ejemplo su farmacopea o algunas intuiciones médicas. Y, en cambio, dejan de lado todas sus teorías, observaciones y convicciones de tipo mágico-alquímico, porque las considera fruto de la superstición.

No debemos olvidar, sin embargo, que algunas intuiciones de Paracelso acerca del tratamiento a distancia han sido recuperadas en épocas más modernas por otras disciplinas. Este es un hecho importante, porque demuestra que diferentes aspectos del pensamiento tradicional todavía son productivos y dignos de estudio.

En la obra en cuestión, Paracelso expone la preparación de los amuletos para llevar en el cuerpo con el fin de solventar problemas de salud.

Ya se ha hablado del gran valor que tienen los metales en alquimia, y también de la importancia de los influjos astrales en el proceso de la obra alquímica y en la vida de todas las cosas.

Los sellos de Paracelso están hechos principalmente de metales (más o menos nobles), preparados en condiciones astrológicas particulares, concretamente en el momento en que el influjo de cada cuerpo celeste se corresponde a cada metal. En dichos amuletos se graban símbolos,

EL CONTENIDO DE LOS SIETE LIBROS

Primer libro: De las Supremas Enseñanzas Mágicas
En este primer libro, de carácter introductorio, Paracelso presenta las justificaciones teóricas de la producción de amuletos mágicos de uso terapéutico.
Después de haber detallado las propiedades particulares de los metales, la influencia de los astros y la fuerza y la eficacia de los signos, caracteres y letras, analiza las posibilidades farmacológicas de sustancias o materiales que no son ingeridos, sino que son puestos en contacto con el cuerpo.
Para la preparación de los amuletos es importante respetar el tiempo propicio: «[...] debe observarse y calcularse el tiempo propicio, ya que sin esta precaución cualquier loción sería inútil». Luego se refiere a algunas enfermedades y al modo de curarlas, ya sea con lociones o pomadas, ya sea con amuletos metálicos. Dichas enfermedades son la cefalea, la epilepsia, trastornos oculares, la tisis, la parálisis, la lepra, el espasmo, las palpitaciones, etc.
Son especialmente importantes las referencias al tratamiento a distancia utilizando la flecha o el arma que ha provocado la herida.

Segundo libro: De los Amuletos de los Doce Signos Zodiacales y de sus Secretos
Está dedicado a la realización de amuletos relacionados con los signos zodiacales.
Los metales utilizados varían en función del signo sobre el que deben actuar: hierro, plata, oro y cobre para Aries; cobre, estaño, hierro y oro para Tauro; oro y plata para Géminis; plata pura y muy fina para Cáncer; oro puro y fino para Leo; cobre, oro, plata y estaño para Virgo; cobre puro para Libra; hierro puro para Escorpio; estaño para el amuleto y plata para el anillo de Sagitario; oro para Capricornio (con el anillo de cobre); oro, plata, plomo y hierro para Acuario, y, por último, oro, plata estaño, hierro y cobre para Piscis. Los amuletos se preparan en determinados periodos del año, durante poco tiempo (para no perder los influjos planetarios exactos), utilizando, en caso de necesidad, matrices de hierro para transportar las incisiones sobre las dos caras del amuleto: «En este mismo momento hay que empezar a grabar y a preparar el amuleto, puesto que de lo contrario sería ineficaz. Esto se logra preparando previamente dos matrices de hierro en las que están grabados los signos, para que en el mismo instante de la fusión queden grabados en el amuleto» (F.T. Paracelso, Los Siete Libros de las Supremas Enseñanzas Mágicas). Además, las incisiones, así como las distintas partes de la preparación, deben efectuarse sólo en momentos astrales muy precisos.
Tal como ocurre hoy con algunos circuitos oscilantes, los amuletos no se llevan indistintamente en el cuello, sino que deben aplicarse a puntos específicos del cuerpo, en momentos concretos del día o de la noche, en determinadas condiciones psíquicas y físicas de la persona, y en ciertos momentos astrales.

Tercer libro: Contra las ratas. Del rebaño, bueyes y caballos
En el tercer libro, Paracelso imparte instrucciones para preparar diversas estatuillas de animales u otras figuras con grabados, para lograr una serie de efectos: proteger la vivienda contra las ratas, curar ovejas, bueyes, caballos o cerdos y ahuyentar las moscas. En referencia a esto último, Paracelso escribe: «Si te molestan, coge una lanza o un puñal hecho de hierro puro y preparado bajo el plenilunio. En el mango o la empuñadura graba estos signos [...]. Desde la empuñadura hasta la punta traza tres comas oblongas, una de ellas en Luna nueva. Cuando haya conjunción entre Saturno y la Luna, graba en toda la longitud de la hoja las palabras que siguen [...]. Clava esta lanza en una pared cualquiera o en cualquier otro lugar y traza un círculo a su alrededor con un trozo de yeso del diámetro de un disco. Todas las moscas irán ahí y se quedarán, hasta que tú retires la lanza».

Cuarto libro: De la Transmutación de los Metales y de los Tiempos Propicios
En el cuarto libro figura una tabla que indica claramente cuándo se efectúan las transmutaciones alquímicas. Dicha tabla permite identificar la modalidad temporal de la transformación: se elige el signo del metal que se quiere transmutar y se identifican el periodo y la hora en los que se debe realizar (siempre relacionados con la hora en que los planetas están en una posición astral determinada). En este caso también son imprescindibles los conocimientos de astrología: «Tal como Dios estableció, todos los hombres están regidos y dirigidos, tanto hacia las enfermedades como hacia la salud, por el poder y la acción del firmamento».

Quinto libro: De la Constelación del Espejo
Aquí Paracelso explica la manera de realizar un espejo.
El espejo, instrumento mágico por excelencia, se utilizaba para ver el pasado y sólo podía ser usado por la persona que lo había construido.
Estaba compuesto por siete metales (oro, plata, cobre, estaño, plomo, hierro y mercurio) y debía haber siempre tres ejemplares, producidos cada uno con modalidades diferentes y en distintos momentos.

Para su construcción se necesitaban trece meses y había que respetar atentamente las indicaciones astrológicas.
Los tres espejos tienen funciones diversas: «En uno se perciben todas las imágenes de los hombres, como ladrones, enemigos y otros, así como figuras de animales, armas, combates, asedios y todas las cosas que aquellos hacen o hicieron. Esto se refleja en el espejo tanto de día como de noche. En el otro espejo aparecen los escritos, los discursos, las palabras, los consejos y el lugar y el momento en que se elaboraron o registraron con todo lo que fue decretado y concluido, junto con las causas originarias. Sin embargo, es necesario que estas cosas ya hayan ocurrido, puesto que nada puede ser visto o conocido en referencia al futuro. Finalmente, en el tercer espejo aparecerá lo que fue escrito en las cartas y en los libros, y fijado por la pluma [...]».
El libro es interesante por la precisión con que se describen los distintos procedimientos y por las indicaciones astrológicas y astronómicas que en él se indican.

Sexto libro: De la Composición de los Metales
El libro es importante por las numerosas indicaciones de tipo alquímico y metalúrgico.
Después de haber tratado ampliamente el electrón, una aleación de los siete metales, que se describe como portentosa porque contiene las virtudes de los siete metales y de los siete planetas, Paracelso explica de qué modo se pueden utilizar los metales en medicina. Sus virtudes curativas se deben transferir a otros soportes: «Para que cumplan sus virtudes curativas, los metales se deben despojar de su estado metálico y, en otro aspecto, se deben transformar en sus arcanos, como aceites, bálsamos, quintaesencias, tinturas y calcinatos, y luego se deben administrar al paciente».
En la parte alquímico-metalúrgica, Paracelso repasa una serie de temas sobre lo que ya había discurrido en el Libro sobre la Transmutación de los Metales *y en el* Libro de la Resurrección de las Cosas Naturales. *Con respecto al mercurio, describe sus efectos sobre el oro y la plata, así como algunas indicaciones para transformarlo en los otros metales.*

Séptimo libro: De los Amuletos de los Planetas
Paracelso se dedica nuevamente al tema de los amuletos: en esta ocasión son amuletos que llevan las virtudes de cada uno de los planetas: «Conviene tener presente que los siete planetas no tienen una fuerza mayor de la que poseen sus respectivos metales, es decir, el Sol en el oro, la Luna en la plata, Venus en el cobre, Júpiter en el estaño, Mercurio en el hidrargirio, Marte en el hierro y Saturno en el plomo».
Estos amuletos consisten en un cuadrado, inscrito en un sello redondo, dividido en columnas regulares que forman casillas que contienen series de números.
La suma de cada columna debe dar un mismo valor. En el lado opuesto se dibujan figuras humanas relacionadas con el planeta (un sacerdote para Júpiter, un soldado para Marte, etc.).

signos, figuras, escritos, en distintos idiomas y alfabetos.

Al parecer los metales en estado fluido (fundidos) tienen unas características particulares de memoria energética: el influjo de los planetas, por mínimo que sea, de tipo gravitacional o luminoso, sería captado por la materia fundida y quedaría atrapado en los metales durante el proceso de enfriamiento.

Pudiera ser que Paracelso, tras efectuar pruebas y más pruebas, hubiera llegado a relacionar el uso de determinados metales, combinados y preparados según las modalidades que él describe, en algunas enfermedades y hubiera observado sus capacidades curativas.

Este hecho debería sorprendernos, ya que algunos amuletos sirven, por ejemplo, para curar los problemas cerebrales. En efecto, colocados en determinados puntos de la cabeza podrían influir desde el punto de vista eléctrico al emitir débiles radiaciones electroquímicas y oscilatorias de las células, produciendo así efectos positivos, tal como ocurre con algunos circuitos oscilantes que se utilizan hoy en día como defensa contra las radiaciones electromagnéticas de los ordenadores o de los teléfonos móviles.

Los escritos y las figuras grabadas en las dos caras del amuleto contribuirían al efecto buscado mediante las denominadas «ondas de forma» *(véase Temas: Ondas de Forma)* con las que estarían cargadas tanto las formas geométricas como las letras del alfabeto hebraico.

Los amuletos descritos en la obra de Paracelso se caracterizan por contener dibujos, palabras y letras solas (algunas veces hebraicas). Los análisis realizados por vía radiestésica en 113 amuletos confirmaron que son combinaciones que poseen una fuerte emisión de ondas de forma, sabiamente dosificadas, con un marcado efecto de interacción con la materia biológica.

En algunos libros se hace referencia al uso de los testimonios (estatuillas de metal o yeso) que representan animales, personas o cosas, sobre los que se graban otras letras, palabras, símbolos, signos, con el propósito de proyectar en el elemento representado los influjos energéticos debidos a las incisiones. El proceso es idéntico al radiónico, donde el testimonio (la fotografía aérea de un campo, una muestra biológica de una persona o de un animal, la planta de un piso) se somete a frecuencias numéricas o se introduce en un dibujo radiónico (*véase Temas: Número*).

Así, en esta obra que algunos consideran poco importante, Paracelso nos lleva con su genio al mundo de la física vibratoria, de la terapia por contacto y a distancia mediante interacciones de tipo eléctrico y sutil.

PICO DELLA MIRANDOLA, GIOVANNI

(1463-1494) Filósofo y esoterista italiano
Nace en Mirandola. En 1477, apenas con catorce años, estudia derecho canónico en Bolonia. Continúa los estudios de filosofía en numerosos viajes (Ferrara, Florencia, Padua) y estudia griego en Pavía.

En 1484, entra a formar parte del círculo platónico del Ficino, en Florencia.

Vive un año en Francia y decide presentar sus tesis filosóficas a una comisión de estudiosos que debe ser convocada en Roma. Su objetivo es elaborar una *pia philosophia* capaz de poner fin a los enfrentamientos entre las distintas escuelas filosóficas.

Estudia hebreo y arameo. Profundiza en sus conocimientos sobre la cábala, teniendo como maestro a un judío convertido, Raimundo Guillermo Moncada, llamado Flavius Mithridates.

En 1486 publica las *Conclusiones Philosophicae, Cabalisticae et Theologicae,* donde intenta demostrar que las diferentes escuelas no están en contradicción, sino todo lo contrario. La introducción de la obra, titulada posteriormente *De hominis dignitate*, es uno de los máximos exponentes del humanismo.

Acusado de herejía, Pico della Mirandola huye a Francia, pero pese a todo es detenido. La intervención de Lorenzo el Magnífico le permite volver a Italia y dedicarse a sus obras más importantes: *Heptaplus* (1489), comentario sobre los primeros versículos del Génesis, y *De Ente et Uno* (1492).

Muere (quizás asesinado) en Florencia. Su última obra, *Disputationes adversus Astrologiam Divinatricem*, se publica de forma póstuma en 1496.

EL PENSAMIENTO

Pico desempeña un papel determinante en la introducción de la cábala en la cultura no judaica. De hecho, es el primer autor occidental cristiano que se entusiasma con los conocimientos secretos transmitidos por los textos cabalísticos, que él considera obras que antiguamente pertenecían a los textos bíblicos revelados y que corresponderían a las enseñanzas esotéricas de Moisés. A través de la cábala, que empieza a difundir, Pico se propone demostrar la compatibilidad de estas antiguas enseñanzas con la filosofía de Platón y de Pitágoras y con la doctrina cristiana.

Su influencia sobre los humanistas de los años posteriores es notable. En ocasión de un viaje a Florencia, Reuchlin se queda profundamente impresionado por los estudios de Pico sobre la cábala, y decide estudiar hebreo, llegando incluso a publicar una gramática que tuvo una gran difusión.

PITÁGORAS

(*C*. 569 A. DE C.-*C*. 490 A. DE C.) Filósofo, matemático y esoterista griego
Nace en Samos (Jonia), hijo de un mercader originario de Tiro. De niño, Pitágoras acompaña a su padre en sus viajes y recibe una educación completa, aprende a tocar la lira y a recitar a Homero. Le imparten educación filosófica Tales, a quien conoce en Mileto, y su alumno Anaximandro.

En el 535 a. de C. Pitágoras realiza un viaje a Egipto, donde vive entre 10 y 22 años (según las distintas fuentes). Durante la ocupación de Egipto por parte de los persas (525 a. de C.) Pitágoras es capturado y llevado preso a Babilonia, donde habría perfeccionado sus conocimientos de la ciencia matemática y geométrica de los babilonios.

A partir del 522 a. de C., nuevamente en Samos, viaja a Creta y posteriormente vuelve a su ciudad natal, donde funda una escuela propia.

Según Giamblico, hacia el 518 a. de C. Pitágoras se desplaza a Magna Grecia, a causa de la dificultad de enseñar el método aprendido en Egipto a un pueblo con referencias culturales demasiado diferentes. La escuela fundada por Pitágoras en Crotón atrae a numerosos alumnos. Después de un corto viaje a Delos en el 513 a. de C., que Pitágoras emprende con la intención de cuidar y de asistir a la muerte de uno de sus antiguos maestros, el viejo Ferecides, regresa a Crotón. Sin embargo, tiene que abandonar el lugar debido a los ataques de Cilón, un noble con quien estaba enemistado. Según algunas tradiciones, Pitágoras murió lejos de Crotón; según otras, volvió a Crotón, donde vivió hasta muy anciano.

LAS FUENTES

Uno de los textos más importantes escritos sobre Pitágoras es la *Vida de Pitágoras*, una de las tres biografías que se conocen del filósofo de Samos, obra de Porfirio, historiador de la filosofía nacido en la ciudad fenicia de Tiro (233-305 d. de C.). Las otras dos biografías son obra de Giamblico y Diógenes Laercio.

Porfirio consultó probablemente muchas fuentes antiguas que ahora están perdidas, a partir de las cuales pudo reconstruir aspectos importantes de la vida de Pitágoras. Gracias a ellas se sabe cuáles fueron las culturas que le permitieron acceder a conocimientos superiores: fenicia, hebrea, caldea y egipcia.

En líneas generales, Porfirio reconoce en el pensamiento de Pitágoras dos influencias principales: la egipcia y la de la filosofía dualista zoroastriana. Asimismo, insiste en que el filósofo tenía un gran conocimiento del mundo y del idioma de los antiguos egipcios, que él conocía en las tres formas (jeroglífico, yerático, demótico).

La obra, la figura y el pensamiento de Pitágoras emergen de forma vívida en otra biografía, *La Vida Pitagórica* del sirio Giamblico (240-325 d. de C.), que recoge todas las aportaciones de escritores anteriores sobre la vida de Pitágoras.

Es especialmente importante la narración del viaje de Pitágoras a Egipto. Al parecer, fue un maestro suyo, Tales, quien le indujo a realizarlo, recomendándole ir a Menfis y a Dióspolis.

Después de un viaje por mar que duró tres días y dos noches (se había embarcado en Siria), el filósofo llegó a las playas de Egipto. Allí visitó varios templos, siempre atendido por sacerdotes, cuyas enseñanzas recibió. Conoció a sabios de la época, se alojó en sus casas y participó en las ceremonias iniciáticas. En total estuvo veintidós años en Egipto, visitando templos, estudiando geometría y astronomía, y siendo iniciado en los ritos que daban acceso a los misterios de los dioses.

Un aspecto interesante de la figura de Pitágoras es su capacidad de curar, que se habría manifestado sobre todo a través de la música, el canto y los encantamientos. Porfirio recuerda que Pitágoras curaba con ritmos, cantos y encantamientos los sufrimientos del alma y del cuerpo. Esta indicación es interesante porque aporta información sobre la existencia de una forma de terapia no farmacológica que, además de basarse en la dieta y en el uso de cataplasmas, utilizaba la música y la recitación de encantamientos, una práctica esta última típica de la tradición egipcia.

EL PENSAMIENTO

Aunque, de hecho, se sabe poco de las teorías de Pitágoras, se pueden deducir algunas ideas de las obras de filósofos de la Antigüedad que citan a Pitágoras o a sus seguidores. Uno de ellos, Aristóteles, habla de Pitágoras o de los pitagóricos en la *Metafísica*, en *De Coelo* y en los *Meteorolo-*

gica. También lo hacen Stobeo, Aezio, Teón de Smirna y Diógenes Laercio. A través de ellos se ve claramente que en el sistema de Pitágoras estaban los números, la armonía y la relación. En realidad, lo que podemos reconstruir se aleja bastante del pensamiento griego de la época y, por lo tanto, no es difícil deducir que la enseñanza de Pitágoras reflejaba en cierto modo las mentalidades egipcia y persa del mismo periodo. Concretamente una de las características de la escuela pitagórica era precisamente el secreto, que también era uno de los elementos típicos de la enseñanza iniciática del antiguo Egipto. Los discípulos de Pitágoras estaban divididos en dos niveles: los iniciados, que tenían acceso a los conocimientos más secretos, de contenido filosófico y matemático, y los llamados «oyentes», a quienes sólo se les comunicaban las máximas de comportamiento ético y fórmulas que debían ser respetadas, quizá sin ser comprendidas totalmente.

El número
Se ha dicho que para Pitágoras el número representa el centro de todas las cosas. Por una parte, es como el código genético del universo, la verdadera esencia de la realidad. Según este principio, todo lo que existe se puede representar con un número. Los números también reflejan las figuras geométricas, con su significado y su simbolismo (1 = punto, 2 = línea, 3 = superficie y 4 = sólido).

El número perfecto es el 10, que representa la culminación base (después del 10 se vuelve a empezar por la unidad) y que contiene los cuatro primeros números (1 + 2 + 3 + 4 = 10). Como recuerda Aezio, Pitágoras decía que el alma estaba formada por el número 4, porque cuatro son las capacidades cognitivas primarias: inteligencia, conocimiento, opinión y percepción.

La armonía
El segundo aspecto que rige la realidad, según Pitágoras, es la armonía, que se expresa también a través de los números, puesto que el mundo entero es armonía y número.

Sin embargo, la forma en que se estructuraba la teoría implicaba forzar algunos puntos. Así, por ejemplo, Aristóteles señala que, puesto que los pitagóricos sostenían que el 10 era el número perfecto, diez eran los cuerpos que se mueven en el cielo. Pero resulta que en su época, los cuerpos visibles eran nueve, por lo cual propugnaban la existencia de un décimo cuerpo, no visible, llamado *antitierra*.

Hay unas correspondencias importantes entre el pensamiento pitagórico y el egipcio: tanto para unos como para otros el universo se divide en dos áreas: una ordenada, armónica, equilibrada, fruto de la acción ordenadora del mundo superior (de los dioses), dominada por los números y sus relaciones; y otra caótica, desorganizada, inarmónica, habitada por el caos y, para los egipcios, por las «aguas primitivas» *(Nun)*. El concepto de armonía es el resultado directo de la experimentación musical con las cuerdas de diferentes longitudes de los instrumentos musicales o con recipientes llenos de líquido, de cuyas diferentes proporciones los pitagóricos descubren la relación numérica con la mayor o menor agudeza de los sonidos.

La relación
A partir de todo lo que se acaba de decir, el concepto de relación tiene una importancia fundamental y representa el secreto de los secretos del conocimiento del cosmos. El universo está regido por la relación, lo que significa que la creación no estaría definida por la mayor o menor cantidad de los elementos que constituyen la realidad, sino por la relación que se instaura entre ellos. Según los pitagóricos, todo el universo podía ser representado en términos de relaciones y de número, lo cual tendría consecuencias interesantes en un futuro lejano. En efecto, hace tan sólo unas décadas, llevando a las últimas consecuencias los experimentos pioneros del neurólogo americano Albert Abrams, se llegó a comprender el funcionamiento del mecanismo que proponía el antiguo filósofo, a definir sus principios teóricos y a extraer miles de combinaciones numéricas dinámicas aplicables al cosmos y a los seres vivos. Y hoy en día se puede utilizar este redescubrimiento para analizar todas las cosas y actuar en ellas, contribuyendo al equilibrio energético de los seres humanos, de los animales y de las plantas.

REUCHLIN, JOHANN

(1455-1522) Filósofo, jurista y cabalista alemán

Nace en Pforzheim. Estudia en varias ciudades: Friburgo, París (griego), Basilea (se licencia en filosofía) y Poitiers (se licencia en derecho en 1481).

En 1482 acompaña, en calidad de secretario, a Eberhard el Barbudo, duque de Württemberg, en su visita a Roma y otras ciudades de Italia.

En Florencia conoce a Lorenzo el Magnífico y a Pico della Mirandola, que lo inicia en los secretos de la cábala. En los años siguientes estudia hebreo y escribe el diálogo *Del Verbo Mirífico* (1494), obra en la que propugna la superioridad del idioma hebraico por la fuerza y la potencia de las letras y de sus combinaciones.

Después de la muerte de Eberhard, acepta el encargo de ser preceptor de los hijos del elector paladino Felipe (1496).

Más tarde se establece en Stutgard, donde trabaja como triunviro del colegio de juristas de la Liga Sueba.

En otro viaje a Italia, encuentra en Roma una biblioteca hebraica donde perfecciona sus estudios con la ayuda de un rabino, alcanzando un nivel de conocimiento del idioma que le permite publicar, en 1506, la primera gramática de hebreo escrita fuera de los círculos judíos: *De Rudimentis Hebraicis*.

Interviene como juez en la confrontación por la destrucción de los libros de la cultura judaica que no fueran la Biblia, argumentando que tal acción constituiría un atentado contra la propiedad privada, y por este motivo es acusado por la Inquisición.

En 1513 Reuchlin publica su *Defensio contra Calumniatores* y recibe el apoyo de los senadores de más de 50 ciudades de Suebia.

La publicación de su obra más famosa (aparte de la gramática de hebreo), *De Arte Cabalistica*, tiene lugar en 1516. Esta obra, fundamental para la difusión de la cábala en los siglos siguientes, está estructurada en forma de diálogo entre los representantes de las tres religiones monoteístas (un judío, un cristiano y un musulmán), que discuten pacíficamente en un plano de igualdad. Reuchlin muere en Bad Liebenzell, Württemberg.

RUPESCISSA

(Siglo xiv) Alquimista francés

Jean de la Roquetaillade, franciscano, más conocido con el nombre de Rupescissa, vive en la primera mitad del siglo xiv. Fue encarcelado por el papa Inocencio VI y murió en prisión.

Es autor de un *Tratado sobre Quintaesencia*.

SCHWALLER DE LUBICZ, RENÉ

(1887-1961) Artista, esoterista, egiptólogo y alquimista suizo

Nace en Asnières, en Seine et Oise. Su padre, químico de origen suizo, se traslada a Alemania, donde Schwaller realiza los estudios primarios.

A los veintitrés años se establece en París; allí es alumno de Matisse y conoce a Jean-Julien Champagne y al grupo de hermetistas que se relacionan con él.

Durante la guerra trabaja en un laboratorio del ejército.

En 1919, el poeta lituano Vladislav de Lubicz Milosz, iniciado por Schwaller en la alquimia, lo autoriza para llevar su título. En aquellos años, Champagne, que estudiando unos textos descubrió algunos manuscritos con secretos sobre la producción de vidrios de color como los de la catedral de Chartres, establece un pacto de colaboración con Schwaller para producir el mismo tipo de colores, obtenidos mediante alquimia. Según lo pactado, ambos se comprometían a mantener el máximo secreto y a colaborar hasta la realización de la obra. Una vez logrado el objetivo, debían separarse sin que nadie supiera nada de su colaboración. Dicho pacto está confirmado por la carta que Canseliet escribió a De Lubicz poco después de la muerte de Champagne, en la que el primero, fiel colaborador de Champagne, dice no saber nada de sus pactos.

Durante el periodo de colaboración, Schwaller propone a Champagne la revisión y la publicación de una obra suya, pero este se niega por considerar que en esta se revelan demasiados secretos del Arte. De ahí el estupor de Lubicz cuando apareció publicada la obra de Fulcanelli *Los Secretos de las Catedrales*, basada en su propio manuscrito.

En 1920 funda la asociación Los Veladores y en 1922 abre un laboratorio en Suiza.

En 1927 se casa con Jeanne Germain, conocida con el nombre de Isha.

A partir de 1929, Schwaller se compromete activamente con Champagne en la experimentación sobre vidrieras góticas, de la que se obtienen resultados positivos al año siguiente.

De 1938 a 1952 se establece con su familia en Egipto, donde recoge datos e informaciones de primera mano sobre la arquitectura y el saber del antiguo Egipto.

René Schwaller muere en 1961, y poco después también su esposa.

LAS OBRAS

René Schwaller publica varias obras de temática esotérica.

Convencido defensor de la importancia del esoterismo egipcio como base de toda la tradición del saber, vive muchos años en Egipto (concretamente en Luxor, cuyo templo está dedicado al microcosmos humano) y estudia los templos antiguos, sus parámetros constructivos, las representaciones antiguas.

El resultado de esta actividad que duró varios años se explica en algunas obras importantes, como *El Templo en el Hombre*, sobre el simbolismo aplicado a la arquitectura de Luxor, y en la más imponente obra en dos volúmenes, *El Templo del Hombre*, que recoge todos los estudios del investigador sobre las estructuras sagradas de Luxor.

A pesar de que en los años treinta fue ridiculizado por muchos egiptólogos, De Lubicz quizá llegó a descubrir realmente los secretos de las antiguas construcciones egipcias.

SENDIVOGIUS, MICHELE

(1566-1646) Alquimista moravio

Vive y opera en Dresde. Es alumno del alquimista escocés Cosmopolita (Sethon), quien lo ayuda a huir de la cárcel donde había sido recluido por el duque de Sajonia (1602).

Michele Sendivogius. D. Stolcius v. Stolcenberg, Viridarium Chymicum, *Frankfurt, 1624 (BFE)*

Después de la muerte del maestro adopta a su vez el seudónimo de Cosmopolita, viaja por Europa, realiza transmutaciones y publica en Praga *De Lapido Philosophico Tractatus XII* (1604).

Muere en Cracovia.

Una obra especialmente importante para el conocimiento de la física tradicional de principios del siglo XVII es *Carta filosófica muy apreciada por aquellos a quienes les complacen las verdades herméticas.*

SIMÓN MAGO

(Siglo I) Contemporáneo de Jesucristo, uno de los primeros nombres conocidos de la Gnosis

Nace en el pueblo de Gitton, en Samaria. Se tiene noticias de él únicamente a través de textos griegos (o de sus versiones en latín), a partir de los *Actos de los Apóstoles*, hasta los textos de Ireneo e Hipólito. Se supone que estudió en Alejandría.

En los *Actos de los Apóstoles* se le describe como un hábil hechicero que, utilizando la magia, encanta a sus paisanos samaritanos. Siempre según se cuenta en los *Actos*, Simón se habría convertido al cristianismo siguiendo las enseñanzas de Filippo, aunque luego habría seguido un camino religioso personal.

Su enseñanza estaba contenida en la obra *Megale Apophasis* («Gran Revelación»), en la que afirmaba que en la base de todas las cosas está el fuego oculto, que habría dado lugar a seis principios, de uno de los cuales, Dios, habría salido la inteligencia suprema.

A consecuencia de las luchas entre los ángeles, constructores del mundo, dicha inteligencia suprema habría llegado a la

Tierra, donde, apresada por los ángeles, y no pudiendo volver al cielo, se habría encarnado en numerosos personajes femeninos, el último de los cuales fue Elena, una prostituta de Tiro. El Espíritu de Dios (Simón mismo) habría descendido a la Tierra para encontrarse con ella y convertirla en su compañera.

Simón y Elena, que probablemente tuvieron muchos seguidores, recibieron cultos divinos y Simón fue identificado por los gnósticos como el dios extranjero descendido a la Tierra *(véase Temas: Gnosis)*.

STEINER, RUDOLF

(1861-1925) MAESTRO ESPIRITUAL AUSTRIACO
Nace en Kraljevec (imperio austrohúngaro). En 1879 se matricula en la universidad de Viena, donde estudia matemáticas y ciencias, literatura, filosofía e historia.

De 1882 a 1897 se encarga de la edición de las obras científicas de Goethe, autor del que trata en numerosas conferencias, y en la colaboración de la edición *Sophine* de las obras.

En 1891 se licencia en filosofía en Rostock.

En 1894 publica *La Filosofía de la Libertad*. En los años siguientes sienta las bases de su visión teosófica del mundo en una serie de obras, entre las que destaca por su interés *Teosofía. Una introducción al conocimiento suprasensible*, un texto fundamental para entender el pensamiento de Steiner.

El año 1913, a consecuencia del problema planteado por la posición de Krishnamurti, que lleva a Steiner a apartarse de la Sociedad Teosófica, funda la Sociedad Antroposófica.

A partir de 1913 empieza a construir el Goetheanum en Dornach (Suiza), con una estructura de madera que fue destruida en 1922 (por culpa de un incendio probablemente intencionado) y reconstruida con cemento armado.

En 1923 se reconstruye la Sociedad Antroposófica, cuyo presidente es el propio Steiner.

Muere en Dornach, después de dos años de intensa actividad.

Rudolf Steiner (FS)

EL PENSAMIENTO

Steiner engloba en su sistema diversas influencias culturales y filosóficas: la vasta herencia de Goethe, gran científico y esoterista, la influencia del pensamiento hermético y místico occidental (con la tradición rosacrucense) y el de tendencia orientalizadora de la Sociedad Teosófica.

Su adhesión a la teosofía de Helena Blavatsky es sincera y dura muchos años. Incluso cuando la fundadora de la Sociedad Teosófica ya ha fallecido y ha sido sustituida por Annie Besant, Steiner continúa defendiendo la importancia y la seriedad de la empresa.

Annie Besant, por su parte, aprecia la obra de Steiner, si bien subraya sus diferencias en relación con las enseñanzas de la Sociedad Teosófica. La diferencia principal es el lugar que ocupa en cada uno de los sistemas la filosofía oriental, que Besant considera un componente básico de la enseñanza y que en la obra más madura de Steiner, por el contrario, está prácticamente ausente, salvo en algunos conceptos (como el del karma).

Infatigable conferenciante y profesor, tiene una especial dedicación por la pedagogía y los temas relacionados con la formación de las personas.

El método de aprendizaje que propone es gradual, y consiste en aumentar el conocimiento exterior e interior.

SWEDENBORG, EMANUEL

(1688-1772) Científico, filósofo y místico sueco

Nace en Estocolmo, hijo de Jesper Swedenborg, predicador y hombre de cultura, profesor de teología en la universidad de Uppsala y posteriormente obispo de Skara (1702).

En la parte final de su vida, Jesper trabaja en la revisión de la traducción al sueco de la Biblia. Pese a ser de confesión luterana, no rechaza el pietismo, y es en este ambiente en el que crece Emanuel.

Su madre muere cuando Emanuel tiene sólo ocho años.

Desde pequeño da muestras de fervor religioso, ideando incluso un tipo de «respiración interior» que le sirve para concentrarse mejor en el rezo y la devoción.

Por influencia de su cuñado Erik Benzelius, humanista abierto a las sugerencias de la nueva ciencia, Swedenborg se dedica a estudios básicamente científicos en la universidad de Uppsala.

Es un personaje políglota, de mente aguda y versátil, muy interesado en los temas científicos. Sin embargo, le resulta asfixiante el mundo académico sueco de la época, que había recibido el pensamiento del Humanismo y el Renacimiento con un retraso notable.

Después de un periodo de aprendizaje al lado de Christopher Polhem, hombre de confianza e ingeniero de Carlos XII, en 1712 Swedenborg va a Inglaterra, país vanguardista en lo que respecta al desarrollo científico y tecnológico. Conoce a Newton, Flamstead y Halley, y frecuenta el ambiente de la Royal Society, adquiriendo una competencia técnica y científica de primer orden.

Más tarde visita Holanda y Francia, donde es acogido por la Académie Royale.

En 1714 abandona Francia, viaja a Alemania y vuelve a Suiza.

Emanuel Swedenborg (FS)

De nuevo en su país natal, intenta realizar lo que había visto en el extranjero: una academia científica, facultades universitarias donde se pudiera aprender disciplinas de física, matemáticas e ingeniería, y una revista científica.

No se le comprende hasta que entabla amistad con el rey Carlos XII, que le quiere a su lado y valora su capacidades.

Es nombrado asesor del Colegio Real de las Minas, continuando así una tradición de familia (los dos abuelos de Swedenborg, paterno y materno, habían tenido a su cargo la gestión de minas privadas y estatales). Allí puede realizar experimentos e investigaciones de índole mineralógica, metalúrgica, química y física.

Al morir el Rey en 1778, y después de un periodo inicial de dificultades, Swedenborg logra el apoyo del nuevo monarca, Federico I. Durante esta época realiza numerosos viajes al extranjero (se recuerda una estancia de tres años en Italia) y publica varias obras científicas en diferentes idiomas, que obtienen un importante éxito en el plano internacional.

En el año 1744, en la cumbre de su carrera científica, un hecho trastorna completamente su modo de pensar y de vivir. A causa de unas visiones, redescubre la importancia de la religión y de la mística (abandonadas o, mejor dicho, dejadas de lado hacía muchos años), y empieza a tomar nota con espíritu científico de lo que ve en el estado de trance en el que cae poco antes de acostarse o justo al despertarse, y que le permite ponerse en contacto con entes espirituales del más allá.

En la noche entre el 6 y el 7 de abril de 1744 tiene una visión de Jesucristo, que le pregunta si está preparado para su nueva misión. A partir de entonces Swedenborg se dedica exclusivamente a la mística, la teología y la religión, e incluso funda su propia Iglesia, que todavía existe.

Desvinculado de todos los encargos oficiales, escribe y publica en 1747 la impresionante obra *Arcana Coelestia*. Años después presenta su visión del mundo en muchas otras obras, como *De Coelo et Inferno* (1758) y su último escrito, *Vera Christiana Religio* (1771).

En 1770 se va de Suecia y se establece en Holanda, y posteriormente en Inglaterra, donde muere el 29 de marzo de 1772. Sus restos fueron trasladados a Suecia en el año 1910.

EL PENSAMIENTO

Swedenborg es una referencia para muchos esoteristas, hasta el punto de que se puede afirmar que, juntamente con Paracelso, Agrippa y Boehme, su pensamiento es la base de la mayor parte de sistemas esotéricos elaborados siglos después. Algunos de los autores «esotéricos» que se inspiran directa o indirectamente en él son Luis de Saint-Martin, Blake, Yeats, además de numerosos artistas, como Strindberg.

Cuando se leen las obras de Swedenborg existe el riesgo de confundir el significado verdadero de la experiencia mística, ya que lo que se presenta es demasiado parecido a nuestro mundo como para poder ser aceptado como proveniente del más allá. Por este motivo resulta necesaria una clave de lectura. No hay que olvidar que lo que él describe no corresponde a la visión verdadera que tuvo, sino que es la traducción a un lenguaje comprensible para los hombres de nuestra dimensión. Por lo tanto, no debe suscitar ninguna perplejidad el parecido entre las condiciones de existencia en el mundo del más allá y las de la vida de cada día.

Aunque las diferencias no parecen significativas, hay que considerar que son solamente correspondencias y no identidades.

Este fenómeno es típico de la literatura mística: la experiencia es tan personal, directa, experimental y «otra» que al místico le resulta imposible plantearla a un público amplio de forma directa.

Las palabras humanas no bastan para describir lo que se ha vivido, de modo que la visión, la relación profunda con la divinidad, ha de ser traducida necesariamente a un lenguaje comprensible. Y esto es así porque la experiencia mística no es comunicable; puede ser sugerida, indicada, de modo aproximativo, imperfecto, y resulta difícilmente comprensible a quien no la haya experimentado directamente.

LA IDEA DE REALIDAD

Hay una correspondencia directa entre mundo físico y material, por una parte, y la dimensión espiritual, por otra. Todo empieza en nuestra vida, que tiene una importancia fundamental para la preparación de la vida verdadera: la de la otra dimensión.

En esta vida hemos de madurar espiritualmente. Nuestras experiencias deben llevarnos a sintonizar cada vez más con el mundo del espíritu, porque si no lo hacemos cuando pasemos a la otra dimensión no podremos aceptarlo y buscaremos la forma de volver a la dimensión material. Entonces el alma, por libre elección, acabaría por querer precipitarse al infierno, junto con los seres con quienes se tiene más afinidad.

Vivimos en un mundo que se caracteriza por la duplicidad. Es un mundo material y espiritual a la vez, y el hombre es ciudadano de ambos mundos: del material por el cuerpo y del espiritual por el alma.

La mayor parte de las personas no es capaz de percibir esta última dimensión, debido a las limitaciones físicas de los sentidos. El vidente, en cambio, es capaz de ver ambas dimensiones, que conviven en un mismo plano.

Hoy en día se diría que ambos mundos existen en el mismo lugar, pero oscilan en frecuencias diferentes: quien vibra en frecuencias bajas, no es capaz de oscilar en sintonía con quien lo hace en frecuencias altas, del mismo modo que no es posible captar un programa en una longitud de onda determinada si la radio está sintonizada en otra frecuencia.

Aunque las dos dimensiones son diferentes, hay una influencia directa del mundo espiritual en el mundo material: los espíritus desencarnados, buenos y malvados, intentan influir en los seres humanos, pero sin interponerse en su libre arbitrio.

Paola Giovetti, que se ha cuidado de una magnífica edición de *Cielo e Infierno* de Swedenborg (Roma, 1988), afirma que el mundo que este describe es muy similar al que dicen haber visto quienes han estado en el umbral de la muerte. Concretamente, son parecidas las experiencias de quien ha pasado a la otra dimensión y está acostumbrándose a existir en un mundo totalmente diferente del nuestro, en el que el tiempo y el espacio pierden su significado. Hay unos seres encargados de recibir a quienes están realizando el pasaje, y procuran ayudarles, infundiéndoles paz, tranquilidad y coraje.

Según Swedenborg, cuando se llega a la otra dimensión no se alcanza de inmediato el destino final, sino que se habita temporalmente en una dimensión intermedia donde el alma toma conciencia de la nueva realidad y decide hacia dónde quiere dirigirse. En ninguna ocasión el autor olvida poner de relieve la libertad de conciencia en este proceso.

Otro aspecto importante de la otra dimensión es que Dios no es accesible instantáneamente a las almas, sino que se percibe a través de su maravillosa luz, que traspasa todas las cosas.

Los ángeles, por su parte, no permanecen inmóviles en un estado de adoración mística, sino que llevan a cabo numerosos encargos para la edificación del reino de Dios. Asimismo, tampoco son inmutables, sino que sufren continuas mutaciones interiores, debidas a los cambios en el nivel de amor experimentado, ya que pasan de momentos de amor encendido y fortísimo a momentos de amor menos intenso y, por consiguiente, de menos felicidad. A estos estados corresponden varias percepciones (por decirlo de algún modo) del mundo exterior, que cambia según sus estados de ánimo.

Las entidades angelicales, en su dimensión, no tienen necesidad del lenguaje humano para expresarse. Todo se produce por vía telepática (además, en la otra dimensión no es posible mentir, puesto que todo se vislumbra inmediatamente). Pero cuando se relacionan con el hombre, asumen hasta tal punto la mente humana que utilizan el lenguaje de los hombres. Esta es una situación providencial porque, después de la caída, el hombre necesita (salvo en casos particulares) intermediarios para dialogar con Dios.

Uno de los aspectos que a nosotros nos resultan más sorprendentes de la vida de las almas después de la muerte tiene que ver con el concepto de riqueza y pobreza. Según nuestra percepción, los ricos deberían tener más dificultades que los pobres para adaptarse a la otra vida. En cambio, según Swedenborg, este factor no tiene ninguna importancia. Lo que importa es la actitud interna. La persona que posee grandes riquezas pero que tiene una actitud correcta de cara al prójimo, en el más allá podrá gozar de un grado de beatitud mayor que el de una persona pobre que no haya sido capaz de establecer una relación de amor con el prójimo.

La energía espiritual (amor divino) que emana de la divinidad es el combustible que da vida a todas las cosas, tanto en el mundo espiritual como en el material. La forma en que esta energía es transformada depende de la recepción: si llega a seres predispuestos al bien, los fortalece en el bien; si, por el contrario, llega a seres predispuestos al mal, alimenta esta inclinación errónea. En definitiva, todo depende del modo en que la asuma cada persona.

TOLOMEO, CLAUDIO

(100-170 D. DE C.) MATEMÁTICO, ASTRÓNOMO Y ASTRÓLOGO EGIPCIO

Nace en Pelusio. Vive y estudia en Alejandría. No se conocen detalles de su vida.

Es autor de una obra astronómica dividida en 13 libros, llamada *Almagesto* en árabe y *Syntaxis Mathematica* en latín (el término griego *mathematiké* se refiere a la astronomía).

Entre sus obras menores, hay tablas para facilitar los cálculos astronómicos, un tratado sobre los fenómenos meteorológicos, otro sobre el movimiento de las esferas celestes, el Planisferio, sobre la proyección estereográfica, etc.

La obra más importante desde el punto de vista esotérico es *Tetrabiblos*, un extenso tratado de astrología muy importante para la renovación de esta área del saber. Despojada de antiguas supersticiones y de notables incongruencias, la astrología (separada de la astronomía, disciplina que se consideraba más precisa debido a que contaba con el apoyo de un instrumental muy exacto para el cálculo matemático y geométrico, y cuyo objetivo era el estudio de las leyes fijas que regulan el movimiento de las estrellas) se presenta como una ciencia rigurosa, capaz de registrar las correspondencias entre los movimientos de las esferas celestes y los acontecimientos terrenales.

Para entender los objetivos y las posibilidades de la astrología tal como la concibe Tolomeo hay que remitirse a los primeros capítulos de la obra, donde se explican los dos métodos principales para obtener un pronóstico del conocimiento de las estrellas. En primer lugar, el análisis de la interacción de los planetas, el Sol y la Luna con la Tierra, originada por los movimientos respectivos, que son objeto de estudio de la astronomía. En segundo lugar, el estudio de las modificaciones de la materia ocasionadas por estas interacciones, objeto de estudio de la astrología. Esta segunda disciplina, afirma Tolomeo, es más frágil que la primera, ya que son muchos los parámetros que deben ser tenidos en cuenta, y la ineluctabilidad de los acontecimientos podría hacer que fuera inútil.

El estudioso sostiene que una fuerza se propaga desde la sustancia aeriforme a través del éter por toda la superficie de la Tierra comportando una serie de transformaciones. El Sol, la Luna, los planetas y las estrellas, además de influir directamente, combinan sus influencias con las de otros planetas y estrellas. El resultado son modificaciones en el crecimiento de las semillas, la incidencia en el carácter de las personas y en numerosos fenómenos físicos.

Sabiendo con exactitud una posición determinada de los astros se puede prever una serie de cuadros meteorológicos, del mismo modo que conociendo un tema astral determinado se puede reconstruir la evolución de la persona y trazar sus características psíquicas y físicas.

La obra astronómica de Tolomeo representa la referencia cultural en la que confiaron generaciones de científicos, astrónomos y astrólogos hasta el siglo XVI y, en lo referente a la astrología, hasta nuestros días.

TREVISANO (DE LA MARCA TREVISANA), BERNARDO

(1406-?) ALQUIMISTA ITALIANO

Nace en Padua. Se le atribuyen equivocadamente obras de Bernardo da Treviri, un alquimista que vivió un siglo antes. Las obras de Trevisano se publican a finales del siglo XVI. Destaca *El Sumo Secreto de los Filósofos* (1567). En sus escritos hay menciones a instrumentos y procedimientos que podrían ser utilizados para capturar el éter.

Muchos alquimistas, como D'Espagnet, consideran que Trevisano es uno de los autores más útiles para consultar por la vasta información sobre temas mágicos y alquímicos que contienen sus escritos.

VALENTINO, BASILIO

(Siglos XIV-XV) Monje benedictino que vivió en Erfurt (Alemania)

Los estudios realizados en varios periodos han intentado saber más de este monje alemán que, según algunos, es autor de algunas obras que se le atribuyen, pero no de las versiones disponibles hoy en día. Basilio Valentino podría no ser más que un apelativo simbólico (como sostiene Eugène Caseliet), y no el nombre de un personaje que haya existido realmente.

Se le atribuyen varias obras importantes de la literatura alquímica: *El Carruaje Triunfal del Antimonio, Azoth, Las Doce Claves de la Filosofía*.

La mayor parte de sus obras son publicadas a partir de 1602 por Johann Thoelde y contribuyen al reflorecimiento de la literatura alquímica del siglo XVII.

LAS OBRAS

La obra de Valentino que ha tenido más éxito ha sido quizá *Las Doce Claves de la Filosofía*.

Son doce libros acompañados de otras tantas tablas, en los que se expone el recorrido que debe seguirse para la realización de la Gran Obra, la Piedra Filosofal. Las imágenes se proponen como un elemento importante en la transmisión de la información. Por esta razón les prestaremos una atención especial.

Su función no es ilustrar, sino evocar *(llamar hacia fuera)* la intuición de quien mira. Una observación atenta de cada una de las imágenes, que debe efectuarse en un estado mental receptivo, pero no lógico (hay que dejarse transportar por las asociaciones, por las imágenes fantásticas, por los símbolos), contribuye a la rotura de las cadenas lógicas que no dejan que la intuición emerja con fuerza, creando relaciones y percibiendo leyes muy diferentes de las que normalmente estructuran nuestra existencia.

Para el pensamiento alquímico, la figura y el símbolo son la vía más directa hacia la verdad. Se avanza por analogía e intuición. Es un sistema similar al elaborado por el budismo zen Rinzai, que obliga al alumno a resolver aporías lógicas (los *Koan*) que sirven para desvincularlo del razonamiento lógico y prepararlo para recibir la intuición y, en un último análisis, la iluminación. Sin embargo, el resultado deberá relacionarse con todo lo que nos permite entender nuestro cerebro racional. La intuición nos permitirá volver a la imagen para poder establecer los nexos lógicos que hacen que sean comprensibles para nosotros las relaciones definidas por el autor.

A continuación, nos referiremos a las imágenes del *Viridarium chimicum*, de D. Stolcius Stolcenberg (1614), consultado en la Biblioteca Filosófica Hermética de Amsterdam.

LAS DOCE CLAVES DE LA FILOSOFÍA

Primera figura
En la primera imagen vemos al Rey y la Reina, que representan los dos principios básicos, lo masculino y lo femenino.
Pero no están solos. Al lado del Rey podemos observar un lobo hambriento en el momento de abalanzarse sobre una presa. Debajo del lobo hay un pequeño receptáculo que contiene fuego, sobre el cual se ve un recipiente vacío. Al lado de la Reina hay una figura que presenta características de Saturno (lleva la hoz) y de Vulcano (cojea de una pierna). Aquí también hay fuego, sobre el cual yace una copela. ¿Qué significa todo esto?

El Rey tiene la mano derecha cerrada, con tres dedos extendidos, mientras que la Reina tiene tres flores en la mano derecha: las dos polaridades opuestas indican que debe realizarse la misma operación tres veces. ¿De qué operación se trata?
Los dos elementos básicos (el masculino y el femenino, según una división que se encuentra también en el Libro de las Figuras Jeroglíficas de Nicolás Flamel), el azufre y el mercurio, o bien el oro y la plata, deben ser sometidos a dos procesos diferentes: el oro (o el azufre) debe unirse al plomo (o al mercurio) y luego someterse a un régimen de fuego indirecto (como en la cocción al baño María). Dentro del recipiente se transformará en algo indivisible, indicador de la dimensión más elevada o espiritual.
La plata (o el principio femenino), después de haber sido unida al plomo, debe someterse al régimen del fuego tradicional. Aunque es difícil entender con exactitud las distintas fases del procedimiento, a partir de cómo lo describe la imagen, resulta claro que por lo menos debemos considerar dos principios y dos tipos de fuego diferentes, es decir, dos elementos básicos y dos operaciones energéticas diferentes.
La imagen del fondo representa un paisaje preciso, que significa la concreción, la realidad del contexto. No nos encontramos ante un proceso psíquico, como habría podido interpretar Jung, sino ante un acontecimiento físico.
El laboratorio está por encima de la filosofía, si bien no puede vivir sin ella, ya que en tal caso sería sólo un conjunto de técnicas carentes de significado.

Segunda figura
En el centro de la imagen vemos un joven efebo, coronado y con el símbolo alquímico del mercurio sobre la corona. En las manos lleva dos caduceos, cada uno representado por un cetro. En la espalda presenta nueve pequeñas alas y a sus pies yacen las pesadas alas del pasado.
A la derecha de Mercurio brilla el Sol, mientras que a su izquierda se ve la Luna.
A la izquierda y a la derecha de Mercurio aparecen dos contendientes con las espadas en alto: representan los dos principios, el fijo, terrestre, y el alado, volátil.
El conjunto está ambientado en un paisaje natural.
El regio Mercurio indica la materia prima purificada: después de numerosos lavados y de las repetidas transformaciones de un estado húmedo a uno aéreo, y, por lo tanto, después de las sucesivas condensaciones, de nuevo a un estado húmedo, la materia ha perdido la primera volatilidad (pesada y torpe), para adquirir otra más sutil. Las transformaciones han provocado la adquisición de la realeza.
Los dos caduceos simbolizan quizá las dos operaciones que intervienen, una para el elemento solar y otra para el lunar.
En su comentario Basilio Valentino insiste en que, después de haber revestido de todo punto a los prometidos (varios tratamientos preliminares de las sustancias que deben intervenir), habrá que desnudarlos (lavarlos otra vez) devolviéndolos al estado originario, para que intervengan. Esto será posible mediante repetidos lavados con dos tipos de agua, una fuerte y otra débil.
También será necesario utilizar diferentes formas de fuego (por lo menos dos) para poder contribuir a la cocción correcta de los preparados.
Resumiendo el sentido de esta clave, cabe decir que el fruto del connubio entre el Rey y la Reina (Mercurio) se libera de sus impurezas mediante repetidos lavados con aguas de distinto tipo y a través de la exposición a fuegos de diferente naturaleza.
No es solamente el fuego material el que actúa, influyendo en cada uno de los ciclos de destilación, sino también el fuego misterioso proveniente del cosmos, en forma de influjos astrales.
La referencia al «flujo y reflujo del mar furioso, que provienen de una cierta simpatía de lo alto y de la influencia de los cielos» (B. Valentino, Las Doce Claves de la Filosofía*), significa que las otras fuentes energéticas podrían intervenir también en la utilización y en la transformación de la energía.*

Tercera figura
Podría ser definida como «la lucha interna». En un primer plano se ve un dragón terrible, de cuerpo rugoso, enormes garras y cola poderosa, que termina enroscándose. Las alas son pequeñas con respecto al cuerpo, pero suficientemente fuertes para garantizar el vuelo, si es necesario.
En un segundo plano hay una zorra que ha devorado la cabeza de un águila, y que a su vez es atacada por un gallo que le pica con fuerza la parte posterior del cuello y le clava las garras en el dorso.
La imagen puede interpretarse del siguiente modo: el dragón, pesado e inmóvil, pero cargado de dinamismo contenido, sería el mercurio en su estado natural, todavía sin haber sido purificado (o bien el azufre todavía bruto).
El mercurio es potencialmente volátil (alas); la estaticidad que emana de su poder podría derivarse de su carga sulfúrica. En efecto, el mercurio posee el principio sulfúrico —y, por lo tanto, el fuego— de forma

innata, como demuestra el hecho de ser líquido, análogo al metal fundido que se encuentra en tal estado precisamente porque está sometido al poder del fuego.
Sin embargo, el mercurio debe ser modificado de manera que arroje al exterior los principios que le son propios (el principio mercurial, volátil, y el sulfúrico, fijo), enfrentándolos entre sí, hasta obtener la reunificación después de la purificación consiguiente a la lucha.
Con esta imagen, Basilio Valentino explica que la operación exige reducir inicialmente las características ígneas del azufre utilizando el agua preparada con el arte que, una vez consumida, permite a las primeras triunfar de nuevo. Antes de que esto pueda producirse, el agua debe de haber sido cargada con características energéticas y cromáticas del Rey (el oro o, en términos energéticos, el Sol), y enriquecida con unas características salinas que permitan intervenir con repetidos lavados hasta el final del procedimiento, es decir, cuando el cuerpo objeto de la operación resultará de color púrpura.
Por lo tanto, los pasos deberían ser los siguientes: agua preparada con características energéticas típicas del oro (y del Sol) y con carga salina suficiente para convertirla en un solvente; acción sobre el cuerpo tratado mediante repetidos lavados; purificación del cuerpo hasta hacerlo resplandecer nuevamente con luz mayor (con probable reducción de la masa, pero con un aumento de su nivel espiritual).

Cuarta figura
La ilustración muestra un esqueleto de pie sobre un ataúd, envuelto en un trapo con una gran cruz bordada. En una de las grandes traviesas sobre las que se asienta el ataúd para ser transportado, hay una vela encendida de grandes dimensiones. A la derecha, una cepa hueca y muerta (se extrae la sal del tronco de un árbol calcinado). En el fondo, a la izquierda, abajo, una ciudad a orillas del mar o de un lago. A la derecha, en un plano elevado con respecto a la ciudad, se halla un palacio (o una iglesia), y a su izquierda, un árbol alto y lozano.
El primer plano de la ilustración se plantea como un paso obligado para alcanzar la alegre escena que se encuentra en segundo plano, rica en actividad (las embarcaciones) y vitalidad (el gran árbol).
Así, pues, es necesario pasar de aquí, de la muerte, de la putrefacción del ataúd, al palacio del Rey por medio de la luz centelleante del renacimiento (la vela).
La ilustración es muy indicativa, porque establece el vínculo directo entre la muerte de los preparados y la resurrección a un nivel espiritual más elevado. Dicha muerte es debida tanto a la acción recíproca como al aporte de sustancias nutritivas (análogas al fiemo de la putrefacción que se convierte en fertilizante para plantas y flores) que llevarán a las sustancias a la corrupción y a la putrefacción.
Al mismo tiempo, la vela simboliza el fuego secreto que se libera durante la operación, el calor interno de la fermentación (que los alquimistas denominan fiemo de caballo).
La cuarta clave está centrada en un aspecto importante del proceso alquímico: la preparación, el uso y el significado de la ceniza —residuo de la combustión e instrumento de vivificación— y de la sal. La tierra produce la vida que, con la muerte y la putrefacción, vuelve a la tierra. Mediante la combustión hacemos que las sustancias se reduzcan a cenizas: en este proceso liberan la sal que contienen, el elemento fundamental de la corporeidad y, por lo tanto, de la nueva existencia. «Un artista, sea quien sea, no puede preparar la sal para nuestro Arte si no tiene ceniza.»
«Sin sal, nuestra obra corporal no puede ser elaborada, y únicamente la sal produce la coagulación de las cosas.»
La función de la sal es proteger los metales mientras se están formando, para evitar que durante el proceso pierdan el espíritu metálico y sean del todo inútiles.
Debemos recordar que, para los alquimistas, no sólo los metales están vivos, sino que ningún ser puede ser llevado a la muerte, y posteriormente revivificado, si su muerte ha comportado la pérdida de su alma espiritual.
Un tratamiento excesivo de los metales los puede aniquilar de forma definitiva, dejándolos inaprovechables para el proceso alquímico.
La sal obtenida por calcinación transmitirá al agua sus características informativas, que se acentuarán con la cocción.

Cuarta figura (FS)

Quinta figura
Representa el punto clave de la transmisión energética de los influjos celestes a la sustancia que está en proceso de transformación en el matraz.
Sobre un pilar de piedra hay un matraz de color oscuro lleno de líquido. Al lado, una mujer con flores en la cabeza (la Naturaleza en primavera) lleva en la mano un corazón del cual nace una flor con siete corolas. Delante, un cupido con una venda en los ojos apunta con la flecha de su arco a la Naturaleza. A la izquierda del muchacho, un león poderoso, con corona en la cabeza, extiende la zarpa anterior izquierda hacia el matraz. A la derecha de la Naturaleza, se encuentra un alquimista, con lenguas de fuego que le salen por la boca y un fuelle en la mano. En la escena brilla un Sol luminoso. En el fondo, podemos ver un lago con barcos navegando.
La ilustración podría interpretarse de este modo. El Sol luminoso indica que se está trabajando en presencia de un fuerte campo energético, proveniente de lo alto.
Al mismo tiempo, el vidrio oscuro del matraz sugiere que el proceso debe tener lugar de noche, protegido de los rayos del Sol.
La Naturaleza lleva un corazón florecido (7 corolas), lo que significa que el campo energético llega hasta el centro de la Tierra (donde tenemos los minerales), alimenta a todas las cosas y las hace vivir. El número 7 revela que nos encontramos ante un ciclo completo y concluido que recuerda los siete días de la creación. Cupido que dispara flechas hacia la Naturaleza señala que el campo energético es una bendición que viene del Padre (amor puro), para hacer reflorecer las cosas naturales.
El león es el oro filosófico que se va hacia el matraz, atraído como un imán, por lo que se le puede identificar con la misma energía misteriosa que es transmitida desde lo alto.
El personaje con fuego y fuelle indica que la transmisión del campo energético se produce llevando los minerales (los metales) al estado de fusión.

Sexta figura
La sexta ilustración demuestra con claridad la unidad de la Naturaleza y el concurso de numerosos componentes del proceso alquímico.
En el centro tenemos a un Obispo que une en matrimonio al Rey (visto de espaldas) y la Reina (vista de frente). A la derecha, hay un alquimista en el horno con un tridente que está vertiendo el contenido del matraz en un hornillo, del que sale un tubo que va al matraz. A la izquierda, un recipiente cerrado está sometido a la acción del fuego de leña. En el fondo, a la izquierda, podemos ver el Sol con sus rayos; a la derecha, la Luna, y en el centro, las nubes, de las que cae un fuerte aguacero, mientras que por encima luce el arco iris.
También en este caso la simbología es muy rica: el rey (de espaldas) representa el principio masculino, el azufre, mientras que la reina (de frente) representa el mercurio, el principio femenino. Ambos están unidos por un tercer personaje, también visto de frente (el Obispo), que podría ser un principio espiritual (o energético) superior.
El proceso masculino, relacionado con el Sol, necesita el fuego común, mientras que el proceso femenino, relacionado con la Luna, necesita la aportación de un líquido (el agua).
La operación comporta el descenso del agua a la Tierra, que así es fertilizada por un elemento conectado con una dimensión superior, mientras que las características vibratorias de las esferas superiores se transmiten a las dimensiones inferiores mediante el arco iris.
En el momento de la boda de los dos elementos base, entran como invitados a la ceremonia importantes principios vibratorios y energéticos. Uno de estos es el cisne, visible en el fondo. Es conocida la leyenda según la cual el cisne, antes de morir, emite un canto maravilloso.
El cisne, que representa el mercurio, antes de morir (evaporar definitivamente), transmite su canto (contenido informativo) al metal al que debe dar forma.
Esta clave se centra en la importancia de los pesos y de las medidas de cada sustancia y de sus relaciones, así como en la necesidad de unir los elementos para poder tener un resultado productivo. Del mismo modo que en el matrimonio, vínculo sacramental, dos componentes improductivos alcanzan la perfección por medio de una relación que dará descendencia; dos sustancias unidas mediante el vínculo del Arte, alimentadas con la aportación del mercurio, se vuelven productivas y son capaces de fructificar.

Séptima figura
Vemos a un alquimista detrás del símbolo del vaso filosofal. Está representado por un doble círculo concéntrico en el cual está inscrito un cuadrado, en cuyo interior hay un triángulo, que representa el agua (de hecho, está escrita la palabra Agua). El triángulo equilátero tiene el vértice hacia arriba (no hacia abajo), lo cual indica que el agua ya no es el elemento que nosotros conocemos: ha sido formateada por las frecuencias

de los elementos más sutiles, aire y fuego, y se ha transformado en otra cosa.
A su alrededor tenemos el cuadrado que representa la sal de los filósofos, base de todo ser corpóreo, resultado de la obra alquímica.
La sal ha sido obtenida respetando las diferentes influencias astrales de los distintos periodos del año.
El vaso alquímico está cerrado en la parte superior por el sello (amuleto) de Hermes (en francés antiguo, scel significaba «sello», pero sonaba igual que sel, «sal»).
El alquimista lleva en la mano derecha una balanza, que pende hacia la izquierda. Su eje, pasando a través del amuleto de Hermes, forma una línea de unión con la mano izquierda del alquimista. Este sostiene la espada fuera de la vaina —sugiriendo el efecto de la sal y de la acción del alquimista en los metales: dividir, separar, liberando las trabas inútiles—, y su mirada está dirigida hacia el pie derecho.
En el círculo exterior aparece escrita la palabra Chaos. Ahora, después de haber reconducido los elementos al caos originario, el alquimista, dividiendo y sopesando, ha conseguido por fin dar

Sexta figura. Basilio Valentino, Obras, manuscrito ilustrado holandés (BFE)

forma al agua con las vibraciones necesarias y, al mismo tiempo, producir y utilizar la sal necesaria para proseguir la obra.
El texto de la séptima clave insiste una vez más en la importancia de la gradualidad del uso del fuego. Un error en su utilización puede causar daños graves al contenido del matraz.
La exactitud en el modo de ejecución de todas las operaciones es probablemente una de las preocupaciones mayores de los alquimistas.
Esto se debe en parte a la larga duración de las operaciones (días y más días, incluso meses), así como a la necesidad de tener constantemente bajo control lo que ocurría en el interior del matraz.

Octava figura
La ilustración que acompaña la octava clave pone en evidencia que el orden indicado en la sucesión de imágenes para cada una de las fases de la obra alquímica no es el que debe seguirse en la práctica del laboratorio.
Pese a ser una de las últimas fases representadas, en realidad se trata de uno de los primeros procesos alquímicos en orden cronológico.
En primer plano hay un sembrador (¿el alquimista?) que esparce semillas en la tierra arada; detrás, a la izquierda, cuatro cuervos picotean y devoran las semillas. También en primer plano está el campo arado en cuyo centro se alza una cruz, a la altura del sembrador, que se encuentra a la izquierda, y de un ángel con cetro y tromba, a la derecha. Inmediatamente después, como en una segunda línea del escenario, yace en el suelo el cuerpo de un hombre en estado de putrefacción (la calavera reposa en una fajina de trigo).
Más al fondo, vemos una fosa excavada y dentro de ella a un hombre de pie con las manos juntas, en acción de rogar. Delante de él, sale de la tumba una mata lozana de espigas de grano. A los lados, dos ballesteros, sentados uno sobre un cilindro y el otro sobre una piedra, quizá cuadrangular, disparan flechas a una diana, que tiene una clavada en el centro y otras a su alrededor. Detrás de la diana se aprecia una llave, y en el fondo, una arquitectura simple con arcos regulares.
Toda la escena se inspira en el versículo evangélico: «Si el grano no muere, se queda solo. Pero si muere, da mucho fruto», e ilustra un momento importante de la práctica alquímica: la muerte, con la putrefacción y el renacimiento.
Ahí reside el punto clave de toda la alquimia: la materia ha de poder morir para resurgir, y lo hará distinta, purificada, espiritualizada, como el cristiano que después de la muerte resurge en un ser ya no material, sino espiritual.
Un aspecto interesante en el conjunto de la imagen es la acción de los ballesteros. Para dar en el centro de la diana, detrás de la cual está la llave, disparan flechas que atraviesan el aire, lo que simboliza la relación entre

una fuerza dinámica y un medio, el aire o el éter, conectado directamente con el movimiento dinámico de la flecha. Esta es la intención lanzada a través de un medio, el éter, que es arrastrado por ella hacia la diana. Esta es la clave: capturar el éter con la intención (voluntad, ondas cerebrales) de impactar en el objetivo.
Por lo tanto, es preciso dirigir el campo energético a través de técnicas de captación relacionadas con las ondas cerebrales o que dependan de la capacidad del individuo de dominar las energías de la Naturaleza mediante el magnetismo propio. De este modo, el ser humano puede entrar de manera real y total en la Naturaleza.

Novena figura
La figura que acompaña la novena clave es muy singular y puede dividirse, por decirlo de algún modo, en dos secciones principales.

Octava figura (FS)

En la primera vemos tres corazones encerrados por un círculo. De cada uno de ellos parte un largo cuello de cisne: representan los tres momentos de la operación alquímica, en el transcurso de los cuales el azufre (el corazón, principio energético) está siempre unido al mercurio (el cisne blanco).
En la segunda hay dos principios opuestos, representados en las figuras de un hombre y una mujer (lo masculino y lo femenino) que, uno frente al otro, están a punto de realizar una pirueta, un giro. Al hacerlo, sus cuerpos forman una cruz, que se sitúa sobre el globo donde tienen lugar las operaciones del alquimista.
El globo representa la tierra, madre de todas las transformaciones.
Cuatro símbolos representan los colores y las fases del proceso alquímico: el cuervo, la Obra al Negro, el cisne, la Obra al Blanco, el fénix, la Obra al Rojo y el pavo, toda la escala de colores.
Los dos principios parecen girar, pero están ligados al globo que tienen debajo, como si se dispusieran a girar alrededor de la Tierra y de las operaciones que allí se lleven a cabo.
En su comentario, Basilio Valentino ilustra una ceremonia real de los planetas, el más bajo de los cuales es Saturno, aunque también el más elevado de todos.
Saturno, trabajado por medio de la obra alquímica, se perfeccionará cada vez más, hasta convertirse en el más espléndido. En este proceso los colores se modificarán: «Que el negro se torne en blanco, el blanco en rojo y, con la sucesión de todos los colores del resto del mundo, los planetas pasen igualmente hasta el sobreabundante color propio del Rey triunfante».
Por otra parte, los planetas deben luchar uno contra uno, para obtener la corona de la victoria.

Décima figura
La décima figura representa, con líneas de puntos, un triángulo con un vértice hacia abajo, que tiene inscritos dos círculos concéntricos.
Los círculos y los triángulos aparecen a menudo en el simbolismo alquímico (véase Obras: Puerta Mágica). Aquí, representan el estado de la obra en curso, que se acerca a la rectitud de la llegada.
La rueda energética actúa en el interior de la materia (el doble símbolo del agua y de la tierra), donde influyen el Sol y la Luna, ahora ya reunidos en su hijo (el mercurio).
Esta décima clave hace referencia a la Piedra, que contiene en sí la unión de dos naturalezas. Dado que todo el universo vive de la interacción de los opuestos (alto/bajo, caliente/frío, activo/pasivo, positivo/negativo, etc.), Valentino afirma que en la Piedra está todo el Universo.
Desde el punto de vista operativo el autor destaca la especial importancia del régimen del fuego: la piedra no debe ser cocida durante un tiempo demasiado largo, ni demasiado corto.

Undécima figura
La undécima figura nos muestra, a la izquierda, un caballero con armadura y espada desenfundada y dispuesta para el ataque.
En un primer plano dos mujeres jóvenes, montadas en dos leones, llevan cada una un corazón en la mano, de los que florecen el Sol y la Luna.
El león de la derecha, detrás del cual hay una hilera de cachorros, está devorando el hocico del león de la izquierda.

El caballero simboliza al alquimista, perfectamente armado y a punto para actuar cuando sea necesario. Las mujeres representan el mercurio.
El corazón simboliza el azufre, del cual despuntan los opuestos, conciliados a través de su acción.
El león de la derecha (el azufre) se abalanza ávidamente sobre el león de la izquierda (el mercurio), aquí viene a «sufrir y padecer en la propia sustancia corporal, disgregándose poco a poco cediendo al azufre —su propio hijo— la leche, la sangre y la carne indispensables en las distintas edades de su evolución» (del comentario a Las Doce Claves de la Filosofía *de B. Valentino).*

Duodécima figura
La duodécima figura ilustra la fase final de la obra.
En el centro de la figura está el alquimista, que observa el horno del que sale fuego y humo (indicación de la vida que sigue, la vida seca).
El alquimista toca (o señala) con la mano una maceta de la que salen dos flores (la piedra blanca y la roja). Los cinco pétalos indican que se trata de la rosa canina (silvestre), símbolo del premio que corresponderá al alquimista que haya llevado a cabo la obra.
A la derecha, un león está devorando la cabeza de la serpiente (la alimentación de la materia), mientras que en el fondo, por la ventana, se ven el Sol, la Luna y algunas nubes.
Esta vez la lectura de la clave de Valentino es clara y precisa: «Cuando la Medicina y la Piedra de todos los Sabios están preparadas perfectamente por la leche de la Virgen, toman una parte, luego tres partes de excelente y purísimo oro fundido, purificado con antimonio y reducido en láminas tan finas como sea posible [...]».
Hemos llegado a la conclusión, y las últimas indicaciones operativas preanuncian la tintura del metal que debe ser transformado en oro. Esto se producirá con una parte del fermento por mil partes del metal.

VAUGHAN, THOMAS (¿FILALETE?)

(1621-1665) Alquimista galés
Nace en el sur de Gales y estudia en el Jesus College de Oxford.

En la época de la guerra civil se alista en el partido monárquico y es perseguido por sus posiciones.

En 1647 vuelve al Jesus College y se dedica a la investigación alquímica. Muere treinta años antes que su hermano gemelo, el célebre poeta Henry Vaughan, que le influye enormemente con sus enseñanzas herméticas. Ambos hermanos estudiaron filosofía neoplatónica de inspiración florentina. Según algunos (por ejemplo, Jollivet-Castellot) Thomas Vaughan podría ser Ireneo Filalete, un personaje misterioso maestro de alquimia, autor de varias obras, como *Introitus ad Occlusum Regis Palatium* («Entrada Abierta al Palacio Cerrado del Rey»). Probablemente nació en 1612 (mientras que Vaughan nació en 1621) en Gran Bretaña, y viajó por muchos países (incluyendo América). Se dice que operó una transmutación en casa de Van Helmont, y que llegó hasta la India. Probablemente murió el año 1680 (es decir, 15 años después de Vaughan).

VILANOVA, ARNAU DE

(1245-?) Alquimista provenzal
Estudió lenguas clásicas en Aix y posteriormente medicina en Montpellier. Pasó un tiempo en París. Acusado de nigromante y alquimista (se cuenta que operó una transmutación en Roma en el año 1286), se refugió en Montpellier (1289), donde enseñó medicina y fue rector de la universidad. A pesar de basar sus enseñanzas en la teoría clásica de los cuatro humores, insistió en un quinto elemento, llamado «espíritu animal», capaz de unir cuerpo y alma. Es un concepto muy interesante porque, según la descripción que hace el propio Vilanova, este «quinto elemento» representaría un verdadero campo energético humano, que se irradiaría del organismo hacia el exterior.

Viajó a España y aprendió árabe en Barcelona.

Luego lo encontramos en Bolonia, Palermo y Florencia, y más tarde en París. De allí se trasladó a Sicilia, a la corte de Federico II.

Requerido en Francia por el papa Clemente V, murió en el viaje, en Génova, ciudad donde se le dio sepultura.

LAS OBRAS

A Arnau de Vilanova se le atribuyen 65 tratados publicados como *Opera Omnia* en 1504. Destacan por su importancia el *De Regime Sanitatis*, con indicaciones revolucionarias sobre hidroterapia, el *Tractatum Visionum*, donde el autor destaca la importancia de conocer e interpretar los sueños de los enfermos, y una famosa obra sobre alquimia, *Semita Semitae, La Scorciatoia del Sentiero*, escrita en 1303.

Sus estudios árabes y hebreos y su trato con los franciscanos lo elevaron a un misticismo exaltado y heterodoxo.

Arnau de Vilanova. D. Stolcius v. Stolcenberg, Viridarium Chymicum, Frankfurt, 1624 (BFE)

EL CONTENIDO DE SEMITA SEMITAE

Primera parte

Vilanova, que se dirige al Papa, a quien ha dedicado el fragmento, presenta el mercurio, describiéndolo en términos tradicionales: sale imperfecto de la tierra, a causa de un cierto calor sulfuroso. Según la presencia de azufre, genera metales de distintos tipos: «todos los metales se resuelven en Mercurio; por lo tanto, este Mercurio es la materia prima de todos los metales».

También afirma que todo lo que nace, crece y se multiplica depende de la semilla, que puede generar otras mil; por lo tanto, las cosas se pueden multiplicar infinitamente.

Luego presenta la Piedra, compuesta de alma, cuerpo y espíritu.

Es preciso transformar las naturalezas para encontrar lo que se busca, separando primero lo sutil de lo grueso (el espíritu del cuerpo) y seguidamente lo seco de lo húmedo (la tierra del agua). Lo que está abajo debe llevarse arriba, transformando el espíritu en cuerpo y el cuerpo en espíritu. La Piedra se crea con un único elemento y con un solo vaso.

Vilanova destaca la importancia de «nuestra» agua, que permite calcinar y reducir a tierra, y une cuerpos diferentes entre sí, de modo que no se pueden dividir más, ni tan siquiera con la fuerza del fuego.

El autor alerta contra el uso de materiales comunes, diciendo que «nuestra sublimación no es destilar: la sublimación de los filósofos es una operación que de una cosa muy vil e impura (en tierra) hace una cosa más pura [...]. Sublimar es lo mismo que purificar, y todo esto lo hace nuestra agua», que mortifica, ilumina, purifica y vivifica. En un primer momento, se produce un color oscuro (la sustancia se transforma en tierra), luego, muchos colores y, finalmente, el albedo.

Vilanova concluye la primera parte destacando el parecido entre la procreación del hombre y el Magistero alquímico: en ambos casos existe el coito, la concepción, la impregnación, el nacimiento y la nutrición o alimentación.

Segunda parte

La segunda parte de la obra está dedicada a la práctica.

Vilanova parte, como todos, de la reducción a materia prima.

Una lectura atenta permite entender por qué la materia prima a la cual quiere llegar es una forma particular de solución depurada una y otra vez, partiendo de un primer amalgamado metálico. El autor sugiere tomar una libra de oro y desmenuzarla hasta obtener un polvo finísimo. Seguidamente el polvo se destempla con agua purificada y se le incorpora sal y vinagre. El resultado es un amalgamado aurífero.

La amalgama se coloca en abundante agua de vida, luego se cuece a fuego lento sobre ceniza purificada. Al cabo de un día, cuando la solución se ha enfriado, se filtra con una tela de lino. Lo que queda en el lino se mezcla otra vez con agua purificada y se cuece de nuevo un día entero, y se vuelve a filtrar.

La operación se repite hasta la desaparición de cualquier impureza visible. El agua obtenida se guarda en un recipiente de cristal y se hierve a fuego lento.

En un cierto momento aparecerá la nigredo que se forma en la superficie. Esta debe recogerse cada día, hasta que no quede ni rastro. El agua que se habrá obtenido entonces será transparente «y habrás obtenido el agua y la tierra». Ahora es el momento de coger la tierra (la nigredo) y meterla en un recipiente aparte. El resto

del recipiente se rellena de agua purificada y se hierve a fuego lento durante diez días. La solución se tritura, se alimenta con más agua y se vuelve a hervir. Llegados a este punto debe cambiarse el régimen del fuego: se aplica un fuego violento a la solución, hasta que se transforme en tierra coagulada y adopte una coloración blanca y brillante.
A continuación, se toma agua de vida obtenida anteriormente y guardada aparte, y se hierve a fuego fuerte en una retorta para destilar unida a un alambique, hasta que toda el agua haya pasado a este, dejando tierra calcinada en la retorta.
Se cogen tres libras de fermento (Sol y Luna) y se disuelven, reduciéndolas a tierra. Luego esta solución se añade al agua bendita que sube hasta el alambique.
El hervor dura tres días. Se realiza otra imbibición, otra cocción, y así sucesivamente, hasta que los dos cuerpos sean una sola cosa.
En esta fase, el agua añadida hace que los cuerpos se unan cada vez más, después de haber sido purificados. Así cambian sus naturalezas, y el germen se transforma con ellos, aumenta y se multiplica.

Tercera parte
En esta parte Arnau de Vilanova pasa revista al pensamiento de alquimistas del pasado, a la luz de la experiencia propia en el laboratorio.
Parte de la consideración de que para los filósofos (así se definían los alquimistas) el fundamento del arte es la solución, creyendo que si la materia no es disuelta se trabaja en vano. Concretamente, es preciso reducir el cobre u otro metal a mercurio. Obsérvese que el agua de la que se habla es un agua que se vuelve permanente (aqua permanens) si se separa de su cuerpo, no es simple agua «de nube».
La solución representa, en este caso, una «conversión de los cuerpos en agua líquida», es decir, la reducción de los cuerpos a la materia prima. El agua, por otro lado, se origina de la tierra, el segundo elemento.
La tierra debe actuar con el agua para ser purificada. La solución de agua y tierra crea un coágulo y una densificación que luego deberán ser sublimados, con la evaporación del agua y la reducción de la materia sólida en gas. Al final del proceso, en el fondo quedará la tierra calcinada (de naturaleza ígnea). Finalmente, se han obtenido los cuatro elementos.
Según Vilanova, la ceniza producida tiene una gran importancia. «A continuación, se pone el fermento con la tierra que dijimos antes, aquel fermento que los Filósofos llaman alma. Y esto se hace porque, del mismo modo que el cuerpo del hombre no vale nada sin su alma, ya que es como tierra muerta, el cuerpo inmundo separado del fermento, es decir, de su alma, no tiene valor alguno».
En este punto, después de haber introducido el alma en el cuerpo, el agua «se altera» y la materia se transforma de espesa en sutil. Ahora que los cuerpos han sido purificados, el espíritu se puede unir a ellos. En esta operación aparecen numerosos colores y «el cuerpo imperfecto adopta el color del fermento, mientras este permanece inalterado». Muchos han intentado seguir este camino, sublimando el mercurio, fijándolo y uniéndolo con los cuerpos, pero sin resultado alguno. La razón es que se ha desviado el camino: todo procede de la semilla inicial, que es siempre idéntica a ella misma. Introducida en el matraz adecuado, que la alimentará, será útil y producirá mucho fruto.

YEATS, WILLIAM BUTLER

(1865-1939) POETA Y ESOTERISTA IRLANDÉS

Nace en Dublín el 13 de junio de 1865. Durante sus estancias en el condado de Sligo, en el domicilio de los abuelos paternos, conoce las antiguas tradiciones populares irlandesas, en las que el mundo sobrenatural constituye un componente esencial de la vida de cada día.

Después de una breve estancia con la familia en Londres (1867-1881) vuelve a Dublín, donde estudia en la Harcourt Street High School. En 1884, año de la fundación de la Mortland Hermetic Society, pasa a la Escuela de Arte de Dublín.

Al año siguiente publica sus primeros poemas y entra a formar parte de la Sociedad Hermética de Dublín.

En 1886 es víctima de una presunta posesión, que tendrá una gran importancia en el desarrollo de su personalidad.

Años más tarde conoce a Helena Blavatsky, se relaciona con los teósofos y se convierte en miembro de la sección esotérica de la Sociedad Teosófica; es iniciado en la Golden Dawn y viaja a París y a Inglaterra.

En 1890 es elegido «Instructor de Filosofía Mística».

El viaje que realiza por Italia está coronado con visiones místicas y con el encuentro con Ezra Pound. Después viaja a Estados Unidos e intenta convencer en vano a Maud Gonne para casarse. Después de ser rechazado en varias ocasiones, contrae matrimonio con Georgie Hyde-Lees.

En 1920 se retira de los puestos de responsabilidad de las sociedades esotéricas.

Su actividad poética es premiada en 1923 con el Nobel de poesía.

En 1924 y 1925 vive en Italia. En los años siguientes publica muchas de sus obras poéticas. Muere el 28 de enero de 1939.

LAS OBRAS Y EL PENSAMIENTO

Yeats se dedicó muchos años al esoterismo, no sólo en su faceta organizativa y formativa, en calidad de responsable de movimientos esotéricos, sino también vinculándolo a su obra poética.

El texto *Una Visión*, que data de 1925 y que incluye una verdadera cosmología, representa quizás uno de los escritos más intrigantes que se pueden encontrar sobre la relación entre ocultismo y poesía. Es el intento del poeta de ordenar una serie de revelaciones transmitidas por su esposa, inicialmente mediante la escritura automática y luego con mensajes de origen sobrenatural recibidos mientras ella se encontraba en estado de sonambulismo. El resultado es un cuadro del universo, con la huella clara del esoterismo, comparable a la de otros grandes visionarios, como Swedenborg.

Yeats concedió una gran importancia al inicio de estos acontecimientos, que para él comportaron un antes y un después: «La tarde del 24 de octubre de 1917, cuatro días después de haberme casado, quedé sorprendido al ver que mi esposa intentaba la escritura automática. Lo que salía en frases sueltas, en una escritura casi ilegible, era tan apasionante, a veces tan profundo, que la convencí para que dedicara todos los días una o dos horas al escritor desconocido...» (W.B. Yeats, *Una visión*).

Sin embargo, Yeats alerta sobre la interpretación de esta experiencia: «Mucho de lo que ha pasado, mucho de lo que ha sido dicho, sugiere la idea de que los instructores son los personajes de un sueño compartido por mi esposa, por mí, quizá por otros...» (W.B. Yeats, *Una visión*).

También son importantes tres narraciones cortas, escritas cuando el poeta apenas había empezado a publicar sus obras, que reflejan temas de la mitología esotérica: *Las Tablas de la Ley*, *La Adoración de los Magos* y, sobre todo, *Rosa Alquímica*.

ROSA ALQUÍMICA

La narración introduce al lector en un mundo de visiones y símbolos, eminentemente poético, pero con continuas referencias a la tradición alquímica.
El joven protagonista, un esteta feliz de vivir en el mundo esotérico que se ha construido a su alrededor decorando su piso en un barrio antiguo de Dublín, acaba de publicar una obra sobre alquimia titulada Rosa Alquímica, *fruto de sus investigaciones... Cuando aparece publicada, varios esoteristas contactan con él.*
Una noche recibe la visita de un viejo conocido y maestro, Michael Robartes, de quien había sido súcubo años antes, cuando frecuentaba su grupo de discípulos.
Al principio, como no quiere tener nada que ver con él, intenta deshacerse de él, pero el antiguo maestro con sus poderes logra suscitar en él una serie de poderosas visiones que lo llevan a aceptar de nuevo sus enseñanzas y su guía: «Iré donde tú quieras —le dijo— y haré todo lo que me pidas, porque he estado entre cosas eternas» (W.B. Yeats, Una visión*).*
Después de un largo viaje en tren los dos llegan a una región de la costa occidental donde se erige un templo, sede de la Orden de la Rosa Alquímica, a la que debe ser iniciado el protagonista.
Lo acompañan a una sala donde deberá prepararse para la ceremonia de iniciación. Allí admira los libros esotéricos que cubren todas las paredes y le entregan un libro sobre la orden, que deberá leer atentamente.
Llegado el momento, le explican los movimientos de una danza antigua, lo visten con una túnica roja y, sosteniendo un incensario, se adentra por un corredor adornado con espléndidos mosaicos de divinidades antiguas.
Después de franquear una puerta de bronce, cincelada con ondas que forman cabezas de seres horribles, entra en un salón, con columnas, frescos espléndidos y nubes de incienso. Allí, otras personas, vestidas también con túnicas rojas, realizan pasos de una danza antigua.
En una alternancia entre sueño y vigilia, el protagonista ve bajar los pétalos de la gran rosa pintada en el techo hacia el suelo y adoptar los semblantes de antiguas divinidades griegas y egipcias, que se ponen a bailar con los presentes.
Baila mucho rato con una imponente figura femenina, presa de la vorágine de la danza, hasta que de pronto intuye la terrible situación que se está produciendo: «Me di cuenta horrorizado de que estaba bailando con una criatura sobrehumana, o menos que humana, que estaba bebiendo mi alma, igual que un buey bebe el agua de un charco; caí y la oscuridad me envolvió» (W.B. Yeats, Una visión*).*
Cuando se despierta, el ambiente es totalmente distinto: los miembros de la orden yacen en el suelo, los maravillosos frescos no son más que pinturas rudimentarias y las columnas han desaparecido. Un rumor de muchedumbre enfurecida, que pretende atacar el templo y a sus ocupantes, lo ahuyenta. A continuación, se encuentra corriendo por la costa.
El autor no habla de la suerte que corrieron los miembros de la orden, pero deja intuir que fueron masacrados por los habitantes de la zona, que los consideraban brujos que tenían relaciones con los demonios.

ZIEGLER, LEOPOLD

(1881-1958) Estudioso alemán
de la tradición

Nace en Karlsruhe. Después de la enseñanza primaria, pasa a la escuela técnica (hecho que lamentará a menudo en el futuro).

Se licencia en filosofía, siguiendo un trayecto formativo que pasa por Fichte, Hegel, Meister Eckart, Nietzsche, Plotino y Schelling.

A los veintiséis años enferma gravemente de tuberculosis osteoarticular y, al no poder continuar la carrera universitaria, trabaja como docente libre, ayudado económicamente por su mujer.

Entre 1902 y 1925 publica varias obras de tema filosófico: *Das heilige Reich des Deutschen*, en la que toma forma claramente su concepto de tradición. Uno de sus escritos más importantes es *Überlieferung* (*Tradición*, 1936), donde expone la convicción de que en el origen de lo que ocurre hay un arquetipo, y *Menschwerdung* («Hacerse hombre», 1947).

EL PENSAMIENTO

Es un autor importante, pero todavía poco conocido. Ziegler refleja en parte el camino de otros defensores de la tradición, como Evola o Guénon.

Sus estudios tratan sobre la Antigüedad más remota, la gnosis y la cábala, si bien a partir de la visión cristiana, tal como la elaboraron o vivieron Jakob Boehme y Emanuel Swedenborg.

Leopold Ziegler (FS)

El hombre, hoy en decadencia, originalmente tenía una naturaleza superior, y esta superioridad puede ser reconquistada por quien, a través de los elementos de la tradición, logre reconstruir en sí mismo al Adán primitivo. La tradición puede redescubrirse y transmitirse estudiando los autores antiguos, con el análisis etnológico y profundizando en la historia de las religiones.

ZÓSIMO DE PANÓPOLIS

(Siglo IV d. de C.) Alquimista

Es el primer autor occidental, de orientación gnóstica, pero al mismo tiempo partidario de la alquimia operativa, que describe atentamente algunos procesos alquímicos (por ejemplo, en los tratados *Sobre la Evaporación del Agua Divina* y *Sobre la Composición de las Aguas*) y el instrumental, como el alambique de tres puntas (en la obra *De Tribicus*), con lo que se ganó el respeto de alquimistas y filósofos.

La tradición considera suyas 28 obras alquímicas, parcialmente perdidas.

PARTE II

TEMAS

ADIVINACIÓN

Conjunto de técnicas que sirven para conocer la realidad oculta de las cosas, el futuro, el destino.

Se divide en varias disciplinas, como la astrología, la adivinación por el oráculo y las distintas modalidades de trance, los sueños, la consulta de cartas, bastones, piedras rúnicas, fragmentos de libros sagrados, tablas mágicas, etc.

El término viene del latín *divinatio*, e indica claramente su origen (un vínculo con la divinidad y con su acción, a través de los términos *divus*, *divinare*, *divinus*), que a su vez es la traducción del término griego *mantiké téchne*: «arte profética».

El profeta (aquel que habla por otro) en griego recibe el nombre de Mantis, de *mainesthai*, «ser furibundo». Los griegos utilizaban este término para referirse sólo a un aspecto de la adivinación, el de la posesión divina. A la locura debida a la presencia del dios, llamada en griego *manía*, corresponde el furor latino.

En el mundo antiguo, la adivinación se dividía en dos formas: la natural y la artificial. La adivinación natural era obra directa de la intervención del dios. Aparecía en el sueño induciendo una forma de trance natural que permitía ver el futuro con los ojos abiertos, o bien en el momento de la muerte.

Todas las divinidades griegas podían actuar de este modo, pero el dios de la adivinación por excelencia era Apolo, y más tarde, Baco. Apolo es el dios más ligado al furor doloroso (la profecía resulta en cierto modo violentada por la divinidad, que se apodera de ella).

Antiguamente los latinos conocían formas parecidas de adivinación, asignadas a los vates, que pronunciaban sus profecías cantándolas, como atestigua el verbo *vaticinari* («cantar las profecías»), y que estaban poseídos por una divinidad (como escribe Cicerón en el *De divinatione*, por una cierta excitación del ánimo, vaticinando con furor).

La llamada adivinación artificial (artificiosa) se refiere al mensaje comunicado por el dios al hombre por medio de un signo. En este caso, aunque la persona nombrada para la interpretación del signo debe estar de alguna manera inspirada por los dioses, no entra en trance y no es poseída. Su actitud es lúcida, casi científica, debe observar el signo e interpretarlo.

En el mundo latino, esta doble acción se explica bien en la observación de los pájaros con los términos *auspicium* y *augurium*. En el primer caso tenemos la observación del signo (y su posible petición) y en el segundo, una interpretación. Las dos figuras están separadas: el magistrado *(auspex)* establece el *auspicium* (observación de los pájaros), mientras un segundo personaje *(augur)* valora su actividad *(augurium* como valoración de los pájaros). En este caso siempre se necesita un intérprete, porque el simple laico no puede captar el significado del signo divino.

Las literaturas griega y latina nos han transmitido páginas significativas sobre la adivinación y los personajes relacionados con esta actividad. En la *Odisea*, el vidente Teoclímeno interpreta claramente lo que los Proces sienten en el aire y manifiestan con su comportamiento (su trágico fin por obra de Ulises). Asimismo, en la *Ilíada* aparece la figura del adivino Calcante. Más tarde, en el prólogo de las *Eumenides* de Esquilo aparece, descrita con tintes dramáticos, la profecía del oráculo de Apolo, o bien el adivino Tiresia, después del prólogo de Baco en las *Bacantes* de Eurípides o en la *Antígona* de Sófocles.

EL ORÁCULO

El término *oráculo* tiene varias referencias: puede ser la respuesta dada por la persona poseída por el dios, el lugar donde tiene lugar la operación o el personaje que se relaciona con la otra dimensión.

La práctica oracular es muy antigua y se ha relacionado con las prácticas de los chamanes. Al igual que estos, en el oráculo la persona es poseída por el dios (o los espíritus), que comunica una respuesta utilizando un lenguaje críptico. En el oráculo habrá otras personas que interpreten el mensaje, que la mayor parte de las veces es incomprensible para el profano.

El origen de las prácticas oraculares, en tanto que derivación de las chamánicas, se remonta probablemente a la prehistoria, y, por lo tanto, no puede decirse que sean típicas de un pueblo o civilización determinados, ya que hay testimonios abundantes en Egipto, Grecia y muchas otras culturas.

Egipto
Se tienen referencias del oráculo egipcio sobre todo a partir del Segundo Periodo Intermedio y del Nuevo Reinado.

Para preguntar al oráculo se planteaba la pregunta a la estatua del dios que se llevaba en procesión en la barca sagrada. Las respuestas se obtenían, a lo largo del trayecto, a partir del tipo de movimiento de la estatua (adelante o atrás).

Se trata de una práctica que puede considerarse claramente radiestésica. La estatua equivale a un instrumento de detección, como un gran péndulo, y los sacerdotes que la transportan actúan como radiestesistas que inconscientemente dan respuesta a la pregunta, transmitiéndole las microvibraciones comunicadas por el sistema nervioso a la musculatura, lo que origina el movimiento de la estatua.

La respuesta sería comparable a una búsqueda radiestésica, con la ventaja añadida de tener respuesta de varios radiestesistas, con lo que se origina el movimiento de asentimiento o negación.

Además de este sistema, había otros que consistían, por ejemplo, en interpelar a la divinidad en capillas.

La práctica oracular en Egipto adquiere cada vez más peso en época tardía, en parte por la influencia de textos muy importantes, de origen no local, como los *Oráculos de Caldea*.

Barca sagrada. En las procesiones, los movimientos hacia delante y hacia atrás de la estatua del dios se interpretaban como respuestas (por ejemplo, sí/no) a las preguntas formuladas (A)

El oráculo tenía un valor principalmente jurídico. En efecto, se pedía al dios una respuesta a problemas que podían ser tan variados como la elección de un faraón, la determinación de los derechos de uso de un pozo o la prueba de un robo.

Una respuesta oracular especialmente interesante es la que contiene el papiro n.º 10.335 del British Museum de Londres, que data probablemente de la época de Ramsés IV (XX dinastía). Amonemuia es el servidor del encargado del ganado en el altar. Le han ordenado que vigile una serie de pertenencias, pero durante el día le roban unos vestidos hechos de telas de colores. Amonemuia pregunta al dios si recuperará lo que le han robado, y este le responde afirmativamente. Así pues, el servidor pronuncia el nombre de los habitantes del pueblo, y la divinidad le da la señal de sí cuando pronuncia el de un campesino. Este lo niega, pero el dios vuelve a confirmar su culpabilidad. Finalmente el campesino confiesa y es castigado por el robo, si bien el material no se encuentra. Importante es el hecho de que la divinidad siempre es interrogada en presencia de numerosos testimonios.

Mundo grecorromano
En Grecia la forma oracular adquiere la connotación más conocida. Como ejem-

plo, basta citar el gran santuario de Apolo, en Delfos, cerca del monte Parnaso. Durante siglos, hombres provenientes de todas las partes de la tierra buscan respuestas importantes para sus vidas e imperios. Dedicado desde épocas muy antiguas a Apolo, el oráculo estaba consagrado a Pitia, una sacerdotisa-profetisa, cuyo nombre se relaciona con el de Apolo, a su vez derivado de la victoria obtenida por Apolo sobre el dragón-serpiente Pitón.

Teniendo en cuenta que en la Antigüedad ya se creía que Pitia actuaba poseída por formas geotelúricas (los gases que emanan de las profundidades de la Tierra), la referencia al dragón derrotado significa que la atención debe centrarse justamente en estas fuerzas misteriosas. Desde siempre la figura del dragón se ha interpretado como la fuerza geotelúrica que se libera de los abismos y que debe ser domesticada, por ejemplo, construyendo templos y catedrales en las zonas donde estos fenómenos se manifiestan con frecuencia.

Normalmente las energías incontenibles están representadas como dragones que salen de la tierra y saltan sobre una columna, o bien como detalles esculpidos en los laterales de las entradas de las iglesias, en el punto donde empieza o acaba un curso de agua subterráneo.

Los principales centros oraculares del mundo griego y romano fueron Delfos y Dodona, que podrían haber seguido el ejemplo del famoso oráculo egipcio de Ammon en Siwa (Cirenaica).

Aparte de las pitonisas, en la Antigüedad existían las sibilas. Heráclito de Éfeso las menciona por vez primera en el siglo IV a. de C., refiriéndose a una sola sibila. Posteriormente se tuvo conocimiento de ellas en muchas ciudades antiguas. Los romanos conocían, entre otras, a la sibila cumana.

Técnica del oráculo
La técnica del oráculo surge claramente a partir del estudio de los fragmentos de los *Oráculos de Caldea*. En este caso nos encontramos ante el producto final y acabado de una actividad mediánica: una vez el médium, poseído por el dios, ha realizado su función de enlace con la otra dimensión, el mensaje, probablemente incomprensible para el profano, es traducido, y algunas veces versificado, por los *profetés* del médium.

En la Antigüedad, el oráculo funcionaba porque se creía que el mundo estaba sometido al destino, y, por consiguiente, era posible conocer los resultados, sobre todo si intervenía un dios o un demonio (ser intermedio que tiene conocimiento del futuro) que poseían al médium.

EL SUEÑO

El sueño es uno de los instrumentos más importantes para conocer la otra dimensión y sus efectos sobre la nuestra.

Se considera un instrumento profético fundamental en todas las tradiciones del mundo, y es importante, no sólo en todas las culturas primitivas, sino también en las tradiciones asiriobabilonia, egipcia, grecorromana y judeocristiana.

En el antiguo Egipto se solía frecuentar los templos de los dioses y dormir en lugares dedicados especialmente al sueño. Naturalmente había que respetar un ritual muy rígido, que incluía purificaciones, ayunos, oraciones, distintos ritos, etc.

Podemos añadir que casi todos los santuarios de la Antigüedad estaban construidos de manera que se pudiera aprovechar las características geotelúricas y vibratorias capaces de provocar ciertos efectos en la psique del hombre.

Una forma de saber si un lugar era adecuado para construir una vivienda consistía en dormir unos días en el lugar elegido: si no se tenían pesadillas y el sueño no era agitado, el lugar era adecuado para el futuro habitante; en caso contrario, se desestimaba.

Esta forma de adivinación, conocida con el nombre de *incubación*, practicada por Epidauro, en el templo de Asclepio, exigía el respeto de una serie de prácticas esenciales de purificación.

La mayor parte de preguntas eran para saber la forma de curar enfermedades, y muchos documentos antiguos testimonian el éxito, real o presunto, de las respuestas obtenidas.

La interpretación de los sueños era una de las funciones de los sacerdotes egipcios, muy valorados en todo el mundo entonces conocido.

Con el orfismo, a partir del siglo VII a. de C., la idea de que el alma fuera una entidad autónoma, adormecida durante la vigilia y libre de viajar a las más altas esferas durante el sueño, crea una base común sobre la que se construyen las distintas interpretaciones de la actividad onírica del hombre: en este estado disuelto en el cuerpo, el alma entra en contacto con los dioses y obtiene mensajes útiles.

Los autores griegos y latinos continuamente hacen referencias, hasta épocas muy tardías, a la importancia de la actividad onírica para saber lo que ocurrirá. La obra más conocida sobre la interpretación de los sueños es *Onirocrítica*, escrita por Artemidoro de Saldi en el siglo II d. de C., en la que se transcriben unos 3.000 sueños con sus respectivas interpretaciones.

En la tradición judeocristiana se concede una gran importancia al sueño. Tanto en el Antiguo como en el Nuevo Testamento hay numerosos fragmentos donde la comunicación entre la dimensión del más allá y la de las criaturas se produce precisamente a través del sueño. Un ejemplo de ello es el sueño de José, con el que fue alertado e invitado a huir para poner a Jesús a salvo, y posteriormente fue avisado de que, al haber muerto Herodes, podía regresar a Palestina.

En las culturas primitivas el sueño es inducido, todavía hoy, mediante el uso de drogas. Tanto si sueñan como si tienen la visión con los ojos abiertos, el brujo o el adepto viven experiencias en las que las divinidades (generalmente espíritus de la naturaleza, animales, entes desconocidos) sugieren, a través de situaciones particulares, sucesos, objetos e imágenes, una respuesta a la cuestión planteada.

Es particularmente significativa la adivinación onírica en los casos de iniciación, donde el adepto aún debe entender cuáles serán su camino y su espíritu guía.

LOS SIGNOS RÚNICOS

Una de las formas de adivinación antigua y moderna que siempre ha suscitado gran interés son los signos rúnicos.

Se trata de letras del alfabeto germánico antiguo, difundidas entre pueblos germánicos del norte, del este y del oeste. En el norte de Europa se conocen principalmente en su versión de 24 letras (otra más reciente, también del norte de Europa, se conoce desde el siglo IX y tiene 16 letras).

El alfabeto recibe el nombre de *futhark*, por sus primeras letras: FUTHARK.

Se cree que los signos rúnicos son de origen divino: una inscripción del siglo VII d. de C., grabada en un obelisco hallado en Västergötland, los define como «originados por los dioses». Desde los orígenes han tenido un significado mágico protector. Se utilizaban a menudo para proteger lanzas, espadas y amuletos, así como para aumentar la fuerza repitiendo varias veces el mismo signo.

Los signos rúnicos que se consideran más importantes son la A (llamada *As*, «dios») y la T (llamada *Tyr*, como la divinidad).

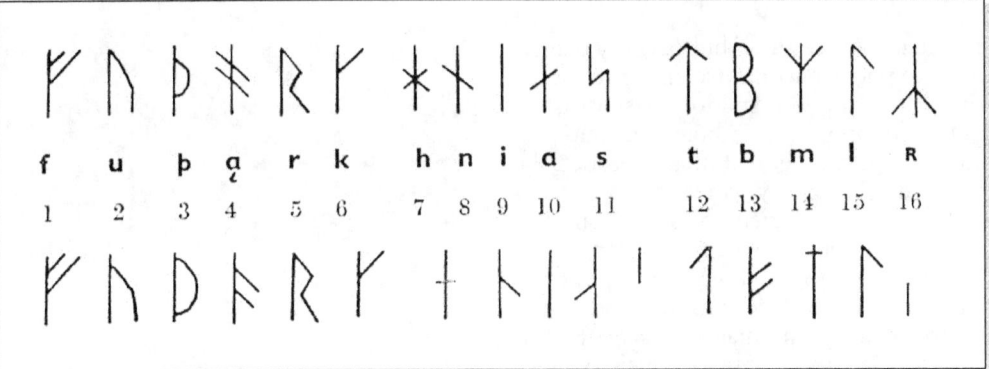

Escritura rúnica llamada Futhark, que también se utiliza como instrumento de adivinación

El significado mágico de los signos rúnicos se pone de relieve no sólo en su uso aislado o repetido, sino también en las menciones explícitas que aparecen en obras antiguas de los países nórdicos. En una poesía nórdica de Edda, llamada *Sigrdrifumal*, en la que una valkiria instruye a Sigurd Favnesbane sobre los signos rúnicos, se dice que para vencer deberá conocer los signos de la victoria y grabarlos en varios puntos de la espada, nombrando dos veces a Tyr.

Es de suponer que, en los tiempos más remotos de la humanidad, este tipo de signos, grabados sobre piedra o madera, se usaban para conocer el deseo de los dioses o para saber qué esperar del futuro.

Al parecer, los pueblos germánicos tenían la costumbre de lanzar las suertes con trozos de madera o de hueso. De esta tradición antigua, la adivinación moderna ha desarrollado un sistema idéntico para conocer el futuro y el estado psíquico y físico de una persona. Los signos rúnicos, grabados en piedras pequeñas, se recogen en una bolsa, se agitan y se extraen, habiendo previamente formulado la pregunta o planteado el tema sobre el que se quiere obtener respuesta.

Aunque no se ha confirmado definitivamente el paso de la tradición antigua a la moderna, resulta verosímil la hipótesis según la cual este método de adivinación sigue un procedimiento cuanto menos parecido al de los antiguos pueblos germánicos (*véanse* Temas: Astrología y Temas: Tarot).

AGUA

El agua, compuesta de hidrógeno y oxígeno, que puede encontrarse en tres estados diferentes (líquido, sólido y gaseoso), es uno de los principios simbólicos de más peso en el pensamiento humano, especialmente en el mágico y esotérico.

Durante mucho tiempo estuvo considerada un elemento, y su composición no se descubrió hasta 1782-1783, con Cavendish y Lavoisier. Además de constituir uno de los componentes primordiales de las antiguas cosmogonías, representa el principio vital, entendido como medio de regeneración.

Para los alquimistas el agua es un solvente que lleva a la putrefacción, que es la fase esencial del resurgimiento de la vida. Además, al disolver las sales y otras sustancias, las hace aptas para numerosos procesos alquímicos.

Según el pensamiento platónico, el agua, estructurada y formada por el demiurgo de los orígenes a través de veinte triángulos equiláteros (en total ocho ángulos sólidos), en la figura tridimensional del icosaedro, se sitúa en el tercer puesto en la serie de los cuatro elementos, detrás del fuego y el aire, y delante de la tierra.

Esta posición entre el aire y la tierra le corresponde en virtud del movimiento que le permite su estructura: el elemento más inmóvil y más fácil de plasmar es la tierra, que es el más sólido y se puede representar simbólicamente por un triángulo equilátero (cubo).

De los restantes elementos, el agua es el que se mueve con más dificultad, ya que el aire tiene gran capacidad de movimiento y el fuego es el que se mueve con más rapidez. Además, el agua es un elemento sutil que puede ser identificado con el *éter* o con formas de energía desconocidas.

Representación del agua. Escalier des Sages. Groningen, 1689 (BFE)

Su función más importante es recibir y memorizar la información que se encuentra en el ambiente, y conservarla para transmitirla a los otros elementos, especialmente a la tierra. Esta característica tiene una importancia fundamental. Así, por ejemplo, la homeopatía se basa en la capacidad del agua de transmitir la información de la materia contenida en ella.

Como consecuencia de la evaporación, el agua sube al cielo y se impregna de los influjos astrales. Luego vuelve, en forma de lluvia, a la tierra, fecundándola con lo que ha podido capturar en la dimensión más sutil. De este modo se transmite la información a la tierra, que resulta beneficiada en su evolución.

El proceso deberá repetirse un número infinito de veces para que el elemento más bajo, la tierra, acumule la información que necesita para hacer evolucionar lo que contiene. Sin embargo, la relación es recíproca, porque la tierra también impregna el agua de sus contenidos, y así se transmiten las virtudes de los filones ricos de minerales y metales, así como las de los lugares ricos en hidrocarburos y azufre.

Este intercambio entre la dimensión superior (donde dominan el fuego y el aire) y la dimensión inferior (agua y tierra), que es posible gracias a las características del agua, es una respiración propiamente dicha.

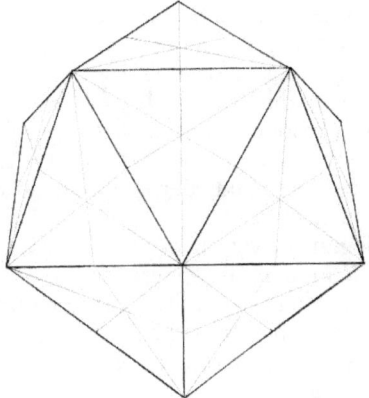

Según Platón, el demiurgo de los orígenes estructura el agua a través de veinte triángulos equiláteros, en la figura del icosaedro (FS)

EL AGUA COMO SOLVENTE QUÍMICO

Otro aspecto que no debe olvidarse es el uso que hace la espagiria del agua como solvente para obtener la quintaesencia de los minerales y de las sustancias naturales (animales y vegetales).

La quintaesencia, en tanto que dimensión casi espiritual de las cosas materiales, participa de la dimensión más elevada de todo lo creado. Cuanto mayor es el nivel espiritual alcanzado, más altas son las posibilidades de actuar en lo real, ya sea a través de la manipulación de la materia, ya sea actuando posteriormente en las afecciones del organismo.

De ahí el deseo del alquimista de identificar, mediante continuos procesos de purificación, la dimensión más esencial de una sustancia, para alcanzar el nivel de la quintaesencia o alma espiritual de la materia.

En un importante libro de publicación reciente, los hermanos Nicolás y Emilio del Giudice (médico homeópata el primero, físico nuclear el segundo) han indicado claramente el valor productivo de esta intuición: «Ahora podemos considerar una segunda característica fundamental de la homeopatía que puede ser intuida a partir de la concepción alquímica general heredada de Hahnemann. En homeopatía es válida la siguiente ley: la potencia de un remedio —mesurada tanto por la profundidad o intensidad de los síntomas provocados en el individuo sano, como por la profundidad e intensidad de los síntomas curados en el enfermo— crece al aumentar la dilución, es decir, cuanto menor es el número de moléculas de la sustancia madre que se toma como partida y que está contenida en el remedio (en el límite cero), mayor es su eficacia. [...] si el remedio homeopático actúa como «alma» de una sustancia material, será más eficaz cuanto mayor sea su inmaterialidad, es decir, su lejanía de la materia» (Nicolás y Emilio del Giudice, *Homeopatía y Bioenergética*).

La homeopatía utiliza una serie de procesos de laboratorio para liberar la información presente en los elementos y transmitirla a un medio (por ejemplo, el agua u otra sustancia fluida) capaz de conservarla durante tiempo. (Cabe destacar que preci-

TEORÍAS ENTRE LA FÍSICA Y LA ALQUIMIA

> *El autor aclara cómo se produce el proceso homeopático en una entrevista concedida en el Instituto Nacional de Física Nuclear de Milán a Emilio del Giudice, que colaboró durante mucho tiempo con el físico Giuliano Preparata en una serie de investigaciones de las más recientes teorías cuánticas sobre la naturaleza del agua:* «Este es el resultado de la aproximación a la física que Giuliano Preparata ha desarrollado en general y que luego, con mi colaboración, hemos desarrollado de forma limitada a algunos sistemas físicos, como por ejemplo el agua.
> »Desde este punto de vista general, el paso de la materia de un estado gaseoso a otro más denso se produce porque, gracias al acoplamiento de los átomos y de las moléculas con el campo electromagnético, se genera una configuración por la que los átomos ganan energía oscilando con el campo electromagnético que, a partir de las fluctuaciones cuánticas del vacío, es amplificado enormemente por la interacción con la materia.
> »Entonces, si la densidad de las moléculas supera un cierto umbral y la temperatura está por debajo de otro umbral determinado, el sistema gana energía, lo que le hace aumentar la densidad hasta que alcanza un estado de equilibrio. En este estado la densidad está fijada porque las moléculas que oscilan están sustancialmente en contacto, y, por lo tanto, no se pueden interpenetrar. En esta situación las moléculas oscilan en fase con el campo electromagnético.
> »El agua es diferente, en relación con todos los otros líquidos, precisamente porque tiene unas propiedades que en el lenguaje técnico se llaman dispersivas. Esto significa que el agua puede ligar fuertemente sus propios dominios de coherencia con moléculas que son capaces de resonar con las frecuencias de resonancia del agua.
> »Además, los dominios de coherencia (cada uno está constituido por unos seis millones de moléculas) pueden a su vez recibir estímulos, por ejemplo, rotar u oscilar y, dada su dimensión, las oscilaciones inducidas por estímulos coherentes no pueden ser detenidas si no es mediante movimientos macroscópicos (por ejemplo, remolinos).
> »Así, estos estímulos permanecen durante un largo periodo y pueden ser la base de un sistema informativo como la memoria del agua. Lo importante es que la dimensión de los dominios de coherencia del agua es muy pequeña, por lo cual hay un número de electrones suficiente para que sus estimulaciones colectivas no sean frenadas, pero su número no es tan alto como para que no puedan ser estimulados por remolinos»
> *(Extracto de una entrevista sobre el tema efectuada por Nicolás del Giudice al autor el 12 de marzo de 1999, reproducida en R. Tresoldi,* Terapie Vibrazionali, Tecniche Nuove, *Milán, 2000).*

samente por esta supuesta capacidad del agua de conservar en su interior el «recuerdo» de las sustancias en ella disueltas, aunque estas ya no estén, algunos estudiosos hablan de «memoria del agua».)

Del mismo modo, la homeopatía, al liberar la información pura de las sustancias, hace posible fijarla en un elemento líquido o sólido, mediante una interacción de tipo probablemente electromagnético.

Las teorías relativas a la «memoria del agua» podrían explicar, entre otras cosas, los experimentos del biólogo francés Jacques Benveniste publicados en la revista *Nature* en 1988.

En un artículo, escrito por Benveniste y otros colaboradores, se presentaban los resultados de los experimentos llevados a cabo en el laboratorio ISERM U 200 de la Universidad de París Sur (Clamart).

Benveniste había observado que cuando glóbulos blancos humanos eran expuestos a anticuerpos antiIgE reaccionaban dando origen a un proceso inflamatorio, cambiando sus propias características de coloración. El aspecto no previsto era que también había sido posible observar este efecto cuando los anticuerpos eran diluidos en porcentajes bajísimos, es decir, cuando probablemente ya no se encontraban en el agua. Esto se producía sólo si las soluciones eran agitadas vigorosamente (antes de alcanzar las diluciones más elevadas), por lo cual la respuesta de los glóbulos blancos tenía que estar provocada por otro elemento, y no por los anticuerpos que ya no se encontraban en el agua.

Según Benveniste el agua era el elemento que inducía la respuesta: había ocurrido algo que había modificado su organización molecular, haciéndola capaz de transmitir la misma señal que la sustancia que había contenido.

RELIGIÓN Y COSMOGONÍA

El agua se encuentra presente en todas las religiones, ya sea como principio cosmogónico, ya sea como elemento ritual de purificación. En varias creencias, las divinidades, nadando en sus profundidades, descienden a recoger la tierra primitiva, para llevarla a la superficie y formar la primera isla alrededor de la cual se constituirá la totalidad de las tierras emergidas.

Este es el caso de Visnú, la divinidad durmiente del hinduismo que, nadando en las profundidades del mar, saca la tierra a la superficie; o también de los dioses Izanagi e Izanami, que, en la mitología sintoísta japonesa, pescan la primera isla flotante en la superficie de las aguas y hacen que sea estable.

El dios Atum (Totalidad) de los antiguos egipcios, dios solar y demiurgo creador del mundo, surge de la flor de loto que apareció junto con el montoncito de tierra originaria, que emergió de las aguas de la nada indistinta (las aguas primitivas, llamadas Nun, identificables con el caos de los orígenes o con una dimensión de la no-existencia).

En la religión babilonia es significativo el valor simbólico de los dioses Apsu y Tiamat: el primero, consorte de Tiamat, simboliza un lugar subterráneo inundado de aguas dulces; Tiamat, la diosa primordial, además de estar identificada con las aguas saladas, representa el caos primitivo. Con la muerte de Tiamat se crea el mundo, y con la muerte de una divinidad que le ayuda se forma el hombre (compuesto de tierra y de la sangre de la divinidad muerta, y animado por el esputo de todos los dioses).

Desde el punto de vista filosófico uno representa el principio originario de lo masculino y la otra, el principio originario femenino: estos en los orígenes mezclan sus aguas, lo cual indica que los dos principios son diferentes, pero están unidos por un punto de contacto. Además, son principios dinámicos (aguas en constante movimiento y capaces de adoptar muchas formas).

EL AGUA EN EL HEBRAÍSMO, EL JUDAÍSMO Y EL CRISTIANISMO

El rito de purificación mediante el lavado ritual con agua es muy común y cobra una especial importancia en las religiones judía y cristiana.

Para el hebraísmo antiguo uno de los problemas mayores era la impureza. Ser impuro significaba estar espiritualmente «despotenciado», es decir, no estar capacitado para acercarse a la divinidad, de la cual se difunde un fluido potente (lo sagrado) capaz de destruir a un ser vivo que se acercara a él sin antes haber sido inmune a las impurezas.

Los animales considerados impuros lo eran porque de algún modo estaban asociados a la tierra (como la serpiente, que repta sobre el vientre), la cual, al ser emanación de la divinidad, participaba de lo sagrado y de su peligrosa potencia.

Por este motivo se pedía a los sacerdotes, que estaban más en contacto con lo sagrado que otras personas, un grado máximo de pureza. Las transgresiones debían ser borradas por medio de la purificación y los bautismos formaban parte de esta tradición.

En la época de Juan Bautista la tradición del bautismo, que estaba especialmente difundida, tanto en el ámbito del judaísmo tradicional como en el de los esenios, debía estar precedida de la penitencia y de la conversión verdadera.

Para los esenios, esto no bastaba para justificar a un individuo. Para ellos, la verdadera purificación sólo se lograba mediante la adhesión total e incondicional a la secta.

Para el cristianismo original, adquiere un valor todavía mayor, porque entrar en el agua —el paso al elemento indistinto, al caos original— simboliza la muerte del hombre viejo, mientras que a través del paso por la pila bautismal se festeja el nacimiento del hombre nuevo, en quien desciende el Espíritu de Dios para su santificación. Un ejemplo emblemático es el bautismo de Jesús. Al igual que otros discípulos de Juan, entra en el agua para el bautismo, y al salir de ella Dios manifiesta su agradecimiento hacia Él: el Espíritu del Altísimo desciende del cielo en forma de paloma, mientras se escucha la voz del Padre que Lo reconoce como Hijo.

AIRE

En la clasificación tradicional, el aire es el segundo elemento superior, inferior sólo al fuego, y tiene una importancia fundamental porque en su interior se producen algunas transformaciones importantes que repercuten también en los elementos inferiores (agua y tierra). Se considera una conexión entre el mundo superior y el inferior, participa de la pureza del primero y de la impureza del segundo.

Para los alquimistas el aire posee una característica triple: refuerza el denominado «húmedo radical», es indispensable para la existencia de todas las cosas y posee una gran cantidad de espíritu del universo. Una de las acciones que realiza es el enriquecimiento y la fecundación del agua que, después de haber subido al cielo en forma de vapor, vuelve a la tierra cargada de virtudes nuevas, que le son transmitidas al estar en contacto con el mundo superior.

Según Platón, el aire se compone de cuarenta y ocho triángulos elementales que forman el octaedro, que constituye la estructura básica que genera el elemento.

Representación del aire. Escalier des Sages. *Groningen, 1689 (BFE)*

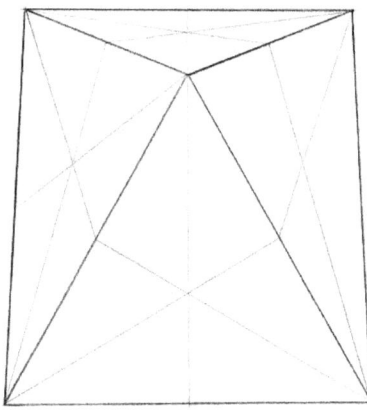

Según Platón,, el demiurgo de los orígenes estructura el aire a través de cuarenta y ocho triángulos elementales, en la figura del octaedro (FS)

ALQUIMIA

Arte de la transformación a varios niveles (psicológico, espiritual, material) que se sirve de conocimientos químicos, de procesos físicos parcialmente desconocidos y de la intervención de la dimensión espiritual y energética del hombre, para operar en el plano material, psicológico y espiritual.

No se propone a todos, sino sólo a quienes poseen unas características espirituales, psicológicas y energéticas determinadas, y se ven involucrados por vocación o iniciación.

Según algunas corrientes de pensamiento podría considerarse la ciencia de la manipulación del éter, un campo energético de enorme potencia que está presente en todo el universo.

El prefijo -al indica el origen árabe del término *alquimia*. Significa «la sustancia» (en árabe y persa, *kimiya*), pero también «la Piedra Filosofal» *(Al-kîmiyâ)*. Este término deriva quizá de una raíz de origen egipcio, *Kemet*, que se relaciona con el Egipto de los faraones, lugar de prácticas mágicas y esotéricas por excelencia. De allí la tradición alquímica pasó a los griegos, que después transmitieron este conocimiento a los árabes.

Kemet significa propiamente «tierra negra», una referencia a la tierra fértil del Nilo y al significado típico que el color negro tenía para los egipcios: prosperidad y fertilidad.

La alquimia abarca varias actividades relacionadas con el concepto de transformación: de los elementos de la naturaleza o de las características psíquicas, físicas y energéticas del cuerpo humano.

Tradicionalmente está asociada con la transmutación de los metales, con la preparación de remedios terapéuticos y con la búsqueda de la Piedra Filosofal, una sustancia capaz de transformar los metales en oro, de recuperar la juventud y de curar las enfermedades.

Está presente en todas las grandes civilizaciones (egipcia, india, árabe, hebraica, china, europea, etc.), y se tienen testimonios escritos que datan de hace casi tres milenios.

El objetivo principal de la alquimia se suele identificar con la transformación de los metales en oro. Sin embargo, esto sería sólo la consecuencia de un profundo conocimiento teórico y operativo del reino del espíritu, de formas de energías desconocidas y de modalidades muy particulares de interacción con la materia.

La transformación de los metales en oro sería la traducción, en el terreno material, de este conocimiento superior, casi una demostración práctica de la validez del cuerpo teórico y práctico de la disciplina.

HISTORIA

Los orígenes de la alquimia en las civilizaciones occidentales no se conocen con exactitud, pero hay un elemento que aparece constantemente: la alquimia habría sido enseñada a los hombres en épocas muy remotas por criaturas angélicas (o diabólicas).

Zósimo de Panópolis, un alquimista que vivió en Egipto a finales del siglo IV d. de C., cuenta que un ángel enseñó al hombre el arte de transmutar los metales, haciendo referencia a la tradición judaica del Génesis VI, 2-5 y del Libro de Enoc, un texto del Antiguo Testamento apócrifo.

En el sexto capítulo del Génesis se explica que antiguamente había unas criaturas llamadas Nefilim (literalmente, «criaturas caídas a la Tierra», pero normalmente se traduce por «gigantes»), que eran hijas de dios. Los Nefilim, enamorados de las hijas del hombre, las tomaron por esposas y tuvieron hijos (los héroes).

La tradición apócrifa narra que los ángeles enseñaron a las mujeres encantamientos y magias, y a los hombres, a fabricar armas, tinturas y las modalidades para modificar el mundo.

Al llegar la decadencia del mundo, que se convirtió en un lugar malvado, las inteligencias angelicales contrarias al hombre y fieles a Dios expusieron el caso de la impiedad que se había producido por culpa de esta conmixtión de razas (angélica y humana) ante Dios, que decidió enviar el Diluvio Universal.

Otra tradición se refiere a Hermes Trismegisto («El tres veces supremo») como a aquel que habría transmitido el conocimiento alquímico. Se trata de una figura mítica en la que convergen sincréticamente el antiguo dios Toth, el que enseñó la escritura al hombre, y la figura del dios Hermes (Mercurio).

Sin embargo, es muy probable que fueran los babilonios, junto con los egipcios, los que iniciaran la tradición alquímica. En las campañas arqueológicas llevadas a cabo en la biblioteca real de Assurbanipal en Nínive (siglo VII a. de C.) se descubrió una tabla grabada con caracteres cuneiformes donde se expone el método para producir la plata a partir de otros minerales, así como un ritual que se debe realizar para tal efecto y la recomendación de no revelar a nadie el secreto.

En otras tablas de épocas más antiguas en las que se describe la fabricación del cristal figuran los rituales mágicos para la consagración de los hornos y expresiones como *ku-bu* («feto, embrión»). Estos datos, presentados por Andrea de Pascalis en su obra *El Arte Dorado*, si se interpretan correctamente sugieren una concepción del metal muy próxima a la de los alquimistas: los minerales son embriones que deben hacerse crecer en el horno.

PRESUPUESTOS ANTIGUOS: LAS FILOSOFÍAS PLATÓNICA Y ARISTOTÉLICA

Algunos conceptos básicos de la física de los alquimistas se encuentran en las dos tradiciones filosóficas principales del mundo antiguo, la platónica y la aristotélica.

La influencia es doble porque la filosofía aristotélica conocida en la Edad Media por el mundo cristiano es de origen árabe, ya que en los países islámicos fue traducida y comentada según una visión neoplatónica.

Platón

La obra más importante del platonismo es el *Timeo* (siglo IV a. de C.), uno de los últimos diálogos escritos por Platón, en el que se presentan las teorías cosmogónicas y físicas del filósofo griego. Según este, el mundo es un ser vivo, dotado de alma e inteligencia, y generado por la providencia de Dios, que creó el mundo porque, al ser bueno, quería que todas las cosas fueran parecidas a él.

El mundo fue creado uno, e incluye en sí la totalidad de los elementos físicos. El cuerpo del universo fue formado con fuego y tierra, y entre ellos se sitúan el aire y el agua. Todo esto es la traducción material de un mundo superior, inmaterial.

El mundo está ideado como una esfera perfecta, dentro de la cual está el alma en expansión.

La divinidad creadora (o demiurgo) forma los cuatro elementos que constituyen la base del universo mediante la geometría y la relación. Las estructuras geométricas tridimensionales que fueron creadas por él son las estructuras esenciales que dan origen a los elementos.

El tipo de construcción geométrica y matemática permite transformar unos elementos en otros, porque todos están generados partiendo de elementos geométricos fundamentales: los triángulos elementales.

Así, tendremos los cuerpos geométricos regulares, como el tetraedro, que genera el fuego, el octaedro, que genera el aire, el icosaedro, que genera el agua, y el cubo, que genera la tierra. También se menciona el dodecaedro, una figura geométrica que

Fases finales de la Obra. J.C. Barchusen, Elementa Chemicae, *1718 (BFE)*

podría ser el punto de partida de la generación de la quintaesencia. Por lo tanto, el concepto que se desprende de Platón es que es posible transformar unos elementos en otros.

Aristóteles

El pensamiento de Aristóteles es importante sobre todo por la concepción tradicional de quintaesencia.

Para el filósofo, existen sustancias ordenadas jerárquicamente que forman dos grupos de naturaleza sensible, constituidos por materia y forma. Pertenecen al primer grupo las sustancias sensibles que nacen y mueren, constituidas por los cuatro elementos (tierra, agua, aire y fuego). El segundo está formado por sustancias sensibles pero no corruptibles: los cielos, las estrellas, los planetas, que no están sujetos a corrupción porque están constituidos por la quintaesencia.

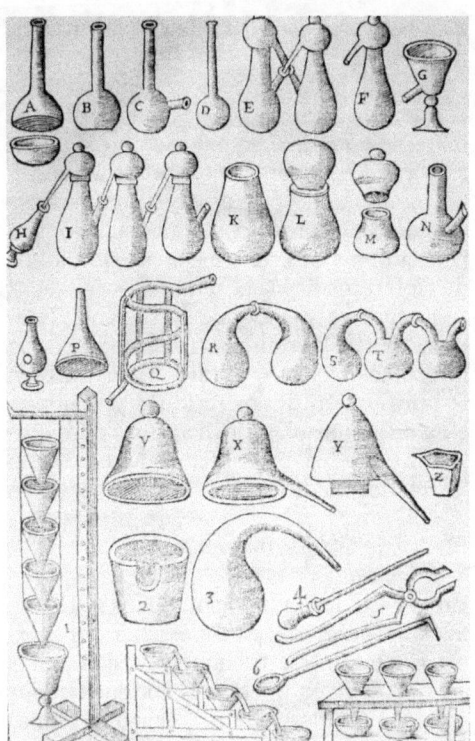

Instrumentos alquímicos. A. Barlet, La Theotecnia Ergocósmica, es decir, el Arte de Dios en la Obra del Universo, *París, 1653 (BFE)*

LA NATURALEZA, MODELO DE LA ACTIVIDAD ALQUÍMICA

La alquimia sigue la naturaleza. Todos los elementos que existen en la creación tienen un recorrido vital muy preciso: nacen, crecen y finalmente mueren y se transforman.

El momento de la muerte es fundamental, ya que de la putrefacción nacerá una nueva vida, un nuevo estado de la materia.

La putrefacción es un principio muy importante que, según Paracelso, ha de conocerse con profundidad. Consiste en la muerte y transformación de todas las cosas, y en la destrucción de la primera esencia de cada una de las cosas que forma parte de la naturaleza. De este modo tiene lugar la regeneración, es decir, un nuevo nacimiento, a veces en un estado mejor que el anterior.

En el Evangelio se valora claramente este proceso: «En verdad, en verdad os digo, si un grano lanzado a la tierra no muere, se queda solo; pero si muere, da mucho fruto» (Juan, 12, 24). La materia, viva o no, ha de morir forzosamente, para poder resurgir en una nueva vida o simplemente para poder transformarse.

Los metales

Un ejemplo muy indicativo es el de los metales (y los minerales en general), considerados la evolución de la transformación del principio mineral primigenio (el mercurio) en sus distintas fases.

Para los alquimistas, existe lo que podría llamarse «fuerza metálica», un germen o principio informativo que, acoplándose a la tierra y asumiendo en parte la naturaleza de aquello con lo que se une, en sus múltiples formas lo impregna de su información, haciendo que los minerales y los metales se transformen durante su larguísima historia. Ahí es donde puede intervenir el alquimista, reduciendo drásticamente los tiempos de transformación y liberando a la materia de las limitaciones que la bloquean.

El metal, al igual que cualquier otro mineral, se dirige hacia su propia muerte, para poder presentarse en una forma que sea utilizable, tanto para la práctica alquímica como para la metalurgia normal. Puede ser útil recordar las enseñanzas de Paracelso, según el cual hay dos tipos distintos de muerte: la natural, en cierto modo preordenada por Dios, y la de tipo violento, debida a otras causas (accidente u operación alquímica).

En el caso de muerte natural de un ser biológico o de un metal (por vejez o enfermedad, o, para el metal, por oxidación natural) el alquimista ya no puede intervenir porque, además de ir en contra de la naturaleza, no puede dar vida a aquello que la ha perdido.

Cuando se da la muerte artificial (un ser biológico al que han matado o un metal o mineral mortificados), el discurso es diferente: el alquimista puede intervenir, dando de nuevo la vida a aquello que está muerto sólo en apariencia, porque conserva el bálsamo vital necesario para recuperarse o para dar energía vital a otros.

Paracelso considera que las cosas mortificadas no están muertas, sino que han sido obligadas a permanecer en estado de muerte, y pueden ser resucitadas por el hombre, siguiendo en esto las leyes de la naturaleza.

Muerte y resurrección
El concepto de muerte y putrefacción, por lo menos en la alquimia que se desarrolló en la tradición judeocristiana, es consecuencia directa de la visión del mundo que procede del judaísmo y el cristianismo, quizás a partir del ejemplo egipcio.

Concretamente, no se puede prescindir del cristianismo para lograr captar la analogía con la muerte y la resurrección de Jesucristo, con la muerte y la resurrección del hombre, y con el concepto de pecado original, que ha hecho que toda la materia decaiga a la espera de la redención.

El fin siempre es el perfeccionamiento de algo, del alma humana o de la materia, mediante el camino natural o el arte alquímico.

Este último permite tanto al hombre como a la materia que se liberen de las impurezas que son consecuencia de la caída, para alcanzar niveles cada vez más perfectos y sutiles, en función de un perfecto equilibrio entre cuerpo y espíritu, y de la conquista de la perfección.

El mundo alquímico no se aparta de la física tradicional (fundamentalmente aristotélica, aunque con una pátina neoplatónica), sino que subraya fuertemente la división del mundo en las dos grandes dimensiones: la espiritual y la material.

Lo que actúa no es nunca la pura dimensión material. Para que los elementos interactúen entre sí, el alquimista ha de reconducirlos a sus dimensiones originarias, extrayendo el componente «espiritual» que constituye su verdadera esencia. Cada objeto está constituido por tres entidades: el espíritu, el alma y el cuerpo.

Hoy se podría decir que el cuerpo es el aspecto físico al que estamos acostumbrados y que perciben nuestros sentidos o mesuran nuestros sistemas de medición (peso, dimensiones, densidad); el alma puede ser interpretada como un estructura molecular o atómica que es típica de aquel elemento o de aquella solución; y el espíritu puede ser entendido como las frecuencias vibratorias propias de aquel elemento, emitidas por su propia estructura molecular vibrante, que,

a su vez, está estructurada por las mismas frecuencias.

Esta dimensión vibratoria (que también contiene la información de la estructura del material en el que actúa) fue objeto de las más variadas operaciones de los alquimistas, como se desprende de la importancia concedida al proceso de la destilación repetida una y otra vez, hasta aislar la información transmitida al agua.

La muerte artificial de las sustancias tratadas puede permitir la transmisión de la información a otro medio (agua), o bien la purificación de los residuos y la liberación de la sustancia a su nivel más puro, utilizable para los experimentos alquímicos o la práctica médica.

El nacimiento y la transmutación de los metales
En la base de la formación de los siete metales se sitúan el espíritu, el alma y el cuerpo. En términos estrictamente físicos, estas tres sustancias pueden ser identificadas con el mercurio (espíritu), el azufre (alma) y la sal (cuerpo), constituyentes de todos los metales.

Los metales deben formarse dentro de la tierra, por efecto de una doble influencia: típicamente telúrica y astral.

El mercurio vivo está considerado la madre de todos los metales, y en él pueden transformarse todos los demás metales, mediante su conmixtión con este en un fuego continuado.

Según Sendivogius, los metales están generados por obra del espíritu universal que se mezcla con el agua de la tierra. Extrae un espíritu graso que destila, primero, en el centro de la tierra, para luego llevarlo a una matriz, donde es digerido por el mercurio (sin perder la sal o el azufre) «a partir del cual se forma el metal, hecho que tiene lugar cuando la tintura oculta en el mercurio se hace evidente y sale a la luz, porque entonces el mercurio se encuentra congelado y transformado en metal. A menudo en esta matriz el mercurio se carga de un azufre impuro que le impide perfeccionarse en oro o plata puros, hecho al que contribuyen la influencia de los planetas menores y la constitución de la matriz, y lo convierten en plomo, o hierro, o cobre, que no superan la prueba del fuego» (Miguel Sendivogius, *Carta filosófica muy apreciada por aquellos a quienes les complacen las verdades herméticas*). Según lo que sostiene Frater Albertus, «la Alquimia es el surgir de las vibraciones».

ALQUIMISTA

Estudioso y practicante de la alquimia.

No se puede imaginar la obra alquímica sin la intervención directa del alquimista. En efecto, las características psíquicas y físicas, energéticas (incluida la carga magnética) y espirituales del alquimista son parte integrante del proceso alquímico, y sólo se logran los resultados esperados cuando estas son las adecuadas.

Según E. Canseliet (*La Alquimia Explicada sobre sus Textos Clásicos*), desde el inicio de las operaciones hay una interacción continua entre la materia y el alquimista que la manipula, creándose así un intercambio de magnetismo que crece y se intensifica gracias al uso del fuego.

El alquimista ha de tener unas características básicas.

En primer lugar, debe ser íntegro y espiritualmente elevado, ya que la revelación de los misterios alquímicos viene de lo Alto y sólo puede ser patrimonio de personas con una gran espiritualidad, que a su vez también se benefician de las operaciones alquímicas. En el *Tratado de la Quinta Esencia*, Ramon Llull destaca que la práctica alquímica en el fondo se propone llevar al hombre a la contemplación de Dios, honrándolo con obras buenas. Naturalmente, el objetivo principal no es producir oro, sino operar para mayor gloria de Dios y para la elevación del hombre. El alquimista que no esté en sintonía con las características espirituales superiores de la conciencia cósmica originaria (Dios) no podrá alcanzar la energía superior que emana de Ella y no culminará con éxito la Obra.

Además, cuando se llevan a cabo operaciones alquímicas que dan el resultado deseado (por ejemplo, la producción de oro) este deberá ser utilizado a fin de bien, como en el caso famoso de Nicolás Flamel.

ARTE

El arte ha estado relacionado desde siempre con la experiencia esotérica del mundo, ya sea porque ha sido considerado —como toda forma de expresión humana— el fruto de una combinación de técnica adquirida y de capacidad intuitiva (del mismo modo que el fruto de cualquier experiencia esotérica es una combinación de técnicas aprendidas y de la intervención de lo Alto), ya sea porque muchas experiencias esotéricas no pueden ser descritas utilizando el lenguaje discursivo, sino a través de representaciones simbólicas, formas y colores.

No hay ninguna obra esotérica que no se haya servido de dibujos, formas geométricas tridimensionales, combinaciones cromáticas para expresar los conceptos más importantes de la experiencia y la especulación. Pensemos, por ejemplo, en las figuras que pintó Leonardo para representar los cuerpos descritos por Platón en el *Timeo*: son la traducción geométrica de los cuatro elementos y, probablemente, también de la quintaesencia.

Quizás el origen de esta relación entre esoterismo y arte debe buscarse en la experiencia chamánica, en la que las capacidades cognitivas de quien efectúa el viaje al mundo de los espíritus están reforzadas con formas, colores y visiones muy diferentes de las del mundo de cada día. Surge así la exigencia de reproducir de algún modo lo que se ha visto, con resultados formales y simbólicos muy importantes para la transmisión de la información.

PREHISTORIA

El arte prehistórico no es casi nunca una expresión artística como un fin en sí misma, sino la representación de un drama dinámico.

Las escenas de caza, la representación de objetos, personas y animales tienen finalidades mágicas o simbólicas. No en vano los animales de las pinturas de las cuevas prehistóricas presentan rasguños ocasionados por golpes de lanza, en recuerdo de mágicas ceremonias propiciatorias, según las cuales golpear a un animal reproducido gráficamente equivale a debilitar al animal real.

Por lo tanto, el arte nace como instrumento de intervención mágica.

Según las leyes de la magia, aquello que está representado puede ser objeto de acción como si se tratara de un ser real (animal, hombre o divinidad).

El pensamiento mágico primitivo también utilizaba grabados tridimensionales, estatuillas o representaciones como instrumentos para influir en la realidad, aunque de otra manera: espirales con líneas rectas que caen en el campo de los adversarios, grabadas en rocas al aire libre, sobre las que se tira la sangre de animales sacrificados, para dirigir energías potentes contra los enemigos; las huellas de manos o pies de brujos, para delimitar el poder de influencia de cada uno de los personajes; representaciones de dimensiones anormales para indicar el diferente grado de importancia de objetos, personajes o divinidades.

EGIPTO

El arte egipcio es un ejemplo claro de todo lo dicho. No hay una sola obra egipcia que no tenga, en la elección de la forma y del color, una finalidad mágica y religiosa. Todos los elementos son muy simbólicos, desde la estatua, tallada en piedra de diferentes colores, hasta los templos, una verdadera representación del cosmos y de la cosmogonía egipcia, pasando por los frescos, en los que aparecen representados seres humanos, cosas y animales, con trazos realistas o simbólicos, como demuestra el uso de los colores. Algunas divinidades están coloreadas de verde o negro, porque ambos colores significan renacimiento, fertilidad y riqueza, y también de color oro, porque los dioses no son humanos, y su materia, inmortal, es diferente de la nuestra. A continuación, veremos el significado simbólico y esotérico que tenía cada color en la antigua cultura egipcia.

Negro (kem). El negro es el color positivo por excelencia: indica la riqueza material, la fertilidad (el limo fértil del Nilo, del que deriva el nombre de *Egipto*, *Kemet*, «tierra negra»), y está vinculado estrechamente con la cosmogonía original, el caos de los orígenes.

El dios Anubis, representado como un perro de color negro

En esta situación indiferenciada primitiva, caracterizada también por la ausencia de luz, todas las cosas están presentes en potencia. Por ello, del negro y de lo indiferenciado podrá formarse toda la creación.

El negro también simboliza la muerte y el más allá. Anubis, el que acompaña al difunto delante de Osiris, es siempre negro (o verde, signo de la regeneración), como también es negro (o verde) el cuerpo no vendado de Osiris, dios de los muertos.

Desde el punto de vista monumental, es impresionante el revestimiento de granito negro de la estancia cúbica de la pirámide de Keops, que es un indicio importante sobre su posible utilización simbólica para la iniciación.

Blanco (hedj/seshep). El blanco está asociado a la pureza y la luminosidad. La luz estaba representada por el loto primitivo, surgido en el inicio de los tiempos con la pequeña montaña originaria.

Al mismo tiempo, en el antiguo Egipto la luz también era símbolo de la presencia del dios, que avanzaba expandiendo sus rayos.

En la versión de Plutarco del mito de Isis y Osiris, la diosa Isis, cuando ocupó el lugar de nodriza en la corte del rey de Biblos, puso al fuego y quemó al niño que le habían confiado para hacerlo inmortal. La materia debe ser purificada mediante el fuego para que pueda liberarse de las impurezas que la retienen en la tierra, para hacerla volátil (como el fuego), reluciente, resplandeciente y acto seguido volverla blanca, similar a los dioses.

En la celebración de los misterios de Isis, tal como los describe Apuleyo en *El Asno de Oro*, la luz y el blanco están en todas partes: desde el reflejo de los espejos (metálicos) hasta los vestidos de lino claros, pasando por los candiles y la estatua de plata de la diosa. Incluso el título del *Libro de los Muertos* (Fórmulas para salir a la luz del día) parece asociar el paso a la otra vida con una condición luminosa. En el ritual, el sacerdote era puro (literalmente «claro dentro») y vestía un velo blanco con sandalias blancas.

Rojo (desher). El significado simbólico del color rojo para los egipcios no es igual en todas las épocas, y puede tener connotaciones positivas o negativas.

Es positiva la asociación con la sangre y el fuego, y, por lo tanto, con la vida y la regeneración. El hombre se crea mezclando sangre con arcilla. En cambio, es negativa la asociación con el mal, con las divinidades hostiles, con el comportamiento furioso, con paisajes hostiles. Así se origina el término *desheret* derivado de *desher*, para referirse al lugar hostil por excelencia, el desierto. También tenemos la expresión *desher jeb* («rojo de corazón», es decir, «loco» o «furioso»).

Azul (khesbedj/irtyw/mefkat). El color azul se asociaba tanto con el cielo como con el agua, especialmente la del Nilo, que, durante las crecidas, recordaba las aguas primitivas de las que había surgido el mundo.

Algunos animales se pintaban azules por motivos a buen seguro simbólicos, ya que cuando no existían dichos motivos, los egipcios preferían pintarlos con sus colores naturales.

En la época de la dinastía XVIII algunos faraones aparecen pintados con el rostro azul (como el dios Amón-Ra).

Otra divinidad representada en color azul era la diosa Nut, que representaba la bóveda celestial sembrada de estrellas. En general, el color azul lapislázuli se asociaba al mundo de los dioses, donde la luz era de este color. Muchos amuletos estaban realizados en lapislázuli.

Verde (wadj). El verde no tenía una diferencia clara con respecto al azul. Se asociaba a la regeneración, a la vida nueva, a la resurrección. El dios Osiris se representaba a menudo de color verde, simbolizando la resurrección, así como algunos objetos simbólicos, como el ojo de Horus (unas veces verde y otras azul).

Otra divinidad asociada a este color es la diosa Hathor.

El verde se encuentra con frecuencia en elementos decorativos arquitectónicos, especialmente en las tumbas, donde la utilización de cerámicas de color verde turquesa recordaba la vegetación lozana y simbolizaba el renacimiento.

Amarillo (khenet/kenit). El amarillo se utiliza muchas veces para el cuerpo de los dioses. Estos tienen la carne de este color porque, al igual que el oro, son imperecederos ya que están animados por el flujo energético continuo que proviene del dios solar. Es más, en el fondo, los dioses no son más que emanaciones del único dios solar.

La identidad del color, además de otros factores simbólicos, hace que el Sol se identifique con el oro, y viceversa, una característica que se transmitirá a la tradición alquímica, donde el oro y el Sol tienen el mismo símbolo.

GRECIA

En Grecia, el arte alcanza un alto nivel de especialización técnica, aunque sin esconder una clara visión filosófica y esotérica del mundo.

Las estatuas del periodo arcaico responden a la exigencia de mostrar una actitud hierática de los temas representados: la posición adoptada es a menudo la tradicional del rito. Sin embargo, a partir del esoterismo órfico y pitagórico el mundo, traducido en armonía, número y relación, puede ser representado en la piedra de los templos y de los edificios sobre base geométrica.

Según la teoría de Platón, en los elementos hay una estructura oculta de tipo geométrico-matemático, con el triángulo en la base, que es la forma elemental del universo. El triángulo, solo o en combinación con otros triángulos, es la forma geométrica clave de la arquitectura griega y del concepto de armonía.

La sección áurea
Platón, en el *Timeo*, afirma que la mejor relación entre tres números es aquella en la que el primer número es al del medio igual que el del medio es al último (a : b = b : c, por ejemplo 2 : 4 = 4 : 8). A partir de esta relación se forma la denominada «sección áurea», es decir, la parte de un segmento que es media proporcional entre todo el segmento y la parte que queda. La construcción geométrica de la sección áurea se efectúa a partir de un rectángulo cuya base AB es el doble de la altura BC.

Con un compás, partiendo de C, se mide la altura BC y se traza un arco que corte en un punto E la diagonal AC. A continuación, se traza un segundo arco que, partiendo de A, corte la diagonal AC en el punto E y la base en el punto M. El punto M indicará la sección áurea de AB.

Esta proporción se aplica en representaciones artísticas de varios tipos: templos, estatuas, pinturas, vasijas.

Los templos, sede del culto a las divinidades, se construyen con cuadrados y rectángulos que tienen unas relaciones numéricas muy precisas. El análisis geométrico del frontal del Partenón, por ejemplo, permite descubrir en la parte inferior cuatro cuadrados iguales, sobre los cuales se construyen tres órdenes de cuatro rectángulos con relaciones de los lados √ 5.

La suma de cuatro rectángulos forma otro rectángulo, siempre con las relaciones entre los lados √ 5. La consecuencia es que la imposta del arquitrabe divide la altura máxima del templo en sección áurea.

Lo mismo ocurre en la columnata lateral del Partenón: entre las líneas verticales que cortan en el plano medio cada columna se pueden reconocer seis triángulos con una relación de los lados ø = 1,618, correspondiente al número áureo.

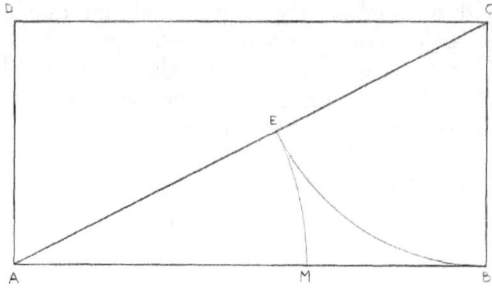

Obtención de la sección áurea (FS)

El Partenón de Atenas (A). La sección áurea se aplica a la columnata lateral del Partenón: entre las líneas verticales que cortan el plano medio se reconocen seis rectángulos con una relación de los lados ø = 1,618, correspondiente al número áureo (FS)

Estos cánones de armonía también se utilizan en la figura humana, dando origen a una tradición que se prolongará hasta después del Renacimiento y suscitando mucha especulación sobre las proporciones del cuerpo humano. En efecto, el cuerpo humano puede inscribirse en un cuadrado, donde la sección áurea del lado corresponde al ombligo, que a su vez es el centro de un círculo que circunscribe el denominado *homo rotundus*.

Ojos, hombros, ingles y rodillas pueden obtenerse dividiendo según la sección áurea el segmento que atraviesa el cuerpo por su plano medio, uniendo el lado superior y el lado inferior del cuadrado y los segmentos resultantes.

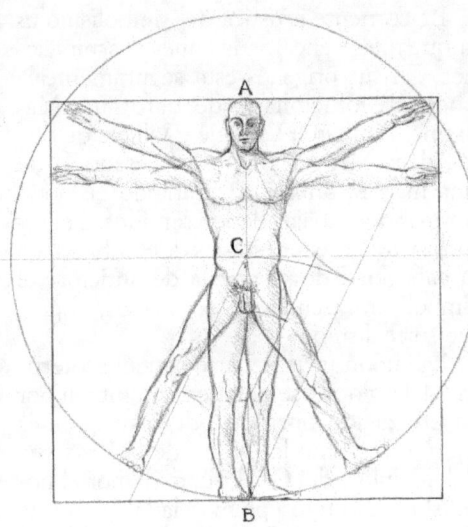

El cuerpo humano también es objeto de división según la sección áurea (FS)

LAS GEMAS GNÓSTICAS Y LOS GRILLOS MEDIEVALES

El mundo clásico, además de habernos transmitido una serie de cánones artísticos importantes sobre el equilibrio, la armonía y la belleza estética, también nos transmitió el arte opuesto, dominado por lo horrendo, lo monstruoso y lo animalesco. Desde tiempos muy antiguos (los primeros testimonios son de la época micénica), Grecia ha producido figuras anómalas en las que se recomponían los componentes del cuerpo humano y animal de una forma completamente antinatural.

Un ejemplo importante son las gemas gnósticas, unas gemas con valencia mágica en las que se representan cabezas con piernas, carentes de tronco, cabezas con varios rostros, combinaciones de elementos humanos y animales, o monstruos formados por varios animales juntos. Este tipo de imágenes están difundidas por todas partes y contienen muchas representaciones de demonios, seres monstruosos o animales inexistentes tan típicos de los bestiarios medievales.

La evolución de las gemas gnósticas son los llamados *grillos*, unas realizaciones artísticas medievales muy peculiares que siguen representando las figuras anómalas y deformes de la Antigüedad clásica. Se encuentran a menudo en capiteles y columnas, en forma de detalles arquitectónicos en los que se repite gran parte de la temática de las gemas gnósticas. Su importancia reside en el hecho de que significan el paso del antiguo patrimonio figurativo al imaginario colectivo del mundo medieval. La consecuencia es una difusión sin precedentes, sobre todo a partir de la segunda mitad del siglo XIII, de estas representaciones horrendas y monstruosas. En la segunda mitad del siglo XV se convierten en un estilo que se extiende por toda Europa, y que adoptan autores famosos, como Rafael.

El pintor que más se sirvió de los grillos en sus representaciones fue El Bosco, que vivió en Hertoghebosch entre 1450 y 1516. Después de un periodo inicial en el que imitó el estilo de pintores holandeses como Bouts y Roger van der Weyden, se dedicó cada vez más a pintar monstruos fantásticos en miríadas de grillos, muchos de los cuales alcanzaron un nivel insuperable de expresividad grotesca.

Las representaciones de El Bosco no deben entenderse como una lectura psicoanalítica de la existencia *ante litteram*, sino como la expresión de un simbolismo medieval en parte perdido y, como tal, difícil de descifrar.

Por lo general, su pintura representa una creación al contrario: ángeles decadentes, presentados como seres horribles, de aspecto híbrido, humano y animalesco, ciudades destruidas por el fuego, personajes relacionados con las instituciones reducidos al estado animal, artes y oficios analizados con una despiadada mirada

Gemas gnósticas (FS)

satírica. Entre las obras más interesantes destaca el *Jardín de las Delicias* (Madrid), en el que se representa —en el compartimento lateral derecho— el aspecto demoniaco de la música *(El Infierno Musical)*, el *Tríptico de las Tentaciones de San Antonio* (Lisboa) y *La Caída de los Ángeles Rebeldes* (Bruselas).

LA ILUSTRACIÓN ALQUÍMICA Y HERMÉTICA

Especialmente a partir de la segunda mitad del siglo XV, con la difusión del hermetismo y de la alquimia, aparecen numerosos códigos ilustrados y obras impresas que contribuyen a crear verdaderos filones temáticos que se reiterarán a lo largo de los siglos. Algunas de las obras que han hecho escuela son las diferentes ediciones del *Corpus Hermeticum*, la *Operatio Astronomica* de Rutilio el Viejo (1525), las ediciones de las obras de Nicolás Flamel y de Basilio Valentino, el *Viridarium Chymicum*, el *Mutus Liber*, las obras de Barchusen, Boehme, Maier y Abraham el Judío, el *Splendor Solis*, el *Amphiteatrum Sapientiae Aeternae* de Khunrath, las obras de Fludd, *Escalier des Sages* (1689), hasta llegar a los espléndidos grabados de William Blake del siglo XIX.

En el terreno pictórico, las obras de Arcimboldi, Henry Fuseli y Goya son importantes para el desarrollo de un arte simbólico y surrealista.

LA ÉPOCA MODERNA Y CONTEMPORÁNEA

Después del paréntesis realista y naturalista, a finales del siglo XIX vuelven temas y modalidades expresivas importantes de la representación artística de la tradición, concretamente, el símbolo, que requiere una aproximación iniciática, donde la alusión y la analogía valen más que la reproducción fiel de la realidad. Por otra parte, la propia realidad, en su esencia íntima, no se consideraba que fuera lo visible. Buen ejemplo de ello es la sentencia de Moreau, que afirmaba creer en lo que no veía.

La corriente artística del simbolismo es la que mejor encarna las nuevas aspiraciones. En sus orígenes está seguramente la poesía revolucionaria de Laforgue, Mallarmé, Rimbaud, Verlaine y Villiers de l'Isle-Adame. La realidad está presentada de una manera diferente, alterando el modo normal de trabajar de los sentidos. Pensemos si no en las sinestesias de Rimbaud, en la capacidad de su poesía de anticipar el simbolismo y, en algunos aspectos, el propio surrealismo.

La importancia del arte para el esoterismo del siglo XIX se demuestra también por su utilización por parte de instituciones esotéricas, como la Orden de la Rosacruz del Templo y del Grial, fundada por el novelista de Lyon Josephim Péladan, autor de la novela *El Vicio Supremo* (1884) y enunciador de una visión del arte basada en la alegoría, la mística, el rechazo de lo cotidiano, la magia.

Copia de la cubierta de la revista trimestral de la Orden de la Rosacruz con el programa de la exposición organizada por Sar Peladan, de la orden rosacrucense (BNF/G)

Durante algunos años, de 1892 a 1897, la obra de pintores como Delville, Hodler, Toorop, Previati y muchos otros se puede contemplar en los salones rosacrucenses.

Pasada la experiencia cubista y dadaísta, a principios de los años veinte se constituye el último gran movimiento artístico de origen esotérico, el surrealismo, fundado alrededor de 1922 por André Breton.

Al eliminar el control del pensamiento racional y de cualquier preocupación estética o moral, el surrealismo permite al poeta, pintor o escritor, en definitiva, al artista, traducir sus visiones, las imágenes del subconsciente, con cualquier medio de expresión. Los principales exponentes fueron Ernst, Picabia, Klee, De Chirico, Dalí y Magritte.

ASTROLOGÍA

Es una disciplina muy antigua dedicada a la interpretación del efecto de los astros (el Sol, la Luna, los planetas, las estrellas, las constelaciones) en el mundo físico conocido, en el desarrollo del hombre, en los acontecimientos de la historia.

La astrología se basa en la ley de la «simpatía cósmica», según la cual todo influye en todo y todo está relacionado con todo.

Además, como en la concepción antigua los astros se consideraban divinidades o entes compuestos de quintaesencia, a partir de la ley según la cual lo espiritual influye en lo material y le da forma, los astros también tendrían la capacidad de influir en el mundo material.

Los orígenes de la astrología deben buscarse en las épocas más remotas de las civilizaciones humanas. Destaca por su importancia la especulación de los sumeros, primero, y de los asiriobabilonios después, que iniciaron el camino de la reflexión astrológica y astronómica.

Los dos términos, *astronomía* y *astrología*, se han considerado sinónimos, y se estima que la astronomía surgió como resultado del estudio astrológico. Un intento significativo de racionalizar y plantear científicamente la astrología fue el que llevó a cabo Tolomeo (*véase Autores: Tolomeo*).

Medalla grabada por Roussel Jérôme con los signos del Zodiaco (Francia, época de Luis XIV) (BNF/G)

EL SIGNIFICADO DE LA ASTROLOGÍA

(Marina Alessandra Ricci)
Hoy en día todo el mundo sabe qué es la astrología. En todos los periódicos hay un apartado en el que se describe la tendencia de la semana o del mes de los signos del Zodiaco.

Y, al llegar el fin de año, una retahíla de astrólogos nos entretienen, contándonos qué nos reserva a cada signo el año que empieza.

Pero ¿es este el verdadero sentido de la astrología?

Pocas personas son las que abordan esta disciplina con espíritu de investigación y sin prejuicios. La mayor parte de la gente contempla la astrología como un pasatiempo mundano, pero no como un estímulo para el crecimiento personal.

Tradicionalmente, esta «ciencia humana» da respuestas de gran interés a los comportamientos humanos. Uno de los pocos que abordó este estudio con seriedad fue el psicólogo suizo Carl Gustav Jung. En las varias cartas que escribió a colegas o amigos investigadores, encontramos no pocas reflexiones sobre la aplicación de la astrología.

A continuación, reproducimos un fragmento de una carta dirigida al profesor B.V. Raman, en la India, el 6 de septiembre de 1947: «En los diagnósticos psicológicos difíciles a menudo he encargado realizar un horóscopo para tener otro punto de vista.

En muchos casos los datos astrológicos han contenido una explicación para ciertos hechos que de otro modo no habría entendido. De estas experiencias he deducido que la astrología tiene un interés especial para el psicólogo».

La astrología es el «estudio de los astros» y de los influjos que estos ejercen en el hombre, determinando su temperamento y su destino terrenal. A grandes líneas podemos decir que se ocupa del conjunto de fuerzas arquetípicas, determinadas por los signos zodiacales y por los planetas que transitan por ellos.

Son unos arquetipos muy potentes que influyen en nuestra vida, y su situación en la carta astral de cada persona deriva de las experiencias maduradas en el curso de las existencias precedentes.

Los planetas son considerados una especie de contenedores-transmisores de energía que dan al individuo las características de las que son portadores (Marte, la fuerza; Mercurio, la vivacidad, etc.), y su coloración se modifica según el signo en el que se encuentren.

En efecto, las cualidades específicas de los planetas se modifican en función de las características del signo zodiacal en el que están en el momento del nacimiento de una persona (es decir, podrán ser suavizadas, acentuadas, anuladas según se encuentren en un signo afín o contrario).

La unión del influjo proveniente del planeta y el del signo zodiacal forma un campo energético típico, que late en nuestro interior y marca los límites de nuestro carácter, la amplitud de nuestro talento, y nos induce a actuar de una manera determinada.

Entender las leyes en las que se basa la astrología significa aprender a reconocer si dichos campos energéticos son positivos para nosotros, para entonces potenciarlos, o bien si son negativos, y debemos modificarlos o incluso dominarlos o censurarlos.

No somos, no debemos ser, las víctimas de estos potentes «cíclopes» interiores. En nuestro interior, ante estos «titanes» pueden tener lugar muchas y trágicas epopeyas, con resultado de apocalipsis o posibles resurrecciones. A nosotros nos corresponde tomar posición y plantearnos la batalla como «héroes».

Los planetas, con sus fuerzas disgregadoras o, por el contrario, entusiasmantes, podrán atormentarnos, ponernos bajo presión o exaltarnos hasta el punto de hacer que perdamos la cabeza: este es el desafío que debemos afrontar para aprender a elegir y a crecer.

Incluso quien no cree en los influjos planetarios o en el poder de las fuerzas arquetípicas, no puede ignorar que la Luna influye tanto en la Tierra que causa las mareas. Del mismo modo, actúa en los líquidos de nuestro organismo causando acumulaciones y tensiones.

Los planetas y las constelaciones por las que transitan manifiestan características que se ponen de relieve en las actitudes que luego mostramos las personas.

Por lo tanto, es preciso entender mejor, percibir íntimamente las fuerzas suscitadas por estas presencias en nuestro gráfico natal, para poder superar las pulsiones que nos «obligan» a realizar determinados actos negativos —condicionados precisamente por la configuración zodiacal—, y aprender a expresar las características de un ser nuevo, más evolucionado, capaz de dar respuestas más adecuadas a cada acontecimiento.

Este es el verdadero mensaje de la astrología, que puede indicarnos la acción más adecuada un momento determinado.

Cuando venimos al mundo, llegamos con una serie de informaciones contenidas en nuestro ADN que determinan nuestras características físicas y comportamentales, y son nuestra herencia genética. Es una especie de base sobre la cual, a través de una sucesión de experiencias terrenales, podremos añadir o, por el contrario, eliminar los «ladrillos» que forman nuestra estructura, nuestra conciencia.

Esto mismo ocurre en el plano astrológico. Según el camino evolutivo recorrido por nuestra alma, nos encarnamos expresando características maduradas en el transcurso de nuestras vidas precedentes.

La carta astral, es decir, la representación de la posición de los planetas en los diferentes signos (y en las «casas») en el momento de nuestro nacimiento refleja el estado evolutivo alcanzado. Tales características nos orientan hacia ciertos recorridos, a través de los cuales deberemos aprender a afrontar las limitaciones, los defectos, las carencias, o bien a asumir las cualidades que poseemos como propias, para poder mejorar los aspectos negativos e integrar armónicamente nuestras peculiaridades.

SIGNOS Y PLANETAS

Para la astrología occidental existen 12 signos que representan 12 tipos caracteriales; estos también corresponden al significado simbólico de los 10 planetas (dos planetas pertenecen a dos signos cada uno; por ello, pese a ser diez, los planetas «abarcan» doce signos).

Los 12 signos están subdivididos en signos de Fuego, Tierra, Aire y Agua, según el tipo de carga energética.

La sucesión de los signos zodiacales implica una manifestación, casi como una espiral ascendente, de tres niveles energéticos, que acogen cada uno el despliegue de cuatro signos que representan las energías de cada elemento.

En el primer nivel están los signos más inmediatos, más simples en sus manifestaciones de los elementos que los connotan. En el segundo, la expresión de los elementos se refina, y alcanza grados de perfección máxima en el tercer nivel.

Cabe recordar que ser de uno de los cuatro signos del primer nivel no significa ser un alma menos evolucionada, ya que deben tenerse en cuenta muchos parámetros.

Significado energético de cada signo

Aries: la conquista. Es un signo de Fuego; su planeta es Marte. Representa el primer estímulo de la energía vital que empieza su manifestación y afirmación de sí misma.

Aries es el signo de la impulsividad, de la conquista, de la iniciativa.

Representa el impulso de ocupar el territorio propio.

En positivo, es un signo de afirmación innata; en negativo, de egocentrismo.

TAURO

Tauro.
Abu Mashar;
op. cit.
(BFN/G)

Tauro: el bienestar. Es un signo de Tierra; su planeta es Venus. La energía, después de haber ganado terreno, se detiene y se estabiliza, organizando de forma provechosa y agradable los espacios adquiridos.

Tauro es el signo de la paciencia, de la necesidad de seguridad y comodidad material; es el impulso para crear en la materia bienestar y estabilidad.

En positivo, es un signo que manifiesta capacidades constructivas; en negativo, en cambio, genera individuos obstinados y posesivos.

ARIES

Aries.
Abu Mashar;
Introductorium in astronomiam Albumasaris Abalachi octo continens linros partiales, Venecia, 1489 (BFN/G)

GÉMINIS

Géminis.
Abu Mashar;
op. cit. (BFN/G)

Géminis: la curiosidad. Es un signo de Aire; su planeta es Mercurio.

Después de haber «conquistado» y «estabilizado» lo que ha conseguido, y antes de posteriores desafíos, ha llegado el momento de la aproximación curiosa, intelectiva, al ambiente al que la energía ha llegado y del que puede sacar conocimientos nuevos.

Géminis es el signo de la curiosidad, de la comunicación, de lo ecléctico por excelencia; indica aproximación intelectual a la realidad.

En positivo, es un signo que expresa el deseo y la capacidad de aprender y de comunicar; en negativo, significa superficialidad y volubilidad.

CÁNCER

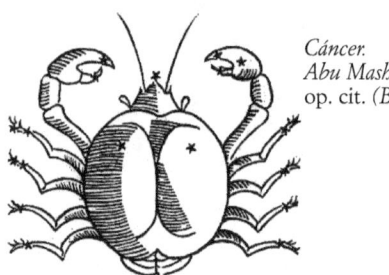

Cáncer. Abu Mashar; op. cit. (BFN/G)

Cáncer: el recogimiento. Es un signo de Agua; su planeta es la Luna.

Llegada a este estadio de su recorrido, la energía percibe el ambiente a través de las sensaciones que le proporciona.

Debido a esta abertura interior, si las percepciones son demasiado intensas, la energía puede tener necesidad de esconderse.

Cáncer es el signo de la intimidad, de la necesidad de retirarse para protegerse y «metabolizar» las experiencias. Representa la interiorización y la comprensión íntima de lo vivido.

En positivo, expresa sensibilidad de ánimo; en negativo, emotividad excesiva, con posible ansia, temor y una afectuosidad sofocante.

Una vez efectuado el primer giro por los cuatro elementos (Aries, Tauro, Géminis y Cáncer) la energía sube de nivel y se refina.

LEO

Leo. Abu Mashar; op. cit. (BFN/G)

Leo: el esplendor. Es un signo de Fuego; su planeta es el Sol. Ha llegado el momento de exhibir la obra personal y la energía se muestra como «señora» del territorio.

Leo es el signo de la grandeza, de la magnificencia, de la rutilancia. Indica el deseo de exhibir las propias capacidades y de autoafirmarse.

En positivo, expresa magnanimidad y voluntad de dirigir; en negativo, necesidad de exhibirse en la ostentación.

VIRGO

Virgo. Abu Mashar; op. cit. (BFN/G)

Virgo: la recolección. Es un signo de Tierra; su planeta es Mercurio. Para estabilizarse, la energía ahora se compromete a analizar con meticulosidad la realidad circunstante, para dividirla y catalogarla, de modo que se organice una base de actuación provechosa.

Virgo es el signo del análisis, de la precisión, de la laboriosidad, de la capacidad de encontrar la estrategia eficaz.

En positivo, manifiesta la cualidad de la productividad; en negativo, puede desembocar en pedantería.

LIBRA

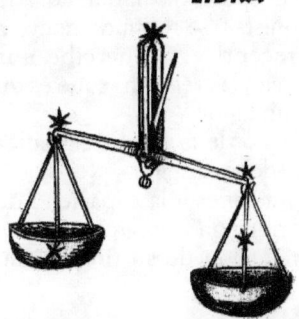

Libra.
Abu Mashar;
op. cit.
(BFN/G)

Libra: la armonía. Es un signo de Aire; su planeta es Venus. El intelecto experimenta nuevas fronteras de aprendizaje interrelacionándose con el prójimo.

Libra es el signo de la relación con los demás, de la armonización, del equilibrio; pone de relieve la armonía en lo social.

En positivo, expresa la capacidad de armonizar; en negativo, el enfrentamiento y la polémica.

ESCORPIO

Escorpio.
Abu Mashar;
op. cit.
(BFN/G)

Escorpio: el poder. Es un signo de Agua; su planeta es Plutón. La energía se retira nuevamente a la intimidad de las emociones personales y se recarga, regenerándose a través del alimento que el ambiente le está concediendo, aceptando su querer, su «simiente».

Escorpio es el signo del poder oculto, carismático, y de la capacidad de regeneración y transformación; es el signo de la fuerza interior ejercida de forma soterrada. A esta fuerza pertenece el poder sexual.

En positivo, muestra una gran capacidad de estimularse a sí mismo y a los demás; en negativo, expresa poder de manipulación gracias a su fuerte carga energética.

A continuación, empieza el nivel siguiente, el último del Zodiaco, donde se encuentran las aspiraciones más elevadas de los cuatro elementos.

SAGITARIO

Sagitario.
Abu Mashar;
op. cit.
(BFN/G)

Sagitario: el ideal. Es un signo de Fuego; su planeta es Júpiter. El arquero apunta con su flecha hacia una diana que se encuentra arriba, en el cielo. Sabe lo que quiere, lo ha identificado y ahora toda su energía está focalizada hacia un punto que, una vez alcanzado, significará su culminación espiritual.

Sagitario es el signo del idealismo y del anhelo por lo divino; el arquero divino persigue el ideal apuntándolo con su flecha.

En positivo, manifiesta el deseo de trascender la naturaleza humana; en negativo, cae en el fanatismo y el dogmatismo.

CAPRICORNIO

Capricornio.
Abu Mashar;
op. cit.
(BFN/G)

Capricornio: la grandeza. Es un signo de Tierra; su planeta es Saturno. Ya se han conquistado nuevas cimas, ahora hay que edificar en ellas algo imponente que muestre abiertamente el éxito.

Capricornio es el signo de la ambición por realizar grandes obras; pone de manifiesto la madurez alcanzada con determinación y diligencia.

En positivo, revela grandiosidad en las empresas y en las responsabilidades; en negativo, muestra el aspecto destructivo de la ambición.

ACUARIO

Acuario. Abu Mashar; op. cit. (BFN/G)

Acuario: el progreso. Es un signo de Aire; su planeta es Urano. Después de haber concretizado el éxito, el intelecto siempre inquieto empuja hacia la realización de los sueños más osados y nuevos proyectos. El genio actúa, y, gracias a ello, la humanidad avanza.

Acuario es el signo del progreso, de la evolución global; es la constelación que robó el fuego a los dioses para llevarlo a la humanidad.

En positivo, revela la capacidad de visión global y sinérgica; en negativo, se manifiesta en la abstracción calculada.

PISCIS

Piscis. Abu Mashar; op. cit. (BFN/G)

Piscis: el holismo. Es un signo de Agua; su planeta es Neptuno.

La energía, después de haber llevado a cabo sus conquistas, se retira de nuevo a una posición receptiva. Se percibe una unión profunda con la creación: ¿qué es divino?, ¿qué es humano?

Piscis es el signo de la fusión empática con el Todo que debe dirigir.

En positivo, manifiesta la capacidad de empatía y de atribución de significado; en negativo, la exaltación de su propia maestría.

La evolución energética en los 12 signos

Los 12 signos, tal como ya se ha dicho, se muestran en tres niveles, que representan la fuerza de la energía vital que se manifiesta y toma cuerpo en la vida, a través primero de la conquista de espacios nuevos —acometida por los signos de Fuego—, luego, de la necesidad de convertir en provechoso el espacio conquistado —de lo que se encargan los signos de Tierra— y de la exigencia de abordar intelectualmente las situaciones conquistadas y posteriormente convertidas en estables y eficientes —de lo que se ocupan los signos de Aire—, para llegar finalmente a la manifestación de la energía vital a través de la relación emotiva con la realidad —misión que corresponde a los signos de Agua.

El primer movimiento energético, el de la conquista, está determinado por el primer signo de Fuego, Aries. La conquista es una necesidad para afirmar y percibir su propia fuerza, sus capacidades.

Aries es el signo del Zodiaco que vivifica la realidad.

En el segundo nivel, el signo de Fuego Leo realiza un cambio energético y manifiesta su conquista con la ostentación de su territorio —Leo es el signo del Sol en el centro del universo.

En el tercer y último nivel el signo de Fuego Sagitario lleva a cabo una expansión para conquistar nuevos espacios lejanos, los superiores o del cielo —Sagitario es el signo de la autoridad divina.

El segundo movimiento energético, el uso provechoso del espacio, lo observamos, en el primer nivel, en el signo de Tierra Tauro, donde se aprecia la necesidad de bienestar a través de distintos medios

—Tauro es el signo que construye la belleza para poder disfrutar de ella.

En el segundo nivel, el signo de Tierra Virgo se encarga de organizar, de una manera más estructurada, la realidad conquistada —Virgo es el signo del trabajo diligente y meticuloso, y de la consiguiente recolección.

En el tercer nivel, el signo de Tierra Capricornio se dedica a engrandecer y hacer edificante lo que se ha conquistado —Capricornio es el signo de la ambición en su justa medida.

El tercer movimiento, de la relación intelectual con la realidad, ve cómo el signo de Aries actúa en el primer estadio, de forma espontáneamente curiosa, descubriendo el entorno —Géminis es el signo de la versatilidad, de lo poliédrico.

En el segundo nivel surge la relación con la realidad de otros seres humanos implantada por el signo de Aire Libra, que actúa en lo social —Libra es el signo de los contactos.

En el tercer nivel encontramos el signo de Aire, Acuario, que se dedica al estudio y a la realización de lo que está al otro lado de las fronteras —Acuario es el signo del progreso.

En el cuarto movimiento, el de la percepción emotiva y sensual de la energía, el ciclo del movimiento energético de los signos se cierra, y estos vuelven a ponerse a la escucha.

En el primer nivel el signo de Agua Cáncer es todo sensibilidad; su esencia es tan tierna y delicada que necesita a menudo un nido donde refugiarse (¡si no una «garra» que lo defienda!).

Cáncer es el signo del acogimiento sensible de la experiencia, para poder metabolizarla, y de la necesidad de sentirse acogido, protegido.

En el segundo nivel, el signo de Agua Escorpio descubre el vínculo invisible que lo une a la realidad y que, ocultamente, puede manipular y dirigir. Escorpio es el signo del poder oculto (carisma) ejercido en los demás.

En el tercer nivel encontramos el signo de Agua Piscis, que manifiesta la unidad de toda la creación, la fusión con el todo. Ahora es posible dejarse ir y no preocuparse más por nada. Piscis es un signo de fusión y conocimiento íntimo.

Los planetas

Un determinado signo resulta más significativo y cargado de energía con la presencia de uno o más planetas que, con su energía, influyen en las características del signo en el que se encuentran. Como ya se ha dicho, los planetas se pueden comparar con catalizadores de energías y figuras arquetípicas, vivas, que participan de nuestra interioridad.

Hay que señalar claramente que las características de carácter que percibimos en nosotros mismos o en los demás siempre están determinadas por la influencia de los planetas.

A menudo, la manifestación de algunos planetas es más clara que la de otros. Concretamente los planetas veloces se perciben con más claridad. Un ejemplo de ello es el poder del Sol, que ofrece «brillo» natural y desenvoltura; también la sensibilidad y la emotividad que confiere la Luna, el intelecto propio de Mercurio o la carga energética que proporciona Marte.

En cambio, somos menos conscientes, en líneas generales, de los impulsos derivados de los otros planetas, los lentos, muy potentes pero de influjo menos evidente, porque es menos superficial y mucho más íntimo, se muestra con menos inmediatez y está oculto a la percepción directa.

SOL

Sol. Abu Mashar; op. cit. (BFN/G)

El *Sol*, en astrología, está siempre en el signo zodiacal al que pertenecemos. Indica el tipo de conocimiento con el cual el alma quiere actuar en esta aparición terrenal. El Sol representa el yo consciente, el modo de proceder del que somos conscientes. El astro, a tenor de lo dicho, adopta las características del signo en el que se encuentra. El Sol representa la claridad del conocimiento y nos estimula para desvelar contenidos e iluminar significados, ampliando así nuestra conciencia.

Se trata del planeta más importante; de hecho, su posición tiene una profunda influencia en nuestra personalidad.

El Sol representa el movimiento, la voluntad, el poder y el deseo, así como la vitalidad física y mental, y el liderazgo.

LUNA

Luna. Abu Mashar; op. cit. (BFN/G)

La *Luna* representa las sensaciones que la realidad nos comunica a través del medio físico. Las emociones son reacciones inmediatas al contacto con la realidad que nos rodea.

El Sol es la conciencia terrenal del Yo, que experimenta emociones y sensaciones que se perciben a través del cuerpo. Dichas percepciones están gobernadas por la Luna y, en astrología, toman las características del signo en el que se encuentra. La Luna determina, por lo tanto, el modo en que cada individuo manifiesta sensibilidad, sensualidad (las percepciones derivadas de los sentidos), emotividad o pasión. Representa la respuesta psicofísica a los estímulos de la realidad externa, e induce a refinar nuestras percepciones, invitándonos a expresar, con más o menos fervor, nuestras sensaciones.

MERCURIO

Mercurio. Abu Mashar; op. cit. (BFN/G)

Mercurio indica la capacidad intelectual práctica y la forma en que nos comunicamos. Representa el pensamiento pragmático, la versatilidad, el eclecticismo, la comunicación rápida y los contactos inmediatos, la agilidad, la desenvoltura, la agudeza. Este planeta nos hace controlar los aspectos prácticos de cada situación de forma predominantemente lógica, táctica y desenvuelta.

VENUS

Venus. Abu Mashar; op. cit. (BFN/G)

Venus indica el encanto que posee el individuo y la fortuna que de este se deriva. En la carta astral de una mujer representa el modo como se entrega al amor, en la de un hombre, el ideal femenino del amor. Este planeta representa la cualidad de la belleza, la armonía y el amor, la capacidad de ser afectuosos al amar y al ser amados, el tipo de impulso que nos hace actuar con encanto, elegancia, tacto y belleza gracias a los sentimientos que nos despierta el amor.

MARTE

Marte. Abu Mashar, op. cit. *(BNF/G)*

Marte indica el tipo de carga energética física que poseemos. En la carta astral de un hombre condiciona su forma de actuar como tal, en la de una mujer representa el ideal masculino del amor. Marte es el espíritu de la conquista y de afirmación primaria. Este planeta nos impulsa a actuar con energía utilizando el físico, naturalmente siempre que esto sea posible. Inclina a la acción, a la lucha —si es necesario—, al impulso.

JÚPITER

Júpiter. Abu Mashar; op. cit. *(BFN/G)*

Júpiter es denominado el planeta de la «gran Fortuna». Su posición indica el sector donde se obtendrán beneficios mayores. Representa la capacidad de relacionarse con la mente divina, y, por lo tanto, determina el optimismo, la confianza y el grado de positivismo de cada individuo (Júpiter es el «portavoz» de Dios). Este planeta nos induce a tener confianza en nosotros mismos, a ser magnánimos y «joviales», a ejercer con autoridad las cualidades del pensamiento positivo, originado por la conexión con lo divino.

SATURNO

Saturno. Abu Mashar; op. cit. *(BFN/G)*

Saturno es el planeta de la madurez. Representa la capacidad de asumir las responsabilidades, la disciplina y la concentración. Cuando estas cualidades están desarrolladas en exceso, se convierte en un planeta que estimula una ambición exagerada. Saturno nos hace ver las cosas desde una perspectiva distante, nos hace ser fríos y atentos, y, sobre todo, más rigurosos. Nos invita a apartar las distracciones y a actuar con una disciplina cuyo objetivo es obtener el provecho máximo de la situación y alcanzar los objetivos fijados.

URANO

Urano es el planeta de la genialidad, la originalidad, la independencia y la espontaneidad. Representa la capacidad de pensamiento abstracto, genio y estrategia, así como la fuerza de decisión que de ella se deriva. Indica el haz de luz que sintetiza las experiencias y nos lanza hacia delante, dándonos la fuerza de decisión necesaria para hacernos progresar. Este planeta nos lleva a salir de la rutina y a probar soluciones nuevas y más atrevidas. Nos induce a apartarnos de aquello que quizá parece seguro, pero que con frecuencia puede resultar agobiante, confiando en la iniciativa de quien quiere superar las barreras y los límites impuestos. Es la invitación a la aventura del progreso.

NEPTUNO

Neptuno es el planeta de las fantasías y la ilusión, precisamente por su capacidad de percibir lo invisible. Representa también el aspecto femenino de la divinidad. En efecto, su sensibilidad nos permite sentir empatía y capacidad de fusión con el todo y con lo Divino. De ahí que Neptuno sea capaz de extraer la «Visión», es decir, el sentido último de la realidad más sutil. Este planeta nos invita a superar las barreras del Yo para llegar a una visión más global y unitaria, donde todos los elementos se funden en una realidad única y son funcionales unos con otros. Transmite un mensaje de trascendencia y de hermandad profunda y verdadera.

PLUTÓN

Plutón es el planeta que debe su nombre al dios Hades, cuyo poder y fuerza carismática nos hace capaces de «dominar» el medio y la realidad que nos rodea. También representa el poder que confiere la carga sexual. Plutón representa el carisma y la seducción de los demás y la realidad, pero sobre todo la fuerza de carácter, esa fuerza interior que, a pesar de no haberse exteriorizado abiertamente, es capaz de influir en los acontecimientos y redireccionarlos. Es una fuerza potente pero invisible, una presencia inamovible en su intento, dispuesta a superar cualquier obstáculo con tal de alcanzar su fin.

Conclusión
El trabajo evolutivo del individuo consiste principalmente en entender que no debe dejarse llevar por las pulsiones de cada planeta y ser presa de ellos. Al contrario, debe emprender un camino en el que se eduquen estas pulsiones.

ATHANOR

Hornillo u horno filosófico.

En su realización material, está hecho de arcilla, ladrillos, planchas de hierro o cobre, y recubierto de cemento o yeso.

Según Filalete, el athanor propiamente dicho se distingue de otros tipos de hornillo porque está constituido por una torre de unos dos pies de altura y 9-10 dedos de diámetro, con lados de dos dedos de grosor. La puerta donde se inserta el fuego ha de tener una altura de 7-8 dedos, debe ser ancha en la base y estrecharse en la parte superior. Un poco por encima del hornillo hay una puerta pequeña que sirve para retirar la ceniza; más arriba, una reja, y encima de esta, dos orificios para el calor. La torre no debe tener otras aberturas.

El punto donde se pone el matraz, que se llama «nido», no debe estar situado por debajo del nivel de la cubeta, y esta debe estar en contacto directo con el fuego, que sale por tres o cuatro orificios. Las dimensiones del nido han de poder contener un matraz de aproximadamente un pie. Otra alternativa es que el nido tenga un orificio en la tapa para que pase el cuello del matraz.

El carbón se introduce por la parte alta de la torre (primero carbón al rojo y seguidamente carbón negro). Una vez cerrada la tapa, hay que obstruir las fisuras con ceniza pasada por el cedazo, para impedir el paso del aire.

Aparte del athanor descrito por Filalete, existen otros modelos de hornillo, como el horno de reverberación, el horno de reverberación por fusión y los hornillos portátiles con trípode.

El horno portátil, de forma mucho más simple, puede utilizarse para las operaciones de multiplicación, una vez ha sido realizada la Piedra.

AZUFRE

Dado que el mercurio se caracteriza por la humedad, y la sal por la sequedad, estos no podrían interaccionar sin un principio de mediación, capaz de participar de la naturaleza de ambos, el carácter fijo de la sal y la volatilidad del mercurio.

Esta función es desempeñada por el azufre, que se define como un principio oleoso y graso, con capacidad de ligar a los otros dos.

Esa es también la función del alma, que une espíritu (mercurio) y cuerpo (sal) para generar una unidad de más nobleza. El

pensamiento tradicional identifica el azufre con el alma, y al mismo tiempo sostiene que el azufre se utiliza en la práctica del laboratorio y se quema. Sin embargo, no se puede concebir un alma que pueda ser quemada y corrompida por procesos materiales.

Lo que pretendían decir los alquimistas es que el alma no corresponde al azufre vulgar, el que se extrae de las minas, sino que se trata de la quintaesencia, que no puede ser contaminada por el fuego porque ella misma es fuego sutil.

Tenemos, por lo tanto, otro proceso analógico: el azufre, que se define como intermediario entre espíritu y cuerpo, no es el azufre común, sino su quintaesencia, que actúa como el alma interna de los metales, como unión entre el espíritu y el cuerpo del metal.

El azufre común interviene en los procedimientos de laboratorio y metalúrgicos, concretamente cuando se deben separar los metales mediante la fluidificación. Cuando estos se llevan al estado fluido y están bien purgados por el fuego, según Paracelso el hecho de añadir azufre permite al metal más ligero «navegar» hasta la superficie, mientras que el más pesado permanece en el fondo. El azufre divide a los dos metales de forma similar al aceite.

BENDICIÓN/MALEFICIO

La bendición consiste en la proyección hacia el exterior por parte de la persona que realiza la bendición de un flujo energético en forma de serie de palabras, oraciones u otras, pronunciadas con la intención de influir en la realidad externa, mejorando el estado de un ser, una cosa, un animal o una planta.

Normalmente a la palabra se une un acto, realizado con las manos o de otra manera. En los rituales religiosos, la bendición constituye un acto litúrgico que tiene la finalidad de consagrar un objeto, un animal o un lugar, o bien de implorar a la divinidad una protección especial para alguien.

Según algunos, la bendición de plantas podría causar una mejora en su crecimiento y su desarrollo, mientras que el maleficio produciría el efecto contrario.

Utilizando los test quinesiológicos o radiestésicos se ha observado que el maleficio puede modificar el equilibrio energético de un organismo, alterando las vibraciones de base. Esto da lugar a un desequilibrio que influye en todas las funciones propias del organismo.

CÁBALA

Del hebreo *qabalah*, proviene de la raíz semítica de tres letras *KBL* («recibir»). Es una tradición oral que incluye las doctrinas místicas y esotéricas del hebraísmo, y se refiere en particular a las enseñanzas divinas recibidas por Moisés junto con el Pentateuco (Torah).

Estas tradiciones orales se plasmaron en épocas más tardías en importantes obras escritas, como el Talmud, y en textos esotéricos específicos, como el *Sefer HaBahir* («Libro de la Claridad») o el *Sefer HaZohar* («Libro del Esplendor»).

HISTORIA

En la división tradicional del desarrollo histórico de los movimientos cabalísticos se distinguen cinco periodos. El primero abarca el primer milenio, a partir de la destrucción del segundo Templo, con contribuciones procedentes principalmente de Oriente Próximo y Medio; el segundo periodo va del siglo XII al XIV, y su principal centro geográfico es Alemania; el tercero, del siglo XIII al XV, se caracteriza por la contribución española; el cuarto, que abarca los siglos XVI y XVII, tiene el centro en Tierra Santa; y el quinto y último periodo, comprendido entre los siglos XVIII y XX, tiene como referencia geográfica Europa del este y, posteriormente, Estados Unidos e Israel.

En cada uno de estos periodos históricos han surgido y evolucionado tendencias diversas en el seno de la tradición cabalística.

En el primer periodo predomina una mística estática, representada por las «obras del carro» (*Ma'assé Merkava*), centrada en una meditación relacionada con la visión del carro que tuvo Ezequiel, junto con la del Trono de Dios. El objetivo de los místicos es adorar a Dios directamente

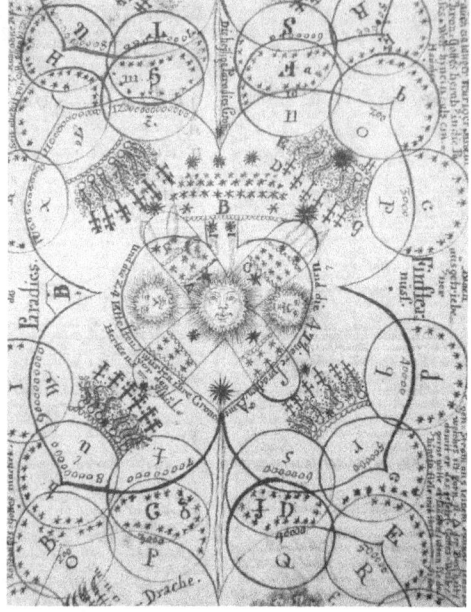

J. Boehme, Opus mago cabbalistico philosophicum et theosophicum *(BFE)*

כַּנְפֵיהֶן: וּמִמַּעַל לָרָקִיעַ אֲשֶׁר עַל־רֹאשָׁם כְּמַרְאֵה אֶבֶן־
סַפִּיר דְּמוּת כִּסֵּא וְעַל דְּמוּת הַכִּסֵּא דְּמוּת כְּמַרְאֵה אָדָם
עָלָיו מִלְמָעְלָה: וָאֵרֶא ׀ כְּעֵין חַשְׁמַל כְּמַרְאֵה־אֵשׁ בֵּית־
לָהּ סָבִיב מִמַּרְאֵה מָתְנָיו וּלְמָעְלָה וּמִמַּרְאֵה מָתְנָיו וּלְמַטָּה
רָאִיתִי כְּמַרְאֵה־אֵשׁ וְנֹגַהּ לוֹ סָבִיב: כְּמַרְאֵה הַקֶּשֶׁת אֲשֶׁר
יִהְיֶה בֶעָנָן בְּיוֹם הַגֶּשֶׁם כֵּן מַרְאֵה הַנֹּגַהּ סָבִיב הוּא מַרְאֵה
דְמוּת כְּבוֹד־יְהוָה וָאֶרְאֶה וָאֶפֹּל עַל־פָּנַי וָאֶשְׁמַע קוֹל
מְדַבֵּר:

Fragmento del texto hebreo de Ezequiel en donde se menciona el trono divino (Ezequiel, 1, 26-28)

tación y el estudio de los primeros textos del Génesis y del *Libro de la Formación* («Sefer Yetzirah»).

En el segundo periodo predominan los valores piadosos y ascéticos. La enseñanza principal se encuentra en las obras de numerosos autores, alemanes, provenzales y españoles: rabí Yehuda He'Hassid que murió en 1217 y fue autor del *Sefer Hassidim* («Libro de los Devotos»); rabí Eleazar de Worms (1160-1230), autor del *Sefer HaRokeah*; rabí Ne'hunya ben HaKana (Provenza, siglo XII), probable autor del *Sefer Ha-Bahir*; rabí Yits'hak el Ciego (Provenza, siglo XIII); y rabí Moshé ben Nahman (Gerona, siglo XIII).

El tercer periodo, caracterizado por la aportación española, gira alrededor de la importante obra cabalística de rabí Abraham Abulafia (España, siglo XIII), que sigue un camino místico y ascético de unión con Dios (*Devekut*, «adhesión»), meditando en particular sobre todas las cartas de la Torah. El periodo se caracteriza por el descubrimiento de un obra de importancia capital para la cábala, el *Sefer HaZohar* («Libro del Esplendor»), atribuido a rabí Shimeon bar Yokhai (Galilea, siglo II) y probablemente revisado por rabí Moshe de León (1250-1305).

El cuarto periodo se inicia a partir de un hecho histórico que tuvo una gran repercusión para el pueblo judío: su expulsión de la península Ibérica en el año 1492. Centenares de miles de judíos fueron obligados a abandonar el país. Un acontecimiento de esta magnitud exaltó los ánimos y dio lugar a la necesidad de hallar una explicación para este nuevo sufrimiento. Cuarenta y dos años más tarde

en sus moradas celestiales, a las que han de ascender por medio de la vida mística. Al mismo tiempo se dedican a las *Ma'assé BeReshit* («Obras del Principio»), la medi-

nació rabí Yits'hak Luria (1534-1572), apodado *el León*.

En su estudio de la cábala descubrió la enorme importancia religiosa y escatológica del pueblo judío, cuya función sería acelerar la redención de la humanidad después del pecado original, mediante su acción espiritual, dirigida también a los no judíos; esta acción contribuiría a recuperar el equilibrio originario de la creación. Sus enseñanzas, transmitidas oralmente, fueron recogidas por su discípulo rabí 'Hayim Vital (1543-1620) en la obra *Ets 'Hayim*.

En el quinto y último periodo hay que destacar la obra espiritual y las enseñanzas de rabí Ysrael Ba'al Shem Tov (1669-1760), conocido a través de la obra de su alumno rabí Ya'akov Yossef HaKohen, autor del libro *Enseñanzas de Ya'akov Yossef*. El propósito de este texto es ayudar al 'Hassid a transformarse en un verdadero servidor de Dios, actividad que, sin embargo, no debe realizarse desde la obligación y la tristeza, sino al contrario, desde la alegría y la delicia, santificando cada una de las acciones. En la oración, 'Hassid utiliza continuamente el Libro de los Salmos, mediante el cual puede conversar con Dios sobre todos los aspectos de la existencia. El nivel máximo de experiencia mística está representado por la Devekut (unión, en los límites de las posibilidades del hombre, con Dios).

En lo que respecta a los conceptos fundamentales de la cábala, se pueden distinguir dos periodos fundamentales: desde los orígenes hasta la escuela de Gerona y el Zohar, con la simbología primitiva y la aparición de la teoría de las *sephirot*, y desde Luria, con su sistema innovador, hasta la actualidad.

EL SECRETO DE LA CÁBALA

Una vez enumeradas las diferentes etapas de desarrollo de la cábala a lo largo del tiempo, hay que tratar su gran secreto. La Torah es la revelación que, según la tradición más antigua de los judíos —con la que, sin embargo, no está de acuerdo la moderna crítica de la Biblia—, Dios realizó a Moisés en el Monte Sinaí. La Torah habría sido acompañada de otras enseñanzas que, al no estar escritas, fueron transmitidas de generación en generación, de maestro a discípulo, hasta que fueron redactadas en los textos fundamentales del pensamiento místico hebraico.

Como primer punto, cabe destacar que el conocimiento transmitido por la cábala y su aplicación a la vida cotidiana constituyen una de las formas más altas de conocimiento del cosmos y de Dios.

Según una cierta visión del mundo, a pesar de las repetidas traiciones hechas a Dios, Israel fue durante siglos el heredero legítimo de la promesa divina: siglos de meditación inspirada desde lo alto han desvelado los grandes secretos del universo y los han transmitidos a numerosos adeptos, que luego los han traducido a la vida cotidiana.

Los cabalistas serían los herederos más antiguos de esta tradición, y probablemente habrían entendido y expuesto, en sus obras, el funcionamiento del universo.

En primer lugar, intuyeron que todo es vibración, es decir, frecuencia vibratoria; luego, que estas frecuencias vibratorias pueden ser traducidas a relaciones numéricas que, a su vez, son capaces de modificar el estado psíquico y espiritual de la creación; y, finalmente, que dichas relaciones numéricas son las mismas que las letras hebraicas de la Torah instauran dentro del texto sagrado.

Uno de los principios es el de la resonancia. Nadie puede conocer a Dios y su Obra sin entrar en resonancia con la creación y con el creador. Sin lugar a dudas, entrar en resonancia con el Creador es muy difícil, porque exige que el hombre caído, después del Pecado Original, se eleva por encima de su naturaleza corrupta.

Usando un término dantesco, el hombre debe «transhumanar», es decir, franquear los límites humanos, y puede hacerlo alineándose con la frecuencia vibratoria alta de las inteligencias angelicales.

Según el cristianismo, sin el Hijo del Hombre, que ha borrado el error primero y ha derrotado al mal y la muerte, devolviendo espiritualmente al Hombre a la condición originaria del Edén, en contacto directo con Dios, todo resultaría más difícil.

Sin embargo, las mejores mentes y almas del hebraísmo han sabido colmar esta diferencia, en parte previendo la llegada del Hijo del Hombre o Mesías (pensemos en Isaías o en algunos Salmos), con lo que se logra entrar parcialmente en sintonía con Dios y Su mensaje.

Las *mitzvot* (obras impuestas por la ley) conducen al hombre a niveles de santidad cada vez más elevados, necesarios para purificarlo de la escoria terrenal y hacerlo receptivo al mensaje que le llega desde las alturas.

El gran secreto de la cábala es conocer las *sephirot*, o emanaciones divinas, y las letras hebraicas en su acción vibratoria, en sus interrelaciones. La Torah, a través de las sutiles interacciones energéticas creadas por las letras con las que fue escrita, nos propone un increíble modelo de las interacciones que se crean en el cosmos. Considerando la coherencia de estas interacciones (letras y números, y al mismo tiempo relaciones), pese a que actualmente se tenga conocimiento de la pluralidad de las fuentes, de las tradiciones, en definitiva, de las «manos» que han trabajado en el texto bíblico, no podemos evitar quedar impresionados por la idea de que detrás de todo ello esté realmente la mano de Dios, que a través de su Espíritu plasma su mensaje y lo hace comprensible a quien quiera escucharlo.

Cada letra hebraica puede actuar en dos niveles: en el paradigmático, con sus típicas ondas de forma y su capacidad de influir en la materia, y en el sintagmático, modificando la forma propia según las correspondencias numéricas y las modalidades combinatorias utilizadas.

SIGNIFICADO DE LA CÁBALA Y DE LA MÍSTICA PARA ISRAEL

El pensamiento cabalístico (y, en general, místico) explica muchos de los misterios que rodean la aventura terrenal, así como el sentido de su existencia.

El objetivo de Israel no sería solamente transmitir la Ley de Moisés, sino también, y lo más importante, concretarla en la vida de cada día, en una obra de santificación del mundo, conquistando la redención reparadora, respecto a la rotura del equilibrio divino de los orígenes, del periodo posedénico.

La caída de Adán provocó una desviación respecto al camino de redención y de perfección previsto por Dios para el hombre. Es preciso volver al camino originario, y esto es posible enmendando el desequilibrio inicial mediante una vida de santidad que pueda santificar el cosmos. El pío hebreo, colaborando con Dios y poniendo en práctica desinteresadamente, con dedicación y alegría las *mitzvot* (los mandamientos y las reglas), contribuye a recuperar la condición originaria y a acelerar la redención del hombre, que había sido prevista desde el principio después de la creación, pero que fue retrasada por la caída.

El estudio de la Torah y la comprensión de los mecanismos que regulan su vida interna (el texto, los vocablos, las letras) permiten captar la voluntad del Creador y los secretos del universo, de los que la Torah sería como un código genético.

LA TRIPLE VALENCIA DE LAS LETRAS HEBRAICAS

El trabajo meticuloso en cada uno de los elementos de la escritura hebraica está justificado por la triple valencia de las letras. En cuanto palabra de Dios, estas contienen destellos de la sapiencia divina; en cuanto formas caracterizadas por emisiones vibratorias concretas, sus combinaciones pueden comportar una influencia directa en varios niveles de la existencia, por ejemplo, en el físico; y en cuanto aportaciones de valores numéricos pueden, por separado o en combinación, modificar el estado de la materia y del cosmos, utilizando el mismo mecanismo de las relaciones numéricas típicas de algunas disciplinas de frontera, como la radiónica (*véase Temas: Número*).

Alexandre Safran, gran rabino de Ginebra y cabalista moderno, en una breve pero importante obra sobre la cábala, afirma lo siguiente: «La ciencia de la combinación de las letras y la ciencia de la combinación de los números que les corresponden (la creación del mundo fue el resultado de estas combinaciones) permiten al cabalista abarcar la totalidad de la realidad, percibir la música del cosmos. Esta música está creada por las vibraciones de las letras en movimiento, "volando" en el espacio» (Alexandre Safran, *Sabiduría de la Cábala*).

LAS SEPHIROT

Son los diez vasos que creó Dios para contener su potencia espiritual creadora: la energía divina, resplandeciente, baja desde las alturas por los canales que la llevan al mundo.

En el descenso atenúa su luminosidad para que el mundo pueda acogerla y, para ello, pasa de lo inmaterial a lo material.

El hombre no podría afrontar la luminosidad cegadora de Dios. El propio Moisés sólo pudo ver la Gloria de Dios a través de un resquicio en la roca protegido por la mano de Dios, y hasta que Su Gloria no hubo pasado delante de él no pudo vislumbrar la parte final. Ver a Dios de cara le habría comportado la muerte.

Pese a todo, la última *sephirá* (*Malkhut*, soberanía) está en contacto con el hombre, y a través de ella, espiritualizándose, este puede entrar en contacto con la Presencia de Dios, la «Shekhina», y subir por las otras *sephirot* hasta poner en contacto la primera *sephirá* (*Keter*, Corona) con la última, restableciendo así la Unidad.

Una vez llegado a la primera *sephirá*, el hombre espiritual está en el nivel máximo de contacto con lo Divino y es asociado por el Creador a su obra de Ordenación del Cosmos.

Se ha afirmado durante mucho tiempo que el proceso de emanación de las *sephirot* no fuera más que una traducción en términos cabalísticos del de los neoplatónicos, pero la diferencia es sustancial: mientras la emanación de los neoplatónicos es un fenómeno que procede de la divinidad, pero que se produce en el exterior de esta, la de las *sephirot* tendría lugar en el interior de Dios, y constituiría un estadio intermedio entre Dios y la creación.

Las *sephirot* se pueden entender como varios estadios de la emanación procedentes de Ein-Sof (Dios, Aquel fuera de quien nada existe) y, al mismo tiempo, como atributos, Nombres característicos de Dios.

Son también la raíz de todas las cosas creadas, porque actúan como intermediarios entre Aquel que emana y las cosas que existen separadas de Él, permitiendo pasar de la unidad a la multiplicidad.

Las *sephirot* forman el árbol de la emanación, que procede de la raíz, situada arriba, según el orden:

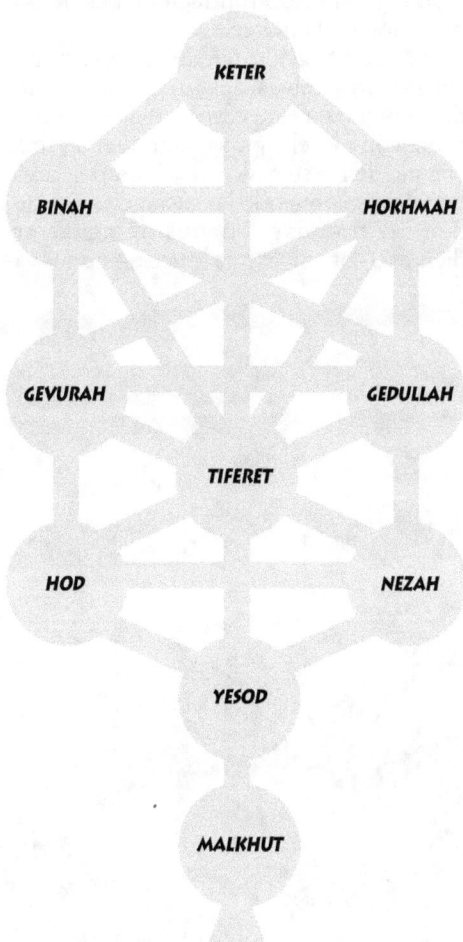

Al mismo tiempo, hay otra representación de las *sephirot*, con la forma de un hombre: las primeras representan la cabeza y tres cavidades cerebrales; la cuarta y la quinta, los brazos; y la sexta, el tronco. Las piernas están representadas por la séptima y la octava *sephirá*; los órganos sexuales, por la novena; y la totalidad de la persona, por la décima.

La orientación es inversa con respecto al árbol de las *sephirot* anterior.

CALCINACIÓN

El término indica la acción de la cal, que tiene capacidad de quemar y cimentar.

Hay varios modos de entenderla, si bien el significado fundamental es de purificación de la materia.

Esta purificación puede lograrse por la vía física (a través del fuego convencional, aunque en este caso es necesario proceder con cautela, para evitar quemar toda el alma de las sustancias) o bien por la vía química (sometiendo las sustancias que deben ser tratadas a baños de aguas ardientes o corrosivas, o a la acción de sus vapores).

Cal viva, *Basilio Valentino*, Obras, *código holandés* (BFE)

CAOS

Según el pensamiento tradicional, el caos representa la materia prima en la que se origina la creación. En él están contenidas en potencia todas las cosas que la voluntad divina hará que existan.

Para los físicos de la Antigüedad, hasta el siglo XVII, el caos está constituido por una masa informe de agua oscura y burda, principio femenino por excelencia, de la cual salen las cosas creadas vivificadas por el Fuego.

Sin embargo, esto no debe entenderse como el fuego elemental, sino como un quinto elemento que representa el espíritu del universo, principio masculino que se encuentra de forma sutil en el agua primitiva. Es el principio del movimiento y del dinamismo, la forma que actúa en el agua, la materia que se funde en el fuego.

Este tipo de fuego es el medio que Dios utiliza para la creación y contiene la forma de todas las cosas.

A partir del caos, Dios forma tres clases de materia: la región superior, luminosa y sutil, habitada por las criaturas superiores, que tienen plena libertad de acción; la región inferior, burda e impura, habitada por las criaturas inferiores, que no pueden actuar igual que las inteligencias angelicales a causa de las tinieblas que las envuelven (salvo cuando interviene la luz divina); y, finalmente, la región intermedia, que posee cualidades de las otras dos:

> El Universo mundo, como consta de una triple naturaleza, se distingue en tres regiones que son la superceleste, la celeste y la subceleste. La Superceleste, denominada inteligible, de todas la más alta, es completamente espiritual e inmortal, muy próxima a la Majestad divina. A la Celeste, situada en medio, le ha correspondido la suerte de los cuerpos perfectísimos, con abundantes espíritus, difunde virtudes innumerables y auras vitales, a través de arroyos espirituales, ya que no sufre corrupción, no ignora las mutaciones absolutamente y a veces periódicamente. Finalmente la Subceleste, que vulgarmente se llama elemental, ocupa la parte más baja

del Mundo. Esta, al ser de por sí corpórea, sólo posee los dones y los beneficios del espíritu, que tienen la máxima importancia en la vida, después de la oración y con la obligación de devolverlos al cielo.
En su seno no hay ninguna generación sin corrupción, ningún nacimiento sin muerte.

(Jean d'Espagnet, *Tratado Hermético de la física reintegrada, 1623*, Phoenix, Génova, 1983)

Es fundamental el hecho de que las criaturas inferiores tengan, en potencia, las esencias y las virtudes de las criaturas superiores, aunque no en forma manifiesta, como estas últimas. Gracias a esto es posible proceder a una obra de transformación y perfeccionamiento.

El concepto de caos es básico en alquimia porque permite la transformación de unos elementos en otros, porque en su centro se conservan las virtudes de las cosas superiores y de las inferiores.

CHAMANISMO

Conjunto de prácticas, comportamientos, actitudes mentales y creencias gracias a los cuales ciertas personas con determinadas características psíquicas y emotivas pueden ponerse en contacto con el mundo de los espíritus, recibir sus mensajes o enseñanzas y ejercer de puente entre la otra dimensión y la nuestra.

El chamanismo está presente en todos los pueblos y en todas las épocas, con características comunes pero también específicas de cada tradición.

A modo de ejemplo describiremos el chamanismo de los indios americanos, por la gran riqueza de información que aporta sobre las técnicas chamánicas y la figura del chamán.

EL CHAMANISMO DE LOS INDIOS AMERICANOS

(Marina Alessandra Ricci)
Cuando se habla de culturas primitivas, como la de los nativos americanos, suelen evocarse imágenes de un mundo en idílica armonía con la naturaleza.

Así, por ejemplo, admiramos a los indios porque hablan con corazón de poeta. Nos cautiva su amabilidad y su respeto por la vida, pero olvidamos la ferocidad por la que en otros tiempos fueron conocidos.

En cualquier caso, debemos tener presente que al hablar de indios americanos se hace referencia a pueblos de características y costumbres diferentes.

Un pueblo pacífico fue el de los navajos, famosos por sus cánticos y sus dibujos en la arena, dos formas de expresión que utilizan los chamanes para curar.

Un pueblo de ladrones aficionados al pillaje fueron los apaches.

Los iroqueses fueron feroces y muy crueles en la guerra.

Lógicamente, no se puede generalizar ante características tan diversas. Sin em-

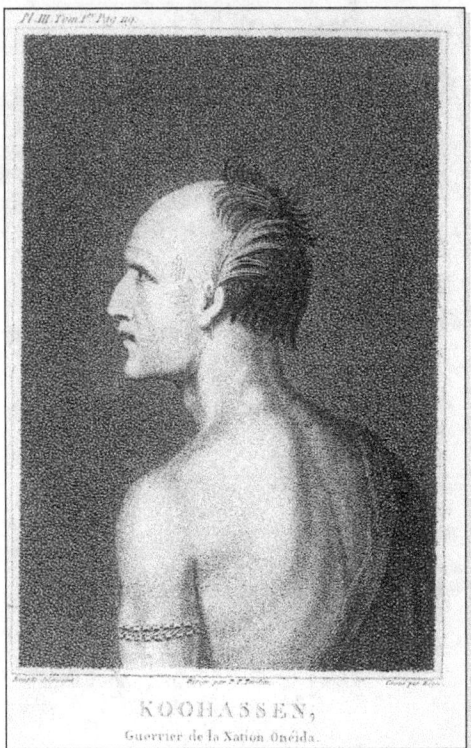

Nativo americano de la nación Oneida, de Illustrations de voyage dans la Haute Pennsylvanie et dans l'état de New-York depuis l'année 1785 jusqu'en 1798*, París, 1801 (BNF/G)*

bargo, lo que les ha unido a todos, pacíficos y guerreros, ha sido la existencia de una conexión con el «Gran Misterio».

Estamos sumergidos y al mismo tiempo rodeados por el «Gran Misterio», es decir, el Poder: la Energía Cósmica que conserva la vida en vida. Todo lo que forma parte de la creación, ya sea visible o invisible a nuestros ojos, posee unos canales energéticos útiles a través de los cuales fluye este Poder. En los seres humanos, como parte de esta creación, ocurre lo mismo.

Los chamanes, también llamados «Hombres de Medicina», son aquellas personas especiales —o «sagradas», como las definen los indios— que están en relación cons-

SOY UN WICASA WACAN: «UN HOMBRE DE MEDICINA»

Hombre de Medicina es la palabra de los blancos, no existe en el lenguaje indio. Desearía que hubiese palabras mejores para aclarar qué es un Hombre de Medicina, pero no sé encontrarlas, ni vosotros tampoco podríais hacerlo. Por lo tanto, deberéis contentaros con ella. Este término no cubre todos los significados distintos que vienen a la mente de un indio cuando dice Wicasa Wakan.

Nosotros tenemos diferentes nombres para diferentes personas que hacen cosas diferentes, mientras que vosotros las llamáis a todas con el mismo nombre. Nosotros tenemos al curandero: pejuta wicasa —que es el hombre de las hierbas—, aunque no cura sólo con las hierbas, ha de tener wakan, el poder de curar. Luego tenemos el yuwipi, el legado, el hombre de las piedras y de las pieles que curan. También hablamos de waayatan —el hombre de la visión que sabe decir antes acontecimientos que ocurrirán en el futuro, porque le ha sido concedido el poder de ver hacia delante—. Luego está el wapiya —el complotador, que vosotros podrías llamar brujo—. Si es un hombre bueno realiza un acto llamado waanazin, es decir, combate el malestar, extrae de vuestro cuerpo las cosas malas que han sido mandadas por un espíritu malvado. Por el contrario, si es una persona malvada causará enfermedades que sólo él podrá curar, pagándole. Otro tipo de hombre de medicina es el heyoka, el bufón sagrado que usa la fuerza del trueno para curar a algunas personas. Sin embargo, cuanto más pienso en ello, más convencido estoy: el verdadero Hombre de Medicina es el wicasa wacan —el hombre sagrado—. porque él sabe curar, hacer profecías, hablar a las hierbas, ordenar a las piedras, realizar una danza del Sol o incluso cambiar el tiempo. Pero él no concede una gran importancia a todo esto. En realidad son sólo pasos que ahora ya ha dejado a sus espaldas, porque ha conquistado el wakanya wowanyanke —la gran visión.

El wicasa wakan quiere estar solo, mantenerse lejos de las multitudes, de las preguntas de todos los días. Le gusta meditar, apoyarse en un árbol o en una roca y sentir que la tierra se mueve debajo de sus pies, notar el peso de aquel gran cielo llameante que tiene encima. Cerrando los ojos ve muchas cosas claramente. ¡Lo que cuenta es lo que se ve con los ojos cerrados! El wicasa wakan ama el silencio que lo envuelve como si fuera una manta, el silencio potente, de la voz de trueno, que le dice muchas cosas. A un hombre de este tipo le gusta estar en lugares donde no hay otro sonido que el zumbido de los insectos. Se sienta mirando al oeste y pide ayuda. Habla a las plantas y estas le responden. Escucha las voces de los wama kaskan —todos aquellos que se mueven en la tierra—, los animales. Él es uno con ellos. De todos los seres vivos algo fluye hacia él cada momento y algo emana de él. No sé dónde ni qué, pero es, lo sé. Este tipo de Hombre de Medicina no es ni bueno ni malo, vive, y esto es suficiente. El wicasa wakan es simplemente él mismo, tiene la libertad de un árbol o de un pájaro. La libertad puede ser bella o fea, pero no tiene mucha importancia. Creo que ser un Hombre de Medicina es un estado mental, una manera de mirar y de entender esta tierra, el significado de todo. Soy un Hombre de Medicina porque así me lo ha indicado un sueño, porque se me ha ordenado serlo, porque los ancianos me han ayudado a serlo. No hay nada que yo pueda hacer a propósito. Puedo curaros una enfermedad simplemente con agua pura y el efecto de mi visión —esto no ocurre siempre pero bastante a menudo.

Se puede llegar a ser Hombre de Medicina de varias maneras. Yo he llegado a serlo a través de una hanblequia, la búsqueda de la visión. Para encontrar la visión propia hay que dirigirse a la naturaleza. [...]

Supe que había nacido para convertirme en un Hombre de Medicina cuando en mi puesto, donde me encontraba para mi primera hanblequia, la búsqueda de la visión, oí un sonido que era el grito de un pájaro y comprendí su voz. Tenía dieciséis años y todavía llevaba mi nombre de chico, pero sabía que después de la primera prueba, después de haber tenido mi visión, me darían un nombre de hombre. Una cosa me preocupaba. Yo quería ser Hombre de Medicina como los blancos que van a la escuela. Un hombre sagrado anciano puede instruir sobre las hierbas y sobre la manera de llevar a cabo una ceremonia, pero todas estas cosas no son nada por ellas mismas. Sin la visión y el poder no sirven para nada. ¿Qué habría ocurrido si no hubiera tenido la visión? ¿Y si hubiese fallado? «Sabrás si te es dado el poder», había dicho mi tío.

Nosotros, los sioux, creemos que hay algo dentro de nosotros mismos que nos controla, como una segunda

> *persona*. Lo llamamos *nagi*, vosotros lo podéis llamar alma, espíritu, esencia. Uno no lo puede ver y sentir, pero aquella noche, solo en la colina y en mi puesto, supe que estaba dentro de mí. Y luego noté el poder que irrumpía en mi interior. Entonces supe de verdad que me convertiría en un *wicasa wakan*, un Hombre de Medicina, y lloré de alegría.
>
> Uno llega a ser un *wicasa wakan* aprendiendo el lenguaje secreto para hablar de cosas sagradas, trabajar con las piedras y las hierbas, y usar las pipas. Un Hombre de Medicina debe sentir la tierra, debe poder leerla como el hombre blanco lee un libro. Nuestra creencia está profundamente arraigada a nuestra tierra, no importa que la hayáis asfaltado, porque si olvidáis durante un año o dos todo aquel cemento, nuestras plantas, nuestras plantas indias, agrietarán el cemento y se alzarán hacia el cielo.
>
> No os he dicho todo sobre nuestras costumbres. Comprenderéis que de algunas cosas no se debe hablar. Hay cosas que deben permanecer en el secreto. Si todo se dijera, no habría misterio y los hombres no pueden vivir sin el misterio. ¡Lo necesitan!
>
> *(Traducción y adaptación de* Lame Deer a Sioux Medicine Man, *de John Fire Lame Deer y Richard Erdoes)*

tante con el Poder, y saben cómo mantenerlo fluido y vitalizador dentro y a su alrededor, en la naturaleza y en los otros seres humanos que acuden a ellos para recibir ayuda.

El chamán, «cargado» de este poder, que fluye vigorosamente en sus canales sutiles, puede compararse con una especie de campo energético muy potente, capaz de catalizar y dirigir todo el poder necesario para realizar curaciones o sortilegios. Le basta con una acción muy simple, como la de tomar entre sus manos unas piedrecitas cogidas del suelo y cargarlas con su energía según la intención por la que trabaje. Las piedrecitas se convertirán en potentes tótems, es decir, amuletos aliados del chamán. Este, después de haber acumulado en su interior el significado y la carga de su intención, transforma el objeto con el que ha entrado en contacto en un campo energético radiante, que continuará emanando la información energética hasta que haya modificado la realidad y haya cumplido lo que se le había encargado. Con su poder, o su carga energética, el chamán puede modificar la manifestación energética.

Esto se utiliza a menudo para las curaciones, por ejemplo, eliminando los bloqueos energéticos que no dejan fluir libremente la energía y provocan enfermedades y malestar.

Según la importancia de la acción que deba realizar, el chamán se conectará con el poder de la creación, requiriendo para sí el poder de las plantas, de los animales, de la tierra o de todos los universos del cielo.

Obtiene el Poder máximo cuando requiere a toda la creación, visible e invisible. Para hacerlo, extrae energía de todas las direcciones. De hecho, las diferentes manifestaciones energéticas del Poder se dividen, según sus características, en las distintas direcciones cardinales: 10 primarias —incluyendo el centro inferior y el superior— y 10 secundarias, que son las más sutiles y menos tangibles, y que se invocan sólo para acciones muy importantes. Simbólicamente estas direcciones están colocadas en lo que se llama la Rueda de la Medicina, un círculo en el que se encuentran todas las direcciones cardinales y subcardinales. A continuación, el chamán realiza la «cuenta de los 10», para invocar todas las energías de la creación en las 20 direcciones cardinales:

1. Este: Gran Padre Sol, la iluminación.
2. Oeste: Gran Madre Tierra, la introspección.
3. Sur: los Primeros Nacidos, todas las plantas, las emociones.
4. Norte: los Segundos Nacidos, todos los animales, la sabiduría.
5. Centro: los Terceros Nacidos, todos los seres humanos.
6. Sudeste: los Antepasados Espirituales, los conceptos.
7. Sudoeste: el Gran Sueño o la Vida Misma, la experiencia.
8. Noroeste: el Círculo de la Ley, las reglas.
9. Noreste: el Movimiento, las elecciones.
10. Centro: el Sagrado Intelecto.

11. Este: todos los soles y las estrellas del universo.
12. Oeste: todos los planetas y la vida humana.
13. Sur: el espíritu de todas las plantas.
14. Norte: el espíritu de todos los animales.
15. Centro: el alma de todos los seres humanos.
16. Sudeste: los avatares, los iluminados.
17. Sudoeste: los kaquinas que llevan las visiones y el sueño (el sentido espiritual).
18. Noroeste: los señores del karma, de la akasha, de la magia.
19. Noreste: los grandes budas, señores de la ciencia pura (las elecciones iluminadas).
20. Centro: el gran espíritu Wakan Tawka.

El poder se manifiesta de manera tangible y visible, representando la realidad cumplida, pero también a través de la energía del porvenir, es decir, la fuerza que crea y moldea el campo energético. Esta realidad invisible (poder), que a menudo los occidentales no reconocemos como verdadera, es real y tan enormemente viva como la visible y tangible.

Visible e invisible son las dos caras de la misma moneda, como la noche y el día, como la vida y la muerte. La una no concluye con la otra, sino que anticipa su llegada. La realidad es vivida en sentido circular, porque a cada fin, a cada muerte corresponde siempre un renacimiento, en un ciclo eterno que representa la respiración vital del universo.

La visión que los indios americanos tienen de la vida, o del Poder que se manifiesta en realidad invisible y visible, se expresa gráficamente con un círculo, dentro del cual se distribuyen las ocho direcciones cardinales, más las dos centrales que, con las características que se combinan con ellas, abrazan totalmente las dos realidades y su continuo devenir.

Este círculo y las diez direcciones primarias reciben el nombre de «Rueda de la Medicina», en la que está representada y dividida toda la realidad, y en la que se encuentran las respuestas a todas nuestras preguntas.

Puesto que el credo de los nativos no es abstracto, sino que refleja una cultura típicamente pragmática, cada cosa para ser aprendida tiene que ser vivida. La enseñanza es directa, sólo se aprende a través de la experiencia.

Sin embargo, cuando esto no es posible, se puede recurrir al aprendizaje a través de la participación en el ritual, es decir, en la representación, la escenificación de lo que se quiere aprender y experimentar, de manera que la experiencia se convierte en algo personal. Para poder ser entendida, la Rueda de Medicina, el gráfico donde están colocadas todas las direcciones, debe haber sido construida personalmente y posteriormente «recorrida». Este es el ritual para vivir y aprender las enseñanzas de la Rueda, del Poder que se manifiesta a través de la vida.

El Círculo de la Rueda de Medicina es el Universo. Es cambio, vida, muerte, nacimiento y aprendizaje. Esta gran logia es la logia de nuestros cuerpos, de nuestras mentes y de nuestros corazones. Es el círculo dentro del cual existen todas las cosas. El círculo es nuestro modo de tocar y experimentar la armonía con todas las cosas que nos rodean. Y para los que buscan la comprensión el círculo es su espejo. Este círculo es el árbol que reflorece.

(Todas las traducciones son de la autora de H. Storm, Seven Arrows*)*

La Rueda de Medicina es la representación de las fuerzas de la creación, que es vista como el resultado de la acción vivificadora de cuatro fuerzas naturales principales, las fuerzas de las cuatro direcciones cardinales.

El concepto no es nuevo. En nuestra tradición esotérica también se dividen las energías de la creación en las cuatro direcciones cardinales, y lo mismo sucede con la concepción astrológica del devenir de la vida. Aunque podemos ilustrar a nivel teórico el significado de las direcciones, sin embargo, para comprenderlas realmente se deben experimentar.

Entrar en contacto y sentir con el corazón significa experimentar. Mucha gente vive toda su vida sin entrar nunca en contacto ni ser tocada por nada. Son individuos que viven en un mundo mental y de pensamiento que, a veces, les puede llevar a la alegría, a las lágrimas, a la felicidad o al dolor. Pero no entran en contacto realmente. No viven y no son uno con la vida.

El ritual es lo que permite al nativo llegar a ser consciente de estas fuerzas que actúan en la creación, reconocerlas en la vida y convertirlas en experiencia. La danza del Sol es la representación de las fuerzas naturales de la Tierra y de uno mismo. La vida en su conjunto se considera una danza del Sol que el individuo debe recorrer para aprender y crecer. Danzando con la vida se recorre la Rueda de Medicina y se interacciona con las fuerzas de las cuatro direcciones, experimentándolas abiertamente.

A la vez que aprendemos cambiamos, y lo mismo ocurre con nuestro modo de percibir. Esta capacidad de percepción ampliada se convierte en un nuevo maestro que trabaja en nuestro interior.

Si nosotros aprendemos mentalmente el significado de las cuatro direcciones sin percibirlas realmente en nuestra vida, no habremos aprendido nada en absoluto, porque para nosotros las direcciones seguirán siendo solamente meros conceptos. Vivir la Rueda de Medicina es la única manera de entender cómo actúan las direcciones en nuestra vida, y así aprender a interaccionar con estas fuerzas sin ser superados por ellas.

Un individuo empieza su recorrido en la Rueda de Medicina desde cualquier punto que percibe. Para algunos será el norte, en la sabiduría. Para otros, el Sur, con la inocencia del corazón. Otros podrán tocar la Rueda de Medicina empezando por el Oeste, la introspección. Y otros podrán probar la Rueda empezando por el Este, la iluminación. Cualquier modo de percibir representa la Medicina de aquel individuo, cada uno de nosotros posee uno de estos dones iniciales. ¡Pero los seres humanos deben aprender a percibir las cuatro vías para llegar a ser enteros!

Como se ha visto, llegamos al mundo «tocando» una dirección, la que es más propia de nuestro carácter, pero en la vida tenemos el deber de completarnos, entrando en contacto directo con las cualidades de las otras direcciones.

Un individuo que posee sólo el don del Norte será sabio, pero frío, y carecerá de sentimientos. El individuo que vive sólo en el Este tendrá la visión clara y la perspectiva del Águila, pero nunca estará cerca de las cosas, se sentirá separado, lejos de la vida y pensará que nada podrá tocarlo nunca. Un hombre o una mujer que perciben sólo desde el Oeste seguirán reflexionando y se mantendrán en el mismo pensamiento, pero nunca lograrán decidirse. Y si una persona posee sólo el don del Sur verá todas las cosas con los ojos de un ratón: estará demasiado a ras de suelo y no podrá ver las cosas más cercanas, excepto las que estén justo delante de sus ojos y le pellizquen el bigote.

En la vida es importante completarse aprendiendo a recorrer toda la Rueda. El chamán acompaña al individuo para enseñarle a recorrer de la mejor manera posible las direcciones energéticas de la vida, de modo que pueda integrarlas y crecer «en belleza».

COAGULACIÓN

La coagulación, o fijación, es el segundo término del imperativo alquímico (*solve et coagula*).

Desde el punto de vista químico, consiste en la solidificación de una sustancia previamente reducida al estado fluido.

La característica de la coagulación es la solidez creciente de la unión de los compuestos, hasta el punto de que, a medida que prosigue el ciclo de soluciones y coagulaciones, puede resultar más difícil, mediante el fuego vulgar, separar de nuevo lo coagulado.

En esta operación, lo húmedo se convierte en seco.

CONSERVACIÓN

Segundo principio dinámico de la alquimia. Se produce a través de los mismos componentes que intervienen en la generación, con el añadido del metabolismo, que puede ser interpretado como un movimiento doble:

— absorción de sustancias externas (nutrición). La nutrición, que procede del alimento, es tanto de tipo espiritual, que se considera más pura (es la absorción directa del espíritu universal presente en todas las cosas), como de tipo simplemente corporal;

— expulsión de sustancias que deben ser eliminadas (eliminación).

COSAS ELEMENTALES

Los cuatro elementos de la tradición alquímica (fuego, aire, agua y tierra) deben ser entendidos como una conmixtión de alma espiritual y cuerpo material.

En cuanto tales, pueden dar vida tanto a seres puros y sutiles, como las inteligencias angelicales (a partir de los elementos más sutiles), o a elementos materiales, corporales en su envoltorio externo y espirituales por dentro, como los tres principios básicos de la naturaleza (sal, azufre y mercurio), que tienen una importancia primordial en la actividad del laboratorio de alquimia. Estos tres principios deben estar bien proporcionados para poder producir una sustancia duradera. Si la proporción no es óptima, se origina una sustancia que perecerá.

Según el pensamiento tradicional, a estos tres principios se les asigna otra tripartición análoga: la sal se identifica con el cuerpo, el mercurio, con el espíritu y el azufre, con el alma. Esto nos permite entender qué se quiere decir cuando se afirma que el azufre sería la sustancia que liga estos dos elementos contrarios. En efecto, dando un salto en la analogía, el alma sería lo que uniría a los dos contrarios, el cuerpo y el espíritu, llevándolos a una sola esencia.

El vínculo que existe entre los tres principios, constituyentes fundamentales de la materia, es dinámico: los tres principios influyen unos en otros y al desplazar el equilibrio se pueden obtener distintas salidas, modificando la propia materia.

En el hombre, un microcosmos que responde al macrocosmos, se produce una función importante. Si el mercurio es el espíritu y la sal el cuerpo, el hombre, unión de espíritu y cuerpo, es análogo al azufre, que participa en parte de la naturaleza de los dos otros principios.

Al igual que el azufre, el hombre también podrá intervenir mediante su capacidad energética propia (bioenergía y magnetismo) y podrá actuar de enlace entre la estructura etérea de la materia (sal) y la energía cósmica (mercurio), catalizando esta última para la transformación de los cuerpos.

COSMOGONÍA

Con el término *cosmogonía* se entiende la creación del universo, obra de los dioses o de un Dios único y omnipotente.

Cada civilización ha dado respuestas diferentes al misterio de la creación, que Mircea Eliade resume en la obra *From Primitives to Zen*, una amplia antología ideada por el estudioso rumano.

Los mitos de la creación pueden dividirse en cuatro tipologías principales:

— creación desde la nada: un ser superior crea el mundo con el pensamiento, la palabra, calentándose, etc.;

— motivo del nadador: un dios envía unos pájaros acuáticos o animales anfibios, o bien nada en persona hasta la superficie del océano primitivo para llevar una pequeña parte de tierra a partir de la cual se crea la Tierra;

— creación dividiendo en dos una Unidad primitiva, con tres variantes: separación del Cielo y la Tierra, es decir, de los padres del mundo; separación de una masa original amorfa, el caos, o división en dos de un huevo cosmogónico;

— creación mediante desmembramiento de un ser primitivo: una víctima voluntaria antropomórfica o un monstruo acuático vencido después de una terrible batalla.

En los ritos que pretenden representar la creación del mundo encontramos las bases principales para la comprensión de la mentalidad mágica.

Para poder actuar mágicamente es necesario alcanzar la dimensión de los dioses, donde el espacio y el tiempo son sagrados y donde se intercepta la energía divina antes de que esta se transforme en la multiplicidad de las cosas y de los acontecimientos.

Además, los dioses y los héroes fueron los que dispensaron al hombre el conocimiento superior, mágico y divino, necesario para la práctica mágica.

Es imprescindible tener conocimientos etnológicos y de antropología cultural para entender cómo y por qué los antiguos creían que el pensamiento mágico tenía una razón de ser y podía operar.

La práctica de la magia se basa en algunos de los conceptos a los que hace referencia el alquimista e, incluso cuando no depende directamente de ellos en el laboratorio alquímico, utiliza su lenguaje simbólico.

LA TRADICIÓN ESCANDINAVA

Los pueblos escandinavos han dejado un documento muy importante, llamado *Voluspa*, escrito en norreno (un antiguo idioma nórdico muy parecido al islandés actual). Este texto de la literatura nórdica antigua aparece en el *Edda*, un manual de prosodia y métrica, rico en informaciones preciosas sobre la antigua religión escandinava.

La obra se atribuye a Snorri Sturluson, uno de los principales escritores escandinavos que vivió entre los siglos XII y XIII.

Probablemente el *Voluspa* fue escrito en el momento en que se pasó del paganismo al cristianismo, alrededor del año 1000. En él se cuenta el origen del mundo según la mitología nórdica.

> Hubo un tiempo remoto
> en que nada era,
> ni arena ni mar
> ni gélidas olas.
> La tierra no era
> y el cielo tampoco,
> sólo abismo profundo,
> y no había hierba.
>
> (*Voluspa*, 2.ª estrofa)

LA TRADICIÓN MAYA

La población de los mayas quiché ha transmitido la obra *Popol Vuh* (literalmente «Hojas escritas»), que se considera la biblia de los mayas quiché.

Fue escrita pocos años después de la colonización (la lista de los reyes llega hasta el año 1550), probablemente por un maya quiché de Guatemala que estaba del lado de los nuevos dominadores.

El *Popol Vuh* está escrito en el idioma quiché, pero en caracteres latinos, y a lo largo de los siglos ha sido traducido en varias ocasiones al español. En él se narran mitos, creencias, historias religiosas del pueblo maya quiché.

Al principio sólo existían el cielo y el mar, todavía no existía la tierra ni ningún ser vivo. La característica de esta dimensión era la ausencia absoluta de movimiento o ruido, la oscuridad total. La única luz existente era la emanada por los Antepasados Creadores, las divinidades primordiales Tepeu y Gucumatz, en las profundidades de las aguas. Del encuentro de Tepeu y Gucumatz surgió la primera palabra, fruto de los pensamientos de las dos divinidades, que se pusieron de acuerdo en crear la vida y al hombre.

LA TRADICIÓN JUDEOCRISTIANA

Todos conocemos las narraciones sobre la creación que aparecen en la Biblia y tienen una importancia fundamental en la evolución del lenguaje esotérico de la civilización judeocristiana.

En el primer capítulo del Génesis aparece el texto quizá más significativo del mito de la creación.

Sin embargo, más allá de la interpretación teológica que la Sinagoga y las Iglesias cristianas pueden dar a estos fragmentos, es importante destacar que la acción de la divinidad que se representa en este texto muestra grandes parecidos con la acción de un mago que, utilizando la fuerza de la palabra, hace ser a las cosas y crea la forma de relacionarlas, obteniendo un resultado que le resulta satisfactorio.

Ya hemos visto que la palabra tiene una importancia destacada en los mitos de la creación. La encontramos en los mayas quiché, en las *Upanishad* indias y en muchas otras tradiciones.

Es importante recordar la dimensión vibratoria de la palabra, es decir, su característica física: las vibraciones sonoras mueven el aire y son capaces de iniciar distintas acciones físicas, como la resonancia o la interferencia.

En las sociedades primitivas, el mago imita, a través de rituales o ceremonias religiosas, la acción de los dioses, repitiendo su acción primordial y creando así un espacio/tiempo sagrado donde puede tener efecto la obra de magia.

Además, intenta, por medio de la adivinación (por ejemplo, a través de la astrología), saber cuáles son las voluntades de los dioses, para actuar de forma correcta.

LA TRADICIÓN GRIEGA

El texto sobre el origen de los dioses griegos que, por su antigüedad, se considera normalmente la base de los mitos posteriores es la *Teogonía* de Hesíodo, escrita por el poeta de Beocia a finales del siglo VIII a. de C.

Como indica su nombre, la obra es la historia del origen de las divinidades y de sus vínculos de descendencia.

Probablemente Hesíodo bebió de la rica tradición mitológica que existía antes (en parte distinta de la homérica), cuyo origen primero quizá debe buscarse en algunos mitos de Oriente Próximo, a través de la cultura hitita.

Hesíodo propone una visión del origen de los dioses que también es una interpretación del origen del mundo. Los dioses son «hipóstasis y personificaciones de la realidad» (de la introducción a la *Teogonía* de Hesíodo, de G. Arrighetti).

La tradición griega más tardía también recuerda otras cosmogonías parcialmente distintas, como una, muy antigua, según la cual la realidad se encontraba al principio en un estado indistinto, en forma de aire oscuro y ventoso que, con el tiempo, dio origen a las cosas.

Hesíodo también narra la leyenda de Urano, que impidió que Gea procreara,

Imágenes cosmogónicas de la tradición cristiana. Werner Rolevinck, *Fasciculus temporum omnes antiquorum chronicas a creatione mundi*, Venecia, 1484 (BNF/G)

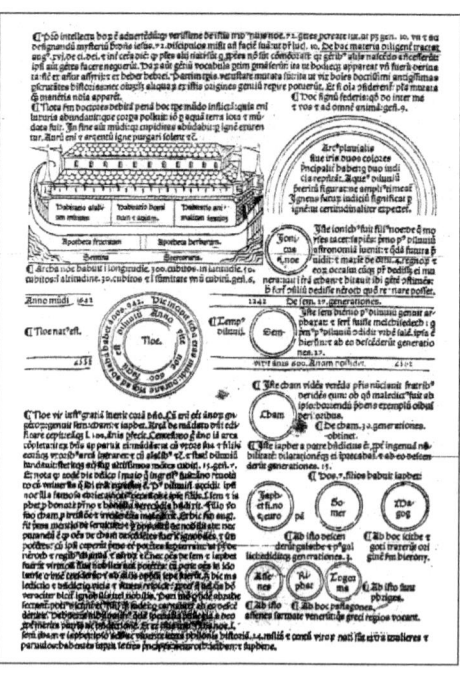

Estructura del arca de Noé. Werner Rolevinck, *Fasciculus temporum omnes antiquorum chronicas a creatione mundi*, Venecia, 1484 (BNF/G)

reintroduciéndole en sus adentros los hijos que había alumbrado: una imagen potente de un estado original indistinto, en el que el cielo y la tierra estaban fundidos y era difícil que las cosas se originaran.

La repetición de las actividades primordiales de los dioses, mediante una representación sagrada adecuada, permitía sacralizar un acontecimiento, como la fundación de una ciudad o la construcción de un templo, ubicándolos en el centro de la situación representada e infundiéndoles la dimensión espaciotemporal sagrada.

LA TRADICIÓN BABILONIA

La obra fundamental del pensamiento religioso babilonio es *Enuma Elish* (literalmente, «Cuando en alto...», que da inicio al poema). Cuando fue compuesta, en el primer milenio antes de Cristo, sustituyó a las anteriores tradiciones sumeras y asirias como libro sagrado, lo cual implicó una revolución: la sustitución de los dioses principales de las ciudades dominantes (como Enlil, Enki, etc.) por la divinidad primera de Babilonia, Marduk, y ello sin variar el panorama global del rico panteón sumerio-asirio-babilonio y conservando la mayor parte de las antiguas tradiciones y usanzas.

El *Enuma Elish* se recitaba íntegramente y se representaba durante la gran fiesta del Nuevo Año.

El mito empieza con la descripción de las aguas primitivas antes de que se diera un nombre al cielo y a la tierra. Las aguas entremezcladas representaban a Apsu y Tiamat, las divinidades de cuyo seno nacieron todos los dioses.

Es significativo el valor simbólico de Apsu y Tiamat: el primero, además de ser el consorte Tiamat, también es un lugar subterráneo inundado por aguas dulces; Tiamat, la diosa primordial, además de identificarse con las aguas saladas, representa el caos primitivo.

A partir de la muerte de Tiamat se crea el mundo y a partir de la muerte de una de sus divinidades ayudantes se origina el hombre, formado por tierra y sangre de la divinidad muerta, y animado por el esputo de todos los dioses.

Desde el punto de vista filosófico vemos que Apsu es el principio originario masculino, y Tiamat, el femenino, los cuales mezclando sus aguas en los orígenes indican que los dos principios son diferentes, pero están unidos. Además, son principios dinámicos (las aguas están en constante movimiento y pueden adoptar muchas formas).

LA TRADICIÓN EGIPCIA

La tradición egipcia es muy importante para la evolución del pensamiento esotérico a lo largo de la historia.

En Egipto, este papel de transmisión de los conocimientos ya se reconocía desde antiguo, como prueba la obra del escritor griego Plutarco *Isis y Osiris*, donde se cuenta que muchos filósofos griegos habían acudido a Egipto, entre ellos Solón, Tales, Platón, Eudoso, Pitágoras y Licurgo.

Las diferentes cosmogonías del antiguo Egipto están ligadas a las respectivas teogonías (origen de los dioses); las más significativas son la heliopolitana, la menfita y la hermopolita.

La eneada heliopolitana
En el origen de todas las cosas creadas hay un conjunto de nueve divinidades *(enneade)* que se pueden dividir en dos grupos: uno, probablemente primordial, compuesto por el dios Atum, sus hijos Shu y Tefnut, y los hijos de estos Nut y Geb, y otro, incluido posteriormente, compuesto por los hijos de Nut y Geb: Osiris, Isis, Seth y Nefti.

El dios Atum (Totalidad), dios solar, es el demiurgo que creó el mundo. Surgido de la flor de loto que apareció junto con el montoncito de tierra originaria emergido de las aguas de la nada indistinta (las aguas primitivas, llamadas Nun, identificables con el caos de los orígenes o con una dimensión de la no existencia), Atum lleva dentro de sí todas las cosas, todas las criaturas o acontecimientos en potencia.

De su semilla nacen Shu (Vacío), el dios del Aire, y Tefnut, la Humedad. Así se sientan las bases mitológicas de lo seco y lo húmedo, dos principios básicos de la física antigua. Al igual que Shu es el dios del aire en este mundo, Tefnut es el aire en el más allá.

Shu y Tefnut generan a Geb y Nut. Geb es el dios Tierra, el principio masculino, y Nut es la diosa Cielo, el principio femenino, a diferencia de lo que ocurre en otras mitologías, donde la Tierra es el principio femenino pasivo y el Cielo el principio masculino activo.

Nut se representa en forma de mujer de largos brazos y piernas, con una disposición corporal en forma de bóveda, que representa la bóveda celeste. A menudo, aparecen pintadas las estrellas encima de ella. Debajo, en el suelo, está estirado su esposo, Geb. Después de haber generado a cuatro hijos, se interpone entre ellos Shu, que se representa sosteniendo a la hija con los brazos (el aire separa la tierra y el cielo, y es un principio tangible, que contribuye a regir el cosmos).

Más allá del cielo representado por Nut, están las aguas del caos primitivo (Nun), que se retiraron después de la creación, pero no desaparecieron y continúan influyendo en ella.

Durante el día, el dios solar navega bajo el cuerpo de Nut y durante la noche entra dentro del cuerpo de la diosa del Cielo, lo atraviesa y es parido al alba siguiente.

En este momento de la representación cosmológica se necesita un punto de equilibrio que pueda renovar el sistema cíclico de la vida y la muerte y, al mismo tiempo, combata el caos y el desorden para conservar el equilibrio cósmico. Con este fin, a partir de la dinastía V, hicieron su aparición el dios Osiris y sus hermanos, que fueron asociados a las divinidades que ya existían antes.

La teología menfita
Ptah es el dios de Menfis, capital del antiguo Egipto. En esta ciudad, durante el Nuevo Reinado, había un templo, llamado Palacio de Ka de Ptah (el mismo nombre de la región de Menfis), que según los griegos había originado el nombre *Egipto* (Aiguptos de Hewet-Ka-Ptah).

A diferencia de la teología heliopolitana, la menfita considera a Ptah el origen de toda la creación, formada por el dios con el entendimiento y la palabra.

Dos son los principios clave: el espiritual e intelectual, que es básico en la creación, y el material, constituido por la divinidad Ta-Tenen (la Tierra Distinguible, separada del caos de las aguas primitivas simbolizadas por Nun), con la cual el dios se identificó a partir del siglo XIII a. de C. Ta-Tenen es el primer cúmulo de tierra surgido de las aguas. A lo largo del tiempo, Ptah fue adquiriendo atributos que lo convirtieron en una divinidad mixta (principio creador y materia básica con la que se procede a la creación). Él sería el origen de todos los otros dioses y de todas las cosas, que creó únicamente con la fuerza de la palabra.

La teología hermopolita
La ciudad de Hermópolis, que los griegos bautizaron así porque estaba asociada al dios Thot, identificado con Hermes, hoy en día se conoce como Al-Ashmunein y se encuentra en el Medio Egipto. Antiguamente se llamaba Khemmu, un término que significa «ocho ciudades». El número ocho es muy importante porque está asociado a las ocho divinidades primitivas de las que surgieron todas las cosas.

Según la teología de Hermópolis, al principio existía una materia sutil cósmica en la que actuaban ocho principios: cuatro parejas de divinidades (las masculinas eran ranas y las femeninas serpientes), que se interrelacionaban de forma equilibrada. Se trataba de Un y su consorte Haunet, Heh y Hauhet, Keke y Kauket, y por último Amón y Amaunet.

En un determinado momento se produjo un desequilibrio energético entre las divinidades, que entraron en contacto entre sí, originando una gran explosión. De esta nació una montañita de tierra y con ella el Sol, por lo cual la tierra fue llamada Isla de Llama (posteriormente identificada con Hermópolis).

Según esta teogonía, las ocho divinidades *(ogdoade)* son precedentes de la eneada de Heliópolis, y de su acción habría surgido el cosmos y el propio Atum.

Posteriormente, el dios Amón y su consorte emigraron a Menfis, mientras que las otras divinidades, quizá porque no aceptaron el nuevo universo que se había creado, se mantuvieron aparte.

DEMONIOS

Originariamente eran divinidades menores, por lo general ligadas a la otra dimensión o colocadas en un pasado mítico, y caracterizadas por tener poderes sobrehumanos derivados de su origen espiritual o de alguna forma de asociación con las divinidades mayores.

El término *demonio* es de origen griego (*daimon* y *daimonion*) y puede significar fuerza divina (*numen* latino), divinidad de rango menor o espíritu maligno.

Literalmente, *daimon* es «aquel que atribuye un destino», y en este sentido es sinónimo de *dios (theos)*. Puede entenderse como «destino» de cada individuo.

El adjetivo que se deriva *(dainonios)* está asociado siempre a algo milagroso, divino.

Según las distintas religiones y culturas, los demonios adoptan aspectos y connotaciones diferentes. Para el budismo tibetano pueden ser los fantasmas del alma en el momento del traspaso, ilusorios de los pensamientos y de las manifestaciones sensibles de la existencia.

Según los egipcios eran los servidores de las divinidades mayores, de quienes ejecutaban las órdenes, como la terrible diosa Ammit, con el cuerpo de hipopótamo y la cabeza de cocodrilo.

Para las poblaciones primitivas pueden ser los habitantes ocultos del bosque o del desierto. Antiguamente se representaban como seres alados, con aspecto animal, a veces parecidos a las sirenas, vampiros alados con patas de pájaro, o bien, cuando no tenían una connotación negativa, con aspecto más parecido al humano.

Este es el caso de los *ginn*, criaturas humanoides, pero de comportamiento a veces diabólico (la tradición dice que no hay que fiarse nunca de los *ginn* porque podrían volver loco a un hombre), que viven en el desierto. De ellos habla el Corán y son aceptados por la fe de los musulmanes.

Los demonios se identifican cada vez más con los espíritus de la naturaleza, o bien con entidades intermedias entre los dioses y los hombres (es el caso de los gigantes y los elfos de las religiones nórdicas).

LOS DEMONIOS EN LAS ANTIGUAS CIVILIZACIONES DE ORIENTE PRÓXIMO

La civilización sumera y la asiriobabilonia que absorbió su savia originaria presentan a los demonios como guardianes de lugares o les otorgan la función de ayudantes de las divinidades mayores.

Por lo que respecta a los demonios ligados a la custodia de lugares, son importantes los que encontramos en el mundo de los Infiernos, como Allukhappu, con cabeza de león, cuatro manos y cuatro pies; los porteros que custodian las puertas del reino infernal; y Khumbaba, el monstruo que monta guardia en el bosque sagrado del Líbano, recordado en el *Poema de Gilgamesh*, el héroe en busca de la planta de la inmortalidad.

Otros demonios son Lamashtu y Lillu, padre de Gilgamesh. Uno de los demonios que ayuda a los dioses, especialmente en la guerra, es Hydra, un ser salvaje creado por Tiamat para enfrentarse a Marduk.

EL DEMONIO EN LA VISIÓN CRISTIANA

Con la difusión del cristianismo, los demonios pasaron a identificarse con los dioses paganos, debido a una regla según la cual un dios que entra a formar parte de una religión nueva, si no es absorbido en el panteón de esta, se convierte automáticamente en un demonio enemigo.

Sin embargo, el cristianismo introduce un factor de novedad en la tradición hebraica y en la demonología antigua: por vez primera, el diablo (mentiroso, tentador, separador) aparece representado como una clara entidad personificada y orientada hacia el mal, la mentira, la destrucción del hombre y del mundo, la lucha contra Dios.

En el Antiguo Testamento el diablo aparece de varios modos, por ejemplo bajo la apariencia de un abogado acusador que intenta demostrar que el hombre no se merece la gran consideración que Dios le tiene.

Un episodio típico es aquel en que se ve cómo el diablo (Satanás) intenta desacreditar a Júpiter ante Dios.

Los Padres de la Iglesia y, posteriormente, toda la Iglesia consideraron que la serpiente de la tentación fue uno de los diablos de la corte de Lucifer. Efectivamente la serpiente actúa con una forma de tentación que encaja en las características que posteriormente se atribuyeron al demonio. Lo que propuso al hombre fue cometer el mismo pecado que llevó a los ángeles a la caída: ser como Dios, ocupar su lugar, discerniendo el bien del mal, una prerrogativa exclusivamente divina.

Causas de la caída de los ángeles
Dado que nos situamos en un estado en que el tiempo no existía y la creación se encontraba en su fase inicial, no se puede saber lo que ocurrió exactamente ni las causas de la caída. Según la tradición cristiana los motivos fueron varios:

— un grupo de ángeles, guiado por Lucifer, cree que puede actuar con independencia de Dios, comportándose como Él, y se revela. La rebelión de un espíritu puro comporta su caída inmediata y la irreversibilidad de la elección. Un ángel que ha pecado ya no puede volver atrás, a diferencia de lo que le ocurre al hombre que, siendo alma y cuerpo, es más débil y puede volver sobre sus pasos;
— los propios ángeles, al enterarse de la intención de Dios de crear al hombre, sienten celos de una criatura tan débil, pero tan amada por el Creador, y se rebelan.

Comportamiento de los demonios
En la tradición antigua es muy importante la *Vida de Antonio*, escrita en el siglo IV por Anastasio, en la que se narra la vida y las enseñanzas de San Antonio, que vivió en el desierto egipcio.

Muchas páginas de esta obra están dedicadas a la lucha de San Antonio contra los demonios, que no son la personificación de luchas internas, sino verdaderas entidades enfurecidas contra el monje, a las que este combatió duramente. Los demonios aparecen en forma de soldados, seres repugnantes, mujeres seductoras, falsos ángeles, con el objetivo de atentar contra la vida de elevación mística y castidad del santo. Los enfrentamientos son terribles (y recuerdan las luchas llevadas a cabo el siglo pasado por el Padre Pío), pero los demonios, al final, siempre son ahuyentados gracias a la fuerza de la oración.

Este texto, que tuvo una extraordinaria difusión en todo el mundo cristiano, constituye la base de las opiniones posteriores sobre los demonios y el punto de partida de numerosas obras iconográficas sobre el tema de la tentación. Los demonios que aparecen en ellas no pueden doblegar al hombre si este es fuerte, ya que el individuo puede aceptar o rechazar los halagos y las seducciones, ante lo cual los demonios están obligados a retirarse.

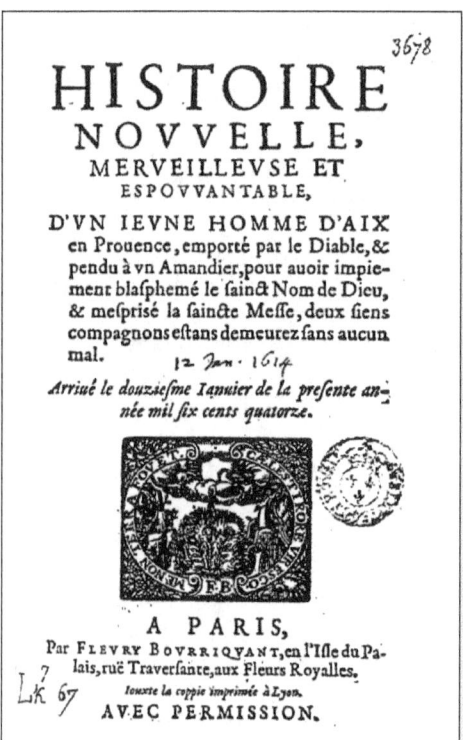

En las primeras décadas del siglo XVII aparecen en Francia numerosas historias de posesiones diabólicas. Historia Nueva, Maravillosa y Espantosa de un joven de Aix-en-Provence capturado por el diablo y ahorcado en un almendro, *París/Lyon, 1614 (BNF/G)*

DESTILACIÓN

En alquimia el término *destilación* significa a menudo imbibición (incorporación de

Antigua imagen que reproduce un templo egipcio según la descripción hecha por Strabone (BNF/G)

sustancia líquida a una sustancia tratada), o bien, sobre todo en la espagiria, un papel importante de purificación. En general, la importancia de la destilación consiste en la capacidad de hacer volátiles determinadas características de una sustancia. El resultado de las repetidas destilaciones de un mineral disuelto en agua será una marcada fijación de las propiedades de dicho mineral, que habrán comunicado al agua su mensaje vibratorio específico.

Cuanto mayores sean las destilaciones, más precisa será la transmisión del mensaje, porque en cada paso se pierde parte de las impurezas.

DESTRUCCIÓN

Modificación sustancial de las características químicas y físicas de un cuerpo.

Según el pensamiento tradicional, la destrucción se produce de diferentes maneras.

En primer lugar, mediante la disolución, que puede ser violenta (herida, caída, rotura), delicada (en este caso procede por inflamación o corrosión) o dulce, que es la decadencia y la transformación lenta que se producen normalmente por vía natural.

En segundo lugar, mediante la coagulación, que es el fruto de la evaporación o de la disección de los espíritus y los vapores.

EGIPTO

Egipto constituye un paso obligado para todos los estudios del esoterismo. Lo fue antiguamente y lo es todavía hoy.

El motivo es simple: durante más de 3.000 años de existencia, la civilización egipcia trató todos los temas relacionados con el conocimiento y elaboró una serie de técnicas de importancia notable, tanto desde el punto de vista de la meditación como de la manipulación de la materia. Y todo ello sin perder nunca de vista el planteamiento mágico y religioso característico de su pensamiento.

Ejemplos típicos son la momificación y las técnicas mágicas y religiosas relacionadas con la sepultura y el culto de los difuntos *(véase Obras: Libro de los Muertos)*.

Creyendo que el organismo humano en vida era una unidad indivisible, pero que después de la muerte se dividía en cinco entidades diferentes (alma sobrenatural, sombra, nombre, ba y ka), los egipcios buscaron la manera de conservar el mayor tiempo posible los dos elementos más característicos del cuerpo físico, el ba, o fantasma, y el ka, o principio energético, mediante técnicas de conservación del cuerpo físico y de alimentación, efectiva o simbólica, de la estatua del difunto o de sus restos, mortales y espirituales.

Todos los esoteristas han de atravesar el río del conocimiento de la pluralidad de los cuerpos de cada individuo, comparable a la distinción de origen oriental entre el cuerpo físico y los cuerpos sutil, etéreo, astral y mental.

Probablemente las técnicas ideadas por los egipcios, basadas en la utilización de las energías captadas, dirigidas y absorbidas por estructuras arquitectónicas concretas (por ejemplo, las pirámides), podían ser utilizadas tanto por un solo individuo, en un intento de entender la pluralidad dimensional del hombre, como por ciertas castas (la sacerdotal u otras especializadas en determinados oficios o artes).

LA INICIACIÓN

Otro aspecto del mundo egipcio que ha tenido una gran importancia en la evolución del esoterismo es el concepto de iniciación que, pese a ser muy antiguo, aparece documentado a partir de entonces.

Muchos todavía son reacios a aceptar la presencia de rituales iniciáticos en el antiguo Egipto, ya que los primeros testimonios directos datan de los primeros años de nuestra era. Sin embargo, existen numerosos indicios que nos llevan a pensar que este tipo de rituales ya existían en las épocas más arcaicas de esta civilización.

Un tercer aspecto heredado del esoterismo egipcio son las técnicas de aprendizaje iniciático que se empleaban en los templos. Aunque no disponemos de descripciones explícitas, podemos hacer referencia a Pitágoras y su escuela, impregnada de las enseñanzas que el maestro había adquirido en los 22 años que estuvo en los templos egipcios *(véase Autores: Pitágoras)*.

Otro concepto interesante es el de fuerza única, entendida como el principio energético universal que está en la base de cualquier operación mágica. Interesan asimismo las técnicas ideadas por los artesanos, especialmente los herreros o los de oficios relacionados con la materia.

Un elemento relevante, transmitido desde Egipto a las tradiciones esotéricas posteriores, es el vasto patrimonio mitológico y religioso propio de todas las épocas de esta civilización, desde la más antigua hasta la griega y la romana, y del que beberán casi todos los esoteristas occidentales *(véase Temas: Misterios)*.

EL MITO DE ISIS Y OSIRIS

El paso de las divinidades primitivas del antiguo Egipto a Isis, Osiris, Seth y Nefti resulta esencial dentro del mito de la realeza.

En la Antigüedad, varias divinidades se sucedieron en el trono de Egipto: la última fue Geb, que cedió el trono a Osiris, su hijo primogénito. Este, nacido en Rosetau, cerca de Menfis, se casó con su hermana Isis, y juntos gobernaron Egipto, inaugurando una verdadera Edad de Oro. Gracias a sus poderes, mantenían a raya la amenaza de Nun (las aguas primitivas, el caos).

Sin embargo, la soberanía de Osiris se vio amenazada por su hermano Seth, que logró herirlo de muerte mientras se encontraba en el Nilo, en las proximidades de Abido. De este modo usurpó el trono de Osiris, y reinó en el país con su esposa y hermana Nefti.

No obstante, Isis no se dio por vencida. Recogió los restos de su marido y, gracias a sus artes mágicas, le devolvió la vida el tiempo necesario para concebir un hijo, Horus, que le vengaría. Después de este acto, Osiris resurgió en otra dimensión, en el Reino de los Muertos, del que se convirtió en soberano.

En Kemris Isis dio a luz a Horus, y lo escondió en un lago de papiros. El joven dios-halcón fue desarrollando su fuerza y destreza hasta que estuvo preparado para luchar contra Seth y pedir justicia a los otros dioses, para que se respetara su derecho de sucesión.

Después de una larga contienda se le reconocieron sus derechos, y se convirtió en el soberano de Egipto.

Desde el principio, la figura de Isis aparece con su principal connotación, la de gran maga. Esta narración forma parte de numerosas tradiciones que o bien se limitan a reproducir la trama simple y descarnada de algunos documentos que citan testimonios muy antiguos (probablemente de la dinastía V), o bien constituyen una obra novelada, ya en épocas posteriores.

Uno de los documentos más importantes por su grado de fidelidad a las tradiciones antiguas es el Obelisco de Chabaka, faraón de los siglos VIII y VII a. de C., que hizo copiar sobre piedra los restos de un antiguo manuscrito parcialmente destruido por los gusanos. En este texto el juicio final fue emitido por Geb, quien, después de haber asignado el Alto Egipto a Seth y el Bajo Egipto a Horus, se arrepintió y adjudicó todo Egipto a Horus.

Otros documentos presentan aspectos específicos del mito. Así, por ejemplo, en un drama mitológico extraído de los *Textos de los Sarcófagos* (Primer periodo intermedio / Reinado Medio), que podríamos llamar *El lamento de Isis*, la diosa, sorprendida por un huracán, se despierta y, temiendo por la vida del hijo que lleva en el vientre, pide ayuda a los dioses. Le responde Atum. A continuación, se produce un cambio de escena y vemos a Horus conversando con Atum.

El Papiro Chester Beatty I, que se conserva en el museo de Dublín, cuenta el episodio con abundantes detalles, incluso cómicos y violentos (a veces incluso vulgares), y describe con precisión las dificultades que debió afrontar Horus antes de que sus derechos fuesen reconocidos. En este caso, preside la asamblea de los dioses el dios solar Ra, que parece más partidario de dar la razón a Seth. Sin embargo, finalmente, después de muchas peripecias, los derechos de Horus acaban siendo reconocidos.

Otros textos de la época tardía sobre el culto de Horus a Edfu (probablemente de la época tolemaica) son dramas sagrados en los que se celebra la victoria de Horus sobre Seth, representado este último como un hipopótamo al que el dios-halcón ataca con sus garras. Constituyen verdaderos dramas en los que participan varios personajes: el dios Thot, coros de personas, la lanza del dios personificada, Isis, los hijos de los habitantes del lago, los dioses del cielo y otros más.

El mito de Isis y Osiris según Plutarco

Plutarco es un historiador griego que vivió entre los años 47 y 127 d. de C.

Hijo de una familia acomodada, estudió en Atenas y realizó algunos encargos diplomáticos en Roma. Fue nombrado sacerdote en Delfos, y se interesó por la cultura egipcia, sobre la cual escribió en la obra *Isis y Osiris*.

En el inicio de la obra se describe la gran aportación de Osiris a la civilización de los primeros egipcios. Viajaba por todas partes, armado exclusivamente con la fuerza de la persuasión y con su canto. Enseñaba técnicas de cultivo, el respeto de las leyes y el culto de los dioses.

A la vuelta de sus viajes, su hermano Seth (a quien Plutarco llama Tifón) urdió una conspiración contra él con la ayuda de 72 cómplices y de la reina de Etiopía. Utilizando las medidas de Osiris, construyó un arca espléndida y la llevó a la sala del banquete.

Mientras todos los presentes admiraban el arca, Seth prometió regalarla a la persona que cupiera en ella. Todos lo intentaron en vano, salvo Osiris, que encajó perfectamente. En cuanto este entró, los conjurados se abalanzaron sobre el arca y cerraron la tapa, con Osiris dentro. Luego la lanzaron al río para que la llevase hasta el mar.

Los poetas y los panegiristas de la región de Kemnis informados de la situación se la comunicaron a Isis, quien, desesperada, se cortó una trenza y se vistió de luto. Inició una larga peregrinación en busca del amado, preguntando a las personas que encontraba en su camino. Unos niños le mostraron el lugar donde los conjurados de Seth habían lanzado el arca al agua.

Mientras tanto Isis fue a buscar al hijo que Osiris había tenido de su hermana Nefti. Cuando lo encontró, lo crió y lo convirtió en su guarda.

Isis descubrió finalmente que el arca, transportada por las olas, había llegado a

Biblos y se había detenido en un prado de brezo. Este, como por arte de magia, había crecido hasta convertirse en una gran mata que escondía totalmente el ataúd de Osiris.

El rey del lugar ordenó cortar la planta y la utilizó de columna para sostener el techo de su casa. Al enterarse de esto, Isis, que había viajado a Biblos, se sentó junto a una fuente y empezó a llorar su desgracia. Habló con las doncellas de la reina, a las cuales trenzaba el cabello.

La reina se apiadó de ella, la hospedó en su casa y le encargó alimentar al príncipe. Isis, con el deseo de que el pequeño fuese inmortal, lo envolvió en llamas para consumir su cuerpo mortal. Sin embargo, la madre, viendo lo que ocurría, empezó a gritar horrorizada, anulando así el encantamiento e impidiendo que el niño conquistara la vida eterna.

Entonces la diosa se hizo visible, sacó el arca del tronco y se la llevó en su viaje. Al llegar a un lugar seguro, abrió el ataúd y lloró sobre el rostro de su amado. Luego escondió el arca y se dirigió a casa de su hijo Horus (que según esta versión ya había nacido, y, por lo tanto, no fue generado por Isis y Osiris resucitado).

El hermano Seth, en el transcurso de una cacería nocturna, descubrió el ataúd y cortó el cuerpo de Osiris en 14 trozos, que luego esparció. Isis volvió a viajar en busca de los trozos de su marido. A medida que los iba encontrando, construía una tumba para guardarlos. Los encontró todos menos el miembro viril, que fue devorado por los peces. En su lugar, la diosa-maga construyó uno artificial y lo sacralizó.

La historia concluye con la intervención de Osiris en el más allá, para comprobar si su hijo Horus, que quiere vengarlo, está preparado para luchar contra Seth.

Horus, después de varios combates, derrotará definitivamente a Seth.

ELEMENTOS

Los cuatro elementos (fuego, aire, agua y tierra) se originan en el caos primitivo.

Sedivogius define el elemento como un cuerpo espiritual que contiene una materia visible.

Una característica de los elementos es su capacidad de mutar uno en otro, por ejemplo, la tierra se transforma en agua, el agua, en aire y el aire, en fuego.

Asimismo ningún elemento puede existir sin el otro.

Los elementos se consideran activos cuando actúan en un objeto para modificarlo, o pasivos cuando, interrelacionados entre sí, uno actúa y el otro recibe.

Hay otra división de los elementos en superiores e inferiores. Los primeros (fuego y aire) son más sutiles (espirituales) y se consideran perfectos. Por lo tanto, son superiores a los segundos y actúan sobre ellos elevándolos.

Por otro lado, los elementos inferiores atraen a los superiores hacia su nivel. Gracias a esta relación es posible la respiración del mundo, que se basa en una especie de intercambio energético (*véanse Temas: Fuego, Aire, Agua y Tierra*).

ESENIOS

Comunidad religiosa de Israel, activa desde el siglo II a. de C. hasta finales del I o principios del II d. de C.

El nombre podría significar «píos, santos, venerables».

Los orígenes del movimiento esenio son difíciles de datar, porque los autores clásicos como Giuseppe Flavio, Filón de Alejandría y Plinio se refieren a ellos como a un grupo muy antiguo, pero los documentos de los que disponemos datan de principios del siglo II a. de C.

También es de esa época el *Documento de Damasco*, un texto hallado a finales del siglo XIX en la Genizah de la sinagoga de Damasco (estancia reservada a la conservación de los textos religiosos inutilizables).

El texto tiene una gran importancia porque narra una separación que se produjo en el seno del judaísmo (o en la propia secta de los esenios, según otras interpretaciones). Por culpa de la decadencia del rigor religioso y de los usos y costumbres tradicionales judíos, un grupo de devotos decidió alejarse de los otros judíos y vivir separado en lugares desiertos para cultivar la fe tradicional. Durante veinte años el grupo vivió sin saber exactamente cómo organizar su vida comunitaria y religiosa, hasta que, alrededor del año 170 a. de C., conocieron en el desierto a un personaje importante, llamado Maestro de Justicia, que se convirtió en jefe de la comunidad y en su legislador.

Este personaje, un sacerdote sadocita, quizás había huido de la persecución del Gran Sacerdote de Israel, probablemente Menelao, ya que durante su ministerio hubo muchas luchas internas, en un periodo de fuerte penetración del helenismo en Jerusalén.

El texto del *Documento de Damasco*, junto con algunas notas de autores clásicos, era hasta hace algunos decenios el único documento relativo a la comunidad esenia.

En 1945 salieron a la luz casualmente los famosos *Pergaminos del Mar Muerto*. En la primavera de ese año, un pastor árabe descubrió en una gruta, dentro de una jarra, un primer grupo de siete textos, que luego fueron cedidos al superior del monasterio sirio ortodoxo de San Marco, quien, a su vez, decidió vender seis.

Los estudiosos americanos Trever y Brownlee pudieron fotografiar los documentos y los publicaron en 1950-1951: se trataba del primer pergamino de *Isaías*, de la *Regla de la Comunidad* y del *Comentario a Abacuc*.

A consecuencia de este hallazgo empezó una búsqueda que, después de varias dificultades, concluyó con el descubrimiento de una cuarta gruta, seguida de otras. En todas ellas se encontraron rollos de pergamino (pocos textos estaban escritos sobre papiro). La búsqueda duró años. El último rollo adquirido por el Estado de Israel fue encontrado en 1967, y no se descarta que haya todavía más material en circulación.

La zona en la que se efectuaron los hallazgos es el valle surcado por el torrente Qumran y por la terraza llamada Ruina de Qumran (Khirbet Qumran), probablemente una antigua biblioteca.

Al parecer, los textos de este importante lugar de estudio fueron escondidos en las grutas apresuradamente, quizá porque se aproximaban las tropas romanas durante la represión de la revolución judía en la región.

Después de años de debate, los expertos han llegado a la conclusión de que los documentos encontrados pertenecían a la comunidad de los esenios.

LA VIDA

La mejor descripción de la comunidad de los esenios es la realizada por Filón de Alejandría (13 a. de C.-45 d. de C., aproximadamente), que recuerda que los esenios eran un grupo minoritario (formado por unas 4.000 personas), que vivían en poblados y realizaban diferentes trabajos, pero sin el deseo de ganar más de lo que necesitaban para vivir, absteniéndose de la propiedad de bienes y de la práctica de la guerra y del comercio.

Contrarios al esclavismo, los esenios vivían en armonía unos con otros, se ayudaban mutuamente y respetaban con escrupulosidad las leyes de los antepasados. Honoraban el sábado, que dedicaban a escuchar textos bíblicos y recibir enseñanzas de tipo simbólico.

Según Filón, los esenios habrían cimentado su visión de la vida en el amor: en el amor por Dios, acentuado por una existencia transcurrida en la máxima pureza; en el amor por las virtudes, demostrado por el rechazo a las riquezas; y en el amor por los hombres, demostrado por el igualitarismo de la sociedad que formaron.

Una atención particular se prestaba a los enfermos y a los ancianos, que la comunidad se encargaba de cuidar.

Según cuenta Eusebio de Cesarea, citando la *Apología de los Judíos*, obra de Filón que se perdió, entre los esenios no vivían niños ni jóvenes, sino sólo personas maduras, y en su comunidad no hubo matrimonios, ya que vivían en perfecto celibato, como una comunidad monástica.

Todo parece indicar que estaban divididos en cuatro clases de pureza, según el tiempo que cada uno llevaba en la comunidad. Estas clases estaban separadas y, en caso de contacto, había que llevar a cabo un rito de purificación.

Los esenios dedicaban el tiempo libre al estudio, las leyes, la interpretación simbólica y alegórica, la astrología y la predicción.

LA INICIACIÓN

Uno de los aspectos más interesantes del culto de los esenios era la entrada a la comunidad, que consistía en una verdadera iniciación muy rígida.

Quien quería formar parte de la comunidad era sometido a un detenido examen por parte de un inspector, que podía aceptar la candidatura por un periodo de prueba. Más tarde, superada la prueba, la candidatura era examinada por una asamblea que decidía si aceptaba o no al candidato por el periodo de un año.

Al finalizar este segundo periodo de prueba, el candidato era examinado de nuevo y, si mostraba tener conocimientos suficientes de la ley y había tenido un comportamiento en línea con lo prescrito por la rígida disciplina de la comunidad, ingresaba en el último año de prueba, y sus bienes pasaban a la comunidad, aunque no eran destinados todavía al tesoro común. Durante este periodo, el candidato aún no comía con los miembros de la comunidad.

Si al finalizar el periodo de prueba se le consideraba idóneo, entraba de pleno derecho en la comunidad, a través de una ceremonia de iniciación, sus bienes pasaban definitivamente a la comunidad y se le confiaba una tarea.

Sin embargo, entrar en la secta no era el único examen por el que pasaba cada individuo, ya que cada año se valoraba su labor y podía subir de grado, bajar o incluso recibir una punición.

Todas las actividades se realizaban en comunidad: el estudio, las comidas, la oración.

Analizando los textos y las fuentes históricas encontramos algunas contradicciones: por ejemplo, en lo referente al matrimonio o la guerra, si bien es cierto que tales contradicciones a veces están justificadas por el hecho de que los distintos textos hacen referencia a diferentes momentos históricos de la comunidad esenia de Qumran, y que pudo haberse dado una evolución en algunas de sus costumbres.

ESPAGIRIA

Arte, o más propiamente química, de componer, descomponer y tratar las sustancias (minerales, plantas y animales) con fines terapéuticos.

El nombre fue introducido por Paracelso y sus seguidores.

El método de curación típicamente paracelsiano (*véase Autores: Paracelso*) parte del presupuesto de que hay que intervenir en el alma de la persona que debe tratarse, y utiliza, por lo tanto, sustancias diluidas de manera apropiada para llegar a un elevado nivel sutil. Luego, a partir del alma se produce un efecto cascada para resolver los distintos problemas del cuerpo.

Paracelso había comprendido que las cantidades de los principios activos debían ser sabiamente dosificadas y convertidas en no tóxicas (por ejemplo, mediante diluciones cada vez mayores), al contrario de una tradición que las utilizaba en cantidades todavía tóxicas.

La espagiria es, sin duda alguna, la base de la química farmacéutica moderna, aunque actualmente todavía existe como rama del pensamiento científico tradicional.

ESPIRITISMO

Práctica consistente en invocar los espíritus de los muertos o entes de otras dimensiones, mediante la intervención de un médium (persona particularmente receptiva capaz de convertirse en la voz, en estado de trance o de vigilia, de las entidades llamadas), o bien utilizando unas técnicas especiales: mesa de tres patas, mesa con letras, registros sonoros...

El espiritismo se conoce desde los tiempos más remotos (la Biblia ya lo prohibía), y está ligado a las prácticas chamánicas primitivas. El chamán entra en contacto con el mundo de los espíritus, por ejemplo tomando sustancias estupefacientes como el hongo peyote que describe Castaneda en sus narraciones, que incrementan las capacidades sensoriales, o bien mediante sueños o visiones repentinas.

En la época moderna, el espiritismo se identifica sobre todo con la evocación de los difuntos por vía mediánica: un médium entra en trance y es visitado por el alma de un difunto que se expresa a través de su voz.

UN FENÓMENO MODERNO

El espiritismo mediánico tuvo su máxima difusión en la segunda mitad del siglo XIX, cuando surgieron en todas partes círculos espiritistas que convocaban cada vez más adeptos.

Esta gran difusión del espiritismo puede relacionarse con la difusión del espíritu positivista que, deificando la ciencia, había hundido muchos presupuestos de las religiones tradicionales.

Todo ello había creado un vacío espiritual sin precedentes que, hasta el resurgimiento de las corrientes esotéricas, fue colmado por el espiritismo.

El portaestandarte del espiritismo moderno fue John Dee, astrónomo, astrólogo y matemático que vivió en Inglaterra en la época de Eduardo VI, María Tudor y Elizabeth I.

Con la ayuda de un joven de dudosa reputación, Edward Kelly, que hacía de médium leyendo un cristal mágico (piedra celeste), puso por escrito una serie de visiones, mensajes, admoniciones que le llegaban de lo que él consideraba la dimensión espiritual.

El espiritismo moderno nace como movimiento en 1848, cuando en la localidad de Hydesville (Nueva York), las dos hijas de la familia Fox, habiendo oído unos golpes sordos en su vivienda, idearon un alfabeto para hablar con los espíritus. Desde Estados Unidos, el movimiento espiritista se difundió por todo el mundo y encontró numerosos adeptos, especialmente en Sudamérica.

El francés Allan Kardec (H. Rivail) codificó las bases del espiritismo como una auténtica religión, introduciendo la teoría de la reencarnación como uno de los pilares de su sistema.

TÉCNICAS MODERNAS DE CONTACTO CON LA OTRA DIMENSIÓN

El registro sonoro constituye la forma más moderna y vistosa de espiritismo. Se utiliza la radio como instrumento capaz de amplificar mensajes provenientes de la otra dimensión (años cuarenta).

Después de la aparición del radiocassette se hicieron los primeros experimentos para grabar en la cinta la voz de presuntos muertos. Las grabaciones reproducían mensajes provenientes de otras dimensiones, tanto de manera directa (es decir, sin ninguna intervención por parte del operador) como indirecta (respuestas a preguntas específicas).

En ambos casos parece que las grabaciones se producen mediante la utilización de vibraciones sonoras que se encuentran en el ambiente.

Al activar la tecla de grabación, un sonido imprevisto, como por ejemplo una puerta que se cierra, una tos o un ruido procedente del exterior, crea las condiciones de la manipulación de esta forma de energía que se utiliza de inmediato para dar voz a palabras, frases completas, coros, que pueden alcanzar un impresionante efecto expresivo.

La XV edición (París, 1867) de la obra El Libro de los Espíritus *de Allan Kardec (BNF/G)*

No todas las personas logran interpretar lo que se dice. En general, quien no cree en la existencia de otra dimensión, o en la de una divinidad, no capta el mensaje: no oye nada, o sólo ruidos. En cambio, quien cree en ella, consigue interpretar con facilidad el mensaje. Es como si algo se interpusiera entre la demostración física de la existencia de otra dimensión y el hombre, impidiendo que una prueba física anule la necesidad de una fe previa en estos fenómenos.

EXORCISMO

El exorcismo es una práctica muy antigua que tiene por objeto liberar a una persona de la presencia invasora (posesión) de un ente demoniaco.

Antiguamente se consideraban posesiones muchos comportamientos que hoy en día se imputan a enfermedades y alteraciones mentales, aunque según algunos la debilidad psíquica podría ser en sí misma objeto de un ataque directo de entidades demoniacas que encuentran gracias a ella el acceso más fácil al alma humana.

Afortunadamente, la posesión diabólica no se produce casi nunca. De hecho, representa un fenómeno extraordinariamente raro, al contrario de lo que se suele creer al tomar como ejemplo las películas sobre el tema.

El exorcismo se practica todavía hoy en muchas religiones, como por ejemplo el hebraísmo, el catolicismo romano y el catolicismo ortodoxo.

El bautismo comporta la utilización de técnicas esotéricas en el sentido estricto del término.

Los ortodoxos utilizan varios rituales de exorcismo, entre los cuales destacan los de San Basilio.

Los obispos de la iglesia católica romana otorgan el cargo de exorcista a determinadas personas, teniendo en cuenta sus características psíquicas, físicas, culturales, de fe, etc.

En la iglesia ortodoxa, desde el siglo IV todos los sacerdotes pueden realizar exorcismos.

En las culturas primitivas, el exorcismo (liberación de los espíritus que causan enfermedades) es una práctica muy difundida.

EXPERIMENTACIÓN ESOTÉRICA

Una de las características de la divulgación esotérica más común es la falta de transmisión de técnicas experimentales que sirvan para comprobar en la práctica lo que se describe en la teoría.

Puesto que estamos convencidos de que las escuelas esotéricas del pasado no habían transmitido únicamente un conocimiento de las leyes del universo y del espíritu, sino también una serie de ejercicios prácticos que permitían confirmar experimentalmente todo lo que se había teorizado y transmitido, creemos útil tratar más profundamente algunos de estos ámbitos de conocimiento.

El propósito es poner en guardia a quien desea acercarse a los aspectos experimen-

El célebre caso de los endemoniados de Loudun, en Francia. Carta escrita en 1635 por uno de los jesuitas exorcistas que realizaba su actividad en Loudun (BNF/G)

tales de la búsqueda esotérica. En el fondo son mayoritarias las cosas que no conocemos que las que conocemos, y la utilización de estas técnicas, si no está apoyada por la enseñanza y la comprobación de un verdadero maestro, puede desencadenar fuerzas y energías todavía poco conocidas y potencialmente peligrosas.

No en vano las tradiciones antiguas ponen límites de todo tipo a la difusión de los secretos obtenidos con tanto esfuerzo. Para los cabalistas judíos, el estudio y la práctica de la propia cábala sólo eran posibles después de haber alcanzado una cierta madurez, y siempre bajo la supervisión de un maestro.

Actualmente, una forma revolucionaria de técnica de tratamiento a distancia, la radiónica, exige de quien la estudia y la practica una formación rigurosa, tanto en términos técnicos como en deontológicos.

LA RADIESTESIA Y SU APLICACIÓN EN EL ESTUDIO DEL ESOTERISMO

La radiestesia, el arte de interaccionar con el cosmos utilizando nuestra capacidad de antena, es la disciplina principal para el estudio de la simbología esotérica desde un punto de vista práctico.

Aunque puede ayudarnos a descifrar y comprender el verdadero sentido de tanta simbología esotérica, precisamente en el estudio de la interacción entre símbolo y ambiente circunstante es donde la radiestesia puede ayudarnos. El radiestesista, utilizando su capacidad de captar debilísimas radiaciones emitidas por los símbolos, puede descifrar sus características más ocultas, su negatividad o su positivismo, su interacción con otros símbolos y con el cuerpo humano.

Una forma difundida y moderna de radiestesia, que utiliza instrumentos de medición bioenergética, puede identificar los efectos de los símbolos en nuestro organismo, utilizándolos como reveladores de interacción positiva o negativa cuando se registran afecciones de distintos tipos (desde la contaminación electromagnética hasta la debilitación energética debida a geopatías u otras formas de influencia).

Al abordar este tipo de análisis podríamos tener la duda de que, en el fondo, un sistema tan individual y sujeto a errores (precisamente porque está relacionado con las características psicofísicas y espirituales de cada operador) no pueda constituir por sí solo el único criterio de valoración.

Por otra parte, uno de los problemas que deben afrontar los radiestesistas es el de la comprobación experimental de las valoraciones radiestésicas efectuadas en mapas, dibujos o planimetrías en lo que respecta a la toma de geopatías u otras anomalías energéticas de los puntos analizados.

Normalmente hay que esperar un cierto tiempo —entre unos días y unas semanas— antes de poder tener una comprobación práctica de la valoración efectuada y poder observar una mejora de las condiciones psicofísicas del individuo, del animal o de la planta cuya posición habitual ha sido modificada después de la valoración radiestésica del lugar.

Utilizando una segunda técnica de valoración, el test quinesiológico, basado en las reacciones musculares del organismo ante las modificaciones energéticas producidas desde el exterior, es posible reducir drásticamente este tiempo de espera y completar al mismo tiempo el estudio esotérico de la valoración del efecto del símbolo en el ser humano.

Pero cuidado: el test quinesiológico no debe efectuarse sin que antes un radiestesista experto haya realizado el control oportuno. Si se observa de inmediato el perjuicio del símbolo, no conviene aplicar el test al hombre.

EL TEST QUINESIOLÓGICO

El control quinesiológico puede efectuarse en dos momentos distintos: como primera comprobación a distancia, en presencia de la persona para quien se está realizando el estudio (o bien con la ayuda de un operador sensible), y, en segunda instancia, después de haber enseñado algunos simples test quinesiológicos a la persona en cuestión, haciéndoselos efectuar luego en el lugar objeto de estudio.

El primer procedimiento es muy fácil y tiene un efecto notable. Una vez localizados los puntos de geopatía del lugar que se está analizando, se invita a la persona a extender un brazo hacia el exterior, con un dedo de la mano del otro brazo colocado en uno de los puntos geopatógenos definidos en el mapa o en el dibujo.

Luego se realiza un test de resistencia muscular que consiste en empujar hacia abajo suavemente pero con vigor la muñeca del brazo extendido, pidiéndole que oponga una cierta resistencia.

El test, si se realiza correctamente, proporciona una respuesta inmediata: situado en un punto geopatógeno, el individuo experimentará un claro descenso energético, que se manifestará con la consiguiente reducción de la resistencia.

El segundo caso, que tiene un valor de comprobación, es importante porque se realiza en ausencia del radiestesista. Se pide al individuo que realice el mismo ejercicio, ayudado por un amigo o un familiar, en el lugar objeto de estudio, siempre en el mismo punto. El resultado de esta comprobación es más exacto si el test de resistencia muscular se realiza con la ayuda de una protección que manifieste la diferencia de resistencia en tres momentos diferentes: el test en territorio neutro sin protección, el test en terreno alterado sin protección y el test en terreno alterado con protección.

UTILIZACIÓN DE AMBAS TÉCNICAS: EL EJEMPLO DE LA ARQUEOLOGÍA

La arqueología es una de las disciplinas que se presta mejor para ver la utilidad de la combinación radiestesia/quinesiología, sobre todo cuando se quiere interpretar la finalidad de una estructura, un área, una manufactura.

En unas excavaciones realizadas en la isla de Creta en el año 2000 se valoraron una serie de hallazgos arqueológicos minoicos y micénicos del segundo milenio antes de Cristo. El análisis radiestésico había detectado fuertes anomalías energéticas en los puntos donde habían sido colocados los altares de los sacrificios en las localidades de Gurniá (noroeste de Creta) y Kato Zakros (en el este). Ambos altares se levantaban coincidiendo con puntos altamente geopatógenos.

El análisis radiestésico fue confirmado con la realización del test de resistencia muscular en cuatro individuos voluntarios no radiestesistas, que acusaron todos, en diferente medida, un descenso energético significativo cuando se situaban encima del punto donde se ubicaban los altares.

Este mismo test puede realizarse a distancia, utilizando las fotografías de los dos lugares como testimonio y procediendo al test de resistencia muscular. En este caso, cuando la persona pone una mano o un dedo sobre la imagen de los altares, normalmente experimenta un notable descenso de energía.

El uso combinado de las dos disciplinas puede ayudar de modo significativo a entender muchos textos y, sobre todo, la acción que ejercen los símbolos, las construcciones, las letras y los números utilizados en esoterismo.

Se empieza sometiendo el objeto de estudio a un análisis radiestésico: por ejemplo, se analizan las características cualitativas —tipo de giro del péndulo— y cuantitativas —unidad Bovis— de un determinado símbolo o de una letra, es decir, sus características de neutralizador o activador. Y posteriormente, después de haber valorado su conveniencia, se realizan estudios de interacción con el hombre mediante test de resistencia muscular.

Utilizamos, por ejemplo, un símbolo que por lo general recibe impropiamente el nombre de sello de Salomón, y que consiste en dos triángulos equiláteros cruzados formando una estrella de seis puntas (idéntica al símbolo alquímico de los cuatro elementos).

El símbolo resulta ser una potente protección contra la negatividad en el hombre.

Valoramos radiestésicamente la presencia de una geopatía o de una ventana energética negativa en un lugar determinado: sometemos a un test de resistencia muscular a una persona situada cerca de la zona alterada. Obtendremos una respuesta de ella (en general, un descenso de la resistencia muscular). Seguidamente utilizamos el símbolo como protección, situándolo cerca de la ventana energética o en la geopatía, realizamos un control radiestésico y sometemos de nuevo a la persona al test de resistencia muscular. El resultado obtenido (respuesta radiestésica confirmada por el test de resistencia muscular) demostrará la capacidad protectora del amuleto.

Recordemos que este constituye, según el saber medieval, la máxima protección contra la presencia de entes espirituales negativos.

FIELES DE AMOR

Cadena iniciática de personas interesadas en una visión esotérica de la existencia, con vínculos con elementos cátaros y templarios, y que había elaborado un código poético a través del cual comunicaban su mensaje a los adeptos. Según algunos autores (Evola), fue una verdadera milicia gibelina, poseedora de un conocimiento secreto alternativo al hegemónico y con posiciones contrarias a la Iglesia católica. El simbolismo y el estilo utilizados eran los del Dolce Stil Novo, que recuperaba, a menudo de manera velada, algunos temas importantes de la tradición del grial (mujer como viuda, la Tierra del Centro, la asignación de los «feudos de amor» en Jacques de Baisieux).

El valor críptico del mensaje se confirma en Francesco da Barberino, que afirmaba que no todo podía ser revelado a todos.

Al igual que otros movimientos similares, los Fieles de Amor se movieron en un clima intelectual y religioso extraordinariamente peligroso: cátaros y valdenses, miembros de sectas herejes que habían tenido un periodo de auge en los siglos XII y XIII fueron perseguidos implacablemente por sus ideas.

De este modo, cualquier movimiento opuesto al catolicismo oficial debía actuar en la sombra. Los templarios, que durante una época habían sido una potencia económica y espiritual, dominante en las conciencias de reyes y príncipes, al cabo de pocos años, a principios del siglo XIV, fueron eliminados de forma dramática.

Dante Alighieri formó parte de los Fieles de Amor. Algunos fragmentos de sus obras podrían explicarse con el lenguaje simbólico típico de la secta. Por ejemplo, Dante afirma que determinadas palabras suenan con suavidad: «amor, mujer, disio, virtud, dar, leticia, salud, seguridad, defensa». Estos términos pueden ser interpretados como elementos clave de la evolución iniciática del adepto. Divididos en grupos de tres, corresponderían a los diferentes momentos de la vida iniciática: «mujer» es el adepto, «amor», la secta y «disio», la fase inicial del aprendizaje; el segundo núcleo está constituido por «virtud», «dar» y «leticia», que describen la condición normal de la vida del miembro de la secta, caracterizada por el comportamiento virtuoso y valeroso, por la disponibilidad hacia los demás miembros y por la alegría que se deriva de este comportamiento. La tercera etapa se caracteriza por la defensa de la secta: «salud», «seguridad» y «defensa».

Representación del fuego. Escalier des Sages, Groningen, 1689 (BFE)

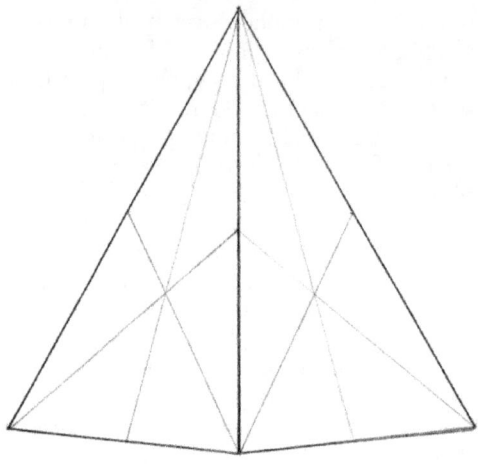

Según Platón, el demiurgo de los orígenes estructura el fuego en la figura del tetraedro (pirámide) (FS)

FUEGO

Es uno de los cuatro elementos que conforman la realidad, junto con el aire, el agua y la tierra. Sin embargo, el término se emplea para expresar diferentes conceptos: fuego común (producido mediante combustión), fuego de digestión (tibieza de procedencia orgánica), fuego interno (originado por la reacción química).

El fuego más interesante o misterioso es el que está representado por el principio masculino espiritual, que todo lo impregna y todo lo vivifica, completamente distinto del fuego común. Aunque resulta difícil realizar una interpretación unívoca, podríamos identificarlo con un campo energético ultrasutil, ordenado, con capacidad de ser portador de una información.

Los alquimistas destacan su capacidad vivificadora; algo parecido a lo que descubrió Wilhelm Reich en sus investigaciones sobre energía orgánica, o bien al llamado campo taquiónico del que cada vez se habla más (una especie de éter dinámico, formado por partículas más veloces que la propia luz).

En cualquier caso, la connotación más importante del fuego es intervenir en una reacción produciendo un cambio en el estado de la materia. Concretamente el fuego tiende a purificar todas las cosas, elevándolas a un nivel de perfección más alto. La pureza y la perfección, que se deben a su simplicidad, son sus características principales.

El fuego, con respecto a cualquier cuerpo, puede ser interior o exterior, y estos dos tipos pueden actuar en el mismo momento, del mismo modo que la Tierra recibe los efectos del fuego interior y del exterior (el Sol).

Compárese esta concepción tradicional con el paso siguiente, extraído de las *Upanishad* indias: «Este [el âtman] se presenta, en verdad, como una doble entidad: por una parte el espíritu vital [prâna] y por otra el Sol [âditya], que se manifiestan como día y noche. El Sol —allá arriba— es el espíritu exterior [exteriorizado], el prâna —aquí abajo— es el interior [interiorizado], y por esto se dice que el movimiento del espíritu interior se deja interferir por el movimiento del espíritu exterior».

El fuego elemental se identifica a veces con el Cielo, que contiene en gran cantidad el espíritu del universo. Este se comunica con las cosas terrenales, les da vida (según la tradición, la vida no sería más que un flujo de fuego natural dentro del organismo).

Es importante la connotación de fuerza vital que se atribuye a esta forma particular del fuego, aunque sería más bien una connotación de la quintaesencia (el «quinto elemento»).

El fuego supremo es el cielo que se define Empírico: allí están los astros espirituales, para nosotros invisibles (Fuerzas y Virtudes del universo), porque están formados por una esencia más sutil que la de los cuerpos celestes visibles.

El fuego supersutil, el aire purísimo y las aguas supercelestes constituyen el cielo Empíreo, la morada de los ángeles. Esta aguas supercelestes influyen en lo que existe en el mundo inferior y lo mueven.

GENERACIÓN

El pensamiento tradicional afirma que la naturaleza actúa en todos sus ámbitos del mismo modo. Así, si de una semilla nace una planta, debe de existir también una semilla de la que nazca un metal.

La semilla es un envoltorio que ha sido separado de un cuerpo mediante calor y por vía natural, con el concurso de un líquido adecuado animado por el denominado «bálsamo natural», una esencia espiritual que se encuentra dentro de todos los cuerpos visibles.

La generación se produce a través de la interacción de la semilla con una matriz, y cada semilla necesita su propia matriz (animal con animal, vegetal con vegetal, mineral con mineral).

La naturaleza cuando transforma un cuerpo actúa gradualmente: en la matriz de la tierra, por ejemplo, el calor hace madurar la semilla en el momento adecuado. Del mismo modo, si un alquimista quiere efectuar una transformación también deberá utilizar una matriz, necesitará la semilla correcta y un sistema de calentamiento suave, no violento. Esto representa un paso esencial para poder obtener una putrefacción productiva.

Esto depende también de la presencia de una solución, de la que necesariamente debe formar parte el líquido en cantidad suficiente para hacer posible el proceso.

La simiente, del tipo que sea, debe pudrirse mediante calor natural. De este modo, la sal propia de la semilla, unida a un líquido adecuado que la disuelva, podrá penetrar en la sustancia de la semilla, uniendo el espíritu de la sal con el receptáculo (cuerpo de la semilla), procediendo así a la multiplicación de la especie.

En esta fase el fuego debe ser lento y dulce, para evitar que el líquido que contiene la sal natural de la materia, a causa de la evaporación violenta, se separe, produciendo, en lugar de la vida, la muerte.

GNOSIS

Con el término *gnosis* («conocimiento») se define una serie de sectas religiosas surgidas entre los siglos I y III d. de C. en Oriente Medio, Grecia y Roma.

Se sabe de su existencia por vía indirecta (hablan de ellas los autores cristianos de los siglos II, III y IV, y algunos neoplatónicos, como Porfirio) y, muy limitadamente, por vía directa, después del descubrimiento de la biblioteca gnóstica de Nag Hammadi, en Egipto.

Los cristianos consideraban a los gnósticos grupos heréticos surgidos del cristianismo original. Según ellos eran cristianos caídos en el error a causa de una fuerte influencia de elementos filosóficos paganos, griegos. Esta posición ha sido defendida o rebatida, según las escuelas de pensamiento.

Actualmente se propone la hipótesis de que grupos de cristianos, con posiciones muy antijudías, habían absorbido elementos religiosos de diferentes procedencias (judaica, iraní, hermética), que posteriormente confluyeron en un núcleo único de teorías heréticas.

Según varios autores de la Antigüedad, los gnósticos eran cristianos. Algunas tradiciones indican que algunos personajes del gnosticismo, como por ejemplo Simón Mago, tuvieron alguna forma de iniciación cristiana.

LAS FUENTES LITERARIAS E HISTÓRICAS

El primer grupo de autores que tratan sobre los gnósticos está formado por personajes como Ireneo, Hipólito y Orígenes. En sus obras contra los herejes describen, aunque no siempre con precisión, sus teorías y sus prácticas.

Ireneo, obispo de Lyon, en la segunda mitad del siglo II d. de C. escribe *Adversus Haereses* («Desenmascaramiento y confutación de la falsa gnosis»), obra en la que ataca sobre todo al gnosticismo de Valentino. El uso del término *falsa gnosis* ya indica que la gnosis propugnada por los gnósticos se veía contraria a la cristiana, que era el único y verdadero saber.

En el siglo III, Hipólito escribe la *Confutación de todas las herejías*, una obra que durante mucho tiempo fue atribuida a Orígenes. A partir de este escrito toma cuerpo y se difunde la teoría según la cual la doctrina gnóstica se habría originado en el cristianismo, pero que posteriormente se habría contaminado con aportaciones de la filosofía y la ciencia griegas.

Entre el siglo II y III escriben contra los gnósticos Clemente de Alejandría y Orígenes, mientras que Epifanio, obispo de Salamina (Chipre), lo hace en el siglo IV con una obra que lleva por título *Panarion* y que presenta y critica numerosas herejías, una de ellas la gnóstica.

Por regla general, las sectas gnósticas se denominaban según el nombre del líder de la escuela: por ejemplo, se llamaba *valentinianos* a los seguidores de Valentino.

El descubrimiento en 1946 en Nag Hammadi (Luxor) de trece códigos en papiro, con 53 obras, muchas de las cuales eran desconocidas hasta entonces, contribuyó a dar una luz nueva (y a reiniciar las polémicas) sobre la gnosis. Algunas de estas obras no son estrictamente gnósticas, pero aluden a temas gnósticos. La mayor parte es claramente de origen cristiano, aunque a veces resulta difícil saber si se trata de textos cristianos con influencia gnóstica o de textos gnósticos con influencia cristiana.

Los títulos más interesantes de los que se han denominado Evangelios Gnósticos, compuestos entre los años 120 y 200 d. de C., son Tomás, María, Verdad y Filippo.

LA ENSEÑANZA GNÓSTICA

La enseñanza gnóstica se caracteriza por algunos puntos fundamentales que la diferencian de otras formas místico-religiosas:

• La existencia terrenal es un castigo terrible, fruto de una caída originaria que ha transformado nuestra naturaleza, inicialmente de seres espirituales casi divinos, obligándonos a vivir en un cuerpo y un mundo material.

La chispa primordial, de origen divino, todavía está en el interior de los hombres —aunque no en todos—. Algunos la han apagado tanto que necesitan un recorrido de purificación largo y difícil para redescubrirla, mientras que otros no la poseen y están obligados a vivir en un estado puramente material.

De ahí se deriva una valoración profundamente negativa del mundo de la materia, que no es más que una cárcel insoportable *(véase Obras: Pupila del Mundo)*.

• Mediante el conocimiento se puede recuperar la conciencia de nuestra naturaleza superior. No se trata de una conciencia de tipo filosófico o científico, que procede de abajo y es el fruto del esfuerzo y el trabajo de un individuo, sino de un conocimiento revelado, transmitido desde arriba, mediante iniciación o gracia divina, o bien transmitido por la encarnación terrenal de un ser superior (por ejemplo, Simón Mago, reconocido Potencia de Dios, o Jesucristo).

En las sectas gnósticas más próximas al cristianismo esta revelación procede de las enseñanzas de Jesús, impartidas sólo a los discípulos más íntimos, y que estos transmitieron por vía oral y por medio de escritos secretos celosamente custodiados por grupos iniciáticos.

Los Padres de la Iglesia que se enfrentaron a los gnósticos hacen referencia explícita al hecho de que ellos poseían sus propios evangelios, algunos de los cuales fueron hallados en Nag Hammadi.

Por otra parte, la transmisión oral de un doble mensaje, uno dirigido a un grupo de iniciados y el otro al público externo, se encuentra en las tradiciones filosóficas egipcia y griega (por ejemplo, en el pitagorismo) y en la filosofía cristiana. Hay muchas referencias evangélicas al hecho de que Jesucristo se expresaba de manera directa ante sus discípulos, pero recurría a parábolas para dirigirse a los demás.

Se puede descubrir una última herencia del planteamiento gnóstico en algunas corrientes de la mística cristiana, por ejemplo, en las marcadas por el esicasmo *(véase Temas: Misticismo)*.

Pese a que ya no subsiste nada del aspecto herético de la gnosis antigua, el hecho de insistir en el componente experimental de lo divino, junto con la necesidad de la iluminación y el rechazo de un planteamiento filosófico profano al conocimiento (considerado inútil para la vida espiritual), indican que ciertas tradiciones, por mucho que se hayan transformado, no se han perdido completamente.

• Hay una clara separación entre el dios del Antiguo Testamento y el del Nuevo Testamento. Estos no están reconocidos como una única divinidad, sino como dos divinidades diferentes: el del Antiguo Testamento es el demiurgo creador, mientras que el del Nuevo Testamento es el Dios Supremo.

AUTORES Y PERSONAJES

Las principales escuelas gnósticas son las de Simón Mago, los ofitas, los sethianos, de los basilidianos, la de Carpócrates y su hijo Epifanio, y la de los valentinianos. La más próxima a la iglesia católica es la secta de los valentinianos, que toman el nombre de Valentino, cristiano de Alejandría que vivió en la primera mitad del siglo II. Cuenta la tradición que fue discípulo de Teuda, a su vez discípulo de Pablo, y al parecer intentó en vano llegar a obispo. Muchos escritos hallados en Nag Hammadi llevan claramente la huella valentiniana, pero del iniciador de la escuela nos han llegado pocos textos, y la mayor parte de lo que ha quedado es el resultado del trabajo de sus discípulos, repartidos en muchos países del mundo antiguo.

Según Valentino, el mundo divino está estructurado en 30 parejas de Eones (entidades), masculinas y femeninas. Después del pecado se perdió la unidad de las parejas, y la misión del gnóstico es reencontrarlas, para reunirse con su pareja celeste (ángel). Uno de los Eones (Sofía, la sabiduría) baja al mundo, comportando una caída del elemento divino que debe ser reparada mediante la intervención de la propia divinidad, que baja a la Tierra para llevar a cabo su obra redentora.

GOECIA

La goecia es una disciplina antigua que se propone evocar los espíritus de la otra dimensión mediante la magia negra.

Practicada por los magos (no por los brujos, que se incluyen en el grupo de los chamanes), consiste en una serie de rituales que tienen la función de obligar al espíritu a comparecer ante el hombre y ejecutar sus órdenes.

Durante el desarrollo de los rituales mágico-evocadores, que se recogen en los grimorios (del francés antiguo *grimoire*,

Obra sobre los maleficios de los magos, publicada en 1502 por Bernard Basin (BNF/G)

«gramática de la práctica mágica»), se realiza un *crescendo* de indentificaciones entre el mago y la divinidad, las inteligencias angelicales y la Iglesia, hasta el punto de que el mago, investido de sus poderes, puede obligar al demonio a aparecer y a someterse a su voluntad.

Quien practicaba la goecia necesitaba un gran control nervioso y una profunda preparación, leer latín y dominar las técnicas de protección, como la preparación de los círculos mágicos y el uso de la simbología esotérica.

Además, debía disponer de recursos económicos, para procurarse objetos, animales y otras cosas difíciles de encontrar.

Uno de los principales estudiosos de la goecia fue Enrique III de Francia, que realizaba sus experimentos en el Louvre y en Bois de Vincennes. Fue asesinado por un monje fanático a causa de este interés, que la Iglesia había considerado práctica herética.

PRÁCTICA DE LA GOECIA

El mago realiza las evocaciones vestido de negro, de noche, en lugares concretos (cementerios, casas abandonadas), después de haber marcado en el suelo con carbón bendecido tres círculos concéntricos con cruces, en cuyo interior encuentra protección, junto con sus ayudantes. El mago empuña una vara de nogal, preparada en condiciones particulares, que tiene poder constrictivo contra los demonios.

Para llamar a los demonios, además de seguir escrupulosamente el ritual, quema azufre u otra sustancia maloliente, dibuja sus símbolos alrededor de los círculos y se prepara psíquica y físicamente con sustancias que le ayuden a favorecer las percepciones extrasensoriales.

Puesto que los efectos de la brujería se consideraban verdaderos e irrefutables (negar la brujería comportaba la acusación de herejía), la dimensión que dominaba estas prácticas era, normalmente, el terror. Los magos estaban obsesionados por lo que les habría podido ocurrir si las cosas hubiesen ido mal, y no eran pocos los casos de personas que huían al primer indicio de que iba a ocurrir algo extraño o anómalo.

Benvenuto Cellini, en su obra *Vida*, describe detalladamente los gestos rituales y la profunda presión psicológica a la que estaba sometido quien practicaba la goecia. En Roma conoció a un sacerdote que se dedicaba a la magia negra y que una noche le llevó al Coliseo: «Fuimos al Coliseo. Allí el sacerdote se vistió de nigromante y empezó a dibujar unos círculos en el suelo con las más bellas ceremonias que se puedan imaginar en el mundo; se había hecho traer perfumes preciosos y fuego, y también perfumes malolientes. Cuando todo estuvo a punto, hizo la puerta al círculo (sucesión de gestos rituales)[1] y tomándonos por la mano, nos introdujo uno a uno en el círculo; luego compartió los oficios; entregó el pintáculo a su compañero nigromante, y a los otros les encargó que se hicieran cargo del fuego y de los perfumes; luego empezó con los conjuros. Duró todo esto más de una hora y media...».

1. Nota del autor.

LIMITACIONES DE LA GOECIA

Según algunos autores, con la goecia sólo era posible evocar demonios (y no ángeles o espíritus elevados) y, en el fondo, solamente si estos daban su consentimiento. Sin embargo, hay pruebas claras de que en los rituales se partía del supuesto de que los demonios podían doblegarse al deseo del hombre, porque este era capaz, mediante ritos, de identificarse con la divinidad creadora, asumiendo de este modo el poder coercitivo que esta posee sobre sus criaturas.

El *Heptamerón*, atribuido a Pietro de Abano y escrito en latín, constituye un ejemplo interesante del que reproducimos un fragmento sobre el exorcismo general para los espíritus del aire: «Nosotros, hechos a imagen y semejanza de Dios, por el nombre fuerte y potente de Dios, Él, fuerte y admirable, os exorcizamos [siguen los nombres de los espíritus] y ordenamos por aquel que dijo, y fue hecho, y por todos los nombres de Dios [...]».

En esta primera parte el mago actúa aferrándose a los atributos de potencia y creación de Dios (obsérvese el «que dijo» y «fue hecho», referidos a la creación).

A continuación, después de haber absorbido la potencia, también de otros entes (ángeles e Iglesia), continúa el exorcismo: «Os exorcizamos, para que os presentéis aquí, delante del círculo, para obedecer nuestra voluntad, en todo lo que deseemos».

Obsérvese que ahora, después de haber asumido el poder de imposición de la divinidad, el mago habla en primera persona: su voluntad es la que debe ser obedecida.

Pero todavía no ha llegado el momento culminante: «Venid, venid, os ordena Adonai (el Señor). [...] Apresuraos: os ordena Adonai Rey de reyes, Él [...] [siguen muchos nombres de Dios]».

Llegados a este punto la identificación ya se ha cumplido. Ya no es el mago el que habla, sino la divinidad, que ordena a los espíritus que aparezcan. El mago se ha identificado totalmente con Dios, por lo cual habla en su lugar.

Jorg Sabellicus, comentando este fragmento, escribe: «El *crescendo* de las invocaciones culmina en la frase final, en la que la orden del espíritu resistente se atribuye no a la persona del evocador, sino directamente a la divinidad, definida con sus atributos Adonay Saday (Señor Omnipotente), seguida de otra serie de "nombres de potencia". El mago se identifica totalmente con el principio divino, que habla a través de su boca» (Jorg Sabellicus, *Heptamerón*).

Entre los grimorios más famosos recordamos *La Clavícula de Salomón*, del que se tiene constancia a partir del siglo XII, *El Dragón Rojo*, publicado en 1511, y el IV libro del *De Occulta Philosophia* de Agrippa, considerado apócrifo.

Para protegerse los magos utilizaban obras escritas por autoridades cristianas, como el *Enchiridion* del papa León III (Roma, 1525) o el *Grimorio* del papa Honorio (1670).

GRIAL

Mito surgido de la mezcla de varias leyendas, tradiciones, simbologías, antiguas y modernas, que tiene por objeto, en sus formas literarias conocidas, el cáliz de la última cena de Jesucristo y la copa que contenía la sangre de Jesucristo, recogida al pie de la cruz por José de Arimatea.

En el ciclo de las leyendas entran elementos de las postrimerías medievales y de Oriente Medio, sirios, de corte cristiano y pagano, que han conducido a incontables interpretaciones.

El término *grial*, según uno de los mejores expertos en la materia, el filósofo Evola, derivaría, en la forma en lengua de oil (caso recto *graaus* y caso oblicuo *graal*), del latín *gradale* o *gradalis*, término utilizado para designar un objeto bastante común, una copa o un cuenco hondo. En provenzal también se encuentra el mismo término, en la forma *grazal/grasal*.

El origen del latino *gradale* ha de buscarse en la fusión de dos términos, *crater* (recipiente que contiene el vino) y *vas garale* (recipiente para salsa fermentada).

Con el paso del tiempo, el término pasó a indicar el conjunto de instrumentos necesarios para los banquetes solemnes.

LAS FUENTES LITERARIAS

Las fuentes literarias más importantes sobre este mito son:
— varios textos galeses de los siglos VII-X;
— el ciclo de Robert de Boron (*José de Arimatea, Merlín*);
— *Perceval*, o *Narración del Grial*, que data de finales del siglo XII, de Chrétien de Troyes, con varias continuaciones;
— *La Búsqueda del Santo Grial*;
— *Parzifal* de Wolfram von Eschenbach y otras obras alemanas.

Puesto que son documentos fundamentales a los cuales se debe la fama del grial en el mundo, creemos conveniente presentarlos con más detalle.

Algunos textos, entre ellos los de Chrétien de Troyes y Wolfram von Eschenbach, presentan la búsqueda del grial como el camino iniciático de formación caballeresca que sigue un joven, al principio torpe y poco perspicaz, hasta que alcanza la máxima aspiración de un caballero: ser coronado rey, después de haber afrontado numerosas pruebas, tanto físicas como espirituales, muchas de las cuales dramáticas.

El Perceval *de Chrétien de Troyes (1160-1190)*
La formación del joven caballero y el primer encuentro con el grial.
Una viuda de origen noble (hija y esposa de caballeros) decide criar a su hijo en el campo, lejos de cualquier tipo de experiencia relacionada con el mundo de la caballería, porque ya ha perdido a dos hijos en la batalla y a su marido, un caballero que quedó inválido a raíz de una herida y que murió de dolor por la muerte de sus hijos.

Un día de primavera, mientras cazaba, el joven hijo de la viuda, que ni siquiera tiene nombre —se le llama «querido hijo», «querido hermano» o «querido señor»—, se encuentra con unos caballeros perfectamente ataviados. Primero aterrorizado, pero luego fascinado por la visión, creyendo que pudieran ser demonios, ángeles o incluso el propio Dios, responde con preguntas (sobre las armas, la armadura, el escudo) a la petición de información que le hace el comandante del grupo de caballeros.

Todo el diálogo recuerda un momento de la iniciación a una sociedad de misterios. El joven averigua que el hombre fue ordenado caballero por el rey Arturo, y llega a saber dónde se encuentra este.

De vuelta a casa, ante las protestas de su madre, decide ir en busca del rey Arturo para recibir las armas de caballero. Durante el viaje conoce a una muchacha, pero como no había asimilado del todo las enseñanzas de su madre trata mal a la joven, intenta en siete ocasiones besarla a la fuerza, le roba un anillo y se come sus provisiones. Acto seguido, se aleja de ella.

El amigo de la doncella quiere saber lo ocurrido, se exalta, castiga a la mujer y jura vengarse del joven.

Después de mucho cabalgar, un carbonero que empuja un asno le explica que el rey está triste y feliz a la vez: feliz porque ha luchado y ha derrotado a un rey enemigo, pero triste porque muchos de sus caballeros se han marchado y han vuelto a sus castillos.

Al llegar a un lugar desde donde ve un castillo que se alza sobre un acantilado, encuentra a un caballero con armadura roja que lleva en la mano derecha un cáliz de oro. Este caballero acaba de tener un altercado con el rey, al que ha ofendido vertiendo el contenido de la copa sobre su consorte, y reclama la devolución de unas tierras que considera de su propiedad.

El chico entra en el castillo, se dirige al rey sin desmontar del caballo y logra que este le nombre caballero. En la corte es reconocido como un futuro gran caballero, quizás el más grande de todos, pese a estar poco instruido en el arte de la caballería.

El senescal de la corte, a quien ha entrado con mal pie, le invita a que vaya a conquistar las armas del caballero de rojo. Él lo desafía y vence, y otro caballero, espectador del combate, le entrega las armas del vencido.

Después de la investidura, el joven mejora, adquiere un lenguaje y una actitud más acordes con su posición y empieza a comportarse como un auténtico caballero.

El joven prosigue su viaje y llega a un río muy ancho y caudaloso. En un meandro hay una colina de rocas, donde se alza un gran castillo, con cuatro grandes torres, puente y torreón. En el puente ve a un hombre cuyo nombre se sabrá después (Gorneman de Gorhaut), que lleva una vara en la mano (símbolo de poder y de enseñanza) y un vestido de color púrpura, y va acompañado por dos pajes. Cuando el chico se dirige a ellos, el noble percibe sus formas toscas y su falta de cultura. Su sorpresa es mayúscula al saber que ha sido nombrado caballero por el rey Arturo, casi como si fuera una rareza encontrar nuevos caballeros.

Preguntado sobre el origen de su armadura, el joven cuenta al noble cómo la obtuvo. Entonces este le formula varias preguntas con la intención de evaluar su preparación en materia de caballería. Tras el interrogatorio decide ocuparse de su educación para convertirlo en un valiente caballero. Los resultados son excepcionales, porque el muchacho tiene una facilidad innata para aprender las técnicas del combate. Entre maestro y alumno se instaura una gran amistad, hasta el punto de que el primero invita al segundo a pasar un tiempo en el castillo.

Un joven es nombrado caballero. Miniatura de un manuscrito del siglo XV. Paul Lacroix, L'Ancienne France. La chevalerie et les croisades, *París, 1887 (BNF/G)*

Combate sometido al juicio de Dios. Miniatura de un manuscrito del siglo XV. P. Lacroix, op. cit. (BNF/G)

Sin embargo, el joven, de gran corazón, piensa en su madre y en el dolor que le causó marchándose, y decide ir a visitarla para saber si todavía sigue viva. El gentilhombre acepta a regañadientes separarse del joven, por quien siente una gran estimación y amistad, como demuestra el hecho de que lo llama «amigo», «gran amigo» e incluso «hermano», y el joven a su vez le llama «mi señor».

Antes de su partida, el noble enseña al joven las normas tradicionales del comportamiento romántico. Si un día, peleando con un enemigo, lo vence y este no puede defenderse, deberá respetarle la vida. Además, es su obligación socorrer a las personas indefensas, ya sean hombres, mujeres o huérfanos. Por último, deberá rezar a menudo, sobre todo por su propia alma.

El joven caballero se marcha del castillo del noble y, después de cruzar un bosque, llega a un castillo solitario, rodeado de agua. Atraviesa un puente muy deteriorado y llega a una puerta cerrada. Llama insistentemente hasta que la abren. Cuatro soldados le quitan las armas y lo dejan en manos de unos pajes que lo acompañan ante dos nobles de mediana edad y una bella damisela.

Chrétien de Troyes se extiende describiendo las características de la mujer, que corresponden al ideal femenino de la época. Contrasta con tanta belleza toda la miseria que hay a su alrededor: casas en ruinas, puertas arrancadas, bodegas vacías y sin víveres, soldados y caballeros infelices.

Los conventos también están en un pésimo estado, y los monjes y las monjas viven desorientados. A pesar de la miseria y de los pocos medios de que disponen, debido a una terrible carestía causada por la guerra, la joven damisela y los habitantes del castillo son muy hospitalarios con el joven. Cuando lo presentan en un salón lleno de caballeros, el joven suscita la admiración de todos ellos y cuando comparan su belleza con la de la damisela descubren afinidades y creen que están hechos el uno para el otro.

El caballero descubre que la damisela es nieta de su benefactor y maestro, Gorneman de Gorhaut.

Después de cenar, se retira a descansar, pero la damisela, presa de la tristeza, va a su habitación para contarle la pena que le consume el alma. Ha perdido doscientos sesenta caballeros de los trescientos diez que tenía, capturados o quizá muertos por el pérfido senescal Anguingueron, que desde hace más de un año mantiene sitiado el castillo. Como los combatientes han llegado ya al límite de sus fuerzas, al día siguiente deberá entregar el castillo al senescal y ella caerá en sus manos.

La damisela se ha acercado al joven para conmoverlo y buscar su ayuda. El caballero pasa la noche con la joven, abrazándola y besándola. Al día siguiente, le jura que luchará contra su enemigo, pero a cambio le pide su amor. Ella acepta la propuesta y el caballero se prepara para el combate. Ataviado con todas sus armas, todo el mundo lo acompaña al exterior del castillo y reza por él.

El malvado senescal se acerca al caballero, creyendo que se trata de un simple mensajero. Entonces se insultan y llegan a las armas.

La lucha es enconada, pero al final el joven caballero se impone al senescal. Gravemente herido, este espera en el suelo el golpe de gracia y le implora que le perdone la vida. El joven recuerda los consejos de su maestro y decide no matarlo, con la condición de que se entregue a la damisela del castillo. El senescal no acepta la condición y se lamenta de que la pena sería demasiado dura, puesto que equivaldría a una condena a muerte. Como alternativa el caballero le propone que se entregue a su maestro, pero el senescal tampoco acepta esta solución.

Finalmente, el senescal acepta entregarse al rey Arturo y llevar un mensaje a una muchacha de su corte que había recibido un bofetón del senescal Keu. Así, el derrotado se marcha con todo el ejército.

La noticia de la derrota de Anguingueron llega a oídos del rey Clamadeu, soberano del senescal, y no cabe en su sorpresa de ver que un gran caballero como él haya podido ser vencido. Un consejero le sugiere que ataque el castillo, argumentando que un ejército numeroso, bien alimentado y descansado se impondría con facilidad a los defensores, hambrientos y debilitados. El rey decide hacerlo.

El ataque es arrollador, pero la ardua resistencia del joven caballero y de todos los defensores logra repelerlo. Un grupo de invasores que había conseguido penetrar en el castillo es aplastado por una pesada puerta de hierro.

Tras perder la batalla, otro consejero sugiere al rey que ataque de nuevo el castillo, convencido de que sus defensores ya no podrán oponer resistencia durante mucho tiempo. Sin embargo, el destino es adverso al rey Clamadeu. Un golpe de viento lleva a los pies del castillo una barca cargada de alimentos, que los defensores compran a cualquier precio a los marineros. Se prepara un gran banquete, y los asediantes deciden huir.

Llegados a este punto Clamadeu lanza un desafío al joven caballero que este acepta, ante la consternación de todos, porque temen que no pueda derrotar a un caballero que nunca antes había sido abatido.

A la mañana siguiente, los dos caballeros se enfrentan en un campo, solos, frente a frente. Rompen las lanzas, agrietan los escudos, pelean incansablemente con las espadas, hasta que Clamadeu cae derrotado y debe aceptar, además de las mismas condiciones que habían sido impuestas al senescal, la de defender en adelante el castillo de la damisela de los ataques de otros enemigos y liberar a los prisioneros.

Una vez cumplidos sus deberes, Clamadeu se dirige al encuentro del rey Arturo, igual que había hecho su senescal. Y lo encuentra en su corte en Disnadaron, en Gales. Clamadeu y el senescal se entregan al rey Arturo y transmiten a la dama el mensaje de que pronto sería vengada del ultraje que le hizo Keu, el senescal irrespetuoso.

Mientras, el joven caballero decide ir a visitar a su madre, para saber si sigue viva, y promete a su damisela, de nombre Blancaflor, que volverá pronto, con su madre o sin ella.

Al salir de la ciudad, el caballero topa con una procesión de monjes y monjas,

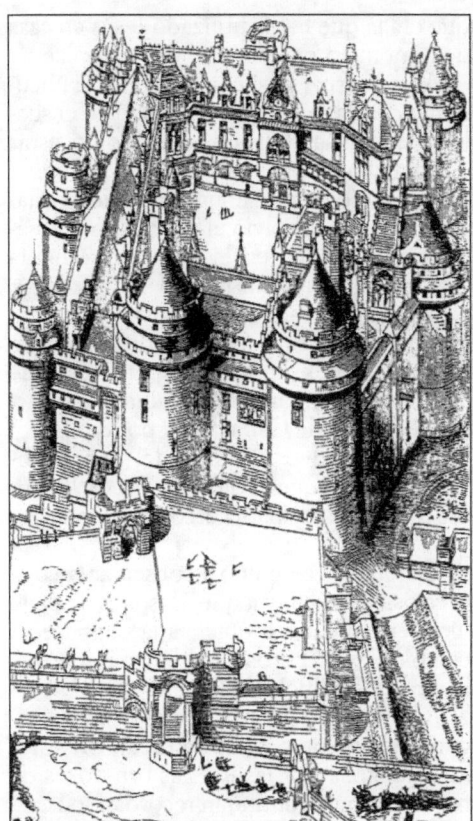

Reconstrucción de Viollet-le-Duc del castillo de Pierrefonds (Francia), del siglo XV. P. Lacroix, op. cit. (CBNF/G)

muy tristes por su partida. Él les promete que volverá pronto y que si encuentra a su madre viva hará que ingrese en el convento como monja velada, pero si está muerta encomendará su alma a sus oraciones.

Después de un largo viaje, llega a un río difícil de cruzar. Pregunta a unos pescadores que navegan por él dónde hay algún punto para vadearlo, pero le responden que no hay ninguno en muchas millas. Uno de los pescadores le invita a hospedarse en su casa, que no está lejos.

El joven caballero sigue las indicaciones que le ha dado el pescador (es uno de los Reyes Pescadores de la tradición) y llega a una gran torre, rodeada por otras cuatro torres. Allí es recibido con todos los respetos, despojado de las armas, vestido con una capa y llevado a una gran sala donde arde, en el centro, un gran fuego que podría dar calor a más de 400 personas. En la sala un hombre anciano, muy débil, yace en una cama. Pese a su estado, intenta ponerse en pie para recibir al joven con los honores que le corresponden. Ambos cenan juntos y pasan la velada conversando.

El anciano regala al forastero una espléndida espada. Un paje que lleva una lanza con una gota de sangre en la punta pasa por delante de ellos. Y mientras cenan presencian una singular procesión: dos pajes con candelabros de diez velas y una joven que lleva en las manos un cáliz (en el texto se utiliza el término *graal*), que se dirigen a una estancia contigua.

El joven siente el deseo de saber qué ocurre, pero recuerda el consejo de su maestro de que es mejor callarse que preguntar y decide no preguntar nada, haciendo lo contrario de lo que habría requerido la situación.

Después de cenar, todos se retiran, y él se dispone a dormir.

Al día siguiente, cuando se despierta no encuentra a nadie en la morada, pero como las puertas están abiertas se marcha sin ningún impedimento.

El joven caballero todavía no lo sabe, pero acaba de cometer su peor error, que sólo podrá reparar al cabo de los años: no formuló la pregunta correcta al rey enfermo y no pudo ayudarle a resolver su problema. Es el primer gran fracaso del joven, que ya creía ser un auténtico caballero, capaz de afrontar cualquier reto; sin embargo, ha perdido el más importante de todos. Hará falta un segundo encuentro para restablecer el equilibrio y hacer que el caballero vuelva al camino de la realeza.

El mago Merlín: la Historia del Santo Grial
La obra *El Mago Merlín* es muy importante, sobre todo por la descripción del nacimiento de Merlín. Se cuenta que fue el fruto de la unión del demonio con su madre, una mujer virgen y púdica que una noche fue engañada por el enemigo.

Sin embargo, su inocencia y la de su madre, que después llevó una vida de santidad en un convento, le convirtieron, no en el hijo del diablo, sino en un hombre protegido por Dios, quien le otorgó el don de la profecía, sin olvidar el conocimiento que le correspondía por ser hijo de un ángel caído.

Los capítulos dedicados a la historia del grial son los que van del XXIV al XXXIV.

La leyenda de José de Arimatea
(capítulo XXV)

Gracias a sus poderes de videncia y adivinación, que proceden de su especial nacimiento, Merlín sabe qué quiere Dios de Arturo.

El mago inicia el relato de la historia de José de Arimatea.

José era un condestable de Pilatos, gobernador de Judea en la época de Jesucristo, que había estado en varias ocasiones con nuestro Señor, a quien amaba profundamente, aunque no exteriorizaba este afecto.

Judas, senescal en casa de Jesús, estaba afligido por el derroche de ungüento que utilizaba María para el pelo de su hijo. En tanto que mayordomo, tenía derecho a una décima parte de la renta del Señor, y valorando que el ungüento costaba por lo menos 300 monedas, pensó que había perdido 30.

Entonces decidió recuperarlas. Se presentó en una reunión celebrada por los enemigos del Hijo de Dios para encontrar la manera de capturarlo y les propuso vender a su Señor por 30 monedas. La propuesta fue aceptada y Judas recibió el dinero. En esa reunión estaba presente José de Arimatea, a quien causó gran tristeza lo sucedido.

La historia prosigue como se sabe, hasta el momento en que Pilatos pidió un recipiente para lavarse las manos. A falta de otro recipiente, un judío le dio una copa o cáliz que procedía de casa de Simón el Leproso y que precisamente había sido utilizada por Jesús el día de la Última Cena.

Después de la muerte de Jesucristo, José de Arimatea pidió el cuerpo del difunto a Pilatos, como compensación por todos los servicios prestados gratuitamente. Pero los judíos que custodiaban la cruz no quisieron entregarle el cuerpo del Señor. José fue a ver de nuevo a Pilatos, que lo envió al Gólgota acompañado por un hombre llamado Nicodemo.

Además, pensando que le gustaría, le donó la copa que había usado y que sabía que era la que había utilizado Jesús en casa de Simón el Leproso.

Ante la cruz, José con la ayuda de Nicodemo desclavó a Jesús, lo tumbó en el suelo y le lavó las heridas, pero como estas continuaban sangrando recogió la sangre en el recipiente que le había regalado Pilatos. Después envolvió el cuerpo en una sábana y lo colocó en la tumba que había construido para sí mismo.

Los judíos, indignados por lo acontecido, intentaron capturar a los dos hombres. Nicodemo consiguió huir, pero José fue capturado y emparedado en una gran pilastra de la casa de Caifá, vacía por dentro.

Allí José tuvo la visión del Señor, envuelto de luz, que le dio el cáliz con la sangre que él mismo había escondido en un lugar secreto.

El Señor le conminó a conservar la copa preciosa (el cáliz) y a que, después de él, lo hiciesen aquellos a quienes la confiase. A cambio, se le recordaría cada vez que se celebrara el sacrificio de la misa.

A este respecto, las liturgias más antiguas (por ejemplo, la de San Juan Crisóstomo, utilizada por las iglesias ortodoxas de rito bizantino) continúan recordando la acción en la cruz hecha por José de Arimatea, con las palabras: «José de Arimatea, depuesto de la cruz tu cuerpo puro, lo envolvió en un sudario blanco con aromas y, hechos los honores fúnebres, lo puso en un sepulcro nuevo».

Pasados muchos años (34 aproximadamente), el emperador Tito intentó por todas las vías posibles sanar a su hijo Vespasiano de una lepra terrible. Sabiendo que en Judea Jesús había realizado grandes milagros, escribió al juez de la región, Félix, para que le enviase algún objeto que hubiese sido tocado por Jesús.

Verónica se presentó ante el juez con una tela con la imagen del rostro que había quedado marcada en ella. La tela fue enviada rápidamente a Roma y Vespasiano se curó de inmediato.

A continuación, Vespasiano decidió partir hacia Tierra Santa y allí persiguió duramente a los judíos.

La esposa de José de Arimatea se dirigió a él para explicarle que su marido había desaparecido. Vespasiano empezó su búsque-

Un caballero se marcha a la guerra. P. Lacroix, op. cit. (BNF/G)

da, torturó y quemó a muchos judíos, hasta que uno confesó y lo condujo hasta la pilastra. Entrando por arriba, Vespasiano encontró a José, envuelto en la luz: él sabía todo de Vespasiano y le explicó las bases del Evangelio. Vespasiano se convirtió.

De nuevo en libertad, José se reencontró con su mujer, que había cambiado mucho de aspecto, había envejecido; él, en cambio, no. En medio de la noche, una voz le mandó bautizarse, juntamente con su familia, y partir sin llevar nada consigo excepto el cáliz, que colocó dentro de un arca que hizo construir expresamente. Y partió hacia tierras lejanas, donde convirtió y bautizó a muchas personas.

Parzival *de W. von Eschenbach*

El capítulo XVI de esta obra («Un nuevo enfrentamiento entre Anfortas y Parzival y la proclamación de Parzival Rey del Grial») recupera las aventuras del joven caballero de Chrétien de Troyes, en el momento en que este se da cuenta del gran error que ha cometido al no haber formulado la pregunta al rey moribundo (llamado aquí Anfortas).

El joven caballero, Parzival, vuelve finalmente a la morada del rey Anfortas, a quien en su momento no supo ayudar porque no le formuló la pregunta correcta frente al grial.

Antes de su llegada, Anfortas, profundamente atormentado, había pedido a sus súbditos que pusieran fin a su vida infeliz, pero estos siempre habían logrado evitar que cometiera el suicidio, haciéndole ver el grial, que le daba la fuerza para vencer esa idea.

Todos esperaban el retorno del caballero, para que formulase la pregunta adecuada y así resolviese las penas del rey, que sufría una llaga tan dolorosa y maloliente que allí donde se encontraba debía haber siempre flores, bálsamos, especias, esencias, aromas. La camilla en la que reposa contenía miríadas de piedras preciosas y minerales encastrados, porque creían en el poder curativo de las piedras.

Parzival llega al puesto de guardia, junto con su compañero Feirefiz y una muchacha. Los templarios allí presentes les dan la bienvenida, sabiendo que, gracias a ellos, el Rey del Grial pronto recobrará la salud.

Después del recibimiento, los guardias escoltan a los tres personajes hacia el castillo del rey, donde una multitud les espera y les acompaña hasta el pie de la escalinata que lleva a la gran sala. Allí dejan las armas y se visten con vestidos preciosos, beben en copas de oro y, finalmente, son presentados a Anfortas.

Parzival pide ver el grial: se arrodilla tres veces, loando la Trinidad, y pide ayuda para el rey enfermo. Luego se levanta y pregunta: «¿Tío, qué es lo que te hace sufrir?». En ese preciso instante los rezos surten el efecto deseado: el color de la tez del rey mejora y empieza a irradiar belleza como pocos otros. Parzival es designado soberano y señor del grial.

ELEMENTOS DE LA TRADICIÓN EN LA LEYENDA DEL GRIAL

Se puede afirmar que el mito del grial no sólo se sustenta en elementos tradicionales de distintos orígenes, sino también en tradiciones folclóricas de origen pagano, típicas, por ejemplo, del ciclo de narraciones sobre el mítico rey Arturo.

Evola destaca que uno de los componentes más interesantes asociados con el

Caballero con armadura de torneo. P. Lacroix, op. cit. *(BNF/G)*

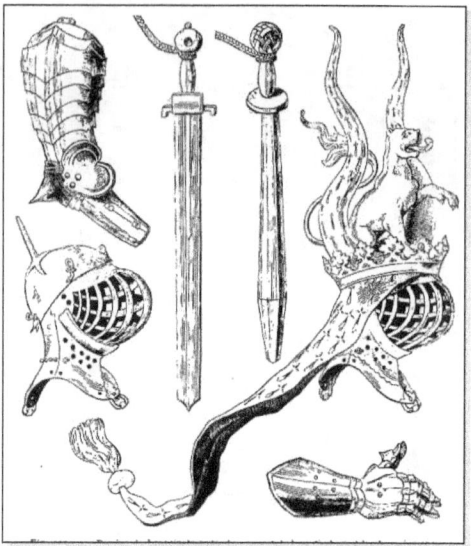

Armamento para torneos. P. Lacroix, op. cit. *(CBNF/G)*

Tomás de Saboya, conde de Flandes, y su esposa entregan a la ciudad de Cambray el tratado de paz entre la ciudad y los condes de Hainaut. Miniatura de un códice del siglo XV. P. Lacroix, op. cit. *(BNF/G)*

mito del grial es el del ideal gibelino del imperio, tanto en la forma más directa como en la más discreta, mantenida en varias sociedades secretas.

Según el autor, la temática del grial puede sintetizarse en los siguientes puntos esenciales: la existencia de un centro misterioso, la búsqueda de una prueba —con la consiguiente mejora espiritual— y la devolución o recuperación de la autoridad real, acompañada eventualmente de una acción de venganza o reparación.

El precedente mitológico es la creencia en la existencia de una raza superior que habría existido en la Edad de Oro. La posterior decadencia de esta raza habría comportado la pérdida de la tradición antigua, que fue conservada por una jerarquía invisible de unos pocos elegidos.

Uno de los símbolos más interesantes que hacen referencia a estas tradiciones antiguas es el de la mujer, que es vista como una fuerza capaz de dar energía y transfigurar, quizás un recuerdo de la figura antigua de la Gran Madre, matriz del universo.

Otro símbolo importante es el de la sede de esta gran civilización desaparecida, que se habría originado en los países nórdicos boreales (la mítica Thule, Avalon) o en la región atlántica occidental. La cuna nórdica habría desaparecido a consecuencia de un diluvio, o bien de una congelación.

Estos temas aparecen en la mitología celta, más concretamente en la irlandesa.

En efecto, la obra *La Batalla de Mag-Tured* describe algunos objetos que la dinastía sagrada de los Tuatha trae desde su lugar de origen en el norte y que resultan importantes para la tradición del grial: la piedra que permite saber quién será rey, la lanza, la espada y un recipiente capaz de alimentar con su contenido a un gran número de guerreros.

Los orígenes del mito del rey Arturo deberían buscarse en las luchas del rey Arthur, probablemente el jefe de los cimros nórdicos, contra los anglosajones a lo largo de los siglos V y VI.

Hombre de fuerza desmesurada (el término podría significar «oso»), Arturo es asociado a un mago poderoso (Myrddhin, Merlín), posiblemente por su componente espiritual.

Ambos componentes, el guerrero y el espiritual, son una constante en el mito caballeresco relacionado con Arturo.

Según Evola, el grial podría representar en el fondo una lucha por lograr la dimensión espiritual por parte de la caballería dedicada a la lucha material.

Volviendo a la simbología de la tradición del rey Arturo, encontramos de nuevo la piedra real en el episodio de la extracción de la espada de la roca, que libera en Arturo una fuerza de la materia.

Además, en el castillo del rey Arturo se habría conservado un recipiente sobrenatural, que él había conquistado a otro rey y que tiene características similares a las del recipiente dagda de la tradición irlandesa de la estirpe de los Tuatha de Danann. Es un recipiente con el poder de saciar el hambre, devolver la salud y preservar de la vejez a todo aquel valiente que conociera la palabra verdadera.

La simbología de la mesa redonda también es importante. La mesa redonda recuerda el castillo giratorio, la tierra polar (que gira en torno a su propio eje).

La mesa podría simbolizar el mundo, dividido en doce feudos, uno para cada uno de los doce caballeros, y encajaría con la teoría que considera el grial un mito de la realeza.

La existencia de un lugar vacío para el 13.º caballero indica que algo, con respecto al periodo ordenado de la época precedente, ha causado una decadencia del reino: los caballeros del ciclo arturiano que emprenden la búsqueda del grial en el fondo combaten para encontrar al caballero (o al nuevo orden espiritual) que, sustituyendo el viejo poder de Arturo, podrá restablecer el orden antiguo y derrotar a las fuerzas del mal.

Una alternativa a la sustitución de Arturo es su retorno después de resultar herido: el rey lucha contra Modred, su sobrino, que le había usurpado el trono y le había arrebatado a su mujer, Ginebra.

Arturo vence al traidor, pero resulta herido de gravedad (muchos de sus caballeros han caído en la batalla). Entonces lo llevan a Avalon, o Reino de los Muertos, donde permanece a la espera de recuperar las fuerzas para tomar de nuevo el poder.

HERMETISMO

Corriente mágica y religiosa, alquímica y filosófica que se desarrolló entre los siglos III a. de C. y III d. de C. Se remonta al mítico Hermes Trismegisto (Tres veces sumo), Mercurio para los latinos, que los griegos identificaron con el dios egipcio Thot, el escribano mensajero de los dioses.

El contenido de las doctrinas herméticas se conserva en varias obras, que se dividen en dos grandes corrientes: una esotérica, mágica y alquímica, y otra de carácter más filosófico y místico.

La primera corriente, la más antigua, se remonta al siglo III a. de C. Sus obras principales son: el *Liber Hermetis Trismegisti*, un tratado astrológico del que se conserva la traducción latina del original griego; textos de teología aplicada a la medicina, concretamente sobre los influjos de los astros en las enfermedades; y también varios textos de magia y de alquimia.

El segundo grupo abarca obras de los primeros siglos de nuestra era, entre las que recordamos el *Corpus Hermeticum* (véase Obras: *Corpus Hermeticum*), el *Asclepio*, que nos ha llegado gracias a la traducción latina del texto griego, y otros textos que se conservan en armenio o copto.

Son textos importantes, de temática religiosa y devota, que presuponen la existencia de comunidades o pequeños grupos de iniciados.

Hermes Trismegisto. D. Stolcius v. Stolcenberg, Viridarium Chymicum, Frankfurt, 1624 (BFE)

El pensamiento cristiano de los primeros siglos estimaba que los autores de estos escritos se habían inspirado en la Divina Providencia y eran leídos con interés.

A veces, se asocian a los escritos herméticos los *Oráculos de Caldea (véase Obras: Oráculos de Caldea)*, una serie de vaticinios y oráculos que datan de los siglos II y III d. de C. y que probablemente son una transcripción de visiones e intuiciones de médiums de la época, posteriormente redactadas en forma poética.

La tradición que se expresa en estos textos en parte es parecida a la de los escritos herméticos, aunque muchos se remontan a la babilonia.

Una de las obras que más influyó en el mito de Hermes Trismegisto a finales de la Antigüedad y durante el periodo medieval es la *Tabla de Esmeralda*.

Inauguración del curso. Las disciplinas tradicionales del pasado se enseñaban en instituciones tan prestigiosas como la universidad. En todos los casos se destaca la importancia de la relación maestro-alumno, que no puede ser sustituida por simples textos escritos. A. Barlet, La Theotecnia Ergocósmica, es decir, el Arte de Dios en la Obra del Universo, *París, 1653 (BFE)*

LA TABLA DE ESMERALDA DE HERMES TRISMEGISTO

Existen referencias desde el siglo VII d. de C., en un ejemplar escrito en árabe, reproducido en la obra de un cristiano de lengua árabe, que afirmaba haberlo traducido del original griego de Apolonio de Tiana (siglo I d. de C.).

Según Paolonio, la *Tabla de Esmeralda* se remonta directamente a Hermes Trismegisto.

La obra, aunque seguramente es apócrifa, resume los principios básicos del hermetismo, tal como se habían ido configurando en el Egipto grecorromano de época tardía. No es aventurado relacionarla con el pensamiento hermético de Egipto de los primeros siglos de nuestra época.

Las citaciones de la *Tabla de Esmeralda* están extraídas de la versión publicada en 1910 en una revista sobre esoterismo del doctor Giuliano Kremmerz (*Commentarium per le Accademie Ermetiche del Dott. Giuliano Kremmerz*, n.º 6-7, 20 de octubre de 1910).

1. Es verdadero, es verdadero sin error, es cierto y totalmente verdadero.

Este es el primer punto de la tabla. Se proponen dos lecturas posibles.

La primera está constituida por el análisis de la estructura, tripartita: un primer miembro, que plantea una cosa (la verdad); un segundo miembro que añade al primero una precisión (sin error), y un tercer miembro que resume los dos primeros en forma superlativa (cierto y totalmente verdadero).

Del uno procede el dos, que desarrolla el tres, que resume los dos primeros miembros y produce una cosa mejor.

La segunda lectura, por el contrario, se realiza en el plano físico-filosófico: «es verdadero» indica lo que es en apariencia (el mundo material); es «muy verdadero», lo que es en realidad, es decir, la dimensión metafísica y espiritual; «es cierto y totalmente verdadero», lo que sintetiza los dos primeros puntos, uniendo lo material con lo espiritual, en una síntesis superior.

2. Lo que está abajo es como lo que está arriba, y lo que está arriba es como lo que está abajo, para hacer el milagro de una sola cosa.

La energía espiritual emanada del Padre, a medida que se aleja del centro, pierde luminosidad y continúa apagándose, hasta congelarse en materia.

Atención: en todas partes la energía es la misma, aunque transformada. Por eso, aunque esté congelada en materia, la energía está siempre presente y continúa vibrando dentro de todas las cosas. Así, la energía espiritual que está arriba (más cerca del Padre) se identifica con la que vibra en el corazón oculto de todas las cosas, y viceversa.

De este modo, el universo no es más que el producto de la transformación de una energía única, que convierte todo en una gran Unidad; en esto el macrocosmos es idéntico al microcosmos.

3. Como todas las cosas han sido siempre y han venido de Uno, así todas las cosas han nacido por adaptación de esta cosa única.

Se insiste en el punto anterior, aclarándolo: del Uno (el Padre del que emana todo) han surgido todas las cosas, que han adquirido individualidad propia mediante la adaptación de esta energía única.

4. El Sol es su padre, la Luna es su madre, el Viento lo ha llevado en el vientre, la Tierra es su nodriza. El padre de todo, el Telesma de todo el mundo está aquí; su potencia es ilimitada si se convierte en Tierra.

El Sol es el principio positivo (+), masculino, seco, y produce energía. La Luna es el principio negativo (−), femenino, húmedo, y refleja, modificada, la energía del Sol. Es la doble polaridad que constituye la base del dinamismo del universo. El Viento puede entenderse como el medio sutilísimo que transporta el mensaje vibratorio del Sol y de la Luna: es el portador, constituido por un campo energético omnipresente, rapidísimo, que alberga en su interior el mensaje. La Tierra es la beneficiaria de esta irradiación: según el pensamiento tradicional, la tierra posee en su interior las semillas de todas las cosas que pueden nacer de ella (por ejemplo, minerales y metales).

La irradiación del cosmos provoca la maduración de estas semillas, las impregna con la energía adecuada y hace que puedan alcanzar un nivel de crecimiento superior. En este proceso la tierra, con su calor interno, actúa como una incubadora (o, en lenguaje antiguo, como una nodriza). La raíz de las cosas de todo el mundo está en este principio básico y en su transformación a través del cosmos.

Cuando todo es filtrado y modificado por la tierra la irradiación produce cosas maravillosas caracterizadas por una gran potencia.

No olvidemos que, probablemente, la *Tabla de Esmeralda* es contemporánea a los primeros testimonios escritos sobre alquimia de la cultura egipcia tardía, de la época helenística, que han influido en el pensamiento del momento y han dado origen al texto que estamos analizando. En efecto, el quinto punto es la intervención del alquimista.

5. Tú separarás la Tierra del Fuego, lo sutil de lo grueso, suavemente, con gran industria. Él remonta de la Tierra al Cielo, rápidamente vuelve a bajar a la Tierra y recoge la fuerza de las cosas superiores e inferiores.

La operación alquímica que debe realizarse es la separación de lo sutil, el fuego, de lo grueso, la tierra.

La energía cósmica se ha unido, adaptándose y modificándose, a las semillas de las cosas que hay en el subsuelo: esta es el alma nueva de las cosas, constituida por las vibraciones procedentes de lo alto, modificadas por el lugar donde han madurado las semillas de los minerales y concretamente de los metales. El alquimista deberá recuperar el alma energética de las cosas, liberándola de las trabas de materia, y lo hará siguiendo un procedimiento cíclico, que hace que lo sutil vaya hacia arriba (donde están los cuerpos espirituales y más elevados), purificándose y enriqueciéndose con las vibraciones superiores, para luego volver a la Tierra, y enriquecerse con las vibraciones de los cuerpos inferiores, y así sucesivamente.

Resulta claro que esto equivale a la subida y posterior descenso de la materia sublimada en la bola del alquimista, o al agua que baja a la tierra con la lluvia, para volver al cielo con la evaporación.

6. Tú tendrás con este medio toda la gloria del Mundo, y por eso toda oscuridad irá lejos de ti. Es la fuerza fuerte de toda fuerza, porque vencerá toda cosa sutil y penetrará toda cosa sólida.

El sexto punto es muy importante y no debe inducir a confusión. A través del conocimiento de los puntos anteriores (el secreto de la energía cósmica primaria), el mago/alquimista obtendrá toda la gloria del Mundo. No se trata de la pura gloria que el Mundo tributa a quien realiza grandes descubrimientos, y menos aún a la vanagloria de quien cree poseer un poder concreto.

En este caso la gloria representa la satisfacción máxima que puede lograr un ser humano que haya accedido a los secretos de la creación y sea capaz de reproducirlos, imitando en esto a la divinidad. Que no se trata de una gloria mundana lo demuestra el hecho de que esta resplandece de luz. En efecto, aleja la oscuridad (la ignorancia, las tinieblas, el mal). El secreto es el conocimiento superior de cómo obtener esta fuerza, que es el principio energético primario que se encuentra en la base de todas las otras fuerzas, y que es capaz de dividir todas las cosas.

7. Es de este modo que el Mundo fue creado.

De nuevo se hace referencia al proceso de la creación, que el mago/alquimista imita en su actividad. Al igual que la energía emanada del Padre se transforma en materia a través de distintas adaptaciones, símbolo de la acción dinámica de la naturaleza, así el mago/alquimista, siguiendo la naturaleza e imitando la acción de la divinidad, actúa como catalizador de las operaciones naturales, acelerando sus procesos.

8. De esta fuente saldrán innumerables adaptaciones, cuyo medio está indicado aquí.

Del resultado de la operación llevada a cabo mediante la recuperación y la activación de este campo energético procederán numerosísimas variaciones.

Es interesante el hecho de que se haga referencia a la acción realizada por el mago o por el alquimista, pero que el resultado se produzca de manera casi autónoma: «De esta fuente saldrán (...)».

El alquimista ha puesto en marcha el proceso, pero el resultado, más que depender de él, se deberá al desencadenamiento de las fuerzas activadas, que siguen las leyes de la naturaleza y están guiadas desde lo Alto.

De este modo podrán tener lugar acontecimientos que, a pesar de utilizar este medio sutil, dependen de una voluntad superior.

9. Es por este motivo que yo fui llamado Hermes Trismegisto, porque poseo las tres partes de la filosofía del Mundo.

Dado que ha descubierto, conoce y tiene capacidad para realizar las operaciones descritas, Hermes (el dios egipcio Toth) fue llamado Trismegisto (el Tres Veces Sumo), porque es experto en la triple conciencia de la que se ha hablado anteriormente, en el punto 1.

También se hace referencia a las modalidades operativas del pensamiento hermético, que opera en procesos tripartitos: por ejemplo, ignoro; deseo conocer; ello me empuja a la búsqueda.

10. Lo que he dicho de la Operación del Sol es perfecto y completo.

Lo que Hermes dijo del procedimiento alquímico (la operación del Sol significa la transformación del metal en oro, simbolizado por el Sol, por tanto, la consecución de la perfección) es perfecto (*perfectus*, llevado a cabo, realizado) y completo (no se necesita más).

Considerada con toda justicia la obra que mejor aclara los presupuestos teóricos y prácticos del hermetismo en general, y de la alquimia en particular, la *Tabla de Esmeralda* se basa en el convencimiento de que en el universo actúa una fuerza única, de origen divino, que es la base de todas las demás fuerzas conocidas y desconocidas.

Esta fuerza se sirve de un campo que produce orden, portador de un mensaje vibratorio original de derivación divina. Este campo llega a todas partes, forma la materia, continúa informándola, se adapta a ella, constituye su corazón vibratorio.

La capacidad de identificar, recoger y manipular esta energía misteriosa es el conocimiento secreto del que se ocupan la magia y la alquimia.

MAGIA

Conocimiento superior de las leyes del universo y de la creación que posee el mago. Conociendo el modo en que opera la creación, el mago puede modificar las cosas y los acontecimientos.

Hay que efectuar una primera distinción entre magia y brujería, que se refleja en las figuras del mago y del brujo. El mago tiene características muy diferentes a las del brujo (o chamán). Aunque ambos interactúan con el mundo, concretamente con el mundo invisible, lo hacen siguiendo modalidades diferentes.

EL CHAMÁN

El chamán es un súcubo del mundo de los espíritus, el medio por el que pasa la información de un mundo (la otra dimensión) a otro, el nuestro. Está en contacto con esta dimensión y en estado de trance la describe, proporcionando a quien le escucha informaciones útiles.

A veces, durante su visita al mundo de la otra dimensión, se encuentra con seres, formas o colores que no son los nuestros. Cuando vuelve en sí intenta representar, si se acuerda, las visiones que ha tenido, en una reproducción de imágenes y figuras que necesariamente fuerzan nuestras capacidades cognoscitivas, porque se refieren a una realidad que no es la nuestra. Debido a esto se producen imágenes extrañas, oníricas, que representan criaturas que pueden ser en parte humanas y en parte animales o demoniacas.

Normalmente la práctica chamánica, en sus formas de trance inducido, requieren la presencia de alguien que pueda tomar nota de lo que el chamán en estado de inconsciencia vive y expresa.

Antiguamente, pero también hoy en las culturas primitivas, el chamán es quien se relacionaba con las otras dimensiones en nombre de la tribu.

En la actualidad tienen capacidades chamánicas los médiums y en parte todas las personas que actúan con las energías, como los radiestesistas o los rabdománticos. Para examinar con detalle las características del chamán, véase también *Temas: Chamanismo*.

EL MAGO

El mago posee unas características muy diferentes al chamán. No es necesario que tenga una sensibilidad especial, no actúa de manera pasiva con la otra dimensión, sino que estudia el cosmos (en el fondo es un científico).

Impone su voluntad, a partir de sus conocimientos superiores del mundo y del cosmos, mediante rituales, fórmulas, energías poco conocidas y, sobre todo, el conocimiento y el uso de la regresión cósmica, de la que hablaremos un poco más adelante. Actualmente el mago podría ser el astrólogo o la persona que realiza rituales mágicos con conocimiento de causa.

LA SIMPATÍA UNIVERSAL

La magia se basa en la ley de la simpatía universal, según la cual todo está relacionado con todo. Por medio de un fluido sutil que une todas las cosas, cualquier movimiento en las distintas dimensiones del cosmos se transmite a todas las demás cosas, preferentemente a aquello que tiene capacidad de resonar con el agente.

Una vez conocida la dirección exacta, se puede influir en cualquier cosa, porque no existen áreas de discontinuidad, como cree la ciencia moderna.

Este proceso de resonancia es particularmente válido para el hombre, que es un microcosmos que refleja plenamente el macrocosmos de la creación.

En efecto, el hombre está compuesto por los mismos elementos que la creación (ahora diríamos los mismos átomos que el universo): las mismas sustancias, los mismos procesos, los mismos desequilibrios se registran en el hombre y en el macrocosmos, por lo cual sería posible un flujo directo del macrocosmos al microcosmos, o bien del hombre al hombre, a través de los astros o mediante la imitación de las grandes leyes que regulan el universo.

LA REGRESIÓN CÓSMICA

La regresión cósmica es el gran secreto de los magos. Según la concepción antigua, un mago no podría intervenir de manera significativa en el curso de los acontecimientos si no supiera trabajar con la regresión cósmica.

Para entender qué es y cómo funciona este concepto debemos conocer cómo procede la creación, ya que, de hecho, la regresión cósmica es un modo de conectarse de nuevo a la creación del universo e imitar la acción de los dioses (o de Dios).

Según los antiguos hermetistas, filósofos, pensadores y magos del mundo griego, egipcio y caldeo, que vivieron a caballo entre el siglo II a. de C. y los primeros siglos después de Jesucristo, en la creación existe un Centro (el Padre) que origina la energía espiritual, que se difunde a su alrededor. A medida que esta se aleja del Centro, decae hasta llegar a un punto en que se congela en materia.

El mago es capaz de trabajar con esta energía, interceptándola en el momento en que se dispone a transformarse en materia y acontecimientos. Aquí, en este espacio (y en este tiempo, que no es el nuestro, sino el tiempo sagrado del mito) el mago consigue interponer el filtro de sus transformaciones entre el antes del todavía no-materia y el después de la materia ahora ya transformada.

¿De qué manera puede incorporarse a este proceso creativo? La respuesta es fácil: mediante la repetición de las acciones de los dioses en el rito y en las celebraciones que permiten salir de nuestro espacio/tiempo cotidiano profano para entrar en el espacio y en el tiempo sagrados, idénticos a aquellos en los que los dioses llevaron a cabo el acto de magia más importante (la creación), existiendo en una dimensión diferente de la nuestra.

MAGIA Y ALQUIMIA

El acto creativo que acabamos de describir sigue un procedimiento utilizado por una disciplina tradicional próxima a la magia: la alquimia.

Las transformaciones alquímicas no pueden tener lugar si los materiales con los que se trabaja no se llevan antes a un estado de materia prima, entendida como la sustancia cósmica originaria de la que todo procede.

Si primero el alquimista no transforma sus elementos en materia prima, no tiene la posibilidad de incorporarse al proceso creativo de los orígenes, y, por ejemplo, no puede convertir los metales en oro.

El alquimista, al igual que el mago, debe identificarse con un dios para poder entrar en la dimensión que le permita interferir en la naturaleza.

La imitación de la acción principal de los dioses, la creación, tiene una importancia fundamental para entender el estado psicológico en que deben estar el mago y el alquimista para encontrar la carga psicoenergética necesaria para hacer posible la operación mágica y alquímica.

El alquimista Jean D'Espagnet, por ejemplo, utiliza un lenguaje simbólico muy próximo al religioso de la creación en *La Obra Arcana de la Filosofía Hermética*, publicada en 1623. Analizando las distintas fases de la obra alquímica, escribe que son cuatro las «digestiones» necesarias para el perfeccionamiento de la Piedra Filosofal. En la primera los cuatro elementos han de disolverse en un agua homogénea, y todo el Mundo ha de volver al caos originario; después, con la segunda digestión, el Espíritu Divino se mueve sobre las aguas, luego se forma la Luna y se separan las aguas de las aguas, se renuevan el Sol y la Luna, y finalmente los elementos salen del caos y constituyen el nuevo mundo.

LA IDENTIFICACIÓN CON LA DIVINIDAD

En la magia también tiene lugar un proceso de identificación con la divinidad: hay

Recogida del rocío. Mutus liber, *edición francesa de 1773 (BFE)*

Caída de un flujo de rocío celeste (el rocío de los filósofos). Indica la condensación del espíritu universal, que, como es de destacar, tiene lugar en presencia del adepto casi como si esta fuera en cierto modo indispensable. La mano izquierda está abierta como una antena, mientras que la derecha señala con un dedo un cúmulo, que algunos autores interpretan como un manto. Dibujo de un medallón de la catedral de Amiens (Francia) descrito en la obra El Misterio de las Catedrales *de Fulcanelli (FS)*

Sobre los secretos de la naturaleza. Interpretación de la imagen relativa al epigrama XXI del Atalanta Fugiens *de Maier (1618) (FS)*

que seguir el mismo camino que la divinidad para llegar a ser capaz, como ella, de modificar los acontecimientos. Esta es una convicción que tiene un fuerte arraigo en el pensamiento mágico.

En los grimorios medievales (gramática de la operación mágica), encontramos esta identificación entre mago y divinidad.

El mago, mientras recita el ritual, llega a identificarse un poco con Dios, del que procede la creación, y puede, como él, pronunciar el *Fiat* («sea») con el que ordena a la naturaleza.

Encontramos un ejemplo de esta identificación en el *Heptamerón*, atribuido a Pietro de Abano, escrito en latín: en el exorcismo general para los espíritus del aire, el mago actúa enganchándose a los atributos de potencia y creación de Dios, es decir, absorbe la potencia de otras entidades (ángeles e Iglesia) y, una vez asumido el poder de imposición de la divinidad, habla al final en tercera persona, como si fuera Dios; ahora es su voluntad la que debe ser obedecida.

HOMEOPATÍA, ANALOGÍA Y CONTAGIO

Las pinturas rupestres prehistóricas testimonian con abundantes ejemplos que los animales pintados y las escenas de caza no son representaciones naturalistas, sino formas de propiciación mágica *(véase Temas: Arte)*. Golpear con la punta de una lanza al animal representado, descargando la agresividad contra él, es un procedimiento muy común en todas las tradiciones mágicas del mundo. La imagen representada actúa como nexo con el animal real. Este es el principio de la homeopatía, que trataremos más adelante.

Dicho principio es afín al del contagio, según el cual un testimonio de la persona o del animal (un elemento que tenga un vínculo directo con ellos, como el pelo, sangre o una prenda que haya llevado) permite repercutir en la persona o el animal del que proceda. De hecho, precisamente en este principio se basa el mal de ojo.

El principio de la analogía es igualmente importante, porque se encuentra en los fundamentos del pensamiento de las socie-

El viento lo llevó en su vientre. *Entre la pluralidad de las posibles lecturas, se sugiere la energética: el aire, sobre todo si es húmedo, recibe la información de las dimensiones superiores y la lleva a la tierra, donde, enriquecida con los humores de las dimensiones inferiores, vuelve a las superiores, realizando así un intercambio energético e informativo. Según esta interpretación (que es solamente una de las posibles) en el aire es donde hay que encontrar la energía misteriosa para las operaciones alquímicas. Michael Maier*, Atalanta Fugiens, op. cit. *(BFE)*

dades tradicionales: dos cosas son de alguna manera análogas si comparten determinadas características funcionales. Tal como afirmaba Papus, un antiguo egipcio podría haber razonado del siguiente modo: ¿para qué sirven los pulmones? Para absorber el aire que, una vez transformado, alimenta el organismo. ¿Para qué sirve el estómago? Para transformar la comida que alimenta el organismo. Por lo tanto, estómago y pulmones son análogos porque desempeñan funciones similares.

A partir de ahí se puede elaborar toda una serie de equivalencias analógicas entre varias partes de cada organismo.

HIPÓTESIS MODERNAS ACERCA DEL FUNCIONAMIENTO DE LA MAGIA

Tras el análisis de la literatura mágica del pasado podemos llegar a la conclusión de que, para que la magia pueda funcionar, deben cumplirse cuatro condiciones:

1. Los seres vivos han de poder recibir y transmitir algún tipo de energía, conocida o desconocida.
2. Debe haber un medio portador capaz de transmitir a gran velocidad estas «radiaciones» en la distancia.
3. El hombre ha de poder entrar en resonancia con otros seres humanos.
4. La ritualidad y la simbología mágicas han de poder activar algún tipo de campo energético «dirigido» por la voluntad del mago.

El primer punto tiene una gran importancia. Según el pensamiento tradicional cualquier cosa está vinculada y resuena con cualquier otra, en cumplimiento del concepto de «simpatía universal». Por esta razón no hay nada extraño en el hecho de que el mago pueda actuar a distancia sobre algo o alguien.

El historiador árabe Ibn Khaldun, con respecto al tema de la magia, consideraba que el mago tenía capacidad para llevar a cabo actos mágicos a distancia a través de un fluido especial emitido por él mismo.

Muchos autores compartían la opinión de que algún tipo de esencia magnética (o fluido) estaba unido a todo lo que existe. Prueba de ello es la convicción de que era posible transmitir a distancia estos influjos magnéticos.

Paracelso hace un comentario relevante sobre el hecho de que sea posible que los medicamentos ejerzan su acción, aunque no sean ingeridos, sino simplemente puestos en contacto con el cuerpo:

> Igualmente no debería parecerte extraordinario e imposible que un fármaco pueda curar al hombre incluso sin ser ingerido, sino sólo llevado colgado del cuello como un amuleto.
> Un efecto similar se podría constatar para la vejiga con la cantárida. La orina se hará sanguinolenta si tienes en la mano algunas cantáridas, a pesar de que la vejiga, receptáculo de la orina, esté alojada en lo más profundo de nuestro cuerpo, y la mano está fuera del cuerpo, muy lejos de la vejiga.
> (PARACELSO, *Los siete libros de la archidoxia mágica*)

Más claramente se expresa Basilio Valentino:

ENTRE MAGIA Y CIENCIA

Uno de los experimentos más significativos es el del neurólogo americano Albert Abrams. Utilizando la técnica de la percusión de una mano contra la otra, apoyadas a la altura de un determinado órgano, captó un sonido grave en un punto del abdomen de un enfermo que padecía un tumor dirigido hacia el oeste. El sonido grave cesaba cuando se orientaba hacia otro punto cardinal o bien si se examinaba a un individuo sano. Abrams constató también que enrollando un hilo de cobre alrededor de la cabeza del enfermo y uniéndolo a la cabeza de un experimentador se obtenía la misma reacción en el experimentador sano. Más adelante descubrió que las células cancerosas situadas cerca del experimentador sano provocaban en este la misma reacción.

A partir de estas observaciones, Abrams ideó un instrumental que, conectado al paciente/experimentador, permitía anular la reacción que se había percibido.

Los experimentos de Abrams son importantes y constituyen el inicio de otras series de experimentos, como, por ejemplo, los que realizó Alexander Gurwitsch. Este médico ruso descubrió que las células vivas emiten radiaciones (llamadas mitogenéticas) que aumentan la capacidad de proliferación de otras células. Serían radiaciones de tipo luminoso (reflejadas, por ejemplo, por espejos metálicos) situadas en el ámbito de los ultravioletas (bloqueadas por el cristal, pasan a través del cuarzo). Así, las células serían activadas por radiaciones ultravioletas ultradébiles y emitirían radiaciones mitogenéticas reaccionando en cadena.

El trabajo de Gurwitsch fue confirmado por F. Popp, que, con sus colaboradores, identificó la emisión de radiaciones luminosas por parte de las células (biofotones), sobre todo en la fase de réplica del ADN.

En épocas más recientes, el investigador ruso V. Kaznacheyev, junto con varios colaboradores, ha realizado más de 5.000 experimentos controlados con los que ha demostrado que los tejidos enfermos transmiten a otros tejidos —aislados de los primeros por separaciones de cuarzo— un comportamiento patológico idéntico (comportamiento citopático reflejo) y que este fenómeno no se observa cuando la separación es de cristal (este impide el paso de los rayos ultravioletas). Por lo tanto, quedaría confirmado que la transmisión tendría lugar no por vía bioquímica, como siempre se había creído, sino por vía electromagnética.

Paralelamente las heridas y las enfermedades pueden ser curadas, aunque el paciente y el médico estén separados por una gran distancia [...] utilizando solamente aquellos medios en los que reside una virtud magnética atractiva.
Si un herido que tiene que abandonar el campo de batalla deja a un médico las armas con las que ha sido alcanzado, o un poco de sangre que haya manado de su herida, y este último le suministra correctamente las curas adecuadas para sanar según el tratamiento habitual la herida, no debe considerarse que se trata del resultado de un encantamiento el hecho de que el herido se restablezca normalmente y sin incertidumbres.
Este tipo de curación tiene lugar a causa exclusivamente de una virtud atractiva del medicamento que por medio del aire se transmite a la herida para purificarla y llevar a cabo su obra espiritual.

(BASILIO VALENTINO, *Tratado físico-químico de las cosas naturales y sobrenaturales, de los metales y de los minerales*)

Una segunda tradición importante es la homeopatía.

En la base del pensamiento de Hahnemann, padre de la homeopatía, hay indudablemente una concepción de la vida de tipo fundamentalmente tradicional. Esto se desprende, en particular, de sus opiniones sobre la fuerza vital. Para Hahnemann esta esencia inmaterial, una dimensión informativa vital, es la que regula el organismo y lo mantiene en un estado de equilibrio psicofísico. Tanto es así que una perturbación de la fuerza vital puede comportar descompensaciones físicas.

Cuando se suministra un medicamento se crea una interacción energética entre uno de los cuerpos sutiles del hombre, quizás el cuerpo etéreo, o un sistema concreto de nuestro organismo, como por ejemplo el inmunitario, y el mensaje transmitido por el medicamento, probablemente por vía electromagnética.

El segundo punto tiene que ver con la existencia de un portador capaz de transmitir estas u otras radiaciones presentes en la naturaleza. Puesto que el acto mágico se manifiesta sin problemas de espacio, la acción del mago podrá ser transportada en la distancia en tiempos muy breves.

Durante siglos se creyó que este portador estaba constituido por el éter, el fluido omnipresente que une todas las cosas del universo. Después de los experimentos físicos del siglo XIX y de las teorías de Einstein, se llegó a la conclusión de que el éter no existía. Sin embargo, varios investigadores de épocas posteriores han demostrado en repetidas ocasiones su existencia, como Dayton Miller o Wilhelm Reich, que lo han situado en un campo energético vital llamado orgón, o Hans Nieper.

Probablemente el error radicaba en el hecho de que todos buscaban un éter estático, mientras que se trataría de un fluido dinámico (en movimiento continuo), como sostiene en sus obras Todeschini, un investigador de Bérgamo.

Recientemente el éter se ha ubicado en el campo taquiónico, un campo compuesto de partículas más veloces que la luz (taquiones), caracterizado por un cuadrante espacio/tiempo negativo (con entropía negativa, es decir, con tendencia a ir no hacia un desorden mayor y hacia la decadencia, como ocurre normalmente, sino a recomponerse según el principio de orden).

Un campo constituido de esta manera sería el portador idóneo de cualquier información, por ejemplo, la de las formas de pensamiento del mago, emitidas por ondas cerebrales, capturadas por el portador superveloz y transmitidas a distancias increíbles. Por lo tanto, este portador podría intervenir en el proceso mágico.

En el tercer punto hay que hacer referencia a los experimentos realizados por el investigador italiano Alberto Tedeschi sobre la interacción de las ondas cerebrales.

Uno de sus experimentos tenía como objeto estudiar si en los electroencefalogramas de paciente y pranoterapeuta se registraba alguna interacción entre sus ondas cerebrales en el curso de la sesión de pranoterapia. Y se vio que, si al principio las dos personas tenían frecuencias diferentes, a medida que avanzaba la sesión se producía un acercamiento de la frecuencia del paciente a la del terapeuta, hasta que acababan siendo idénticas.

En una segunda serie de experimentos se observó que cuando el pranoterapeuta a unos metros de distancia concentraba su atención en algunos órganos del paciente, en estos se registraban variaciones de su frecuencia específica, influenciada por la actividad mental del pranoterapeuta.

Son estudios que demuestran la existencia de un proceso de interacción y resonancia entre los seres humanos.

El cuarto y último punto puede explicarse por las que se han venido a denominar ondas de forma. Según la opinión de muchos radiestesistas y geobiólogos, el campo magnético terrestre, cuando encuentra una figura geométrica (o un objeto con la misma forma), tridimensional o bidimensional, es atraído por dicha figura, que se impregna de la energía recibida y la emana de nuevo, modificando el mensaje típico: lo que inicialmente podía ser inofensivo, ahora puede ser peligroso, porque algo ha cambiado en el tipo de radiación.

Las figuras geométricas emiten en determinadas condiciones energías sutiles que pueden resultar positivas o negativas para los seres vivos.

Conociendo estas fuerzas, el mago puede suscitar, con simples dibujos, jeroglíficos o movimientos rituales (las ondas de forma también están producidas por las formas dinámicas y, por lo tanto, pueden ser emitidas por movimientos de danza o gestos rituales), una serie de efectos tanto sobre los seres biológicos como sobre la materia.

MASONERÍA (FRANCMASONERÍA)

(Prof. Morris L. Ghezzi, presidente de la Corte Central del Gran Oriente de Italia)

ORÍGENES Y DIFUSIÓN

Los orígenes históricos de la francmasonería hunden sus raíces en la leyenda. Hay quien los sitúa en la época bíblica, otros sostienen que se remontan al antiguo Egipto y otros creen que se pueden encontrar ascendentes de los francmasones en los ritos iniciáticos de la Antigüedad, por ejemplo, en los pitagóricos, de Eleusis y de Mitra.

En épocas históricas se puede constatar la existencia de una masonería operativa, es decir, dedicada a la construcción de edificios, en los *corpora* romanos, en los talleres medievales, en los *samata* bizantinos, en los colegios de los maestros comacinos (constructores y tallistas italianos medievales) y en las corporaciones de la edad comunal y renacentista, de las que han llegado muestras artísticas hasta nuestros días.

Quizás el documento más antiguo que atestigua la organización de estas asociaciones francmasonas operativas es la *Carta de Bolonia*, de 1248.

Existen hipótesis legendarias, aunque no están fundadas en una documentación histórica rigurosa, que consideran el origen de la francmasonería como contemporáneo al de los caballeros del Templo de Jerusalén, más conocidos con el nombre de templarios.

Los templarios fueron perseguidos por el rey de Francia Felipe el Hermoso y por el papa Clemente V. El último gran maestro de esta orden, Jacques de Molay, fue arrestado el 13 de octubre de 1307.

La Capilla de Rosslyn, en Escocia, parece demostrar la supervivencia de los templarios en esa zona, pero, pese a que varios ritos francmasones se inspiran en los templarios y reivindican su herencia, parece mucho más realista pensar en una herencia moral, más que en un proceso de continuidad histórica.

En los siglos XVI y XVII surgieron por toda Europa nuevas leyendas sobre el origen de la francmasonería contemporánea.

La secta jordanita, fundada por Jordano Bruno —si existió—, se presenta como el antecedente inmediato del movimiento rosacrucense, fundado, según algunos investigadores, por Andreae Johann Valentin, al que posiblemente perteneció también Cartesio. Sin embargo, con la fundación de la Royal Society inglesa, animada por estudiosos como Elias Ashmole e Isaac Newton, emergen los indicios más sólidos de continuidad histórica entre esta realidad y la francmasonería.

Sea como fuere, la fecha histórica del inicio de la francmasonería contemporánea es el 24 de julio de 1717. Aquel día se reunieron en Londres para crear la gran logia de la ciudad. Probablemente con este acto se cerraba un largo periodo de disputas entre logias católicas ligadas a la casa reinante inglesa Stuart y logias protestantes vinculadas al principio con la casa de Orange y posteriormente con la de Hannover.

Después del nacimiento de la gran logia de Londres, James Anderson publica en 1723 la fuente normativa más importante de la masonería moderna: el *Libro de las Constituciones*, cuya primera parte contiene un perfil histórico legendario de la francmasonería universal, según el cual sus orígenes se remontan a Adán y Jesucristo, como arquitecto de la Iglesia. La segunda parte del libro describe los *old charges* («deberes antiguos») de los francmasones, cómo se formaron y cómo se transmitieron a lo largo de los siglos.

Desde 1717 hasta nuestros días la presencia histórica de la francmasonería universal ha sido más evidente y puntual. Hay numerosos francmasones en la Revolución Americana de 1776 y en la Francesa de 1789. Es más, los artífices principales de la fundación de Estados Unidos de América y, posteriormente, la mayor parte de los presidentes norteamericanos se adhirieron a la francmasonería universal.

Por lo que respecta a Francia, tanto el movimiento iluminista como los principales artífices de la Gran Revolución, hasta Napoleón, pertenecieron a la orden.

En Sudamérica la situación no es diferente. De hecho, casi todos los movimientos de liberación nacional sudamericanos, empezando por los inspirados en Simón Bolívar, fueron de origen masónico. Concretamente México puede ser considerado un Estado masónico. Más recientemente, también perteneció a la francmasonería Salvador Allende.

En España la masonería ha sido tradicionalmente adogmatica y liberal, debido a que fue introducida en el siglo XVIII entre los ilustrados. En algunos periodos históricos ha estado perseguida. Actualmente funciona con normalidad en España, y mantiene relaciones con la masonería de otros países.

Ya en el siglo XX, en 1905, en Chicago, por iniciativa del entonces joven abogado Paul Harris y otros tres amigos, Silvester Schiele, Gustav Loehr e Hiram Shorey, nació el Rotary Club, cuyos valores y principios inspiradores, además del nombre, Hiram, de uno de sus fundadores, nos conducen con toda evidencia al ámbito masónico.

El Lions Club, fundado en Dallas en 1917, manifiesta todavía con más evidencia su origen francmasón, por ejemplo, en el propio escudo originario (escuadra y compás).

De todos modos, a la francmasonería universal deben adscribirse iniciativas de alcance histórico mayor. En efecto, al finalizar la primera guerra mundial, el 28 de abril de 1919, el presidente norteamericano masón Woodrow Wilson presentó el proyecto para una Sociedad de las Naciones, que fue incluido en el tratado de paz de Versalles y desempeñó con honor su función, aunque limitada, de mediador internacional de la paz hasta 1946, año en que, coincidiendo con el final de la segunda guerra mundial, la ONU se constituyó como su heredera, mucho más sólida e influyente.

Franklin Delano Roosevelt y Winston Churchill, los principales artífices occidentales de las recién constituidas Naciones Unidas, pertenecían a la francmasonería universal.

Orígenes parecidos tienen las distintas organizaciones de las Naciones Unidas, como la Organización Mundial de la Salud (OMS), la Organización para la Alimentación y la Agricultura (FAQ) y la Organización para la Educación, la Ciencia y la Cultura (UNESCO).

La actual Unión Europea también tiene claros ascendentes masónicos italianos en el denominado Manifiesto de Ventotene de 1941, que desembocó en el movimiento político de Giustizia e Libertà, de claras connotaciones francmasónicas, debido a la obra de Ernesto Rossi y Altiero Spinelli.

También en el ámbito de la cultura masónica surge la conciencia de algunos derechos humanos inalienables, un concepto que encontramos en la base de muchas declaraciones y cartas de valor jurídico más o menos vinculante. De hecho, los derechos humanos surgen de un pensa-

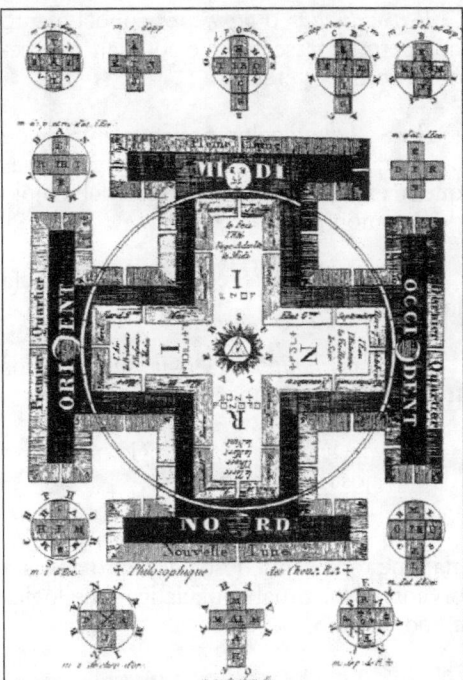

Cruz filosófica. Antoine Guillaume Chéreau, Explication de la Croix philosophique; suivi de l'explication de la Pierre cubique, *París, 1806* (BNF/G)

miento iluminista que sitúa en el centro de sus reflexiones la libertad individual del ser humano, y tienden a tutelar dicha libertad con el instrumento jurídico.

No en vano la posición de la Iglesia Católica romana durante todo el siglo XIX fue contraria a ciertos derechos, que combatió con numerosas encíclicas papales (*Quanta Cura, Mirari Vos, Quo apostolici Muneris, Diuturnum, Humanum Genus, Immortale Dei*, etc.).

EL IDEAL MASÓNICO

La francmasonería universal es una asociación iniciática libre que se propone favorecer el desarrollo y el crecimiento moral y cultural de sus afiliados, y, a través de ellos, de toda la humanidad.

Para lograr este objetivo, que simbólicamente se indica con la expresión «pulir la piedra», la masonería intenta poner de relieve y valorizar todos los puntos de acuerdo y de convergencia entre las personas, y no los puntos de conflicto. Por esta razón, en la logia no está permitido hablar de política, religión y casos personales, ya que estos temas, si no están filtrados por la perspectiva histórica y cultural, tienden a transformarse en elementos de desunión y conflicto.

Lamentablemente, la experiencia europea de las guerras religiosas primero, de los Estados después y de ideologías opuestas no hace más que avalar esta idea.

Para el masón el valor de la tolerancia es el fundamento irrenunciable de su compromiso. A través de este puede dialogar con todos y sacar provecho de reflexiones que quizá le queden lejanas.

Puesto que nadie posee totalmente la verdad, ya que esta se esconde en la chispa que acompaña la vida de cada ser humano, el conocimiento se presenta como un fenómeno acumulativo en continuo crecimiento gracias a la contribución de todos.

El masón cree en un ente ultrahumano creador y ordenador del universo, pero no se decanta por ninguna religión. En la logia se acepta a las personas sin distinción de credos. Las diferencias en las ideas políticas tampoco pueden conllevar la exclusión de la logia, sino que, bien al contrario, el pluralismo religioso, político, cultural y social es visto como una fuente de gran riqueza que debe ser valorada.

Los masones, por lo tanto, no trabajan por separado, sino en logias dentro de las cuales debe garantizarse el respeto a la personalidad de cada uno en un ambiente de crecimiento general.

No creamos, si embargo, que la francmasonería tiene un valor meramente sociocultural. La orden se sustenta en una espiritualidad interna profunda que deriva de la ritualidad y el simbolismo que marcan el ritmo de sus trabajos, y sobre todo de la iniciación que cada masón vive en el momento en que entra a formar parte de la orden.

La iniciación pone al individuo en contacto directo con el gran misterio de la vida: ¿quiénes somos?, ¿de dónde venimos?, ¿a dónde vamos?

Ritos y símbolos son los instrumentos que la masonería proporciona para intentar responder a estas preguntas, aun sabiendo que las respuestas no podrán ser más que provisionales y, por lo tanto, subjetivas. El secreto masónico, por lo tanto, no es otro que la respuesta que cada uno es capaz de dar a estas preguntas, respuesta intuida, más que demostrada, y, precisamente por esto, no comunicable a quien no vive las mismas experiencias.

ALGUNOS SÍMBOLOS Y EXPRESIONES MASONES

Acacia: emblema de los maestros masones. Recuerda el mito de la muerte de Hiram, cuyo cuerpo fue encontrado bajo una acacia.

Aprendiz: primer grado de iniciación de la masonería.

Compañero de arte: segundo grado de iniciación de la masonería.

Maestro: tercer y último grado de iniciación de la masonería.

Escuadra: símbolo de la rectitud de la acción humana que predomina sobre el caos de la materia.

Compás: símbolo de la capacidad humana de ir más allá de lo visible y de medirse con el infinito.

Libro sagrado: símbolo de la espiritualidad de la palabra revelada. Por lo general, es el Evangelio de San Juan, pero también podría ser el Antiguo Testamento, el Corán o cualquier otro libro al que se atribuya un gran valor por su sabiduría.

Escuadra, compás y libro son las tres grandes luces de la logia. En el grado de aprendiz, la escuadra va encima del compás y ambos están colocados sobre un libro abierto; en el grado de compañero de arte, la escuadra y el compás están entrelazados; y en el grado de maestro el compás se superpone a la escuadra.

Nivel: aplicación correcta de la regla, justicia, igualdad.

Perpendicular o *plomada*: conocimiento que permite trascender lo cotidiano y acceder a verdades eternas.

Boaz y Jakim: columnas en la entrada de la logia; llevan el nombre de las columnas que se encuentran en la entrada del templo de Salomón.

Maestro venerable: es el presidente de la logia.

Primer vigilante: en la logia, supervisa los trabajos de los compañeros de arte.

Segundo vigilante: en la logia, supervisa los trabajos de los aprendices.

Gran Maestro: presidente de la gran logia, que representa desde el punto de vista organizativo, ritual e iniciático tres logias como mínimo.

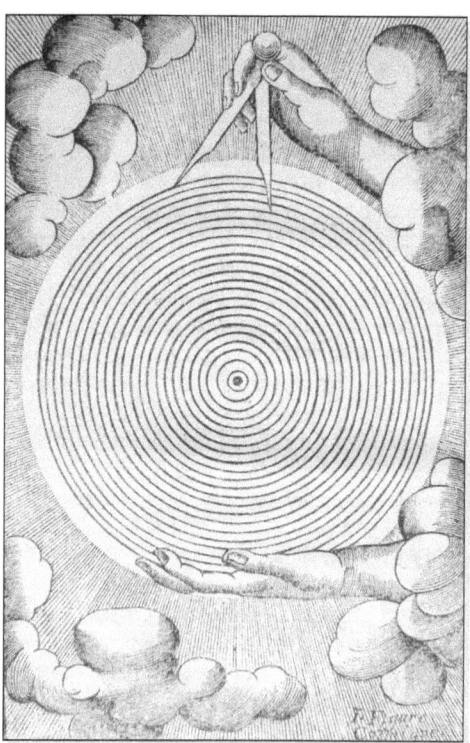

Figura cósmica. Dios como Gran Arquitecto del Universo. A. Barlet, La Theotecnia Ergocósmica, es decir, el Arte de Dios en la Obra del Universo, París, 1653 (BFE)

Piedra bruta: es la piedra sobre la que trabajan los masones. Simboliza el trabajo de perfeccionamiento que cada masón lleva a cabo primero consigo mismo.

Gran Arquitecto del Universo o G.A.D.U.: ente trascendente y ordenador del universo. Puede identificarse con la divinidad de cualquier religión.

Oriente Eterno: dimensión más allá de lo visible de la vida humana.

Logia: lugar en donde se reúnen los masones.

Ritos masónicos: escuelas de perfeccionamiento a las que se puede acceder después de haber llegado a maestro masón. Los ritos más conocidos son el Antiguo y Primitivo Rito de Memphis y Misraim, el Rito Escocés Antiguo y Aceptado y el Rito de York.

MATERIA PRIMA

Sustancia cósmica primitiva. Según el pensamiento tradicional, partiendo de un Principio Espiritual (el Padre, la conciencia cósmica, Dios), del que emana un campo energético-espiritual, habrá un momento en que este se prestará a transformarse en la materia que conocemos.

Una indicación al respecto importante es la del fragmento 34 de los *Oráculos de Caldea*: «De allí surge la materia cambiante; de allí, precipitando, el rayo extenúa la flor del fuego, lanzándose a las cavidades de los mundos; porque es de allí que todas las cosas empiezan a inclinar los rayos hacia abajo, estupendos».

Siempre según el pensamiento tradicional, una vez ha tenido lugar esta transformación ya no se puede realizar la transmutación de la materia actuando sobre esta en el estado en el que se encuentra, sino que hay que devolver sus componentes al estado potencial inmediatamente previo a su transformación.

En la práctica, hay que coincidir en el punto de transición de los dos estados (energía y materia) y actuar modificando, por ejemplo, por vía alquímica, el resultado final de la transformación.

Este procedimiento puede ser iniciado mediante la magia. Al igual que el alquimista, el mago intercepta la energía cósmica cargada de información proveniente del Padre (aquel de quien procede la emanación) y la filtra con su propio arte mágico, modificando de este modo los acontecimientos.

Aparte de las indicaciones filosóficas expuestas hasta aquí, ningún alquimista ha revelado jamás los pasos que deben seguirse en la práctica de laboratorio para obtener la materia prima.

Trabajando con metales, esta quizá podría entenderse como el estado fluido de la materia, parecido al estado habitual del mercurio, considerado por su fluidez originaria la Madre de todos los metales. Sin embargo, esto no es más que una hipótesis no demostrada, que no justificaría el misterio en que está envuelta.

Sin lugar a dudas, los metales pueden transformarse en soluciones fluidas, utilizando los solventes adecuados. En este caso obtendremos una solución metálica de mineral disuelto. Ahora bien, considerando que según el pensamiento tradicional que está en el origen de la cosmogonía había un estado indistinto de agua oscura (es decir, que contenía materia disuelta), la idea de la materia prima entendida como el fluido originario quizá podría ser algo más que una hipótesis.

Algunos alquimistas modernos definen la materia prima como una sustancia negra que mancha las manos, maloliente y que se puede desmenuzar.

MERCURIO

Término con varios significados, según el contexto.

El mercurio común es un metal que se presenta en forma líquida. Esta particularidad ha suscitado el interés de los filósofos y de los científicos de la Antigüedad, que confirieron a este elemento la capacidad de poseer una tendencia a la espiritualidad (la evaporación) y un calor interno (la fusión), debido a que contiene un poco de azufre, y la misma característica que el agua, la fluidez. Se cita a menudo como principio húmedo.

Puesto que no contiene cantidades adecuadas de azufre y sal, domina sobre todo en lo que no está sujeto a corrupción, pero cuando está en perfecto equilibrio con los otros elementos se transforma en oro, material incorruptible por excelencia.

Desde el punto de vista operativo, el mercurio tiene la capacidad de combinarse con los metales según una secuencia que va del oro fino (con el cual la amalgamación es mejor) al hierro, el último de la escala.

MISTERIOS

Formas secretas de interacción con lo sagrado que se basan en una iniciación y una serie de prácticas mágicas místicas devocionales que favorecen el contacto con la divinidad y la evolución espiritual y material del participante.

Los misterios están dirigidos a un público limitado de adeptos que han de mantener necesariamente el secreto de lo que se les enseña y de lo que ven. Por esta razón es extraordinariamente difícil, por no decir imposible, reconstruir el contenido simbólico y formativo de los misterios. Con la desaparición de los mitos antiguos también se ha perdido la transmisión de maestro a discípulo y de iniciado a adepto, típica de este sistema de conocimiento.

HISTORIA

El término *misterio* se asocia principalmente a la civilización griega antigua, que le dio el nombre (del vocablo *mysterion*).

Los misterios griegos son el fruto de la confluencia de varias tradiciones autóctonas preindoeuropeas, indoeuropeas (también iraníes), orientales y africanas.

Se ha debatido largamente el posible origen egipcio de algunas formas de misterio y religiosas griegas. Por un lado, no hay duda respecto a algunos periodos relativamente recientes (probablemente a partir del siglo VII a. de C. y seguramente desde Tales y Pitágoras en adelante), pero, por el otro, resulta difícil confirmarlo en periodos más antiguos. Sin embargo, algunos autores griegos estaban totalmente convencidos de esta descendencia egipcia, y algunas usanzas típicas de los misterios griegos —como el transporte de las imágenes de las divinidades de un templo a otro, con la construcción de verdaderas rutas sagradas, jalonadas de capillas y santuarios— recuerdan mucho el transporte de las embarcaciones sagradas de los dioses de un santuario a otro, típicas de todas las épocas de la civilización egipcia.

Un aspecto característico de la religiosidad griega es la importancia del culto a los dioses locales y la especialización de algunas familias para actuar como mediadores (sacerdotes, sirvientes, oráculos) entre el fiel y la divinidad. De este modo se formaron verdaderas dinastías familiares que desempeñaron sus funciones durante siglos en los templos y los centros oraculares.

Algo parecido sucedió con los misterios, organizados por sociedades privadas (distintas del culto oficial público), a veces asociadas a una tradición inicial familiar.

Son fenómenos muy antiguos que han conservado una línea de tradición. No hace demasiados años, en Florencia, un griego recordaba haber asistido de pequeño a un culto privado, relacionado con un misterio referente a antiguas divinidades paganas que su familia, noble e importante desde siempre, transmitía desde la primera afirmación del cristianismo, y afirmó que no se trataba de ninguna escenificación reciente de cultos antiguos, sino de algo que no se había perdido nunca.

Los misterios griegos se pueden dividir en dos tipos principales.

Había una forma de misterios que podríamos definir como báquicos o dionisiacos, que estaban relacionados con ritos antiguos de la fertilidad y de la naturaleza. En ellos el punto central estaba representado por la dedicación total, psíquica y física, a la divinidad, con bacanales y borracheras, además de otras formas rituales como carreras, pantomimas, recitales dramáticos, danzas y peleas.

Un segundo tipo de misterios relacionados con el orfismo, y que por ello se denominan órficos, estaban orientados a la edificación espiritual del individuo, por medio de comportamientos ascéticos, cantos rituales, recitación de himnos y oraciones.

Ambas formas, contrariamente a las más extendidas de la religión oficial, defendían la inmortalidad del alma y la posibilidad de vida después de la muerte.

La forma de misterio más significativa, por el desarrollo en la evolución del pensamiento religioso y esotérico del mundo antiguo, así como por su influencia en el pitagorismo, es el orfismo.

EL ORFISMO

Del orfismo, entendido como forma religiosa basada en el misterio, se tiene una documentación que se limita a varios fragmentos (un total de 363) y algunas aportaciones de autores antiguos (poco más de 260 referencias), un total de 600 versos reproducidos la mayor parte de ellos por autores del final de la Antigüedad.

Muchos documentos inicialmente considerados órficos mas tarde resultaron ser falsificaciones posteriores, de pleno periodo neoplatónico, unos mil años después del orfismo original. Se trata de una recopilación de himnos órficos, 87 composiciones poéticas dedicadas cada una a una divinidad del panteón griego, junto con la indicación del perfume con el que se debía combinar la lectura del himno; del poema *Argonautas* y del *Líticos*.

Se ha afirmado que los poemas órficos consistían fundamentalmente en una iniciación que iba seguida de la lectura de los himnos, con la difusión de esencias, a diferencia de la tradición dionisiaca, que habría requerido una participación psicofísica en el propio misterio, como se ha dicho anteriormente.

Algunos aspectos de esta exposición causan perplejidad. Orfeo es una divinidad asociada a la música, al encantamiento. Es difícil excluir una dimensión musical y, quizá, de danza dentro del rito.

Además, una serie de textos breves grabados en láminas de oro *(véase Obras: Láminas órficas)*, que han sido halladas junto a los difuntos en tumbas dispersas por el territorio de la antigua Grecia, hacen referencia al viaje del alma al más allá y a lo que esta debe hacer y decir para obtener el agua que necesita y que le permitirá vivir una existencia beata.

Como se ha dicho en algún otro momento (en referencia a la iniciación egipcia y al *Libro de los Muertos* egipcio), quizá son textos con una doble valencia, mágico-funeraria e iniciática. Puesto que el orfismo prevé una iniciación, no sería descabellado pensar que la simulación del viaje al más allá también formara parte de él, como ocurría en la civilización egipcia y como se ha transmitido en numerosas tradiciones iniciáticas posteriores, por ejemplo, en la masonería.

Por lo tanto, se puede plantear la hipótesis de que las ceremonias órficas conservaban elementos típicos de la iniciación, con una lectura acompañada de música y, quizá, dramatizada con himnos y rezos, y con una serie de ceremonias que reproducían aspectos fundamentales del mito de Orfeo.

Este aspecto estaría confirmado por Eurípides y Aristófanes, que describen cómo en su época se habían difundido muchos textos atribuidos a Orfeo, con referencias concretas a mitos y purificaciones.

Aristóteles escribía que Onomácrito habría versificado doctrinas órficas. Este autor habría vivido en el siglo VI a. de C., por lo cual se puede afirmar que por lo menos en aquella época había un movimiento religioso órfico.

Los puntos principales del orfismo son:

• Inmortalidad del alma: concepto revolucionario en el pensamiento griego del siglo VI a. de C. El alma es inmortal, tiene origen divino y está apresada en el cuerpo para expiar las culpas cometidas en una vida anterior.

De ahí la revalorización total de la dimensión espiritual del hombre, que es realmente hombre en cuanto ser espiritual, es decir, sólo después de la muerte.

El momento de la existencia humana más parecido a la muerte es el sueño. En esta dimensión el alma logra separarse más fácilmente de las constricciones del cuerpo físico y conocer el futuro, profetizar, tal como lo hace quien se encuentra en el umbral de la muerte.

- Metempsicosis (reencarnación): el alma vuelve a encarnarse para expiar las culpas de la vida anterior. Las penas que sufrirá serán idénticas a las que haya infligido a otros: quien ha matado a su madre, se encarnará en una mujer, que será a su vez matada por su hijo. El cuerpo se entiende como una auténtica cárcel del alma, como un instrumento punitivo que se ajusta a un sistema de valoración ético y moral.

- El más allá: en la medida en que se describe en términos fantasiosos que lo hacen parecido al mundo físico, aunque más bello, ofrece indicaciones del destino del alma purificada: el alma que definitivamente se ha liberado del cuerpo, rompiendo la cadena de las muertes y de los renacimientos, se convierte en divinidad, que reina junto a los héroes y a los dioses.

- Origen de los dioses (teogonía): hay tres o probablemente cuatro teogonías diferentes, que tienen elementos comunes con la teogonía de Hesíodo. Dos de las diferencias principales son la forma que adoptan los dioses en el orfismo, considerados más la personificación de conceptos que dioses antropomorfos, y la posición absoluta de Zeus, el dios que se identifica con el Todo y que todo contiene y todo origina.

El mito fundamental es el de Dionisio y los Titanes: Dionisio, hijo de Zeus, es matado, troceado y devorado por los Titanes. Zeus venga su muerte fulminando a estos últimos, de cuyas cenizas nace el hombre. Así pues, el hombre está compuesto de dos elementos: uno dionisiaco, que corresponde al alma, y otro titánico, que corresponde al cuerpo, que tiende al mal. Por lo tanto, será necesario desgajar el elemento dionisiaco del titánico para devolver al alma a su dimensión divina.

LOS MISTERIOS ELEUSINOS

Los misterios más famosos de la Grecia antigua, celebrados durante siglos y siglos, son los de Eleusis, una localidad situada a 22 km al oeste de Atenas. Confirmaría su antigüedad el nombre de la diosa Deméter (en la forma *Dametra*) hallado en una inscripción proveniente de la ciudad de Pilo.

El culto de Deméter está relacionado, juntamente con otros cultos de la fertilidad y la tierra, con el de la Gran Madre, presente en varias culturas del Mediterráneo. Tiene ciertos parecidos con el mito de Isis y Osiris *(véase Temas: Egipto)*. Es interesante observar la analogía entre la larga búsqueda del cuerpo de Osiris que llevó a cabo Isis y la que realizó Deméter de su hija Coré (Perséfone). Otro punto común sería el recurso de Deméter que, haciéndose pasar por una vieja nodriza, fue hospedada por una mujer que le confió su hijo, la misma estratagema adoptada por Isis quien, disfrazada de nodriza, se introdujo en la casa del rey donde estaba el árbol que contenía el sarcófago de Osiris. En ambos casos las divinidades cuidan un niño al que intentan hacer inmortal con el fuego purificador.

Los misterios eleusinos conservan muchos puntos de contacto con las tesmoforias, los ritos celebrados por las mujeres griegas a finales de octubre y que, entre otras cosas, incluían, igual que los misterios de Eleusis, el sacrificio de un cerdo. Según varios autores, los dos ritos tendrían un origen común.

HIMNO A DEMÉTER

La joven Coré es raptada por Hades, que la hace prisionera de su reino subterráneo.
La madre, Deméter, presa de la desesperación, busca a su hija por todo el mundo hasta que, gracias a Hécate y Helios, averigua dónde se encuentra.
Despreciando a los otros dioses, a los que considera cómplices del rapto, se transforma en una vieja nodriza, va a Eleusis e instaura su propio culto.
Luego impide que las mieses crezcan, lo que provoca una gran carestía, que también sufren los dioses porque los humanos no les pueden ofrecer sacrificios.
Finalmente, Zeus intercede y Hades deja que Coré vuelva con su madre, con la condición de poder pasar con ella los meses invernales.

El documento más importante sobre Eleusis es el *Himno a Deméter*, una composición de poco menos de 500 versos atribuida a Homero, pero escrita probablemente en el siglo VII a. de C., en la que se narra la historia de Deméter y Coré.

Los misterios de Eleusis se celebraban una vez al año, a finales de septiembre, y daban pie a una gran procesión de fieles de la diosa que iban de Atenas a Eleusis y a nueve días de purificación y ritos perparatorios para el momento culminante de la iniciación.

Sólo podían participar jóvenes que supieran griego y que estuvieran limpios de crímenes de sangre (o, en su caso, que hubieran sido purificados).

Cada postulante, llamado *mystes*, era instruido por un maestro, el *mystagogos*.

Celebraban los ritos personas de distintos rangos: el sacerdote más importante era el Ierofante, acompañado de la Alta Princesa de Deméter y de otros personajes que desempeñaban diferentes funciones.

Los ritos consistían en bautismos, purificaciones, ayunos, ingestión de una bebida especial llamada *kykeon* o en entrar en recintos sagrados recitando fórmulas secretas.

Los testimonios, todos ellos bastante tardíos, hablan de tres momentos de la iniciación: las cosas mostradas, las cosas dichas y las cosas realizadas.

Probablemente los misterios comprendían la presentación de dramatizaciones de la historia de Deméter y Coré y de danzas rituales, en ambientes particularmente sugestivos, con la participación en distinta medida de todos los presentes.

Después quizá se leían textos y, finalmente, se mostraban objetos importantes y secretos relacionados con la divinidad.

MISTERIOS E INICIACIÓN EN EGIPTO

¿Se puede hablar de iniciación en el antiguo Egipto?

Muchos autores niegan que este fenómeno se diera en épocas tan antiguas. Otros creen que quizá fuera posible, pero que, precisamente a causa del secreto impuesto a los adeptos y a los iniciados, no conocemos nada de esos grandes secretos y misterios iniciáticos de los antiguos egipcios.

Ya hemos visto que los misterios, y la iniciación que estos requerían, existían en Grecia por lo menos desde el siglo VII a. de C. Numerosos fragmentos de autores griegos cuentan que hubo personajes importantes de la cultura griega, como por ejemplo los filósofos Tales y Pitágoras, que tuvieron acceso a los conocimientos esotéricos de los egipcios.

Probablemente no existe ninguna cultura en el mundo en la que no haya alguna forma de iniciación, que representa la evolución de los clásicos ritos de pasaje, de las difíciles pruebas a las que eran sometidos los jóvenes en tiempos antiguos —o incluso en la actualidad en las sociedades primitivas— al pasar de una etapa de la vida a otra, por ejemplo, de la niñez a la pubertad.

La iniciación se da en varios niveles y en todos los lugares del mundo: en la preparación a las distintas formas de sacerdocio, en el severo aprendizaje de los escribanos, en las corporaciones de constructores, médicos, etc., o en los grupos de fieles devotos de ciertas divinidades.

Max Guilmot, en un libro excelente publicado recientemente en Francia, ha estudiado en profundidad el tema de la iniciación en el antiguo Egipto y ha encontrado varios elementos a favor de la existencia de ritos iniciáticos (M. Guilmot, *Les initiés et les rites initiatiques en Egypte ancienne*). No obstante, estos antiguos testimonios solamente muestran posibles signos de la existencia del fenómeno. De hecho, tenemos que llegar a un periodo mucho más próximo a nuestra era para encontrar pruebas escritas que confirmen la existencia de la iniciación.

Un documento de la época romana clásica, el papiro T32, que se conserva en Leiden, es muy significativo. En él se narra la biografía del difunto Horsiensi, sacerdote de Amón, nacido hacia el año 20 a. de C. y muerto en el 64 d. de C. En el papiro se cuentan numerosos actos de devoción de Horsiensis, que habría visitado un gran número de templos.

Al parecer, uno de estos viajes fue importantísimo, según Guilmot, porque Horsiensis se habría sometido a un ritual de iniciación. El sacerdote, al llegar a Abido, recibió «las flores del señor de Occidente

UNA CONSTRUCCIÓN MISTERIOSA

En Abido hay un espacio que une el Sepulcro del sur con el templo de Osiris en el norte. Es una construcción imponente para la época, ordenada por Seti I y originariamente subterránea.
En su interior hay un largo corredor que conduce a una sala llena de agua. Quizá fue construido para que fuera la tumba de Seti I, pero es más probable que fuera un lugar sagrado dedicado a Osiris. La pregunta es: ¿contenía alguna reliquia sagrada?, ¿quizá la cabeza del dios?

(Osiris)», quizá la corona de flores, símbolo de la vida eterna, descrita en el capítulo XIX del *Libro de los Muertos*, llamada «corona de justificación». Ahora bien, ¿por qué se concedió a una persona viva una corona que normalmente se daba a un difunto como símbolo de resurrección? Probablemente Horsiensis, al llegar al templo, se habría encontrado en un estado de muerte ritual, fase inicial de un proceso de iniciación.

El papiro también hace referencia a una puerta que se cierra, en un lugar llamado Rawryt (Gran portal), que podría identificarse con Abido.

El sacerdote entra simbólicamente en el Reino de Osiris, donde es recibido por el dios Anubis —es decir, por un sacerdote con la máscara del dios—, que introduce a Horsiensis en el reino de los muertos.

El sacerdote conduce a Horsiensis por una gran extensión cubierta de tumbas y santuarios. Horsiensis y el sacerdote con la cabeza de Anubis se adentran en un lugar subterráneo, parecido al de Osireion, con las paredes llenas de referencias de tipo iniciático: un largo recorrido subterráneo, peligros terribles, la victoria y el renacimiento luminoso.

Al finalizar el recorrido llegan a una gran sala llena de agua (que simboliza el caos primitivo), en cuyo centro hay una zona elevada con un lecho fúnebre y el cuerpo de la divinidad. La sala circundada por pilares de granito tiene abundante vegetación, que simboliza la resurrección.

Aquí Horsiensis podría haber sido sometido a un interrogatorio ritual por parte de otros sacerdotes y proclamado «justificado» *(maakheru)*: «Entonces en el Lugar Santo te he concedido el título: Justificado, triunfante».

Si la interpretación que da Guilmot es correcta, nos encontramos ante una iniciación basada en la correspondencia con rituales para los difuntos, ya que Horsiensis no está efectivamente muerto, pero experimenta el mismo proceso que el alma del difunto en el más allá.

Igual que en el caso del difunto, el iniciado también saldrá al fin a la luz, habiendo vivido la transformación futura en esta vida. Se trata de una forma de iniciación que todavía existe actualmente en varias órdenes tradicionales o masónicas.

La comprensión correcta de los Misterios egipcios, concretamente de los isiacos más tardíos, no es posible si no se tiene en cuenta el gran mito de Isis y Osiris *(véase Temas: Egipto).*

LOS MISTERIOS ISIACOS

Los misterios isiacos están asociados a la transformación que sufrió a partir de los siglos IV-III a. de C. el culto de la diosa Isis. En efecto, recibió las influencias de los cultos de otras divinidades y tradiciones.

Este proceso es aplicable no solamente a Isis, sino también a muchos otros dioses, ya que el típico sistema griego consideraba que las divinidades eran las mismas en todas partes, sólo que cambiaban de nombre según las poblaciones que las veneraban.

Según Plutarco, Tolomeo II (283-240 a. de C.) convocó una comisión de sacerdotes, encabezados por el historiador Manetone y el ateniense Timoteo, para estudiar los cultos de los dos pueblos, el egipcio y el griego, y ver cuáles eran las relaciones entre divinidades y mitos.

El resultado de este trabajo fue un culto nuevo, el del dios Serapis, que los egipcios identificaban con Osiris (en forma del toro sagrado Apis) y los griegos, con Plutón y Zeus.

En poco tiempo el culto de Serapis se extendió por todo el mundo alejandrino y, posteriormente, por el romano.

Serapis —y, por lo tanto, Osiris— fue asociado con Isis, con lo cual se reconstruyó el triángulo divino: Serapis, Isis y Horus.

En el imperio romano la divinidad suprema se veía como «una y trina», formada por Zeus, Helios y Serapis.

El culto de Isis está atestiguado en Delos desde el siglo IV a. de C., y el de los dioses conjuntos, a partir del III a. de C. En Roma el culto debió llegar bastante pronto, como demuestra el hecho de que había capillas isiacas desde el siglo I a. de C.

El esplendor máximo de la religión isiaca tuvo lugar durante la época imperial y el culto de Isis alcanzó tal grado de difusión que en algunos periodos rivalizó con los otros grandes cultos de la época cristiana, como el de Mitra y el cristianismo.

LOS MISTERIOS CRISTIANOS

La tradición cristiana de los primeros siglos después de Jesucristo utiliza el término *misterios* para referirse a lo que actualmente recibe el nombre de *sacramento*, y en particular a la comunión.

Es bastante probable que esta tradición haya asimilado de culturas orientales (por ejemplo, de Siria) algunos elementos formales típicos de los misterios paganos, hecho que también se observa en algunos momentos de la liturgia antigua.

La dimensión del misterio tenía cabida en el cristianismo, considerado una iniciación propiamente dicha (la expresión usada es «misterios de la iniciación cristiana»), así como la misma liturgia, que estaba abierta a los catecúmenos sólo hasta el término de la liturgia de la Palabra. Después, los catecúmenos, todavía no bautizados, debían salir del templo para no participar, como dice la liturgia de Juan Crisóstomo, en los «divinos, santos, puros, inmortales celestes, vivificantes y tremendos misterios de Cristo», a los que solamente tenían acceso los bautizados.

OTROS MISTERIOS

La Antigüedad nos ha dejado testimonios de otros misterios, algunos de los cuales son particularmente importantes, como los de Mitra, la divinidad de origen indoiraní cuyo culto se difundió ampliamente en el imperio Romano, hasta constituir una amenaza para las otras dos grandes religiones de los primeros siglos de nuestra era, el cristianismo y el culto a Isis.

Del mitraismo se conservan importantes restos arqueológicos, como los templos de Mitra en Duino (Trieste), Vulci, Sutri (Roma), Ostia, Roma y Santa María Capua Vetere, que proporcionan diferentes informaciones sobre la religión mitraica.

Las estatuas y los frescos, por ejemplo, nos transmiten la imagen del dios Mitra, representado como un joven frigio que sacrifica un toro mientras vuelve la cabeza hacia el lado contrario, para escuchar el mensaje del Sol.

En los templos dedicados a Mitra también encontramos estatuas de Cronos (el Tiempo), con cuerpo humano y cabeza de león, y envuelto por una larga serpiente.

Muchos elementos del mitraismo aparecen también en el cristianismo (como el nacimiento el 25 de diciembre, la fiesta del Sol, el banquete sagrado o la renovación mediante el agua), hasta el punto de que muchos cristianos de los primeros siglos vieron en el mitraismo una forma diabólica de imitación del cristianismo.

MISTICISMO

Conjunto de prácticas y comportamientos que llevan al individuo a experimentar la existencia de una dimensión elevada y espiritual que está más allá de la percepción común del mundo.

En sus formas más avanzadas puede comportar un estado alterado de conciencia que permite al individuo sentir una experiencia directa de la presencia divina.

El misticismo adquiere diferentes formas según la cultura y la tradición religiosa, pero tiene puntos en común con todas las creencias.

En el misticismo se redimensionan profundamente todos los valores racionales y filosóficos de la especulación humana.

La experiencia mística se caracteriza por un aspecto individual y experimental que comparte pocas cosas con el pensamiento lógico-deductivo.

Cuando el místico tiene una experiencia directa de lo divino, no tiene ninguna posibilidad de comunicarla a otros que no hayan tenido ya alguna. Cualquier intento de describir el camino recorrido está siempre limitado y es poco significativo.

TIPOS DE EXPERIENCIAS MÍSTICAS

La experiencia mística puede ser de varios tipos, y siempre se encuentran en las diferentes religiones.

La primera, fundamental, a la que ya nos hemos referido, consiste en la imposibilidad de describir con palabras y conceptos una experiencia íntima vivida casi en un estado de trance.

Místicos de las tradiciones más diversas topan con la misma imposibilidad comunicativa. En el misticismo católico, por ejemplo, Santa Teresa de Jesús está obligada a construir una estructura arquitectónica inventada para comunicar a los otros las distintas fases o secuencias del recorrido místico. Siempre en la misma tradición, San Juan de la Cruz presenta el camino seguido como un recorrido material que debe realizarse, con toda una serie de experiencias de presencia/ausencia de la divinidad, algunas de las cuales son particularmente dramáticas.

Los místicos musulmanes, como Ibn Ata Allah o Rabia, quedan perturbados por la experiencia totalizadora de la presencia divina en sus almas, hasta el punto de parecer locos de Dios, satisfechos de sus vidas simples y privadas de cualquier lujo, pero ricas en presencia divina.

En muchos casos, la presencia divina experimentada en la psique del hombre produce tanta alteración de sus capacidades comunicativas que los místicos acaban confundiendo y siendo considerados herejes (la fórmula censurada con más frecuencia es la expresión «soy Dios», que no se comprende en su sentido real de fusión con lo divino, y se considera locura).

Íncipit del libro VI de las Revelaciones celestes de Santa Brígida de Suecia, Roma, 1628 (BNF/G)

MISTICISMO ORIENTAL Y OCCIDENTAL

Las experiencias místicas descritas por los monjes orientales y por los místicos occidentales son en parte parecidas, pero se diferencian por el tipo de divinidad experimentada.

Los orientales, especialmente los budistas, durante la meditación experimentan una dimensión religiosa que precede a la presencia de la divinidad. En cambio, los occidentales (y entre ellos incluimos también a los místicos musulmanes, que se entroncan en una tradición común de sello judeocristiano) suelen experimentar una dimensión que se caracteriza por la presencia apremiante de una divinidad personal.

Sin lugar a dudas, los condicionantes culturales ejercen una influencia; sin embargo, este planteamiento es esencial para definir las diferencias entre las distintas tradiciones.

Normalmente, la experiencia mística no se produce sin una compleja fase de preparación de la persona que la vive. Incluso cuando parece inesperada, siempre es consecuencia de distintos acontecimientos en el místico.

TÉCNICAS DE MEDITACIÓN MÍSTICA

Esicasmo
El esicasmo es un movimiento surgido en los primeros siglos de la era cristiana que se desarrolló sobre todo en el seno de la Iglesia cristiana ortodoxa.

Se trata de alcanzar un estado de tranquilidad del alma (esiquía) mediante la repetición de la oración de Jesús en la forma más completa: «Señor Jesucristo, hijo de Dios en vida, ten piedad de mí, pecador». La oración también puede reducirse a su forma más breve: «Jesús».

Normalmente se recita en dos fases. En un primer momento, que corresponde a la primera parte de la frase «Señor Jesucristo, hijo de Dios en vida...», se inspira el aire hasta alcanzar la abertura máxima del tórax (o, si se utiliza la respiración abdominal, hasta la máxima expansión del abdomen). Sigue un momento de pausa, en el que se retiene el aire, y seguidamente se expele, recitando la segunda parte de la oración: «... ten piedad de mí, pecador».

La primera parte (expansión, elevación) reconoce la divinidad y la grandeza del Mesías y la segunda (contracción, descenso), nuestra insignificancia como pecadores, con la petición del perdón.

Mientras recita la oración, el orador baja el mentón hacia el pecho, dirige la mirada hacia el abdomen y piensa en su propia muerte.

El rezo esicástico ha tenido su confirmación definitiva con la obra fundamental de Gregorio Palamas. Este teólogo bizantino, que vivió en el siglo XIV, defendió esta forma de misticismo iniciada por los grandes Padres en los primeros siglos del cristianismo y que obtuvo el reconocimiento oficial de sus posiciones por parte de la Iglesia ortodoxa.

Budismo
Las técnicas de meditación en el budismo son de varios tipos. Una particularmente importante es la que en la tradición zen puede realizarse sentado, de pie o en movimiento.

Para meditar con eficacia son necesarias una posición, una respiración y una disposición mental correctas.

Para la meditación en posición sentada, véase la voz *Temas: Zen*.

La meditación de pie, que los japoneses llaman *kinin*, se realiza manteniendo el tronco erguido, poniendo un pie delante del otro siguiendo la secuencia tacón-planta-punta, con el puño izquierdo dentro de la mano derecha, a la altura de la boca del estómago, y respirando con el abdomen.

Normalmente se utiliza en los momentos de pausa de la meditación sentada.

Durante la meditación se leen sutras budistas, algunos de ellos cantados, que provocan un efecto beneficioso en la respiración.

En el zen Rinzai se da mucha importancia a la resolución, por vía intuitiva, de problemas irresolubles lógicamente, presentados en forma de breves preguntas (koan), que tienen la función de hacer reaccionar al pensamiento lógico-deductivo y favorecer la intuición y la meditación.

Sufismo
El misticismo sufí, la corriente principal de la mística islámica, ha tenido siempre un papel marginal en el Islam, incluso en los momentos de mayor difusión ha sido considerado frecuentemente un movimiento herético.

La forma más conocida de meditación sufí es la danza de los derviches. Estos monjes llevan a cabo un movimiento rotatorio que les hace girar cada vez más rápidamente sobre ellos mismos, hasta perder la conciencia de su propia persona (*véase Temas: Sufismo*).

NÚMERO

Desde tiempos inmemoriales el número ha suscitado en todas las culturas un respeto casi religioso, porque en él hay algo huidizo y al mismo tiempo muy conocido por vía intuitiva, la relación entre los elementos.

No es tanto el número entendido como unidad de la numeración en la que se basan desde siempre las enormes expectativas del imaginario de la humanidad, sino todo lo contrario, el número en cuanto valor cualitativo y el concepto de relación. De hecho, la interacción y la relación constituyen el esqueleto de la interpretación mágica del universo. Por lo tanto, para el esoterista desvelar el secreto de los números significa acceder al secreto de los secretos de la interpretación de todas las cosas.

PITÁGORAS Y EGIPTO

Pitágoras, gran filósofo griego que vivió durante 22 años en los templos egipcios, había intuido que el secreto de todas las cosas estaba encerrado en los números y en las misteriosas relaciones que los unen.

Pitágoras, alentado por Tales, otro importante filósofo griego que le había revelado que todos sus conocimientos procedían de los egipcios, decidió viajar a aquella tierra para conocer los grandes misterios celosamente guardados por los sacerdotes.

Las peripecias de Pitágoras han sido contadas por varios biógrafos, como Porfirio y Giamblico.

Movido por su admiración hacia el gran matemático, estos autores describen el estupor que suscitó Pitágoras en Egipto por su deseo de aprender. El filósofo fue capaz de convencer a los sacerdotes más intransigentes para que le instruyeran en los misterios sagrados.

Uno de estos misterios era la ciencia de los números, como se puede comprobar al examinar una obra egipcia de gran importancia, el papiro Rhind, copia de la época Hyksos de un documento muy antiguo titulado *El Cálculo Exacto. La puerta de entrada al conocimiento de todas las cosas*, una alusión clara a la importancia del número como principio de base de la armonía del universo.

Para un tratamiento más profundo del sistema de Pitágoras, véase *Autores: Pitágoras*.

LA RADIÓNICA

A principios del siglo XX, el neurólogo americano Albert Abrams intuyó que algunas secuencias numéricas, indicadas genéricamente como «frecuencias», podían interaccionar con nuestro organismo, resolviendo problemas de orden físico. Abrams, como Pitágoras antes, quizás había descubierto el principio base en el que se rige el funcionamiento del universo. De sus descubrimientos surgió una disciplina, la radiónica, que estudia las posibles aplicaciones de la emisión de las frecuencias en ámbitos prácticos. Después de Abrams, otros investigadores han utilizado los instrumentos y las frecuencias de la radiónica, sobre todo en el campo médico, para tratar a los pacientes a distancia.

Este tratamiento, realizado mediante frecuencias numéricas insertadas en las máquinas radiónicas o dibujos geométricos constituidos por relaciones entre figuras de varios tipos, constituye uno de los misterios más fascinantes de la investigación contemporánea.

¿Cómo se puede ejercer algún tipo de influencia en algo o en alguien a una distancia de miles de kilómetros? ¿Y cómo es posible realizar el análisis energético de un objeto, simplemente basándose en una muestra o «testimonio»?

Pero, más allá de las modalidades operativas de la radiónica, lo más sorprendente es que mediante esta disciplina se interacciona con el cosmos, por lo tanto, con la materia, y sólo trabajando con las relaciones numéricas.

LA CÁBALA HEBRAICA

Lo que acabamos de explicar acerca de la radiónica no es ninguna novedad ni tampoco ninguna rareza. El pensamiento hebraico tradicional ya había llegado a conclusiones parecidas.

La interpretación cabalística del lenguaje *(véase Temas: Cábala)*, basada en algunas características de la lengua hebrea —como el hecho de tener una correspondencia entre letras y números (las letras también se utilizan para indicar los números, igual que en otras lenguas, por ejemplo, en el griego antiguo)—, ve en la tradición escrita de los textos bíblicos la intervención directa de Dios, que, en un cierto sentido, se manifiesta en ellos, igual que Él lo hace en la creación.

Esto significa que el lenguaje, al contener una chispa divina, permite acceder a un significado que se sitúa más allá del puramente lingüístico, e intuir, y, por qué no, llegar a entender, otros significados, secretos y misterios del cosmos.

La Revelación, con su cosmogonía, sienta las causas y los fundamentos de las cosas, descritas en la lengua divina.

Todas las cosas, en el fondo, pueden ser traducidas a letras, que a su vez pueden ser traducidas a números; así, el universo se materializa en números y las relaciones que existen entre ellos.

La investigación puede seguir dos modalidades: la científica tradicional y la del estudio de la Torah (el Pentateuco), que constituyen las dos caras de la misma moneda.

Por esta razón se puede afirmar que, para los cabalistas, las letras del alfabeto hebraico son como los ladrillos fundamentales de todo el universo, y que operaciones realizadas con ellas tendrían consecuencias en el mundo de la materia, pero también en el del espíritu.

La potencia de estos efectos, ya sea en el plano físico, ya sea en el psicológico y espiritual, es tal que la tradición cabalística interpone claros obstáculos al acceso a la disciplina, en términos de características psicofísicas, morales y de edad de la persona que pretende abordar el estudio de la cábala.

El número que considera la cábala, insistimos en ello, no es de tipo cuantitativo como en las ciencias exactas, tal como se indica en las obras de los esoteristas.

Uno de los más conocidos cabalistas es Gérard Encausse *(véase Autores: Papus)*, que ha tratado el tema en su obra *La Ciencia de los Números*. A propósito de la cábala, destaca que «la formación del alfabeto y la producción de los números están asimilados a la creación del mundo. En virtud de la ley de analogía y de la correspondencia que existe entre los diferentes planos del universo, los cabalistas han sido inducidos a considerar la forma, el número y el valor de las letras, no como alegorías, sino como fuerzas reales».

Los trabajos Ruth Drow, continuadora de la obra pionera de Albert Abrams, han establecido un vínculo entre las dos disciplinas que hemos expuesto en este apartado, la radiónica y la cábala. Esta estudiosa, en su búsqueda de nuevas frecuencias radiónicas, no dudó en recurrir a la cábala y estudiar sus mecanismos internos, y encontró unos vínculos profundos entre estos y el mundo de las energías sutiles y sus normas combinatorias.

LA DINÁMICA DEL UNIVERSO

Cada componente de nuestro universo (y no sólo de este) estaría caracterizado por una secuencia numérica que determinaría la relación con todo lo que lo rodea.

El mismo componente también podría caracterizarse por varias frecuencias distintas: si lo importante es la relación, esta puede ser indicada con secuencias numéricas diversas, que deben mantener las mismas relaciones.

Es interesante observar que no se trataría solamente de las leyes numéricas combinatorias a las que nos tiene acostumbrados la matemática tradicional, sino de relaciones que siguen reglas propias, quizá representa-

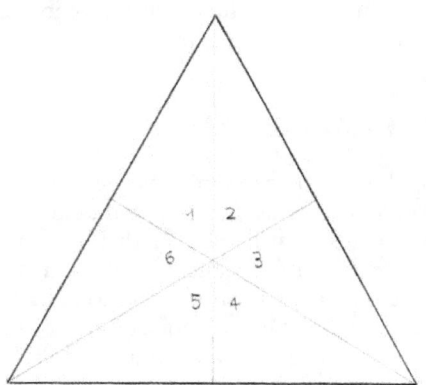

La composición de figuras cada vez más complejas según Platón: seis triángulos escalenos forman tres triángulos equiláteros y estos, a su vez, unidos por la hipotenusa, tres cuadriláteros que forman, finalmente, un triángulo equilátero (FS)

bles como interacciones energético-vibracionales entre figuras geométricas.

En efecto, este planteamiento aclararía la capacidad de actuar tanto de los circuitos radiónicos (geométricos) dibujados como la de las frecuencias numéricas.

Para concluir, debe recordarse que la importancia que los antiguos daban al número podría estar más que justificada, ya que podría encerrar el código de interpretación del universo que permitiría modificar, al ser utilizado sabiamente, el estado de la materia.

ONDAS DE FORMA

Concepto introducido por los radiestesistas franceses De Bélizal y Chaumery en los años sesenta del siglo XX.

Las ondas de forma son ondas que emiten las figuras bidimensionales o tridimensionales, así como los movimientos de cuerpos en el espacio, sometidos al efecto del campo magnético terrestre.

Pese a que hoy en día no se pueden medir con el instrumental científico disponible, las ondas de forma pueden ser identificadas por vía radiestésica o quinesiológica, o por los efectos que ejercen en los seres vivos (*véase Temas: Experimentación esotérica*).

Según la forma de las figuras, su orientación y su progresión dinámica, las ondas de forma pueden influir en el hombre de manera positiva o negativa.

SÍMBOLOS Y FIGURAS

Muchos símbolos esotéricos utilizan la acción de las ondas de forma para ejercer el efecto que les atribuye la tradición.

Según De Bélizal este efecto derivaría de la interacción entre las formas geométricas y la energía del ambiente. Aquellas se cargarían de dicha energía y, una vez saturadas, la emitirían al exterior en forma de vibraciones.

En este terreno, uno de los símbolos más potentes capaces de emitir ondas de forma positivas para los seres vivos es el sello de Salomón, uno de los símbolos protectores más eficaces jamás realizados.

Una de las figuras geométricas más interesantes es la pirámide, que emite ondas de forma especiales. Una de ellas es el verde negativo, una onda, considerada la más corta del universo, que emite la pirámide desde su interior, a una altura equivalente a un tercio del total. Esta onda tiene una gran capacidad momificadora y sería capaz de interaccionar con los metales, por ejemplo, con los átomos del acero.

En tiempos más recientes, el investigador y radiestesista francés Jean de la Foye, en un libro publicado en 1975, expuso las conclusiones de su estudio sobre las ondas de forma, analizando los efectos producidos por las letras del alfabeto hebreo. Los resultados son muy interesantes, porque demuestran que las letras del alfabeto hebraico (la escritura cuadrada, que se utiliza a partir de un cierto periodo en los manuscritos bíblicos) emiten fuertes ondas de forma (Jean de la Foye, *Ondes de Vie, Ondes de Mort*) (*véase Símbolos: Pirámide*).

OPERACIONES ALQUÍMICAS

Según la tradición alquímica y espagírica (*véase Temas: Espagiria*), las operaciones que se efectúan en el laboratorio son siete: calcinación, putrefacción, solución, destilación, sublimación, unión y coagulación (*véase Autores: Paracelso*).

ORACIÓN

La oración constituye una de las formas más eficaces de interacción entre la realidad espiritual y la material.

En todas las religiones, la oración permite al individuo salir de su individualidad y entrar en relación con una dimensión espiritual, analizando su comportamiento a la luz de convicciones religiosas, morales y éticas, y poniéndose en contacto directo con la divinidad.

Durante la oración, en la psique del hombre se registra una reducción de la importancia del Yo que permite que la energía cósmica, cristalizada a causa del egoísmo del individuo, circule de nuevo libremente.

La energía cósmica liberada en este proceso influye en las dimensiones energéticas y espirituales de quien reza, que puede disponer de un flujo energético renovado utilizable a varios niveles.

Existen varios tipos de oración. Puede consistir en un mantra repetido continuamente, capaz de inhibir las capacidades puramente intelectuales del individuo, o bien puede adoptar un aspecto discursivo, como si de un diálogo entre el individuo y la divinidad se tratara.

Normalmente la oración se divide en una invocación o introducción, un cuerpo central en el que se hace una petición específica y una conclusión.

El objeto de la oración puede ser la misma persona que reza u otras. A veces, se hace referencia a personas difuntas o entes que pueden intervenir en apoyo de la oración, intercediendo a favor del fiel.

La oración puede ser recitada, pensada, repetida, individualmente o en colectividad; también puede adoptar forma de letanía, es decir, de oración que recita un sacerdote, con intervenciones intercaladas de los que oran. Y puede ir acompañada de formas rituales particulares, como genuflexiones, danzas y gestos de sumisión.

La diferencia fundamental entre oración y fórmula mágica es que esta última lleva implícito un sentido constrictivo que se impone a la divinidad, lo que no ocurre con la oración, en la que se pide una intervención libre a la divinidad.

PIEDRA FILOSOFAL

Piedra fabulosa o sustancia capaz de transformar los metales en oro, curar las enfermedades y prolongar la vida.

Es uno de los misterios mejor custodiados del pensamiento tradicional. Las indicaciones que proporcionan los alquimistas sobre el camino a seguir para obtenerla no son fáciles de interpretar y a menudo inducen a la confusión.

Incluso cuando nos presentan un resumen de los procedimientos de laboratorio que deben seguirse, omiten, por ejemplo, precisar algunos aspectos esenciales como la materia prima, el tipo de energía utilizada, el método de vitalización de los elementos o el orden que debe seguirse en las distintas fases. Por lo tanto, parece imposible conocer el principio de fabricación.

Sin embargo, sí se conoce su descripción; un polvo cristalino de color variado, pero con predominio del rojo rubí, capaz de actuar como un verdadero catalizador que transforma la naturaleza de los elementos.

Su representación jeroglífica está formada por el acercamiento y la superposición de dos triángulos invertidos que simbolizan los cuatro elementos: dos, agua y tierra, con la punta orientada hacia abajo, y dos, fuego y aire, con la punta orientada hacia arriba.

A pesar del secreto, en apariencia impenetrable, que impide al profano o al adepto saber el proceso de obtención de la Piedra, hay varios elementos e indicios que sugieren que las dificultades podrían depender de un error de base al plantear la búsqueda.

Probablemente la Piedra Filosofal no es una sustancia, o mejor dicho, no es solamente una sustancia sino un proceso combinado de varias entidades (físicas, espirituales y energéticas) y el polvo cristalino no sería otra cosa que la memoria energética e informativa de este proceso, una especie de enzima inorgánica, pero con capacidades «vitales», como aclara Basilio Valentino, cuando escribe que tiene capacidades vegetales (crece y se reproduce).

PRINCIPIOS DINÁMICOS

Los cuatro principios básicos que sigue la naturaleza en su actividad (y el alquimista en su obra de imitación de la naturaleza) son: la generación, la conservación, la destrucción y la resurrección.

Estos cuatro principios básicos se traducen en la práctica de laboratorio en los siete principios operativos de la transmutación de las cosas que indica Paracelso: calcinación, putrefacción, solución, destilación, sublimación, coagulación y tintura.

PUTREFACCIÓN

Pérdida de la naturaleza y la forma originaria de una sustancia. Esto ocurre sobre to-

La putrefacción. D. Stolcius v. Stolcenberg, Viridarium Chymicum, *Frankfurt, 1624 (BFE)*

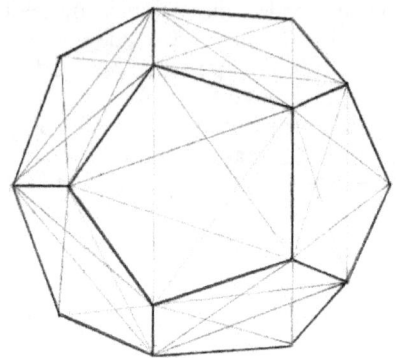

El dodecaedro, según algunas interpretaciones del pensamiento platónico, es la figura geométrica que forma la quintaesencia (FS)

do por la intervención de un fuego interno, dulce y prolongado, que debe ir precedido de un fuego externo.

La humedad desempeña un papel fundamental, ya que sin ella la putrefacción no puede tener lugar.

La materia se descompone y se recompone para dar vida a una nueva sustancia (*véase Temas: Alquimia*).

QUINTAESENCIA

Quinto elemento constitutivo de la naturaleza más íntima de todo lo que existe. Este concepto es particularmente importante para la espagiria.

La quintaesencia puede definirse como el componente principal de todas las cosas a dos niveles: en su grado vibratorio más elevado, en tanto que «energía original cósmica» primitiva, rica en potencial energético, emanación de un plano superior, y en su grado inferior «formado» por la materia física conocida o traducida a ella.

La quintaesencia se representa como un punto situado en el centro del sello de Salomón.

Una vez traducida a la forma física, constituirá el alma energética de la misma, y su contenido energético, vibratorio e informativo podrá ser extraído de la materia mediante los procedimientos alquímicos, para ser transmitido, por ejemplo, a un líquido y transformado en un medicamento.

Según algunos estudiosos modernos la quintaesencia se podría identificar con la fuerza vital que se encuentra en todos los puntos del universo. Está relacionada con la búsqueda de la Piedra Filosofal, que sería precisamente el grado vibratorio más elevado de la quintaesencia (por lo tanto, todavía en su aspecto de «energía original cósmica»; véase *Temas: Materia prima*). Intervendría así en el proceso de transmutación, según unos protocolos operativos muy precisos. Dicho proceso debería ser adecuadamente canalizado por un operador que reuniera las condiciones psicofísicas y espirituales adecuadas, mediante el desarrollo de un campo energético de gran potencia capaz de romper los vínculos de los componentes atómicos y transformar unos elementos en otros.

LA BÚSQUEDA DE LA ENERGÍA CÓSMICA

Algunos instrumentos utilizados en esta operación podrían ser parecidos a los que desarrollaron en los años cincuenta y sesenta del siglo XX los radiestesistas franceses Chaumery, De Bélizal y Morel, capaces de atraer y concentrar la energía cósmica: pila cósmica y bomba C30.

La pila cósmica está formada por una serie de semiesferas de madera unidas unas a otras con una punta final en el centro de la última semiesfera.

La bomba C30, inventada por Chaumery, estaba constituida originariamente por dos esferas concéntricas de madera que podían abrirse, con una cavidad central para el objeto que debía ser tratado.

De Bélizal y Morel retomaron el proyecto, aumentando el número de esferas a seis (con un diámetro de 30 cm) y uniéndolas con dos pilas cósmicas (A. de Bélizal y P.A. Morel, *Física Microvibratoria y Fuerzas Invisibles*).

Gracias a la bomba C30 sería posible intervenir energéticamente en una muestra sin utilizar el fuego común.

RADIESTESIA

Disciplina muy antigua que se propone aprovechar la capacidad de antena (receptora y transmisora) del ser humano.

El movimiento de un revelador mecánico (péndulo, biotensor o varilla rabdomántica) manejado por el radiestesista indica la respuesta corporal del operador en la búsqueda de agua, filones, grutas subterráneas, nudos geopáticos.

El radiestesista entra en resonancia con los elementos ambientales y las reacciones físicas de su organismo, manifestadas a través del revelador, y que indican la presencia o ausencia de lo que se busca. En un nivel todavía superior, el «mental», el radiestesista puede determinar la cantidad, profundidad y calidad de lo que está buscando, así como realizar la búsqueda en mapas, fotografías o dibujos.

Se tiene constancia de esta práctica en la China antigua. Es una de las pocas artes tradicionales que actualmente todavía se practican con éxito, como demuestran las numerosas prospecciones en busca de agua o petróleo, los estudios sobre la rabdomancia (uso de la radiestesia para encontrar sobre todo cursos de agua subterránea) realizados por varios institutos científicos, como el departamento de Física de la Universidad de Munich (Alemania), o los experimentos realizados por el profesor Tromp en Bélgica.

La radiestesia ha sido utilizada en épocas modernas por los militares: por el ejército francés en las colonias, por la Wehrmacht alemana durante la segunda guerra mundial o por el ejército estadounidense en Vietnam.

Es una de las disciplinas más importantes para el estudio dinámico del esoterismo. Juntamente con la quinesiología (estudio de las reacciones musculares), puede encontrar los efectos físico-vibratorios de las simbologías esotéricas, causados por sus ondas de forma y por las interacciones con los campos energéticos sutiles.

En todos los lugares del mundo se efectúan investigaciones radiestésicas, que corren a cargo de asociaciones de radiestesistas, algunas de ellas reconocidas por el gobierno, como en el caso de Francia.

En el plano internacional actúa la SIUD (Scientific International Union of Dowsing), organismo formado por investigadores universitarios, físicos, médicos, biólogos y geólogos.

ROSACRUZ

El término *Rosacruz* engloba un complejo grupo de tradiciones esotéricas, masónicas y místicas que tiene su origen en la publicación de unos escritos anónimos entre los años 1614 y 1615.

En 1614 fue publicada la primera edición de la *Fama Fraternitatis*, seguida un año más tarde de la *Confessio Fraternitatis*.

Los dos libros, completados por un apéndice, tienen varias ediciones. Una de ellas, publicada en Regensburg en 1681, lleva por título: *Reforma Universal y General del Mundo Entero. Seguida de la Fama Fraternitatis de la Honorable Cofradía de la Rosacruz, dirigida a todas las personas doctas y a los soberanos de Europa*. En el apéndice: *Respuesta enviada por el señor Haselmeyer a la noble Cofradía de los Teósofos de Rosacruz*.

Después de estos escritos aparece un libro atribuido al teólogo protestante Johann V. Andreae, *Las Bodas Químicas de Christian Rosenkreutz*.

Estas obras contribuyeron a generar un importante debate cultural en la época, no sólo por sus misteriosas autorías, sino también por los contenidos revolucionarios de los textos.

Las principales reacciones tuvieron lugar en Europa a partir de 1623, año en que se hicieron públicos afijos de los manifiestos de contenido rosacrucense que aplaudían una renovación inminente, junto a la posibilidad, para quien estuviera interesado, de compartir los misteriosos e importantes conocimientos de los miembros de la confraternidad.

HISTORIA

Los estudiosos valoraron de formas muy distintas la publicación de los manifiestos rosacrucenses.

Según algunos, en consonancia con lo admitido por el propio Andreae, todo fue una burla, una broma bien organizada, sin ningún objetivo concreto.

Si se analiza el texto de los manifiestos de París esta hipótesis podría verse confirmada: el estilo y el contenido parecen estudiados expresamente para crear expectativas carentes de cualquier posibilidad de continuidad.

A título de ejemplo, desearía llevar la atención del lector a otro mito, relativamente reciente, que ha tenido un éxito significativo, el del misterioso Fulcanelli.

En este caso todo empieza con la publicación de unas obras firmadas por Fulcanelli. Rápidamente se inició un intenso debate para descubrir quién podía ser su autor. Se propusieron varias identidades, todas, en un momento u otro, carentes de fundamento.

Después de varias décadas de discusiones, todavía hay quien cree que Fulcanelli fue un personaje inventado, creado por un grupo de hermetistas y alquimistas para insuflar un vigor renovado a una tradición alquímica y esotérica debilitada y sin continuidad.

De la misma manera los primeros textos rosacrucenses podrían ser el fruto de un círculo de amigos y colaboradores de los que Andreae probablemente formaba parte, y que se proponía la difusión de algunas ideas de renovación, independientemente de la existencia de la cofradía en cuestión.

Para tener vida, estas ideas debían insertarse en un mito. La publicación de los panfletos juntamente con la obra de Andreae sobre Christian Rosenkreutz proporcionaron el material adecuado, así como la atmósfera de falsa reticencia que rodeó toda la operación.

No hay que conceder demasiada importancia al hecho de que hubiera retractaciones: habida cuenta de la terrible respuesta de los religiosos y puritanos, que atacaron con panfletos y artículos incitando al linchamiento (o al fuego de la Inquisición) de los presuntos miembros de la cofradía, no es de extrañar la retirada de personajes como Andreae, que se apresuraron a destacar los valores cristianos de su obra y la inexistencia de la cofradía.

Sea como fuere, igual que ocurrió con el caso Fulcanelli, la operación funcionó maravillosamente, porque logró incluir en el mito y la tradición enseñanzas importantes, quizá demasiado modernas para el tiempo en que fueron propuestas.

Según otros autores, toda la operación fue una tentativa de reconstruir sobre nue-

Años después de la aparición de los manifiestos rosacrucenses, hubo numerosos posicionamientos a favor y en contra de la orden. La obra polémica de G. Naudé, Instrucción en Francia sobre la verdad de la historia de los hermanos de la Rosacruz, *fue publicada en París en 1623 (BNF/G)*

vas bases la colaboración que siempre había existido entre los humanistas; después de la Reforma protestante y la posterior Contrarreforma había que encontrar una base común de discusión entre los doctos de ambos campos. El pensamiento rosacrucense, que lleva la huella protestante, habría constituido la visión del mundo en la que se podría reconstruir la unidad de los elegidos. El inicio de *Fama Fraternitatis* parece dar la razón a esta tesis.

LAS ENSEÑANZAS ROSACRUCENSES

Las enseñanzas rosacrucenses se basan en el saber tradicional y en el deseo de poner en conocimiento de los elegidos todo lo que dicho saber ha revelado a los adeptos del pasado y del presente.

Se detectan puntos de contacto con otras tradiciones, como la de los sufíes, que también buscan fragmentos de conocimiento antiguo diseminados por todo el mundo.

Una referencia interesante, en la obra de Andreae, es la larga permanencia de Christian Rosenkreutz al lado de sabios árabes, que lo acogieron de una forma excelente, en contraste con la fría respuesta que encontró en los ambientes académicos de Europa cuando a su regreso intentó difundir sus ideas.

La base del saber del mundo rosacrucense es la creencia en la unidad del cosmos: el macrocosmos está representado en el microcosmos del hombre.

Además, todo resuena, vibra armoniosamente al unísono con Dios, el Cielo y la Tierra. La falta de vibración armoniosa está causada por el mal y, en particular, por el demonio, primer principio de la disonancia en el mundo.

El objetivo del hombre es conocer el universo, entender su funcionamiento, y utilizar este conocimiento para aumentar su propia capacidad espiritual y evolucionar hacia dimensiones cada vez mayores del conocimiento, guiado por la moral y la verdadera religión.

El aspecto ético y moral y la pureza espiritual tienen una importancia fundamental: según *Frama Fraternitatis* el primer grupo de personas que se reunieron en torno a Christian Rosenkreutz hizo voto de pureza física y de castidad.

LA ROSACRUZ MODERNA

La Orden de la Rosacruz, en tanto que generadora de los escritos publicados bajo este nombre, quizá nunca llegó a existir, por lo menos tal como fue descrita por los textos. Pero la fuerza del mito fue tal que varias cofradías se inspiraron en sus ideales, y muchos personajes se sintieron tan atraídos por las enseñanzas espirituales impartidas que deben considerarse verdaderos rosacrucenses. Por esta razón no es correcto censurar sociedades u órdenes iniciáticas que se consideran auténticas herederas de la Rosacruz.

En un cierto sentido negar su legitimidad de herederos de la tradición sería como negar la legitimidad de un verdadero alquimista o la de un verdadero hermetista que no ha tenido una iniciación directa por parte de un maestro de la tradición, pero que, a pesar de todo, obtiene resultados importantes en su campo.

Si las organizaciones que se definen rosacrucenses actúan en el ámbito de la filosofía rosacrucense y logran resultados significativos en la alquimia espiritual del hombre, según las antiguas enseñanzas de los manifiestos rosacrucenses, están en su derecho de definirse como herederos de la tradición rosacrucense.

Algunas de estas órdenes utilizan un lenguaje y proponen enseñanzas que están en línea con los que se utilizaban en la época de los manifiestos rosacrucenses y denotan, si no una filiación directa, por lo menos una gran comprensión de los temas presentados en los escritos originales.

SAL

Principio fijo, con capacidad de coagular y fijar aquello a lo que acompaña.

La acción de la sal permite la solidificación del mercurio, que es líquido. Al mismo tiempo, el azufre y el mercurio permiten la evaporación de la sal, llevándola a un nivel superior de materia.

Para el pensamiento tradicional, la sal es uno de los constituyentes fundamentales de los cuerpos sólidos, que no podrían existir sin ella. Su característica específica es la sequedad.

El mismo término se utiliza para designar la estructura etérea invisible de un ser vivo, de una planta o de una piedra. Se trata de un cuerpo etéreo que se corresponde a veces con el *evestrum* (cuerpo astral) o, mejor dicho, la *mumia* de la que habla Paracelso, una estructura incorpórea (fuerza vital) responsable de la vida de un cuerpo: cuando desaparece, el cuerpo muere y su estructura interna decae.

En alquimia la sal adopta varias denominaciones: sal de esmeralda, sal de oro, sal saturno, sal animada, húmedo radical, sal de luz, *magnes microcosmis* (imán del microcosmos).

Sin embargo, hay que prestar mucha atención a los términos. En efecto, no se puede identificar la sal tal como se entiende comúnmente con el cuerpo etéreo que envuelve el cuerpo terrenal del hombre como si se tratara de un capullo. El lector deberá interpretar a qué se refiere, para no confundir los conceptos.

Por ejemplo, en el reino mineral, la sal, entendida como mumia o cuerpo etéreo, se encuentra sobre todo en el azufre (uno de los tres principios constitutivos de todas las cosas) y en el reino vegetal, en el aceite etéreo producido por las plantas; para entender su relación debemos efectuar un salto analógico.

Dado que la sal es uno de los constituyentes fundamentales de los sólidos, sin el cual el cuerpo no podría subsistir, y que el cuerpo etéreo o imán del microcosmos mantiene junto y vivifica, ambos términos tienen sentidos funcionalmente análogos, por lo que la mentalidad alquímica puede confundir con facilidad.

SOLUCIÓN

La solución, junto con la coagulación, forma parte del lema operativo de la Gran Obra: *solve et coagula*.

La solución puede ser natural o artificial. La primera es diferente para los tres reinos, porque existe una solución animal (equivalente a la putrefacción), una vegetal (menos violenta) y una mineral (fusión, como sucede, por ejemplo, con la lava de los volcanes). La solución artificial es la que lleva a cabo el hombre, y puede realizarse por medio de un principio corrosivo interno (agua salada, agua corrosiva, ácidos) o externo (fuego lento, rayos solares).

La materia tratada con la solución puede llevarse de nuevo al estado sólido mediante la coagulación (igual que el agua helada que, con el calor, vuelve al estado líquido, pero si se elimina la fuente de calor vuelve a solidificarse).

SOMA

Remedio energizante en el que se centraba la práctica alquímica y médica de la India antigua. El soma es objeto de gran interés sobre todo en los textos indios de las *Upanishad* antiguas.

El término proviene de la raíz *su*, que significa «exprimir».

Se suele identificar con la ambrosía (el néctar de los dioses), que en sánscrito, el idioma antiguo de la India, se llama *amrta* («inmortal»), y con la miel, en sánscrito *madhu*.

La planta del soma se utilizaba para elaborar una bebida de la inmortalidad y como elemento para facilitar el renacimiento, por lo cual se enterraba junto a los difuntos.

El soma, identificado con el dios lunar, es la transfiguración material del flujo vital universal en su triple aspecto de *retas/sukra* (esperma), *prana* (respiración) y *manas* (estructura portante del pensamiento).

LA PLANTA DEL SOMA

Los numerosos intentos realizados para descubrir la planta de la que se extrae este jugo de características excepcionales no han llegado a una conclusión segura. El estudioso indio S. Mahadihassan la identifica con la efedra, una planta que tendría las mismas características vigorizantes y euforizantes que la hoja de la coca, *Erythroxylon Coca* (utilizada sobre todo por las poblaciones incas) o el khat, *Catha Edulis,* de los árabes del Yemen.

Es una identificación antitética a la tradicional, que vería en el soma una bebida de tipo alcohólico.

Efectivamente, si el objetivo es dar energía y vigor, la identificación de Mahadihassan parece las más correcta, ya que la coca y el khat confieren a quien trabaja una enorme carga energética seguida de insomnio, mientras que la bebida alcohólica, después de la euforia inicial, produce cansancio y sopor.

SUBLIMACIÓN

Según el pensamiento tradicional, la sublimación consiste en separar lo sutil de lo grueso, en liberar la luz de las tinieblas. Tiene las mismas finalidades que la destilación, pero con la diferencia de que se aplica a cuerpos en estado sólido. El mineral se hace evaporar, una y otra vez, hasta que ya no es posible sublimarlo más. Entonces se recoge el sublimado y se puede exponer al aire, para obtener una sustancia oleosa. Finalmente, esta sustancia se pone al fuego para obtener una piedra.

Una vez más, hay que prestar atención al lenguaje que utilizan los alquimistas, ya que habrá que discernir el procedimiento químico, típicamente paracelsiano, de posteriores significados filosóficos.

SUFISMO

Movimiento religioso islámico que representa la vía esotérica hacia Dios.

El origen del nombre podría buscarse en el término *swf* («lana»), del que deriva *atasawwif* («vestido de lana») en recuerdo de los sencillos vestidos de lana que originariamente llevaban los sufíes.

Según otros, se trataría de la unión de tres sonidos (SUF) con capacidad de actuar directamente en la psique del hombre.

Al principio, el término no era usual en el Islam, pero lo acabó siendo, así como en el oeste de Europa, hace unos mil años.

El estudioso Idries Shah utiliza la forma árabe *mutasawwif,* que significaría «loto para llegar a ser un sufí».

El sufismo se compara a menudo con el misticismo cristiano o con formas de meditación orientales (zen), aunque las diferencias siguen siendo notables: la experiencia última, la capacidad de captar intuitiva e intelectualmente la existencia de Dios como única realidad verdadera, reduciendo al máximo la individualidad, lo asemejan a otras experiencias religiosas similares.

En el Islam, y también en otros movimientos religiosos como el ishraquismo o el ismailismo, constituye la vía esotérica *(batin)*, contrapuesta a la exotérica *(zahar)*, que corresponde al recorrido legal tradicional que exige el respeto de los pilares del Islam. En el sufismo estos se respetan (de lo contrario, como en el caso de posiciones extremas y heréticas, los sufíes eran perseguidos y condenados a muerte), pero no constituyen la única vía.

Según el Islam, para obtener la salvación basta con seguir las normas tradicionales (como la declaración de fe o la oración) que comportan la felicidad perfecta en el más allá.

Para los sufíes es posible encontrar aquí y ahora un estado de gracia en el que el ego personal se apaga y la persona se identifica totalmente con el Espíritu de Dios.

La enseñanza sufí pretendía alcanzar un nivel elevado de conocimiento del hombre y del cosmos, dando al individuo más objetividad y mejorando su trayectoria evolutiva, así como el redescubrimiento de una sabiduría antigua cuyos fragmentos se encuentran en todas las culturas. Con este objetivo se utilizaban (y se utilizan) varias técnicas, desde la danza de los derviches a las narraciones y las anécdotas, que recuerdan en parte a las del budismo zen.

El elemento fundamental es la interacción maestro-discípulo. El primero, que normalmente es el jefe de la comunidad sufí, no aspira nunca a una posición dominante o de prestigio. Personajes como Gurgani y Rumi eran respetados por su gran modestia.

Según algunos estudiosos, en el sufismo estaba prohibido el culto a la personalidad, como demuestra el hecho de que la mayor parte de los sufíes más importantes ha quedado en el anonimato.

TAROT
(Floriana Puccini)

La adivinación a través de objetos de uso común (huesos, bastones, piedras, conchas) se pierde en la noche de los tiempos.

El brujo o el chamán de las sociedades tribales, en estado de trance gracias a la meditación, lograba «leer» las respuestas a las preguntas que atormentaban a los solicitantes. Para ello, practicaba una forma de lectura, que todavía hoy se utiliza, a partir de la posición en que caían los objetos en el suelo.

En los albores de la escritura, sea cual fuere la forma adoptada (pictografía, glifografía, petrografía), el simbolismo del signo se adaptaba al clima de magia que rodeaba el poder de quien tenía el privilegio de leer el futuro.

Al crecer la conciencia colectiva, a través de arquetipos que son comunes a las distintas sociedades (magníficamente estudiadas e interpretadas por C.G. Jung, quien, entre otras cosas diseñó personalmente una baraja de cartas del tarot), la simbología se confirma cada vez más, si bien su interpretación ha quedado en manos de los adeptos de las diferentes corrientes esotéricas.

EL TAROT EN LA HISTORIA

Habitualmente el origen del tarot se sitúa en el *Libro de Toth*, dios de los muertos del panteón egipcio que juzgaba el corazón de los hombres (donde los egipcios creían que estaba el alma) según su peso comparado con el de una pluma: si el corazón era más pesado que la pluma, el juzgado no merecía renacer en el más allá.

Hacia el año 1240, el sínodo de Worchester prohibió el uso de los «naipes», pero los indicios de la existencia de un «juego» de tarot se remontan a la segunda mitad del siglo XV, en el norte de Italia, época en la que en las cortes renacentistas cortesanos y damas, nobles y caballeros alternaban devaneos amorosos con la pasión por este arte adivinatorio.

Una de las barajas que ha llegado más enteras hasta nuestros días es la «de los Visconti-Sforza», que es objeto de disputa entre la Academia de Bérgamo y la Pierpoint Morgan Library de Nueva York. Hay otras tres barajas conocidas, pero lamentablemente están muy incompletas.

Alrededor del siglo XV aparece la baraja denominada «de Mantegna», en un periodo en que Marsilio Ficino traduce los *Diálogos* de Platón y las *Enéadas* de Plotino, y escribe *Theologia*, que testimonia el fervor suscitado en las cortes renacentistas por los temas filosóficos. El universo aparece armónico y ordenado. Se puede captar su unidad en las diferencias y, por lo tanto, puede ser leído e interpretado. En los tarots pintados por Mantegna, se refleja el pensamiento ficiniano.

Esta baraja de 50 cartas representa el orden universal, tal como se aceptaba en la época. Está dividida en cinco grupos de cartas o láminas que representan a:

— las *clases sociales* (el Papa, el Emperador, el Rey, el Dux, el Caballero, el Hidalgo, el Mercader, el Artesano, el Siervo y el Miserable);
— las *musas* (Caliope, elocuencia; Urania, astronomía; Terpsícore, danza; Érado, elegía; Polimuia, poesía lírica; Melpómene, tragedia; Euterpe, música; Clío, historia; y Apolo, el Señor de todas las Musas, profecía y medicina);
— las *ciencias* (Gramática, Lógica, Retórica, Geometría, Aritmética, Música, Poesía, Filosofía, Astrología y Teología);
— las *virtudes* (Ilíaco, astronomía; Chronico, cronología; Temperancia, templanza; Prudencia, prudencia; Forteza, fuerza; Justicia, justicia; Charitá, caridad; Esperanza y Fe);
— los *planetas* entonces conocidos (Sol, Luna, Mercurio, Venus, Marte, Júpiter y Saturno, ordenados en un sistema geocéntrico en el que la Tierra representa al hombre).

La escalera que debe subirse en la división significa que el hombre puede elevarse del orden terrestre al espiritual.

El simbolismo de estas imágenes ejemplifica el despertar del alma, para aproximar al ser humano a las inteligencias superiores, a la contemplación del universo y, por lo tanto, de lo Absoluto.

Hacia 1650, en el centro de Italia, nacen las «Minchiate», una baraja de 96 cartas, 40 de las cuales son los arcanos menores o cartilla; doce, los signos zodiacales; cuatro, los elementos alquímicos; tres, las virtudes teológicas, y una, la virtud cardinal. Las otras 35 cartas son Papas, Aries y Honores. La carta 0 es «el Loco», que simboliza la locura humana.

Naturalmente, alquimistas y filósofos aspiran al dominio de todo tipo de ciencias «mánticas» (del griego *manteia/mancia*, es decir, «adivinación»), mientras que sacerdotes y religiosos de tradición cristiana en general las combaten con contundencia, intolerantes sobre todo en lo que respecta al vínculo que se establece entre la simbología de los arcanos mayores, las 22 cartas principales de la baraja, y la cábala, el conocimiento secreto de la tradición iniciática cultivado por los judíos.

La lectura del tarot —en el sentido literal del término— con objetivo claramente adivinatorio, dejando de lado el «juego», empieza hacia el año 1770.

Esta actividad atrae, como se ha dicho anteriormente, a los grupos esotéricos o secretos (como, por ejemplo, las logias masónicas, interesadas en el lenguaje críptico y simbólico que encaja perfectamente con el secretismo de las sectas), que navegan con distinta suerte, a veces loados, a veces maldecidos.

Court de Gebelin, erudito y filósofo, formaba parte de la logia masónica parisina de los «Amigos Reunidos». Publicó una obra colosal titulada *Le Monde Primitif* sobre el significado del tarot. Era muy próximo a Louis-Claude de Saint-Martin, uno de los principales maestros esotéricos del siglo XIX.

Eliphas Lévi publicó en 1865 el *Dogma de la Alta Magia*; Papus, seguidor de Lévi, escribió *Tarot de los Cíngaros*, donde exponía su teoría según la cual el origen del tarot se debe a los nómadas y los gitanos. En Inglaterra, Oswald Wirth, amigo y discípulo del marqués Stanislas de Guaita, en 1889 publicaba una serie de cartas, que contenía 22 triunfos, a los que llamó por vez primera «arcanos mayores».

También es digno de mención Aleister Crowley, nacido en 1875 en Inglaterra. Fundador de la Orden Hermética de la Estrella de Plata, dibujó una baraja de cartas del tarot llenas de simbología relacionada con la magia negra y la mística tántrica, de la que se profesaba seguidor.

EL SIGNIFICADO SIMBÓLICO DE LOS ARCANOS MAYORES

Una baraja clásica de tarot tiene 78 cartas: 22 arcanos mayores o energías y 56 arcanos menores, con la presencia de 4 figuras (Rey, Reina, Caballo, Soldado).

El sustantivo *tarot* deriva del árabe *tarîqa*, «camino», tomado a su vez del francés *tarot* con el significado de «Camino Real», es decir, Dios.

El Loco. Esta carta no tiene ninguna referencia numérica. Es la imagen más compleja, porque representa la sagrada inocencia, pero a la vez el enredo que llevan consigo todas las contradicciones y los dualismos típicos del ser humano: yin/yang, bien/mal, ángel/demonio.

Es el símbolo del potencial ilimitado. Si está del revés, significa desconsideración o falta de reflexión.

I. El Villano. Representa la sabiduría y el dominio de lo desconocido. Sugiere un camino concreto, la aproximación al éxito, pero sólo con la plenitud de las capacidades. Del revés, hay que prestar atención a las dudas personales.

II. La Papisa. Esta figura femenina introduce la intuición, la conciencia y el conocimiento de lo irracional, así como una perspectiva abierta sobre problemas ocultos. Del revés, simboliza emotividad y falta de pensamiento lógico y objetivo.

III. La Emperatriz. Simboliza la fecunda tierra madre, la estabilidad y la creatividad, y también un embarazo. Del revés, anuncia problemas domésticos y regresión en el ámbito social.

IV. El Emperador. Esta figura masculina representa el poder terrenal, el triunfo de la racionalidad y de la fuerza de voluntad. Del revés, conviene vigilar con las debilidades de carácter o la tendencia a la sumisión.

V. El Papa. Indica el poder espiritual, la conciencia racional, la influencia de una figura carismática. Del revés, cuidado con las mentiras y los malos consejeros.

VI. El enamorado. Puede significar una relación prometedora o hacer alusión a futuras decisiones positivas. Del revés, frustraciones en el amor o peligro de tomar decisiones equivocadas.

VII. El Carro. Simboliza el movimiento, también visto como progreso y evolución espiritual. Del revés, es necesario prestar atención a un dinamismo excesivo, que podría dar pie a comportamientos despiadados.

VIII. La Justicia. Destaca la voluntad de equilibrio y de justicia, la conjunción del corazón y el espíritu. Naturalmente también indica la existencia de cuestiones legales pendientes, con resolución positiva. Del revés, sugiere la injusticia y juicios crueles.

IX. El Ermitaño. Señala la necesidad de alejarse de la realidad mundana hacia consideraciones menos materiales. También indica el deseo de crecimiento en la intimidad. Del revés, debe ser considerada una advertencia ante la negativa de detenerse a meditar.

X. La Rueda de la Fortuna. Simboliza una nueva etapa o inicio y tendencia a la armonía. Presagia acontecimientos afortunados. Del revés, indica nuevas adversidades.

XI. La Fuerza. Advierte sobre la necesidad de encontrar dentro de uno mismo la fuerza necesaria para superar pruebas que están a punto de producirse, pero también es una señal explícita de que los recursos interiores no faltarán. Del revés, no será fácil superar las pruebas.

XII. El Ahorcado. El significado de este arcano es ambivalente. Indica sacrificio y la exigencia de un camino interior propio, necesario para completar el Yo; sin embargo, el camino puede no conducir a un desenlace favorable, pese a ser un proceso doloroso pero necesario. En definitiva, es un significado a la vez favorable y desfavorable.

XIII. La Muerte. Se entiende como renacimiento, como un paso adelante en la conciencia individual, igual que el ave fénix que renace de sus propias cenizas. Del revés, indica la destrucción de lo que ya existe, sin posibilidad alguna de renovación.

XIV. La Templanza. Simboliza la necesidad de moderación, saber que la vida es un fruto armonioso, material y espiritual. Es un buen auspicio para las empresas que requieren equilibrio entre diversos factores. Del revés, indica dificultades para armonizar los distintos componentes.

XV. El Diablo. Carta totalmente infausta, quizá la de peores presagios de todos los arcanos. Señala la pérdida de control sobre los instintos y las pulsiones. Sin embargo, si va acompañada por cartas favorables, también puede significar la adquisición de una fuente de energía para afrontar desarrollos excepcionales. Del revés, es absolutamente necesario no ceder a los impulsos y al lado oscuro de la vida personal.

XVI. La Torre. Representa claramente una imagen de destrucción, las esperanzas hechas añicos, pero que podrían ser el preludio de una reconstrucción a través del conocimiento, con la condición de que la lección sea aprendida correctamente. Del revés, anuncia ruina y calamidades procuradas con las propias manos.

XVII. Las Estrellas. Anuncian la esperanza de renovación después de haber sufrido calamidades, la abertura de horizontes nuevos, la iluminación espiritual después de la toma de conciencia. Del revés, señala la necesidad de huir de la oscuridad espiritual.

XVIII. La Luna. Si se relaciona con el lado oscuro y oculto, indica la necesidad de recurrir a la intuición como única solución

REVISITACIÓN DEL TAROT DE WIRTH

El Villano (FS) — La Papisa (FS) — El Emperador (FS) — La Justicia (FS) — El Ermitaño (FS)

La Muerte (FS) — La Templanza (FS) — Las Estrellas (FS) — La Luna (FS) — El Sol (FS)

para superar los obstáculos. La intuición deberá ser utilizada con cautela para no patinar en las ilusiones. Del revés, indica la necesidad de abandonarse al elemento irracional, dejándose llevar por los sucesos como si de un río se tratara, olvidando la concreción cotidiana.

XIX. El Sol. Anuncia éxito y felicidad, la culminación de la armonía, la iluminación completa. Del revés, significa fracaso, derrumbe de las esperanzas o, en el mejor de los casos, consecución de un éxito sólo parcial, superficial.

XX. El Juicio. Véase XXI, El Mundo.

XXI. El Mundo. Representa la etapa final, la culminación total. Del revés, sugiere fracaso definitivo, incapacidad de progresar, abandono de toda esperanza.

Los arcanos mayores pueden ser leídos con un mandala, un círculo cíclico que empieza con el Loco, la juventud, y termina con el Mundo, la plenitud, pasando por pruebas que tienden a reforzar la espiritualidad y el conocimiento necesario del Yo. Y solamente cuando las pruebas están superadas, puede empezar un nuevo ciclo, que acerca progresivamente al hombre al karma, la meta final.

Es interesante observar que las ciencias mánticas, tanto si se trata de la lectura del tarot como de la astrología u otras, «sugieren y no determinan», dejando emerger la importancia religiosa y filosófica del «libre arbitrio», sin postular que todo esté escrito y no pueda ser cambiado.

El hombre está en evolución continua o ascesis, y por su naturaleza no puede y no debe vivir sin luchar, bajo pena de estasis e involución.

La meditación ligada a la interpretación de la simbología arquetípica de las cartas conduce al camino del conocimiento de uno mismo.

TEMPLARIOS

Orden guerrera y monástica fundada por Hugo de Payns en 1119 o 1120, reconocida como orden con reglamento propio en el Concilio de Troyes del 13 de enero de 1128 (que corresponde al 13 de enero de 1129 de nuestro calendario).

La orden fue suspendida por el papa Clemente V, debido a la presión del rey de Francia Felipe el Hermoso, entre el 23 de marzo, fecha en que se promulgó la bula papal *Vox in Excelso*, que abolía la orden, y el 6 de mayo de 1312, fecha de clausura del Concilio de Viena, convocado expresamente y durante el curso del cual se tomó una decisión sobre la devolución de los bienes de los templarios.

LAS FUENTES HISTÓRICAS

Las fuentes históricas que proporcionan el mayor número de informaciones sobre los orígenes de los templarios son obras de los siglos XII y XIII.

Guillermo de Tiro, nacido en 1130, canciller del Reino de Jerusalén en 1174 y obispo de Tiro en 1175, escribe la *Historia Rerum in Partibus Transmarinus Gestarum* en la época de las afortunadas campañas del rey Amalarico.

Otros autores importantes que tratan este tema son Jacques de Vitry, obispo de Acres, que escribió en el siglo XIII la *Historia Orientalis seu Hierosolymitana*, y Guillermo de Nangis. Ambos autores son profundos conocedores de la obra de Guillermo de Tiro; además, Jacques de Vitry tiene la ventaja de conocer directamente a los templarios de Acres.

En mayor o menor medida, coinciden en algunos datos importantes, como que la orden fue fundada en 1120 por Hugo de Payns, un aristócrata emparentado con la familia de San Bernardo procedente de la región de Champagne (Payns era una pequeña ciudad en la orilla izquierda del Sena).

HISTORIA DE LA ORDEN TEMPLARIA

La historia de los templarios empieza en el siglo XII. Durante siglos el peregrinaje a Tierra Santa había comportado grandes sacrificios e importantes peligros. Las rutas no eran seguras, los peregrinos podían ser víctimas de los maleantes y presas de bestias feroces. Después de la conquista de Jerusalén durante la I Cruzada (1096-1099), se añadió la beligerancia de los musulmanes.

Los cruzados controlaban un amplio territorio, pero en el acceso al camino que llevaba a Jerusalén actuaban guarniciones enemigas que todavía no habían sido derrotadas.

Normalmente los peregrinos viajaban en grupo, y si bien muchas veces iban armados para defenderse, sentían la necesidad de contar con un cuerpo militar que los protegiera, de forma similar a lo que ocurría con sus necesidades materiales (comida, alojamiento, vestimenta), de las que se ocupaban diversas asociaciones.

Esta necesidad no debe sorprendernos. El reino latino de Jerusalén, que habría tenido que contar con las fuerzas militares del ejército de ocupación, en realidad sólo disponía de un ejército reducido a la mínima expresión. Tan exigua era la población cristiana que vivía en el reino que el propio rey de Jerusalén, Balduino I, había invitado a los cristianos orientales a poblar sus territorios.

Los éxitos militares se debían más a las divisiones del adversario y al poco peso que los musulmanes conferían al conflicto de la región, que a la capacidad militar y estratégica del ejército cruzado.

Se ha discutido ampliamente si el origen de la creación de la orden fueron las presiones de las altas instancias o bien la exigencia de las clases bajas, si hubo un compromiso por parte del Rey o del Papa, o bien si Payns y sus allegados habían tomado la decisión por su cuenta.

El Concilio de Clermont, en el que Urbano II incita a los cristianos a la Cruzada, de un grabado de 1552. Paul Lacroix, L'Ancienne France. La chevalerie et les croisades, *París, 1887 (BNF/G)*

Sea como fuere, el movimiento, por lo menos a partir de un cierto momento, contó con el respaldo del Rey y posteriormente del Papa.

En efecto, en el concilio de Troyes se aprobó la constitución de la orden.

Un aspecto llama poderosamente la atención: durante años el grupo de personas que formaba parte de la orden estuvo limitado a los fundadores (nueve personas), y la pregunta que surge es cómo podían desempeñar sus funciones tan pocos monjes, al principio mal armados y escasamente equipados.

Los monjes compartían el destino de los peregrinos, que debían vivir en la miseria, como mendigos.

Sin embargo, no creamos que la orden estuviera constituida solamente por caballeros templarios. La lectura de la primera regla nos sugiere que alrededor de cada caballero, sobre todo a partir del momento en que se contó con el apoyo del Rey y de la Iglesia, había un grupo de personas (en el caso del maestro, por ejemplo, de escuderos y servidores) que reforzaban los rangos de las fuerzas templarias.

Por esta razón, aunque probablemente el número de caballeros templarios no fue nunca superior a los 300, el de personas que colaboraban con ellos podía ser siete u ocho veces superior.

Una consideración de orden militar: un caballero templario, armado en toda regla, tenía el mismo efecto sobre las filas enemigas que un carro de armas ligeras sobre un pelotón de infantería. La fuerza de choque que representaba un solo caballero templario a caballo (y el alto coste de la armadura y el armamento) en la época de esplendor máximo justificaba el número relativamente reducido de caballeros de la orden.

Además, y sobre todo en época tardía, la fama de los caballeros templarios era tal (estaban considerados a un nivel parecido al de los magos y los nigromantes) que sólo la aparición de una línea de soldados con capa blanca y cruz templaria roja causaba terror en las filas enemigas.

Fachada de la iglesia del Santo Sepulcro tal como era a finales del siglo XIX. Paul Lacroix, L'Ancienne France. La chevalerie et les croisades, *París, 1887 (BNF/G)*

LA RETIRADA DE TIERRA SANTA

Los caballeros templarios desempeñaron su misión magníficamente hasta la caída de Acres, una de las últimas ciudades que todavía estaban en manos de los cruzados, en el año 1291.

Entonces el maestro templario era Guillermo de Beaujeu, primo de Carlos de Anjou, rey de Sicilia. A través de un infiltrado en la corte de El Cairo del sultán Qalawu'n fue informado de un ataque inminente contra los apostamientos de los cruzados. No fue escuchado y las ciudades empezaron a caer, una tras otra.

La primera fue Trípoli, luego Acres, donde estaba la sede de los cruzados. La ciudad, fortificada y poblada por más de 40.000 habitantes, estaba considerada invencible. Los enfrentamientos duraron unos dos meses, hasta que los sarracenos lograron abrir una fisura y, después de terribles combates, conquistaron la ciudad.

Las otras ciudades que estaban en manos latinas fueron evacuadas. La última fue Chateau-Pèlerin, controlada por los templarios.

Después de la muerte de Guillermo de Beaujeu como consecuencia de las heridas sufridas en la batalla de Acres, fue elegido maestro Tialdo Gaudin, y posteriormente, Jacques de Molay. Este último había sido elegido en Chipre, a donde había sido desplazado el cuartel general de los templarios después del abandono de Tierra Santa.

Aprovechando el ataque de los mongoles contra los Estados musulmanes, los templarios y los cruzados intentaron algunas operaciones militares en el delta del Nilo y en otros puntos, pero los destacamentos fueron derrotados por los sarracenos. Los templarios, capturados con una falsa promesa, fueron apresados y encadenados en Egipto.

A diferencia de otras órdenes, como la teutónica, que conquistó Prusia, o la de los sanjuanistas, que se adueñaron de Rodas, la Orden del Temple fue incapaz de reconvertirse y conquistar un territorio propio, y continuó presionando para realizar una nueva cruzada a Tierra Santa.

De Molay, junto con el maestro de la Orden de San Juan, Villaret, fue convocado en 1306 en Poitou (Francia) por el papa Clemente V para preparar la nueva cruzada con el rey de Francia.

EL PROCESO A LOS TEMPLARIOS

Entre finales del siglo XIII y principios del XIV los templarios empezaron a significar un problema para los Estados que se encontraban en proceso de formación, porque formaban un Estado dentro del Estado y eran, además, una estructura internacional fuerte desde el punto de vista económico y militar. Poseían castillos, fortalezas y bases navales que los soberanos de los territorios deseaban controlar. A pesar del enfrentamiento entre Felipe el Hermoso y Bonifacio VIII, los templarios franceses prestaron grandes servicios al rey de Francia.

El proceso ejercido contra los templarios fue el resultado de la estrategia de Felipe el Hermoso, rey de Francia, para eliminar la orden y apropiarse de sus bienes.

El éxito fue sólo parcial, porque los bienes inmuebles tuvieron que ser cedidos a la Orden de San Juan, para que pudieran aprovecharlos en sus actividades en Tierra Santa.

Al parecer, el motivo que propició el proceso fueron las confidencias realizadas por el prior de Montfaucon a varios soberanos acerca del comportamiento herético, blasfemo e inmoral de los miembros de la orden. Siguió una inspección pontificia (1307), requerida por el propio Jacques de Molay, que pretendía demostrar la falta de fundamento de las acusaciones. La investigación fue llevada a cabo con falta de convicción y poco deseo de cerrarla con una acusación formal, de modo que el rey de Francia decidió intervenir por cuenta propia y proceder a la detención de los templarios.

El 13 de octubre de 1307 empezaron las capturas que, en Francia, significaron el encarcelamiento de más de 500 miembros de la orden. Sin embargo, la acción de Felipe IV el Hermoso no gustó al Papa, que intentó recuperar el control de la situación emitiendo una bula de detención y confiscación de los bienes. La ejecución de las disposiciones de la bula requirió muchos meses, porque hubo varios Estados reacios a su aplicación. Al final, todos tuvieron que ceder y los templarios que no lograron huir fueron arrestados.

Las terribles acusaciones vertidas contra la orden fueron confirmadas sistemáticamente por las confesiones obtenidas bajo tortura. Simples rituales de camaradería fueron convertidos en actos de herejía y apostasía, y se destacó el comportamiento altamente inmoral de los monjes soldados.

Los legados del Papa que, gracias a una nueva bula de Clemente V, lograron interrogar a algunos dignatarios de la orden comprobaron que estos se retractaban en las confesiones, afirmando que habían sido obtenidas bajo amenaza de tortura.

Las retractaciones de las posiciones de defensa de la orden acabaron convirtién-

Un castillo de la Orden del Temple en Inglaterra en el siglo XIII. Paul Lacroix, L'Ancienne France. La chevalerie et les croisades, *Parigi, 1887 (BNF/G)*

dose en un problema grave para la monarquía francesa, porque centenares y centenares de personas, monjes y religiosos, después de un primer momento de temor, testimoniaron a favor de la orden.

Con un golpe de fuerza, colocando en puestos clave a eclesiásticos de lealtad probada al Rey, este logró obtener una condena inapelable de los acusados, y varias decenas de ellos fueron condenados a la hoguera. Era el fin de todas las esperanzas: en el concilio de Viena (1312) el Papa abolió la orden.

Después de una última y valerosa retractación de Jacques de Molay y de otros dignatarios de la orden, estos terminaron en la hoguera.

DE LOS TEMPLARIOS AL TEMPLARISMO

Resulta difícil determinar dónde acaba la historia y dónde empieza la leyenda. La presencia de simbología y leyendas templarias en órdenes de inspiración templaria o en la masonería no constituye la prueba de que estas deriven directamente de los templarios.

Sin embargo, los templarios, después del proceso, la detención y la supresión de muchos miembros de la orden, no desaparecieron. Quien se retractaba o era considerado inocente podía seguir viviendo con las mismas rentas que daban las posesiones de los templarios, o bien recibían una pensión o ingresaban en otras órdenes (como en el caso de los templarios de Portugal, que ingresaron en la nueva orden de Cristo), a pesar de haberse decidido que los bienes templarios pasarían a la Orden Hospitalaria de San Juan.

Probablemente la leyenda y la historia van muy unidas.

Después de la disolución de la orden todavía quedan aspectos que no han sido aclarados, como, por ejemplo, a dónde fueron a parar la flota, las armas y los recursos de los diferentes templos. Nada nos impi-

Estatua de Felipe IV el Hermoso. Paul Lacroix, L'Ancienne France. La chevalerie et les croisades, París, 1887 (BNF/G)

Íncipit de la Historia de la Condena de los Templarios, en el Traité concernant l'Histoire de France, savoir. La condamnation des Templiers avec quelques actes, etc., *publicado en París por Dupuy, consejero real, en 1654 (BNF/G)*

Krak (fortificación) de los Caballeros de la Orden de San Juan en Siria. La Orden de San Juan fue la mayor beneficiaria de la transferencia de bienes de la Orden del Temple. Paul Lacroix, op. cit. *(BNF/G)*

de suponer que las riquezas y las armas pudieron haber sido robadas, acabando así con el mito fantástico de un grupo de resistentes templarios que habría huido hacia otros países. Por otra parte, la leyenda de tradición masónica y algunos descubrimientos arqueológicos parecen confirmar la existencia de un grupo de resistentes que se habría instalado en Escocia, patria de la masonería.

Según una hipótesis reciente, que encaja con algunas tradiciones del siglo XVIII, un grupo de templarios viajó a Escocia para prestar su ayuda a Bruce, el aspirante al trono de Escocia, que había sido excomulgado por el Papa y que, por lo tanto, no tenía interés alguno en aplicar en su territorio la bula papal y las decisiones del año 1312.

Probablemente en la costa escocesa hubo apostamientos y bases navales de los templarios.

La difícil situación militar de Bruce permitiría plantear la hipótesis de que fuera ayudado por grupos de templarios, soldados de primer orden, capaces de enfrentarse a fuerzas superiores en número.

Los trabajos arqueológicos efectuados en Escocia han concluido con el hallazgo de símbolos y tumbas de caballeros templarios, especialmente en las proximidades del lugar en donde tuvo lugar la batalla de Bannockburn (1314), en la que Robert Bruce derrotó a Eduardo II de Inglaterra, al parecer gracias en parte a la aportación de la caballería templaria. Sin embargo, la suposición es obligatoria, porque al haber posiciones templarias en la zona podría darse la posibilidad de que las tumbas fuesen de templarios que vivían allí.

Según la tradición masónica, cuando Bruce llegó a ser rey de Escocia, entonces ya reconciliado con el Papa, protegió a los templarios y les hizo ingresar en la logia escocesa de Kilwinning, que forma parte del origen del rito de Heredom, ligado al escocés Antiguo Aceptado.

La simbología templaria que se encuentra en la masonería no parece reflejar la simbología de guerra de los templarios, sino la esotérica, que estaba limitada a un círculo más reducido de adeptos que, a causa de los grandes secretos conocidos, podía actuar con mucha libertad, desligado parcialmente de las normas y las leyes que debían acatar los otros templarios.

En lo que se refiere a las diferentes asociaciones o sectas de inspiración templaria, a falta de otra documentación, sirve el mismo razonamiento realizado a propósito del movimiento rosacrucense: dichas sectas tienen derecho a llamarse templarias en la medida en que se inspiran en la regla y en los documentos de la orden, pero no se puede demostrar que tengan una filiación directa con la Orden del Temple, disuelta definitivamente en el año 1312.

Tratándose de una orden aprobada por el Papa y abolida por él mismo, esta dejó de existir en cuanto tal.

TIERRA

El elemento más bajo y vil constituye, para la física tradicional, la materia indispensable sin la cual no se puede dar vida ni producir nada.

Principio femenino por excelencia (en oposición al Cielo, principio masculino) es objeto de una fecundación continua por parte del fuego (interno y externo), del agua y de las influencias astrales.

En ella se deposita el germen inicial de las cosas, que madura en su interior. Por ejemplo, el germen de los metales (que en el lenguaje físico es el mercurio vivo, madre de todos los metales) en su receptáculo subterráneo puede madurar hasta la perfección (el oro), o bien puede ser obstacu-

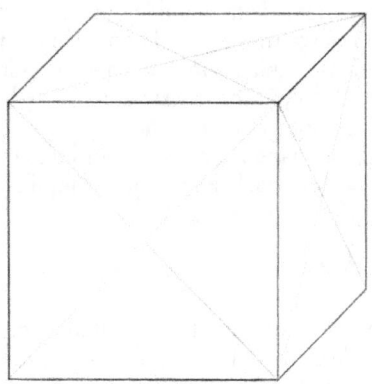

Según Platón, el demiurgo de los orígenes estructura la tierra en la figura del cubo (FS)

Representación de la Tierra. Escalier des Sages, Groningen, 1689 (BFE)

lizado por influjos que desviarán la transformación correcta y lo convertirán en otro metal menos noble.

Del mismo modo que el agua puede transportar la información, la tierra, dadas sus características más fijas, puede conservarla mejor y durante más tiempo que cualquier otro elemento.

Por lo tanto, la mezcla de agua y tierra permite un trasvase continuo de información y de virtudes de la una a la otra, de manera que la tierra transmitirá la contribución del agua a las infinitas simientes que contiene.

Desde el punto de vista alquímico, la tierra tiene una gran importancia porque es indicada de manera indirecta como uno de los componentes de la Piedra de los alquimistas.

UNIÓN

La unión tiene lugar en la lucha entre la naturaleza fija y la naturaleza volátil. Ambos principios deben luchar duramente, cada uno con sus características específicas, hasta que lentamente se cree una pérdida de la forma y de algunos aspectos de cada una de las sustancias, que empieza a asimilarse con la otra.

La unión se produce, por ejemplo, en la fase alquímica de la putrefacción. Lo que se obtiene es un compuesto nuevo, en el que las sustancias originales se han armonizado, manteniendo parte de sus características propias y perdiendo otras, hasta el punto de que pueden ser consideradas una sustancia nueva, poseedora de las propiedades de ambos componentes originarios y, en consecuencia, capaz de ejercer virtudes mayores respecto a los elementos iniciales.

ZEN

Evolución japonesa del budismo indio dhyana a través de la meditación china.

La importancia del budismo zen se debe, sobre todo, a la aportación de conocimiento alternativo para quien se dedica al esoterismo. El zen propone para quien opta por este camino, además de las grandes finalidades de la iluminación y la liberación de la rueda de los nacimientos, una serie de experiencias particularmente significativas en el plano psicológico y espiritual, que se dan también en varias prácticas esotéricas o místicas de otras tradiciones.

La práctica zen de tradición sotho concede mucha importancia a la meditación en la posición del loto. Pese a que la lectura cantada de los textos clásicos del budismo es siempre importante, en parte también porque condiciona de manera significativa la respiración, el alumno encuentra el camino para la meditación por medio del equilibrio entre actitud mental, posición y respiración.

Durante la meditación aparecen pensamientos, preocupaciones, obsesiones que se forman ante los ojos de la mente como si de una película se tratase. En este momento se interviene con una atención renovada por la respiración y la postura. De este modo, una intemperancia de la mente se corrige con el efecto directo del cuerpo (posición y respiración). Entonces los pensamientos se convierten en una secuencia a la que se asiste sin atención, sin apego: todo transcurre y fluye ante nuestra impasibilidad.

Es fundamental que el cuerpo pueda intervenir en la mente, ya que esta es como un círculo, y no se puede circunscribir un círculo (la mente y sus problemas) en otro de igual diámetro (la propia mente).

La utilización continua de esta técnica crea las premisas para una transformación del carácter de la persona, que, poco a poco, consigue vivir lo cotidiano con el mismo desapego con el que vive la aparición de los pensamientos durante la meditación.

Con el tiempo este trabajo acaba forjando un carácter de acero que permite afrontar la vida sin ningún tipo de violencia, dando a los acontecimientos su justa importancia.

Basándose en esta técnica se han formado generaciones de samuráis y monjes que han ejercitado el cuerpo y la mente mediante una disciplina psicofísica muy valiosa.

EL PENSAMIENTO ZEN

El practicante de zen sabe que lo debe hacer «sin objetivo» (en japonés, *mushotoku*).

El zen por el zen podría parecer una absurdidad desde el punto de vista occidental. Y, sin embargo, en esta breve expresión está contenida toda la filosofía del pensamiento zen: *sin objetivo*.

El primer término indica lo que es realmente la realidad: *sin*.

Sin objetivo, pero también sin corporeidad, sin Yo, sin existencia. Todo es ilusión (*maya*, para el pensamiento hindú).

Cuando el hombre alcanza la comprensión de esta gran verdad, que aquello que llamamos realidad es sólo ilusión y que no somos más que sueño, sólo entonces puede liberarse de los vínculos de las constricciones de los renacimientos.

El segundo término de la expresión, *mushotoku* («sin objetivo»), indica la finalidad, el objetivo, lo que se debería alcanzar. Esta vez también es la nada, o, mejor dicho, una dimensión tan diferente de la habitual que pone en dificultades a quienes intentan encontrar dicho «objetivo».

Según el pensamiento budista, el objetivo de la vida podría ser llegar a la iluminación, al *sator*, aquella condición especial en la que el alma intuye a través de la práctica que es precisamente ilusión, y en donde no existe división entre el todo y lo singular.

Es un momento fundamental que justifica todos los sacrificios de una vida. En el momento del traspaso este aspecto adquiere una importancia decisiva: el alma, que durante toda una vida ha logrado profundizar en el tema del «vacío», podrá encontrar a través de su experiencia del paso a la otra dimensión situaciones que podrá percibir, en las que se reconocerá y que constituirán la base de su «transhumanación».

Si, por el contrario, no ha desarrollado estas capacidades, en su paso a la otra dimensión no reconocerá la situación que se presenta y caerá de nuevo en la dinámica de los renacimientos.

Aunque con términos diferentes, el pensamiento esotérico occidental de origen cristiano ha seguido caminos parecidos: sólo quien es capaz de evolucionar espiritualmente en esta vida puede prepararse para la otra vida, que, al ser espiritual, requiere una actitud espiritual y no orientada a la materia.

Pero ¿cómo puede el hombre encontrar el camino más próximo a su evolución espiritual? En primer lugar, debe dejarse caer al abismo. Un aforismo zen cuenta la historia de un monje que está aferrado a un manojo de hierba, en el borde del abismo, roído por las ratas, y al que nada le preocupa, salvo el hecho de que justo a su lado hay una fresas sabrosísimas: las coge, las saborea y las encuentra deliciosas. El resto no lo cuenta.

Cuando un monje es invitado a casa de alguien, en un momento determinado se le pregunta dónde ha dejado el paraguas o las sandalias: si no lo recuerda significa que ha errado el camino porque hay que prestar la misma atención a todas las cosas, desde los conceptos más complejos hasta, por ejemplo, dónde se ha dejado la llave de casa.

Sobre el hecho de que en el fondo todo es ilusión producida por nuestras mentes, se cuenta la historia de dos monjes que están debatiendo sobre la cuestión de la bandera: ¿es el viento el que mueve la bandera o es la bandera la que se mueve?

A esta pregunta responde de forma clara y definitiva el abad, que dice a ambos que no es la bandera lo que se mueve, ni tampoco es el viento el que mueve a la bandera, sino que son sus mentes las que se mueven.

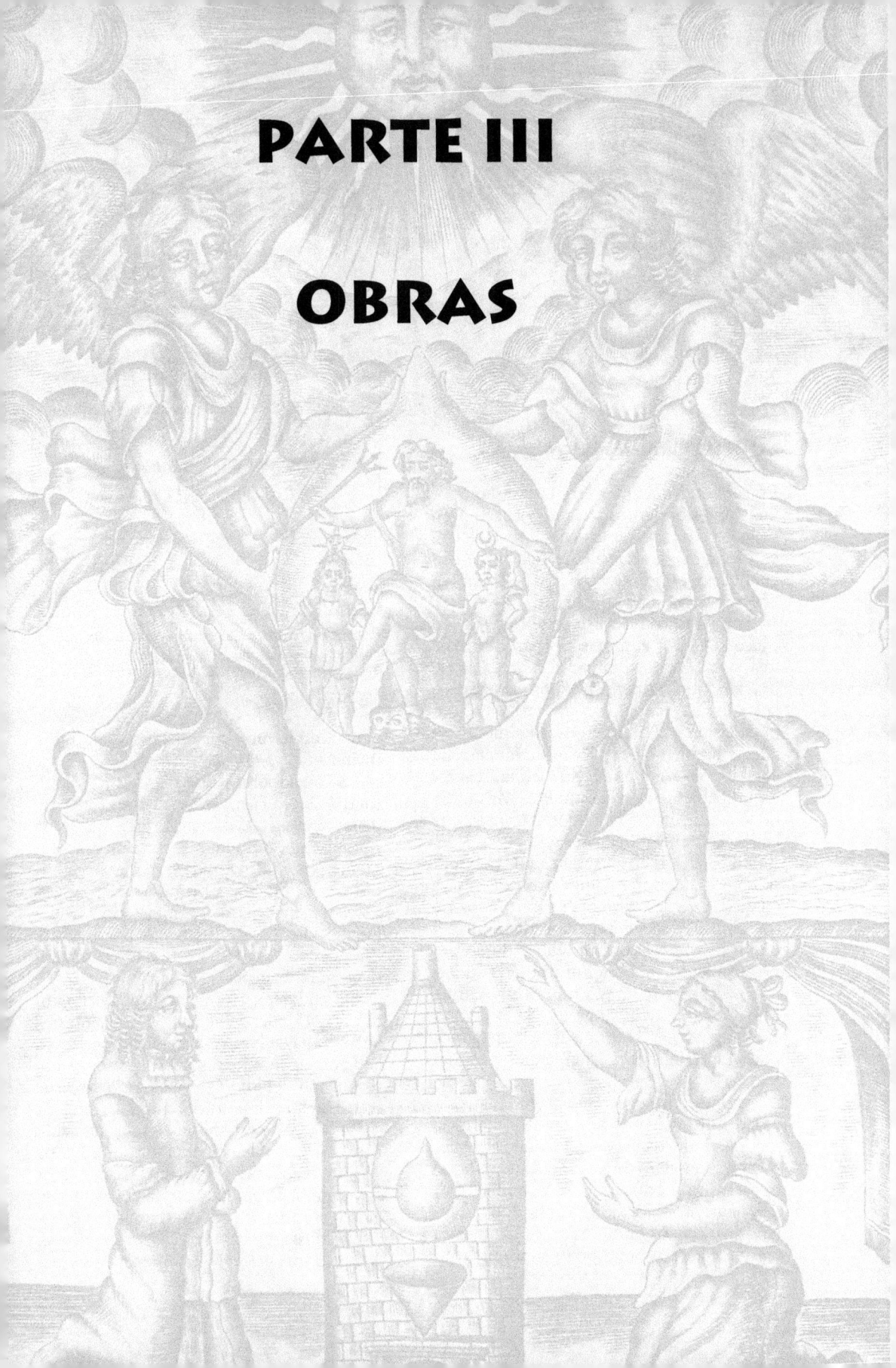

PARTE III

OBRAS

CORPUS HERMETICUM

El *Corpus Hermeticum* está constituido por una serie de escritos que se conservan en griego, una parte de los cuales se conocen en Occidente gracias a la redacción de Miguel Pselo, estadista y escritor que vivió en Bizancio en el siglo XI.

El manuscrito de Pselo fue hallado en Macedonia por el monje Leonardo de Pistoia, que lo llevó a Florencia. A partir de este texto, que contiene 14 obras, se preparó la traducción latina de Marsilio Ficino, publicada en 1471. A esta normalmente se añade también el libro *Asclepio*, que nos ha llegado sólo en la traducción latina, realizada probablemente por Apuleyo. Más tarde otros textos fueron añadidos al *Corpus*, que llegó a contener 17 escritos.

No se sabe si en la Antigüedad la obra ya se consideraba una compilación de textos parecida a la actual, o bien si se trataba de textos independientes. Antiguamente, y también en épocas más recientes (durante el Renacimiento), la obra fue atribuida a Hermes Trismegisto, cuyo nombre significa «Hermes tres veces grande», de la traducción al griego de la forma egipcia demótica «del grandísimo y más grande dios, del gran Hermes».

Hermes Trismegisto representa una divinidad fruto del sincretismo entre Hermes, mensajero de los dioses del panteón griego, y Thot, mensajero de los dioses, inventor de la escritura y educador de la humanidad del panteón egipcio. Ya en la época alejandrina y en los primeros siglos de nuestra era se destaca sobre todo la dimensión humana de Hermes, considerado un hombre divinizado.

Primera página de la traducción latina del Corpus Hermeticum. *Marsilio Ficino,* Hermes, De Potestate et Sapientia Dei, *Venecia, 1493 (BFE)*

La convicción de que Hermes fue el autor del *Corpus Hermeticum* no fue contrastada hasta el siglo XVII, cuando los estudios de Casaubon y otros redimensionaron drásticamente el significado y la importancia de la obra, considerada un producto de origen griego en época tardía, completado con elementos judaicos y cristianos, y, por lo tanto, carente de los verdaderos vínculos con el antiguo mundo egipcio.

Sin embargo, esta versión fue desmentida en 1945, cuando en la biblioteca gnóstica encontrada en Nag Hammadi, en Egipto, se hallaron algunos textos del *Corpus* en copto (evolución del idioma egipcio antiguo, que se hablaba en Egipto durante los primeros siglos de la era cristiana y que se ha utilizado hasta hoy como lengua litúrgica de la Iglesia Ortodoxa Copta) y armenio. Estos textos son algunos fragmentos del *Asclepio*, el tratado (entonces desconocido) titulado *Ogdoade*, la *Eneada* y *Las definiciones de Hermes Trismegisto a Asclepio* (en armenio). Los textos en copto establecen un nexo con la tradición egipcia, aunque en época tardía, y podrían demostrar que el origen de los libros del *Corpus* debe buscarse precisamente en el Egipto grecorromano de los primeros siglos después de Jesucristo.

Directa o indirectamente, el *Corpus Hermeticum* ejerció una influencia notable en algunas de las mentes más importantes del mundo antiguo y medieval, como Orígenes, Pseudo-Diógenes, Abelardo y Alberto Magno, entre otros.

El texto griego de Miguel Pselo influyó en personajes como Marsilio Ficino, autor de una traducción, aparecida en varias ediciones, que contribuyó a difundir los conceptos herméticos de la obra en toda Europa, así como en Jordano Bruno y Paracelso.

Para los conceptos básicos del hermetismo, véase *Temas: Hermetismo*.

PIMANDRO

La primera obra del *Corpus* es el *Pimandro*, en donde encuentra confirmación y justificación la función de mensajero de los dioses y educador de la humanidad atribuida a Hermes Trismegisto.

El protagonista, Hermes, inmerso en profundas meditaciones sobre los seres, es elevado a dimensiones superiores, pero sus sentidos permanecen ligados a la tierra, como ocurre cuando alguien está inmerso en un sueño profundo después de haber ingerido alimento en exceso.

Se le aparece un ser de proporciones enormes que le llama por su nombre y le pregunta qué desea saber. A la pregunta de Hermes sobre su nombre, este responde que es Pimandro, el Nous absoluto.

Llegados a este punto Hermes quiere ser instruido sobre el ser, conocer la naturaleza y a Dios. Como respuesta, la divinidad cambia de aspecto y, gracias a esta mutación, Hermes es iluminado: todas las cosas desvelan su naturaleza verdadera y él las ve transformadas en una luz alegre, de la que se enamora.

De pronto aparece la oscuridad, como una serpiente que se transforma en naturaleza húmeda. En esta matriz negativa, turbulenta, en donde todo es un crepitar de vibraciones, se posa el Logos, proveniente de la luz. Se genera un fuego sutil, vivo, que sube hacia lo alto, junto al aire, dejando abajo el agua y la tierra, para unirse con el fuego superior. El agua y la tierra se mezclan, mantenidas en agitación por el Logos espiritual.

Pimandro pregunta a Hermes si ha entendido el significado de la visión, y él le responde: «Lo sabré».

Entonces, Pimandro se revela plenamente, diciendo que él es el Nous, su Dios, aquel que existe antes de la naturaleza húmeda que se ha manifestado en la oscuridad. El Logos luminoso que proviene del Nous es hijo de Dios. Lo que en Hermes es «mirada y escucha» es Logos del Señor.

Con ello se quiere decir que el conocimiento de lo divino pasa por una experiencia mística, en donde visión y palabra son el resultado de la intervención directa del saber divino. Nous y Logos, por lo tanto, no son dos seres distintos, sino una sola cosa.

La divinidad mira a Hermes fijamente a los ojos, y este, al verse reflejado en la imagen divina, se echa a temblar. Cuando Dios gira la cabeza, Hermes penetra con el pensamiento en el Nous y ve cómo la luz, compuesta por numerosas potencias, se transforma en un mundo ilimitado.

Estas visiones crean un sentimiento de terror en Hermes, pero la divinidad le infunde coraje y le dice que él ha visto la forma del arquetipo, el principio que precede al principio infinito.

Hermes pregunta a Pimandro cómo fueron originados los elementos de la naturaleza. La respuesta es que fueron producidos por voluntad de Dios quien, después de haber acogido en su interior al Logos, y haber visto el mundo bello (el de los arquetipos), lo imitó.

El Nous genera mediante la palabra otro Nous demiurgo que, al ser Dios del fuego y del espíritu, crea siete gobernadores en esferas del mundo sensible; su gobierno se llama destino (*eimarméne*).

Los elementos de la naturaleza que tienden hacia abajo están privados del Logos divino, que se retira de ellos para volver a ascender hacia el Nous demiurgo (de hecho, es de su misma sustancia, *omoúsios*). De este modo, dichos elementos se quedan sin Logos (*áloga*) y se convierten en materia (υλη).

Tanto el Nous demiurgo como el Logos colaboran en la rotación de las criaturas; concretamente, el Logos pone en movimiento a las esferas, haciéndolas girar con gran estrépito. Mediante estos movimientos los elementos orientados hacia abajo se transforman en animales privados de Logos: el aire genera los pájaros, el agua, que mientras tanto se ha separado de la tierra, los peces, y la tierra, todos sus animales.

Luego llega el momento más importante: el Nous, vida y luz, genera un hombre similar a él, del que se enamora, como si fuese su hijo; de hecho es bellísimo, ya que lleva en sí la imagen del Padre. Dios se enamora en realidad de su misma forma y le entrega todas las obras creadas por Él. El hombre, después de haber valorado la creación en el fuego realizada por el demiurgo, siente el deseo de crear, y el Padre se lo autoriza.

Al encontrarse en la misma esfera que el demiurgo, el hombre tiene todas sus prerrogativas; además, los siete gobernadores, enamorados también de su belleza, le hacen copartícipe de su autoridad.

Él, que es señor del mundo de la materia y de los animales privados de Logos, abre el envoltorio de las esferas, permitiendo que la naturaleza admire su belleza de origen divino. De este modo, la naturaleza de las cosas dirigidas hacia abajo se enamora de él, al que ve reflejado en el agua y su sombra proyectada en la tierra.

El amor es recíproco, ya que el hombre reconoce en la naturaleza algo suyo, y desea vivir en ella. Pero, a diferencia de todas las demás criaturas de la Tierra, el hombre tiene una doble naturaleza: inmortal en su esencia, pero mortal en lo que respecta al cuerpo.

Mientras tanto, la naturaleza, llena de pasión por el hombre, viendo que en él reside el poder de los siete gobernadores, decide procrear siete seres humanos, machos y hembras, que miren al cielo.

En el capítulo XVII se presentan la formación y las funciones de los siete seres humanos. La naturaleza, que tiene como modelo al hombre creado por Dios, construye sus seres siguiendo su forma.

Los cuerpos así formados son transformados: la vida se transforma en alma y la luz en Nous (intelecto). El agua fecunda la tierra, la maduración está causada por el fuego, del éter viene el neuma.

Cuando el orden establecido por Dios llega a su fin, lo que unía todas las cosas es disuelto por Él: todos los animales (incluido el hombre) que eran hermafroditas se separan en machos y hembras.

En este momento Dios, igual que en el Génesis hebreo, ordena a todas las criaturas que crezcan y se multipliquen, y al hombre, dotado de Nous, le dice que se debe reconocer inmortal y que ha de saber que la causa de la muerte es el amor, y que debe conocer a todos los seres. El amor es causa de la muerte en el sentido que el hombre ama las cosas sensibles, que son mortales.

La referencia al Génesis («Creced y multiplicaos») destaca el alto nivel de «contaminación» que se da en estas tradiciones herméticas.

El discurso que hace Dios a las criaturas es importante: quien posee intelecto ha de saber que es inmortal y, por el contrario, quien siente afecto por el mundo de la sensibilidad está destinado a perecer.

Luego están la providencia, el destino y las esferas que interaccionan para llevar a cabo la multiplicación de los seres que, en una primera etapa, tal como se ha dicho antes, es la división de los hermafroditas en dos sexos diferentes (originariamente cada ser o animal era un ente único que incluía dos opuestos, masculino y femenino).

En esta multiplicación de las criaturas, aquel que se ha conocido a sí mismo por medio del intelecto se salva ascendiendo al cielo y espiritualizándose. En cambio, quien es presa de los sentidos y de la materia se prepara para la muerte.

Llegado a este punto, Hermes se pregunta en qué se equivocaron estas criaturas ignorantes para no tener derecho a la inmortalidad.

El propio Hermes, instado por la divinidad, responde su pregunta: ello es así porque la oscuridad típica del cuerpo hace que el hombre ame tanto su propia individualidad que para no perderla renuncia a reconquistar, reflejando la luz divina, su propia dimensión edénica de hombre superior que había decaído.

El Padre, luz y vida, es el origen del hombre: el hombre que se conoce a sí mismo y que sabe que ha sido originado de luz y vida tenderá a volver a su dimensión originaria.

Cuando Hermes pregunta al Nous sobre si los hombres tienen todos intelecto, este le responde que él está al lado de los hombres santos, buenos, puros, misericordiosos, y su presencia les ayuda, sobre todo librándoles de la tentación del mal. En cambio, está lejos de los malvados, de los esclavos de los sentidos y de las pasiones, que fueron abandonados a un demonio terrible. Estos últimos arden en las pasiones.

Hermes también pide a Pimandro que le muestre cómo se produce la ascensión del hombre al cielo después de la muerte.

Pimandro le cuenta que en el momento de la muerte el cuerpo se disuelve, y todo lo que pertenece a los sentidos se dirige hacia el suelo, hacia la materia; la individualidad vuelve al demonio, mientras que el alma asciende, libre de ataduras.

Y mientras sube al cielo supremo, el alma deja en cada uno de los cielos inferiores uno de los vicios que elimina, hasta que logra dejar los siete vicios (uno para cada uno de los siete cielos). De este modo llega al lado del Padre libre de estos impedimentos terribles. Así, el alma llega al octavo cielo, en donde muchos otros se alegran de su llegada, y se eleva hasta Dios, confundiéndose con las fuerzas angelicales que loan al Creador.

En esto consiste el fin último del alma: *theothénai*, es decir, convertirse en Dios.

Ahora ya, después de haber podido ver, en esta visión superior, los secretos sublimes revelados por Pimandro, por el Nous divino, Hermes está listo para comunicarlos al hombre, investido del poder de la divinidad.

Empieza así la misión de Hermes: llamar a los hombres, intentando despertarlos del sueño de la razón en el que están inmersos, arrebatándolos a la muerte y conduciéndolos a un destino de inmortalidad.

Algunos no escuchan el mensaje y empiezan a atacar a Hermes. Otros, por el contrario, se dejan subyugar y piden ser instruidos.

Y él cuenta: «Y Yo, después de haberlos hecho levantar, me he convertido en guía del genero humano, enseñando las doctrinas, y de qué manera y a través de qué medio podían ser salvados».

El breve texto que sigue es importante porque recuerda, una vez más, una de las fases típicas de todas las iniciaciones: después del trabajo de logia, así como después de la iniciación, cada uno vuelve a la normalidad de la vida cotidiana «y después de haber dado las gracias (*eucharistían*) cada cual fue a dormir a su cama».

Hermes, agradecido a Pimandro por las enseñanzas recibidas, loa al Padre: por nueve veces el Padre es llamado santo (*ághios*), utilizando la fórmula (*aghios o theos*, Santo Dios, por tres veces *aghios eí*, Santo eres) que recuerda la liturgia del cristianismo ortodoxo, cuando se encumbra a la Trinidad el Trisagion: «Santo Dios, Santo Fuerte, Santo Inmortal, apiádate de nosotros».

I CHING (EL LIBRO DE LAS MUTACIONES)

Uno de los textos más importantes de la tradición confuciana y taoísta es el *Libro de las Mutaciones*, una recopilación de oráculos y explicaciones sobre cómo afrontar las diferentes situaciones que nos ha llegado con la elaboración y el comentario de Confucio. Está dividido en dos partes fundamentales: la oracular propiamente dicha, en la que se dan informaciones acerca del resultado de la adivinación con tres monedas o con haces de tallos de milhojas (en la práctica se aclara a qué corresponde lo que se ha encontrado), y la parte constituida por breves sentencias explicativas.

Los orígenes de la parte oracular del *I Ching* se pierden en la noche de los tiempos y deben buscarse en la práctica de la respuesta del oráculo basada en la doble posibilidad de un sí y un no.

Se trata de la misma técnica utilizada en radiestesia, en donde las primeras respuestas dadas por el péndulo o la varilla rabdomántica funcionan también en términos de sí y no.

La respuesta positiva se indica con una línea horizontal continua, mientras que la negativa es una línea horizontal interrumpida en el centro por un espacio o por dos rayas horizontales cortas y próximas (de modo que «sí» equivaldría a un golpe o raya y «no», a dos golpes o dos rayas).

Pronto la complejidad de las preguntas exigió más líneas (continuas o discontinuas), hasta llegar al sistema actual, bastante complejo, constituido por ocho signos de tres líneas horizontales cada uno que se doblan (por lo tanto, se convierten en seis líneas cada uno) y se combinan hasta formar un número total de 64 figuras.

LA VISIÓN DEL MUNDO DEL I CHING

A diferencia del planteamiento occidental moderno, que se basa en el concepto de sustancia como punto de partida, la visión oriental que subyace en la adivinación del *I Ching* parte de un concepto de la existencia de tipo eminentemente dinámico: lo que importa es sólo lo que ocurre y lo que se transforma.

Toda la realidad se ve como la transformación constante de una situación en otra, por lo cual no es posible establecer en términos absolutos lo que es una cosa, sino sólo lo que es en un momento preciso, así como el hecho de que se esté o no transformando.

Este planteamiento es posible porque la dimensión material de la existencia no es más que la proyección o, mejor dicho, la traducción de una serie de transformaciones que se producen en el plano inmaterial: existe otra realidad, formada por principios espirituales, que constituye la base de todo lo que ocurre en nuestra dimensión.

En el fondo se trata de un planteamiento muy próximo al del pensamiento tradicional, que ve en el mundo inmaterial la estructuración final de principios de otro tipo (relaciones matemáticas, figuras geométricas) que influyen en él directamente.

Entonces, los símbolos del *I Ching* serían la traducción más directa, en forma geométrica y tangible, de estos principios espirituales, de los que constituirían la fotografía en el momento exacto del oráculo.

En la formación del *Libro de las Mutaciones* se asocian normalmente cuatro personajes de la historia china: el mítico Fu Xi, el rey Wen, su hijo, el duque de Ch'ou, y Confucio.

Probablemente la atribución a Fu Xi de los primeros caracteres del *I Ching* se propone para destacar su gran antigüedad.

A continuación, se recuerdan dos colecciones de los oráculos, que están formadas probablemente por los caracteres fundamentales ya combinados entre sí: Lian Shan, de la dinastía Xia, y K'ue Cang, de la dinastía Shang.

La edición con 64 signos debe atribuirse probablemente al rey Wen, que habría completado los signos con breves sentencias a modo de comentario.

Más tarde, el duque de Ch'ou, hijo de Wen, añadió comentarios más extensos, referentes a cada uno de los signos.

El gran filósofo chino Confucio también se interesó por estos textos antiguos y decidió comentarlos ya en la vejez, mientras que el comentario de las imágenes podría haber sido escrito por él mismo.

También se conocen comentarios posteriores, aunque conservados solamente de forma parcial.

LOS OCHO SIGNOS BÁSICOS

Representan lo que ocurre en el cielo y en la tierra, y simbolizan el concepto de transformación constante, como demuestra el hecho de que traspasan el uno en el otro.

Cada signo lleva cuatro características: el nombre, la cualidad, la imagen natural y la relación de parentesco.

Los hijos representan el inicio y la realización del movimiento, y las hijas, la dedicación (actitud pasiva y de adaptación).

Los ocho elementos básicos están combinados en el grupo de los 64 signos construidos a partir de ellos. Están compuestos ya no de las tres líneas, sino de seis, consideradas positivas o negativas.

El aspecto de mayor importancia es que las líneas son mutables y pueden transformarse, convirtiendo de este modo cada signo en otro.

Las líneas positivas en movimiento se transforman en líneas negativas, mientras que las negativas o las positivas de menos fuerza permanecen invariables.

Para entender que algunas líneas pueden ser positivas y otras negativas es necesario referirse a las técnicas de adivinación, con el

SÍMBOLO	NOMBRE	CALIDAD	IMAGEN	PARENTESCO
☰	Qian/Creativo	Fuerza	Cielo	Padre
☷	Kun/Receptivo	Devoción	Tierra	Madre
☳	Chen/Estimulante	Movilidad	Trueno	1.er hijo
☵	Kan/Abismal	Peligro	Agua	2.º hijo
☶	Gen/Parada	Quietud	Monte	3.er hijo
☴	Sun/Humedad	Penetración	Madera/Viento	1.ª hija
☲	Li/Adherente	Luminosidad	Fuego	2.ª hija
☱	Dui/Sereno	Alegría	Lago	3.ª hija

lanzamiento de tres monedas o bien con los haces de milhojas.

El planteamiento seguido es el que enseña Richard Wilhelm en su famosa traducción del *I Ching*, la más próxima a la tradición china.

TÉCNICA DE ADIVINACIÓN CON EL LANZAMIENTO DE LAS TRES MONEDAS

Según la tradición se necesitan tres monedas de bronce agujereadas en el centro, aunque hoy en día se utilizan monedas o fichas de cobre u otro metal. Sólo han de tener dos caras con un dibujo diferente (cara y cruz) para poder distinguir qué lado sale en la tirada.

Se establece que un lado (la cara) es el yang y vale por 3, mientras que la otra (la cruz) es el yin y vale 2.

A cada lanzamiento le corresponde el carácter de una línea del signo, empezando por la de más abajo.

Se lanzan las tres monedas y se obtienen las cuatro posibilidades siguientes:

2+2+2=6,
que corresponde a una
línea interrumpida móvil   —— X ——
3+2+2=7,
que corresponde a una
línea continua fija   ————

3+3+2=8,
que corresponde a una
línea interrumpida fija   — —

3+3+3=9,
que corresponde a una
línea continua móvil   ——O——

Si se quiere simplificar el sistema, se puede prescindir de los valores numéricos y basarse solamente en la cara y la cruz: si tenemos 2 caras, línea continua fija; si tenemos 3 caras, línea continua móvil, y así sucesivamente.

Se realizan seis lanzamientos y se dibuja la línea correspondiente: se empieza por la sexta (primera por abajo) y se llega a la primera (primera por arriba).

El hexagrama que se forma puede contener solamente líneas fijas (cada lanzamiento ha dado 7 u 8): en tal caso, el oráculo del hexagrama se configura sólo con las Sentencias y con el Comentario de la decisión, y da la idea general del hexagrama. Si hay líneas móviles (dadas por el 6 y el 9) hay que considerar el comentario del duque de Ch'ou para cada línea, que especifica en detalle el signo.

LÁMINAS ÓRFICAS

Finas láminas de oro halladas en las tumbas de iniciados a los ritos órficos en una amplia área comprendida entre Magna Grecia, Creta y Tesalia.

La variedad y la inspiración de los contenidos de las láminas indican que no se pueden adscribir todas a una sola tradición órfica, sino que deben atribuirse a dos (o más) tradiciones.

Un primer grupo de textos hace referencia a la tradición órfica más pura y tiene relación con la visión clásica según la cual el alma sólo consigue romper el vínculo de las muertes y de los renacimientos alcanzando un verdadero conocimiento de sí misma, es decir, del vínculo íntimo que la aproxima a la divinidad, la centella divina caída en el cuerpo y que aspira a liberarse de él.

Un segundo grupo de textos, que contiene un gran número de errores lingüísticos, presenta una fuerte conmixtión con tradiciones autóctonas, ligadas al culto de las divinidades de los infiernos, y considera que la liberación del alma se obtiene, más que a través de esta experiencia de reminiscencia de la naturaleza real propia, por medio de un duro camino de expiación, para poder renacer en una nueva existencia espiritual, con un proceso de verdadera regeneración.

Otros textos se caracterizan por contener elementos de estas y de otras tradiciones de la religiosidad clásica (con referencia a divinidades típicas del panteón antiguo). El análisis de las láminas ha sido realizado a partir de la obra de G.P. Carratelli, *Las láminas de oro órficas*.

El autor propone los siguientes grupos de textos:

• Textos en los que aparece citada la fórmula de reconocimiento «Soy hijo de la Tierra y del Cielo estrellado», que se encuentra en las siguientes láminas:
— lámina de *Hipponion*;
— lámina de *Petelia*;
— lámina de *Pharsalos*;
— lámina de *Entella* (con dudas);
— seis láminas de *Creta*;
— lámina de *Tesalia* (con dudas);
— lámina de *Roma*.

• Textos con invocaciones a divinidades de los infiernos (por ejemplo, Perséfone o Plutón):
— cuatro láminas de Thurii (con variaciones en dos);
— dos láminas de Pelinna;
— lámina de Eleutherna y lámina de Pherai.

• Un texto de difícil colocación:
— otra lámina de Thurii.

Es interesante establecer una comparación, en función de lo que se describe en las láminas, con la tradición egipcia relativa al traspaso de las almas al reino de los muertos.

LÁMINA DE HIPPONION

Se conserva en el Museo de Vibo Valentia (Catanzaro) y data del siglo V o IV a. de C.

Este [texto] está consagrado a Mnemosyne:
[para el iniciado] a punto de morir.

Irás hacia las casas de Hades;
en la derecha hay una fuente,
junto a la cual se alza un ciprés blanco;
descendiendo por allí,
las almas de los difuntos buscan refrigerio;
a estos manantiales
no te acerques por nada;
más allá encontrarás el agua fría
que fluye del lago de Mnemosyne:
delante hay unos guardianes,
que te preguntarán con mente aguda
por qué exploras la oscuridad
del Hades tenebroso.
Responde: "Soy hijo de la Greve (la Tierra)
y del cielo estrellado,
estoy sediento y mi sed estoy apagando;
dadme de beber agua fría
que viene del lago de Mnemosyne.
Y ellos sienten realmente misericordia
por orden del rey de los Infiernos,
y te darán de beber (el agua del lago)
de Mnemosyne,
y así tú también, después de haber bebido,
procederás por el camino sagrado
que recorren también los otros mystai
y bacchoi, ilustres.

LÁMINA DE PETELIA

Se conserva en el British Museum. Proviene de Petelia y data del siglo IV a. de C. Las ocho primeras líneas están completas, luego hay una laguna en la novena línea y el texto que sigue se interrumpe en la duodécima línea. Hay una corta inscripción en el margen derecho.

> Encontrarás en la izquierda de las casas
> de Hades una fuente, y junto a ella,
> erguido, un ciprés blanco:
> a esta fuente no te acerques por nada;
> encontrarás otra, fría agua que viene
> del lago Mnemosyne;
> delante hay unos guardianes.
> Deberás decir: «Soy hija de la Tierra
> y del Cielo estrellado;
> soy de estirpe celeste,
> y esto ya lo sabéis vosotros.
> Estoy sedienta y me estoy consumiendo;
> dadme pronto agua fría
> que viene del lago Mnemosyne.
> Y ellos te darán de beber
> de la fuente divina.
> Y desde entonces dominarás
> junto con los otros héroes.
> A Mnemosyne está consagrado este texto
> (para el iniciado) cuando está a punto de morir».
>
> Margen: «[…] la oscuridad que se extiende a tu alrededor».

LÁMINA DE PELINA

Tiene forma de hoja de hiedra y data del siglo IV a. de C.

Fue hallada en un sepulcro de Pelina, en Tesalia.

> Ahora estás muerto y ahora has nacido,
> o tres veces beato, en este día.
> Cuentas a Perséfone que el propio Baco
> te ha liberado. Igual que un toro
> te lanzaste sobre la leche:
> y de inmediato sobre la leche te lanzaste;
> como un chivo hacia la leche te precipitaste.
> Tienes vino como premio, oh feliz,
> y te esperan bajo tierra
> ceremonias sagradas
> como las que los otros beatos
> también (celebran).

LIBRO DE LOS MUERTOS DE LOS ANTIGUOS EGIPCIOS

El *Libro de los Muertos* es una compilación de textos heterogéneos, procedentes de varias fuentes, con valor fundamentalmente mágico y religioso.

Contiene invocaciones, fórmulas mágicas y preámbulos en los cuales el difunto (o el sacerdote que habla en boca del difunto) se identifica con las divinidades principales asociadas al culto de los muertos.

La composición de cada capítulo muchas veces es fragmentaria, con secciones en las que habla el difunto y otras en las que resulta clara la intervención de una tercera persona, probablemente el sacerdote oficiante.

En el idioma egipcio arcaico, *Rew Nw Peret Em Herew: Capítulos de la adquisición del día* (o *Libro para salir a la luz del día*) indica la finalidad de la obra: permitir al difunto resurgir en una dimensión de luz.

El título también se podría traducir por «Libro para salir de la tumba y errar en el mundo de los vivos».

LAS TRES RECENSIONES

El *Libro de los Muertos* es una obra fundamental para el conocimiento del mundo del más allá, de los ritos y las invocaciones que sirven para proteger al difunto en su viaje y justificarlo, es decir, permitir que sea acogido entre los beatos.

Existen tres recensiones: en primer lugar, la heliopolitana, que toma el nombre de la ciudad de Heliópolis y es la más antigua. Está grabada en jeroglíficos en las pirámides de Saqqara (utilizadas en la época de las dinastías V y VI) y escrita en cofres de época más tardía (dinastías XI y XII). Sigue la recensión tebana, que data de las dinastías XVIII- XXII, pintada en cofres y luego escrita en hierático sobre papiro. Y la tercera recensión es la Saita, de la época tolemaica, que se transmitió por escrito en jeroglífico, hierático y demótico.

Una de las versiones más importantes del *Libro de los Muertos* es la del papiro de Turín, que se conserva en el museo egipcio de esta ciudad.

Los textos citados más adelante provienen de la magnífica edición ilustrada de este papiro, a cargo de Boris de Rachewiltz (Boris de Rachewiltz, *El Libro de los Muertos del Antiguo Egipto*).

EL VIAJE Y EL MUNDO DEL MÁS ALLÁ

Después de haber atravesado varias regiones del más allá, el difunto es sometido al juicio de Osiris y de 42 divinidades que le ayudan: Thot sopesa el corazón, poniendo en el otro plato de la balanza una pluma, símbolo de Maat (la Verdad y la Justicia).

Si las obras buenas de la persona no son suficientes, o si la persona no dice la verdad, aparece la monstruosa diosa Ammit («Aquella que destruye a los culpables»), cuyo cuerpo está formado por partes de leona, de cocodrilo y de hipopótamo. Su misión es impedir el acceso a la vida eterna, lacerando el alma.

El mundo del más allá es parecido al nuestro (de hecho, los seres comen, beben y trabajan como si todavía estuvieran vivos), pero sus dimensiones son anormales, como demuestran, por ejemplo, los frescos de la tumba de Sennedjen, un funcionario de la dinastía XIX enterrado en la necrópolis de Deir El Medina, el valle de los que habían trabajado en las tumbas de Tebas.

La cosecha del difunto y de su esposa, que le ayuda en el trabajo del campo, es muy alta. En el *Libro de los Muertos* de Anhai, que se conserva en el British Museum, las espigas son más altas que las personas.

Para ayudar a los difuntos en su trabajo cotidiano en el otro mundo, en las tumbas se colocan estatuillas de servidores, llamadas *ushabti*, reproducciones a escala, bajorrelieves y pinturas que el difunto podrá necesitar en la otra vida, instrumentos y material para el maquillaje, pan, semillas, camas, etc.

Al mismo tiempo, también es necesario ofrecer sacrificios a las estatuas de los difuntos, debidamente nutridas y engrasadas. La alimentación de las estatuas, junto a los rezos y las fórmulas mágicas pronunciadas por los sacerdotes, que ponen en contacto a la estatua con el *ka* del difunto, constituían una importante práctica muy extendida.

De este modo se evita que las almas sufran por falta de medios en el más allá y se da la posibilidad de que los distintos cuerpos del difunto, de diferentes características vibratorias, que continúan viviendo en la tumba, se alimenten y se muevan libremente sin tener que recurrir a los seres vivos o infestar las basuras en busca de comida.

Un grupo de sacerdotes recibía todas las ofrendas, y las sacrificaba, por ejemplo, quemándolas con incienso, para alimentar energéticamente los cuerpos sutiles que todavía se encuentran en la tumba. Una alternativa a todo ello era la lectura de fórmulas sustitutorias. Ciertos sonidos, caracterizados por tener frecuencias vibratorias determinadas, eran capaces de alimentar a los cuerpos energéticos sutiles, constituidos por campos energéticos vibratorios.

Dado que no se excluye la existencia de grupos «apartados» en la sociedad egipcia (el equivalente a las sociedades secretas o las órdenes de caballería posteriores), no se descarta la posibilidad de que algunos textos fueran utilizados en rituales iniciáticos, en donde la persona que debía ser justificada era guiada a través de un camino iniciático similar al que, siendo difunto, habría tenido que seguir en la Otra Vida.

Uno de los rituales iniciáticos más significativos (transmitidos hasta la actualidad en varias tradiciones iniciáticas y masónicas) era aquel en que el sacerdote (el maestro o el encargado) guiaba al adepto, probablemente con los ojos vendados, por un camino simbólico lleno de obstáculos, aferrándolo por el brazo.

En un papiro conservado en el British Museum de Londres se ve claramente cómo el dios Anubis sujeta fuertemente con el brazo derecho la mano izquierda del difunto, al que acompaña al pesaje del corazón.

CONTENIDO DEL LIBRO DE LOS MUERTOS

Al principio, en el capítulo I, quien habla (el difunto y, para él, el sacerdote lector) se identifica en primer lugar con el dios Thot, que está siempre al lado de Osiris y Horus, y contra sus enemigos.

A continuación, vemos que Thot (o el difunto o el sacerdote) se dirige a los conductores de las almas para que también guíen el alma del difunto (que toma el nombre de Osiris en el papiro de Turín llamado 'Iw.f-Ankh) a la morada de Osiris.

Concretamente se pide que el difunto pueda reencontrar la vida igual que lo hacen los dioses que viven en la otra dimensión: que les pueda oír y ver, que pueda sentarse y estar de pie como ellos.

Luego se solicita que pueda entrar y salir sin impedimentos de la morada de Osiris, mediante la recitación de «esta fórmula» (el texto leído). Además, se afirma no encontrar ninguna culpa imputable al difunto en la balanza del juicio.

Entonces, vuelve a hablar el difunto, que expresa el deseo de poder ser asimilado a los dioses que viven en la morada de Osiris.

Al final, en la *Rúbrica* (las indicaciones prácticas de la utilización de la fórmula) se cuenta que, recitando el texto anterior o bien escribiéndolo en el sarcófago, el difunto podrá entrar y salir libremente del reino de los muertos.

El capítulo VI proporciona una indicación importante, relativa a las usabti, las estatuillas que representan a los trabajadores o servidores, situadas en las tumbas: el difunto les exhorta a acudir con prontitud cuando se les llame, para que hagan para él los trabajos que se exigen en la Otra Vida.

El capítulo XV constituye una de las páginas más bellas de la religiosidad egipcia. En él se alternan diferentes registros, para crear una página en donde la adoración, la predisposición mística, el sentido de la belleza, la fuerza de la magia que se requiere para ayudar a la divinidad e indicaciones sobre los beneficios de la propia divinidad se unen en un cuadro que todavía hoy resulta conmovedor.

El difunto pronuncia oraciones, exclamaciones de admiración y fórmulas dirigidas a las distintas manifestaciones del dios solar. Y esto lo hace por la mañana, cuando se presenta como Khepra; al mediodía, cuando adopta el nombre de Ra, y por la tarde, cuando, al caer el Sol, toma el nombre de Atum.

Merece la pena, por lo tanto, analizar con más atención los puntos clave de este capítulo.

• Belleza: la base de la admiración y de la adoración es una actitud estética. Lo que mueve y conmueve es la imagen vista. Ante todo, la aparición del Sol en el horizonte es una escena que causa gran conmoción y que suscita la admiración de los habitantes del Duat celeste, que salen a ver su aspecto. La belleza se juzga como «grande» porque el Sol nace «modelándose y formándose» a sí mismo. Se trata de una belleza que también es fruto de su soberanía y del esplendor que emana.

• Función: no es sólo la belleza lo que mueve el alma del difunto, ya que los hombres sobreviven gracias al dios solar: «Oh grande, surgido de Un, que conservas la existencia de los hombres con tu Río y pones en fiesta todos los distritos...».

Además, cada hombre que el dios pone en su corazón es divinizado más que cualquier dios. Además de los seres humanos, los espíritus también se benefician del dios solar: «Todos los dioses se alborozan viéndolo llegar en paz para hacer gloriosos los corazones de los espíritus».

• Adoración: el difunto, exultante por la obra del dios, desea adorar a la divinidad. Por lo menos 11 veces el difunto le rinde homenaje, porque es el dios creador del que han nacido todos los dioses, por su grandeza, por su función de juez («Homenaje a ti, supremo entre los dioses, y que pesas las palabras en la necrópolis») y por su majestad.

• Petición: el difunto necesita la ayuda del dios y la intercesión de los otros dioses para poder afrontar el viaje, llegar al más allá, superar todos los obstáculos que se le presentarán y superar el juicio final.

• Fuerza de la magia: el *Libro de los Muertos*, escrito en el sarcófago y leído en voz alta, borrará todos los temores del alma del difunto.

El capítulo XVI del papiro de Turín no contiene texto, sino una larga columna subdividida en cuatro recuadros con imágenes de gran significado.

En el recuadro situado más abajo están, a la izquierda, la esposa del difunto y el difunto sentados, y a la derecha está representado, de pie, un sacerdote que cumple los oficios, vertiendo agua con la mano derecha y sujetando con la izquierda un incensario en forma de brazo de Horus. Se trata de una imagen de la ofrenda a los difuntos.

En el recuadro inmediatamente superior aparece, en el centro, el dios Shu, que sujeta con los brazos levantados el disco solar. A izquierda y derecha, en dos niveles, hay cuatro parejas de mandriles con las manos alzadas en actitud de adoración.

En la escena superior vemos de nuevo el disco solar, situado arriba, del que salen cinco rayos (cada uno está formado por una serie de partículas) hacia abajo. A la derecha y a la izquierda aparecen dos divinidades que tienen la mano derecha alzada, apuntando hacia los rayos, y la izquierda bajada, como queriendo recogerlos, aunque a distancia. Parece que las divinidades participan en el proceso de difusión energética, casi guiándolo, con la mano derecha alzada (polaridad positiva) y la izquierda bajada (polaridad negativa).

En la última escena (la primera desde arriba) se ve la barca solar, con el difunto arrodillado en actitud de adoración frente a Horus, Ra (el Sol alto en el cielo) y Khepra (dios-escarabajo, símbolo del Sol de la mañana).

El capítulo XVII podría denominarse perfectamente el «Credo de los Antiguos Egipcios», ya que enuncia, en una serie de preguntas y respuestas, los puntos fuertes de la creencia de los antiguos egipcios en el más allá y en los dioses. Aquí se percibe el fondo de convicción de la existencia de un dios único, del que se generan otras divinidades, como si estas fueran la concreción de sus características básicas.

Por lo tanto, tenían conciencia de la importancia jerárquica del dios solar en tanto que origen de los otros dioses, que no son más que sus miembros: «¿Quién es este? Es Ra creador de sus propios miembros que se convierten en dioses después de Ra».

La estructura del capítulo recuerda mucho la de algunas composiciones semíticas, incluso modernas. De hecho, pese a no ser una lengua semítica, el egipcio antiguo presenta algunos elementos semíticos.

En el plano estilístico se observa una abundancia en la repetición, típica de las culturas de Oriente Próximo y, en particular, de las lenguas semíticas antiguas, en las que tiene una función de refuerzo o de superlativo (como, por ejemplo, la forma *Shir Hashirim*, el Cántico de los Cánticos, que significa «El Canto más Precioso»). A lo largo del capítulo se repite en más de 30 ocasiones la pregunta «¿Quién es este?» o «¿Qué es esto?».

Las preguntas («Fórmulas de la resurrección de los Akhu de la salida de la necrópolis, de estar entre los seguidores de Osiris...») requieren una respuesta precisa, cuyo objetivo es permitir que las almas puedan unirse a los adeptos de Osiris.

Las respuestas son descripciones cortas de los puntos principales de las creencias de los antiguos egipcios, y en ellas se habla de Ra, Amenti, Osiris, Horus y Atum.

Se afronta el problema de cancelar los pecados cometidos a lo largo de la vida y las deficiencias del difunto.

También se habla de localidades: Rostau y los Campos Yaros (que producen el alimento para los dioses). Se trata de las gotas de sangre de la mutilación infligida por el propio Ra, del día del combate entre Horus y Seth, de los dioses señores de la verdad y la justicia, etc.

El capítulo XVIII es especialmente importante porque nos permite confirmar la idea de que la obra de magia representa, de hecho, una imitación de las obras de los dioses. El texto es un rezo a Thot para que justifique a Osiris N (el difunto). Esto se logra repitiendo varias veces la declamación de una fórmula (modalidad común a muchas religiones), cada vez asociada a una justificación que Thot realizó en el pasado a Osiris.

La estructura es la siguiente: como entonces (en aquella ocasión precisa) tú te justificaste ante Osiris, etc., también hoy recibe la justificación de Osiris N.

Por lo tanto, el mito es reiterado para hacer real en el momento presente la acción de justificación.

La fórmula repetida es: «Oh, Thot, que fuiste justificado por Osiris contra sus adversarios, justifica a Osiris N. contra sus adversarios... (indicación de la ocasión)».

A menudo se hace referencia a la época en la que ocurrió el episodio mitológico: «... aquella noche en que...».

La fórmula es particularmente poderosa, porque da la posibilidad al difunto de salir a la luz después de la sepultura y adoptar todas las formas que desee.

Los capítulos XIX y XX, tal como figuran en el papiro de Turín, probablemente fueron añadidos más tarde (quizás en la época de los griegos) y hacen referencia a la ceremonia de la coronación, que consistía en colocar la Corona de Justificación en la frente del difunto.

Durante la ceremonia se quemaba incienso. Con este rito el difunto estaba justificado contra sus enemigos, figuraba entre los adeptos de Osiris y podía recibir el alimento que necesitaba.

A continuación, tiene lugar la lectura de una fórmula, contenida en el capítulo XX, que si se recita dos veces por la mañana sirve para que el difunto pueda salir después de la sepultura y adoptar todas las formas que desee.

Los capítulos que van del XXI al XXIII se refieren a la importantísima ceremonia que representa abrir la boca del difunto, utilizando instrumentos de hierro (probablemente fabricados con hierro de un meteoro).

La ceremonia de la abertura de la boca
El objetivo de esta ceremonia es encender de nuevo el *ka* (el principio energético), caído en una especie de letargo en el momento de la muerte.

Durante la ceremonia, el sacerdote, con la ayuda de dos instrumentos, el Ur-Heka (Gran Magia) y el Sba-Ur (Gran Estrella), toca varios órganos del difunto para despertarlos. Uno de estos (quizás el más importante, que es por el que se comienza) es la boca. Mientras utiliza los instrumentos, el sacerdote debe recitar una serie de fórmulas, sin las cuales los órganos no pueden despertarse.

En el capítulo XXI se pide a Osiris que el difunto pueda tener «su boca, para que pueda hablar» y que el dios guíe su entendimiento (es decir, su corazón) en esa hora de oscuridad.

En el capítulo XXII el difunto vuelve a pedir su boca.

Es importante que la pueda usar, para poder hablar en el más allá con aquellos que le juzgarán, ya que sin ella no podría justificar su obra ni defenderse.

En el capítulo XXIII, Osiris N pide que su boca sea abierta, con la intervención de Thot, que pronuncia sus conjuraciones mágicas (*hekaw*, conocidas también por los *Textos de los Sarcófagos*), de Atum, que aleja a sus enemigos, y de Ptah, que procede a la abertura «con este instrumento de hierro que se utiliza para abrir la boca a los dioses».

El capítulo XXIV es un texto importante porque contiene las fórmulas mágicas que necesita Osiris N. ¿De qué manera? Recogiéndolas allí donde se encuentran y de cada hombre que las posee: «Yo recojo este mi encantamiento de cada lugar en donde se encuentra y de cada hombre en el que está, más rápidamente que los lebreles y más veloz que la luz».

El encantamiento vive con vida propia, está presente en cualquier lugar y está asociado al hombre que lo ha pronunciado.

La interacción de hombre y fórmula crea una potente carga mágica que se sitúa, por decirlo de algún modo, en línea, y que puede ser captada y dirigida hacia el difunto.

El capítulo XXV se lee para devolver la memoria al difunto cuando se encuentra en el más allá (literalmente «para que recuerde su nombre») y el capítulo XXVI hace referencia al «corazón» del hombre (que alberga la inteligencia y la conciencia).

El texto es pronunciado por Osiris N para que pueda recuperar el uso del cuerpo; es lo que se podría llamar el Capítulo de la Resurrección.

Seguidamente, se pide volver a tener el corazón, el uso de la boca para poder hablar, de las piernas para poder caminar, de los brazos para poder derrotar a los adversarios y también de los ojos.

Los capítulos que van del XXVII al XXX abordan la posibilidad de que el corazón pueda ser arrancado con violencia por las divinidades.

Los pecados cometidos pueden hacer que los dioses sieguen al difunto la vida eterna como ser consciente e individual. Por esto el difunto ora continuamente. En el fondo, si el corazón vive es por mérito de

Osiris, que lo alimenta con su energía, dispensada como respuesta a los rezos del difunto: «Mi corazón vierte el llanto sobre sí mismo en presencia de Osiris, porque su fuerza proviene de él y de él la ha obtenido mediante la oración».

Concretamente el capítulo XXX se grababa en los llamados escarabajos del corazón, unos escarabajos de piedra dura bañados en oro que se colocaban en el lugar que había ocupado el corazón de la persona. Estos escarabajos tenían la función mágica de realizar la abertura de la boca del difunto, después de la aplicación de ungüento.

Para el escarabajo se pronunciaba el encantamiento siguiente: «¡Oh, mi corazón de mi madre! (dos veces) ¡Oh, mi corazón de todas las formas!». En el primer caso se usa el término *jb* y en el segundo, *haty*.

Los capítulos XXXI y XXXII nos muestran una acción mágica en toda regla.

Aproximándose al cocodrilo Shui, Osiris N pronuncia los encantamientos para alejarlo. Y lo puede hacer porque Osiris en persona tiene toda la autoridad para hacerlo, pero también porque conoce las fórmulas mágicas para vencer los encantamientos del cocodrilo: «¡Atrás, retírate, atrás! ¡Oh, cocodrilo Shui! ¡No vengas hacia mí porque conozco los encantamientos!».

La fórmula se utilizaba para poder «salir a la luz del día» y caminar junto a los seres vivos.

El problema tratado es muy importante: igual que el cocodrilo se abalanza sobre el desventurado que ha caído al agua para desgarrarlo, el difunto ha de defenderse de su ataque cuando llega a la otra vida.

Ocho son los cocodrilos de los que debe defenderse el difunto, que provienen de los cuatro puntos cardinales. Pero Osiris N podrá alejarlos, porque tiene en su poder los encantamientos de Ra.

Es interesante destacar que, a pesar de hallarse en la dimensión ultraterrenal, el difunto tiene que afrontar peligros terribles, que lo pueden llevar a la perdición total (disgregación y pérdida de la conciencia individual).

Las divinidades y los demonios tienen sus propios encantamientos para utilizar contra los difuntos.

Los capítulos que van del XXXIII al XLI contienen fórmulas para mantener alejados a los entes y los seres que pueden causar daño al difunto, tanto en su dimensión física (momia) como en la no carnal (en el más allá): las serpientes, las cucarachas, las dos diosas Mertes, la serpiente Refref, etc.

El proceso es siempre el mismo: estos entes no tienen delante un simple hombre, sino un ser divinizado que participa de las características de las distintas divinidades.

También en este caso, las fórmulas hacen referencia a un acontecimiento mitológico concreto que, al ser evocado, infunde terror en los enemigos, que huyen o se apartan del paso.

«¡Atrás! Caminante que es rechazado, proveniente de Apep», recita Osiris N contra la serpiente Refref.

Y también:

«¡Yo soy Ra, en el que habita el terror!»

«¡Yo soy uno que ha lanzado gritos de júbilo por el encadenamiento hecho por Ra! ¡Apep está boca abajo y a trozos!»

«¡Oh, serpiente Rere! No avances. Delante de ti están Geb y Shu.»

En el capítulo XLII (y también en capítulos siguientes) se lleva más allá la identificación de Osiris N con las divinidades. No sólo él, en tanto que ente no carnal, es similar a los dioses, sino que todas las partes de su cuerpo físico, pero también de sus cuerpos energéticos, son idénticas a la parte equivalente del cuerpo de una divinidad distinta.

De este modo su cuerpo adquiere un poder mágico enorme (la suma de las energías de cada uno de los dioses) y, por lo tanto, está en condiciones de rechazar todos los males o las heridas que pueda sufrir en la necrópolis.

El capítulo XLV tiene un especial interés, porque representa una fórmula mágica contra la corrupción: «Inmóvil como Osiris, los miembros inmóviles como los de Osiris, no esté más inmóvil, no se corrompa [...]».

La rúbrica que comenta el texto cuenta que quien sabe esta fórmula no sufrirá corrupción.

Los capítulos LI, LII y LIII contienen fórmulas para no comer inmundicias y porquerías, y para no beber agua sucia en la necrópolis.

Osiris N pide no tener que alimentarse

de inmundicias y vivir de «pan de grano blanco y cerveza de cebada roja». En efecto, el difunto aborrece las inmundicias: «Que nunca tenga que comerlas».

Los capítulos siguientes contienen fórmulas para recibir el aire en la necrópolis, para poderlo respirar y para dominar el agua.

El capítulo LXIV es un texto importante, porque sería la parte más antigua del *Libro de los Muertos*, que puede llegar a datar de la I dinastía.

Según la tradición, el texto fue hallado escrito en azul sobre un bloque de bronce de Ksi, en tiempos del rey Micerinos. La fórmula resume en un único texto el sentido y la fuerza de toda la obra. Su lectura tendría el mismo valor que la lectura de todos los otros textos del libro. En algunos puntos el escrito es ilegible y algunos términos no se pueden interpretar. Además, hay algo en este texto inquietante.

La conclusión es la siguiente: «Yo he entrado como un hombre ignorante y salgo glorificado. Yo, Osiris N, justificado veré las imágenes humanas, durante la eternidad». Y en la rúbrica (el breve comentario al final de la fórmula, con las instrucciones sobre la manera de recitarla) se dice: «Esta fórmula ha de ser pronunciada por un hombre ritualmente puro y limpio, que no tenga relaciones con mujeres y que no coma ni carne ni pescado».

Seguramente se trata de un texto funerario, pero algo indica que puede ser otra cosa. El lenguaje utilizado, el paso de la ignorancia al conocimiento, la exigencia de la pureza ritual sugieren una situación de tipo iniciático: el adepto, después de haber purificado su físico y su alma, según el ritual, accede, gracias a la recitación y la dramatización, a un conocimiento superior del mundo. Sale de la oscuridad y entra en la luz, en la condición de Glorificado y Justificado (Ma'kheru).

Por otra parte, hay numerosos indicios de que estos conocimientos son y deben seguir siendo secretos, tal como ocurre en las sociedades iniciáticas.

MANIFIESTOS DE LA ROSACRUZ

Bajo este nombre se agrupan tres escritos importantes de autores difíciles de determinar, excepto el último, *Las Bodas Químicas*, atribuido definitivamente a Johann Valentin Andreae. Se trata del manifiesto *Fama Fraternitatis*, aparecido en Kassel en 1614, el *Confessio Fraternitatis*, aparecido en Frankfurt en 1615, y *Las bodas Químicas de Christian Rosenkreutz*, publicado en Estrasburgo en 1616.

Para la ubicación histórica y filosófica, véanse *Temas: Rosacruz* y *Autores: Andreae, Johann Valentin*.

FAMA FRATERNITATIS

La obra empieza con una fórmula de salutación, dirigida por los hermanos de la cofradía de la Rosacruz a todos los lectores de la *Fama*.

Los hermanos estiman que los tiempos pueden considerarse felices, porque han tenido la posibilidad de conocer una parte secreta del mundo y porque han surgido numerosos espíritus iluminados que han hecho madurar el conocimiento de la naturaleza y la comprensión de los valores más elevados del hombre.

Pero lamentablemente estos resultados encuentran una reacción de escarnio por parte de la gente y, sobre todo, la oposición de las personas cultas. Las creencias antiguas les impiden encontrar una posición común sobre la comprensión del libro de la naturaleza, y las disciplinas antiguas (teología, física, matemáticas) contrastan con la verdad.

Precisamente el fundador de la cofradía, el padre C.R., trabajó mucho tiempo para resolver este problema. Desde la infancia estudió las lenguas antiguas, y de adolescente acompañó a un hermano a Tierra Santa.

Su hermano murió en Chipre, pero C.R. continuó el viaje, primero a Damasco, en donde tuvo una buena acogida por parte de los turcos, y luego a Damcar, en Arabia, donde cumplió los 16 años. Allí aprendió el árabe a la perfección, perfeccionó sus conocimientos de física y matemáticas, y tradujo al latín un libro misterioso.

Tres años más tarde viajó a Egipto, luego por el Mediterráneo hasta la ciudad de Fez, donde continuó estudiando matemáticas, física y magia.

Se relacionó con personajes misteriosos (quizás una sociedad iniciática secreta) y prosiguió los estudios en las diferentes disciplinas. Alcanzó la comprensión de la unidad de macrocosmos y microcosmos, entendió que el universo entero está contenido en nuestro organismo y que todo vibra al unísono con Dios, el Cielo y la Tierra.

Después de dos años de estancia, C.R. marchó de Fez y llegó a España, donde topó con la incomprensión de la clase culta, a la que sus ideas parecían demasiado revolucionarias.

Al visitar otros países de Europa, encontró las mismas posiciones refractarias a una reforma de la humanidad; este era precisamente el objetivo que C.R. se había propuesto.

Informando sólo a los sabios y a los espíritus elevados habría dado vida a una sociedad que habría permitido que los gobernantes y los poderosos dispusieran de los medios culturales y económicos necesarios para la gran reforma del género humano.

En esta actividad, *Fama Fraternitatis* compara a C.R con Paracelso, que, pese a no ser miembro de la cofradía, habría compartido sus aspiraciones. Al parecer también conoció el contenido del libro secreto traducido por C.R.

Después de haber viajado mucho C.R. regresó a Alemania, en donde construyó una gran vivienda y estudió, especialmente matemáticas.

Cinco años más tarde decidió dar inicio a su reforma cultural y contar con los servicios de algunos ayudantes. Se puso en contacto con tres personas de gran maestría, procedentes del primer convento en el que había vivido en los inicios de su actividad. Estas personas registraron todas sus enseñanzas, comportándose con fidelidad, reserva y eficiencia. Los cuatro fieles fundadores constituyeron el corazón de la nueva Cofradía de la Rosacruz.

La cofradía utilizaba un lenguaje secreto, con palabras y grafías propias, que ocultaban importantes contenidos espirituales. Su actividad consistía en la transmisión de los conocimientos del maestro, el cuidado de enfermos, que cada vez eran más numerosos, y la construcción de una nueva ala del edificio, dedicada al Espíritu Santo. El aumento de las actividades hizo que acogiesen a nuevos hermanos, por lo cual pasaron a ser ocho personas, todas ellas alemanas excepto una. Los cofrades no estaban casados y habían hecho voto de castidad.

En este punto, el autor dice que, a pesar de que hayan transcurrido cien años, el saber de la cofradía ha permanecido invariable y se conservará de esta forma hasta el final de los tiempos.

Volviendo a la historia de los cuatro hermanos, *Fama Fraternitatis* cuenta que, después de haber trabajado y aprendido mucho, hasta el punto de que no quedaba nada por hacer, los hermanos decidieron distribuirse por el mundo con el objetivo de entrar en contacto con los sabios de los lugares más variados y para acumular todavía más experiencia.

Como normas fundamentales se proponen seis puntos que deben ser respetados:

1. Cada uno debe ejercer sólo la profesión de cuidar enfermos de forma gratuita.
2. No es necesario llevar vestidos especiales para que la cofradía se distinga, sino que cada uno se adaptará al lugar en donde se encuentre.
3. Un día predeterminado de cada año deben reunirse en casa del Espíritu Santo o comunicar el motivo de la ausencia.
4. Cada miembro de la cofradía debe encontrar una persona que lo sustituya después de morir.
5. R.C. es la contraseña, el emblema, el amuleto.
6. Durante cien años la cofradía debe mantenerse oculta y en secreto.

Una vez hubieron jurado que respetarían estas reglas, los hermanos se dispersaron por el mundo, salvo dos, que se quedaron junto a R.C. y que más tarde, al marcharse, serían sustituidos por otros dos.

Cada año los hermanos se reunían e intercambiaban informaciones y saberes de todo el mundo.

La obra *Fama Fraternitatis* describe la catadura moral de los hermanos y sus vidas. A pesar de que eran científicos y de que poseían grandes conocimientos sobre el hombre y sobre Dios, vivían en armonía, con reserva y bondad de carácter.

Uno tras otro, los hermanos fueron muriendo de ancianos: el primero fue I.O., un gran conocedor de la cábala, que murió en el transcurso de un viaje a Inglaterra.

Los lugares en donde se hallaban las sepulturas de los distintos miembros de la cofradía se mantenían en el más absoluto de los secretos y, aunque sus sucesores estaban también muy preparados y eran muy sabios, no conocían las desventuras de sus vidas ni los momentos en que se produjeron las muertes.

Después de morir I.O., el hermano C.R. convocó a los otros hermanos y empezó a construir el sepulcro.

Fama Fraternitatis continúa narrando el secreto comunicado a los hermanos de la tercera generación por parte de A., que pertenecía a la segunda generación y que había conocido a los fundadores. Se hace alusión a un periodo de 100 años que resulta misterioso para los hermanos de esta generación, quienes, después de la muerte de A., pudieron acceder a las informaciones del pasado, sobre todo gracias a los libros conservados en la biblioteca.

A pesar del misterio en que estaba envuelta, los hermanos descubrieron dónde se encontraba la sepultura de C.R. y pudieron cumplir el encargo de darla a conocer al mundo.

Paralelamente a este suceso, decidieron dejar de ocultar sus actividades y se declararon dispuestos a proporcionar información sobre ellos mismos y sobre la vida de la cofradía.

Uno de los motivos de esta decisión ha de buscarse en las palabras que A. confió a su sustituto, el hermano N.N. Este contó a los demás miembros de la cofradía que, según el más anciano, la confraternidad debía trabajar a la luz del Sol en el país en donde había nacido, en Alemania.

Un año después de estas revelaciones, el mismo hermano N.N., experto en arquitectura, antes de emprender un viaje, tuvo la idea de reestructurar la sede de la cofradía. Durante los trabajos se descubrió una lápida de bronce con los nombres de los hermanos fundadores, y se decidió colocarla en un lugar más adecuado. Al extraer un gran clavo que fijaba la lápida a la pared, apareció una gran piedra que ocultaba una puerta secreta. Liberada la puerta, descubrieron que llevaba la siguiente inscripción grabada: *Post CXX annos patebo* («Después de 120 años me abriré»).

La obra narra las elucubraciones de los hermanos acerca del significado simbólico de este suceso: suponen que del mismo modo que se había abierto inesperadamente aquella puerta misteriosa, se abriría una puerta en Europa y caerían las murallas que la rodean.

Por la mañana del día siguiente los hermanos abrieron la puerta secreta y descubrieron una cripta con siete lados y siete rincones. Cada lado medía 1,5 m de longitud y 2,4 m de altura. Una luz extraña, similar a la de una puesta de Sol en el centro del techo, iluminaba la escena.

En el centro de la sala había un altar circular con una lámina de latón en la que figuraban las palabras siguientes: «Me construí estando vivo este sepulcro como compendio del Universo».

En el margen, se hallaban escritas las siguientes palabras: «Jesús para mí es todo».

En el centro había cuatro figuras, dentro de círculos, con las palabras «En ningún lugar el vacío», «El yugo de la ley», «La libertad del Evangelio» y «La gloria de Dios está intacta».

A ojos de los hermanos de la cofradía rosacrucense, todos los símbolos y los textos aparecían claros y comprensibles: la emoción y la deferencia les llevó a arrodillarse y dar gracias a Dios.

Cabe destacar la presencia, solo o como figura compuesta, del triángulo como elemento esencial del techo, de los lados y del suelo del edificio.

La referencia al triángulo en tanto que componente básico de la estructura es un elemento directamente neoplatónico, que se ha mantenido hasta hoy en la tradición esotérica rosacrucense.

En uno de los lados había un cofre que contenía objetos importantes y los mismos libros conocidos por los miembros más recientes de la cofradía.

Según *Fama Fraternitatis*, toda la cripta había sido estructurada de tal manera que, en caso de pérdida completa de la memoria de la cofradía, se podían recuperar sus conocimientos con aquel material.

Debajo del altar, al mover una placa de latón, encontraron un cuerpo incorrupto con un libro en la mano, que llevaba el título de T. y que la cofradía consideraría a partir de entonces el libro más importante después de la Biblia. El libro contiene textos en latín, con la firma de los primeros hermanos de la cofradía.

Después de haber examinado atentamente el contenido de la cripta, todo se devolvió a su lugar y las placas se colocaron de nuevo en la posición originaria.

En aquel momento, *Fama Fraternitatis* reconoce la dificultad de que las aspiraciones de la cofradía sean aceptadas de inmediato. Sin embargo, las pocas personas que podrán sumarse a ella, tendrán la posibilidad de acceder al saber de los hermanos y contribuirán a aliviar las penas del mundo.

En la parte final de la obra se hace profesión de fe luterana.

Los conocimientos de la cofradía no son recientes, ya que se remontan hasta Adán, Moisés y Salomón.

Además, y este es uno de los aspectos más importantes, se destaca que las distintas formas de conocimiento, debidas a Platón, Aristóteles, Pitágoras, Enoc, Abraham, Moisés y Salomón, concuerdan entre ellas.

Otro aspecto importante es la posición de la cofradía en relación con la alquimia. Según los hermanos, la producción de oro es solamente un parergon (obra secundaria), que no es nada en comparación con el saber espiritual que abren los Cielos.

La obra concluye con un mensaje de alerta contra los textos de falsa alquimia y de quien pretenda ir en contra de la cofradía.

CONFESSIO FRATERNITATIS

La obra *Confessio Fraternitatis* empieza con la revelación de que lo que se ha divulgado previamente (por ejemplo, en *Fama Fraternitatis*) no es decisión de la cofradía, sino un deseo de Dios.

Los hermanos responden a esta petición donando libremente los conocimientos adquiridos.

No se puede afirmar que los autores puedan ser acusados de herejía porque están a favor del Imperio y en contra de musulmanes y papistas.

El objetivo de la obra es aclarar puntos oscuros de *Fama*, con la intención de lograr una opinión más favorable por parte de las clases cultas sobre las actividades de la cofradía.

Según los rosacrucenses, en este siglo la filosofía está agonizando. Ellos, en cambio, están en condiciones de ayudar a las personas interesadas en entender los principios de la verdadera filosofía que ellos han establecido. Su filosofía es el compendio y la esencia de lo que hace falta saber.

Otro objetivo que se plantean los hermanos es hacer accesible a otras personas los arcanos descubiertos, ayudándoles a combatir la apatía cultural en la que han caído.

Las enseñanzas rosacrucenses son tan profundas e importantes que, en el caso de que se produjera una catástrofe natural que comportara la destrucción de todas las obras del hombre, bastarían para hacer renacer la civilización.

Por otra parte, es una lástima que estos conocimientos permanezcan ocultos a los hombres de este siglo, a la espera de ser descubiertos en un futuro lejano. Es mejor que se den a conocer ahora, para que el hombre actual pueda librarse del hambre y de las necesidades, de las enfermedades y de la vejez.

La gran ventaja es poder aprender todos los saberes de una única fuente (un único libro), en lugar de tener que recopilar las enseñanzas de fuentes diversas. Los hermanos llegan a la conclusión de que la cofradía debe aumentar el número de miembros, y ello requiere esfuerzo y dedicación.

Alguien podría opinar que enseñar secretos tan importantes puede ser peligroso, ya que no todo puede ser enseñado a todos.

La posición de los hermanos rosacrucenses es que quien no esté interesado en estos temas (mentes toscas y mezquinas) no se acercará a la cofradía, que, en cualquier caso, controlará la admisión, velando con sus propias reglas. Nadie podrá hacer ningún mal a miembros de la cofradía, ya que estos no son accesibles a todo el que lo desee.

La cofradía comprende varias órdenes, según las distintas personas y el nivel de maduración cultural y espiritual de cada una. Este mismo sistema de gobierno existe en la ciudad árabe de Damcar, en donde algunas personas especialmente cultas están autorizadas por el soberano a intervenir en cuestiones ligadas a la ley.

Esto ocurrirá en un futuro en Europa, cuando se haya producido un acontecimiento extraordinario que acabe con el papado e instaure en el continente un nuevo sistema político.

Aunque no está claro a qué hace referencia, se pueden plantear la hipótesis de que los autores pensaran en la subida al poder de Federico V Palatino, que en 1619 fue elegido rey de Bohemia y mantuvo, en efecto, una política en contra de los intereses de los Habsburgo y del Papa.

En el sexto capítulo de la *Confessio Fraternitatis* se indica la fecha de nacimiento del padre C.R., el año 1378, y se añade que habría vivido 106 años.

A continuación, se describen las cualidades de quién puede formar parte de la cofradía: la persona a la que, por inspiración divina, le ha sido concedida la capacidad de identificar y entender los símbolos puestos por Dios en la creación. Dicha persona ha de acercarse a la cofradía sin temor, confiada, y mantener el vínculo en silencio. Se rechazará a los charlatanes y a todos aquellos que no estén interesados en la verdadera sabiduría.

El mundo está ya preparado para una nueva era de luz, verdad y gloria, parecida a la que había conocido Adán antes del pecado original. Después de este periodo llegará el final de los tiempos. Esta época feliz pondrá fin a la gran confusión en la que está instalado el mundo.

Otros personajes ajenos a la cofradía también empezaron a trabajar en la realización de esta gran reforma de la humanidad.

Simultáneamente aparecieron unos signos, enviados por Dios, como mensajeros que dan testimonio de su voluntad, como por ejemplo nueve estrellas aparecidas en el cielo. Estos signos confirman al hombre el apoyo divino en el descubrimiento de los grandes símbolos que Dios ocultó en el Libro de la Naturaleza, y tienen la función de estimular al hombre para sacarlo del adormecimiento en el que está sumido.

Además, se trata de símbolos que también se encuentran en las Sagradas Escrituras y que, al ser descifrados, permiten conocer con exactitud el advenimiento de las tinieblas que oscurecerán la Iglesia.

A partir de estos símbolos la cofradía ha extraído la escritura mágica y un lenguaje nuevo, mediante el cual se puede describir la naturaleza de lo que existe.

El capítulo décimo destaca la afinidad existente entre los miembros de la cofradía y quienes hicieron de la Biblia la norma de sus vidas. Los hermanos de la cofradía también consideran que ningún otro libro es superior a este, en términos de excelencia y utilidad.

A continuación, el capítulo undécimo trata nuevamente sobre los temas, ya abordados en *Fama Fraternitatis*, de los falsos alquimistas —que define como personajes ricos y altivos que al final recibirán el castigo que merecen— y de la importancia de la transmutación de los metales cuando se realiza como un fin en sí mismo.

En efecto, la ciencia verdadera no se adquiere gracias a la transmutación de los metales en oro, sino justamente al revés: adquiriendo la ciencia verdadera (filosofía de la naturaleza) se llega a conocer el arte de transmutar los metales.

Por lo tanto, antes de la tintura de los metales, conviene dedicarse al estudio de la naturaleza.

Del mismo modo que es necesario huir de los falsos alquimistas, también es preciso esquivar sus obras, puesto que muy pocas se salvan.

Al contrario de lo que piden estos impostores, que son capaces de todo con tal de ganar dinero, los hermanos de la cofradía ofrecen su saber gratuitamente, de modo que la persona interesada puede entender sin coacciones el funcionamiento de la ciencia oculta. Lo que les induce a actuar de este modo no es el interés personal, sino la voluntad del Espíritu Santo.

Y llega el momento de la llamada: los hermanos, después de haberse presentado, piden al lector que adquiera el compromiso de trabajar junto a ellos para mejorar el mundo y vivir en la paz de Dios.

A cambio de su colaboración, serán depositarios de los grandes secretos de la naturaleza que la cofradía conoce.

Los demás hombres que, por el contrario, actúan movidos por la presunción, la exaltación personal y la ambición no podrán pertenecer a la cofradía, ni tampoco podrán llegar a sus miembros, que estarán protegidos por el silencio y por Dios.

MUTUS LIBER

El *Mutus Liber* es una obra de tema alquímico constituida por 15 ilustraciones sin comentario que representan las diferentes fases del proceso alquímico.

Se conocen tres ediciones. La primera fue publicada en 1667 en Francia, en la ciudad de La Rochelle, editada por Savouret; la segunda, con ligeras variantes, ve la luz en el año 1702 en Ginebra, en la imprenta de J.J. Manget; y de la tercera edición, publicada en Francia en 1725, sólo quedan algunas ilustraciones.

LOS TEMAS DEL MUTUS LIBER

El *Liber* se puede leer a varios niveles y responde a una forma típica de la comunicación alquímica, la que tiene lugar mediante imágenes.

El proceso alquímico descrito no necesita comentario porque al estar dedicado únicamente a los hijos del Arte, ellos ya lo conocen bien.

Podemos preguntarnos qué sentido tiene representar un proceso conocido si no se tiene la intención de comunicarlo a quien no lo conoce.

Sin lugar a dudas, detrás de esta divulgación hay una intención preparatoria, que quiere comunicar a otros, pero solamente a aquellos que, por vocación o por iniciación, tienen la capacidad de entender lo que allí se ilustra.

En efecto, las tablas estimulan en el adepto una serie de procesos psicológicos y físicos que le harán intuir las verdades alquímicas ocultas.

Además, haciendo referencia al pensamiento mágico, la representación de un proceso o de un acontecimiento comporta su realización: la representación de los símbolos activa, a través de sus propias ondas de forma, la creación de una forma de pensamiento que adquiere una realidad, psicológica y física.

Primera ilustración
La primera ilustración está constituida por el frontispicio, en cuyo escrito figura el nombre del autor, Altus:

> El Libro Mudo, en el que se ilustra
> toda la filosofía hermética
> con figuras jeroglíficas,
> consagrado a Dios tres veces como máximo,
> dedicado sólo a los hijos del Arte
> del autor cuyo nombre es Altus.

Este mismo nombre se puede encontrar como anagrama en la última ilustración: dos ángeles levantan del suelo al alquimista, en cuya cabeza colocan la corona, mientras que dos personas arrodilladas recitan *Oculatus ibis* («Provisto de ojos te marcharás»), del que se obtiene Jacobus Altus.

El frontispicio representa al alquimista adormecido, sentado en el suelo, con la cabeza apoyada en la roca.

Una larga escalera lleva hasta el cielo estrellado, en donde brilla, en un rincón luminoso, un cuarto de Luna. Por la escalera descienden dos ángeles con una trompa cada uno. Uno de ellos, que casi ha llegado a tierra, baja dando la espalda al lector y con el rostro medio girado, mirando al alquimista. El segundo ángel baja de cara al lector, con el rostro iluminado.

Los pies de los dos ángeles son transparentes: el derecho del primero está apoyado en un peldaño por encima del pie izquierdo.

Estos dos ángeles representan las dos polaridades o principios de la creación, contrarios pero coexistentes: masculino y femenino, Sol y Luna, activo y pasivo. Si baja un ángel, también debe descender el otro. En este caso, el oscuro que está de espaldas, el principio femenino, baja primero.

Ambos sostienen largas trompas que orientan hacia el alquimista. Son instrumentos que emiten vibraciones: las que vienen de lo alto se interaccionan con el alquimista en fase de recepción (sueño) y con la materia prima (la roca en la que descansa su cabeza).

La escena, en cuyo fondo se abre un espejo de agua, un promontorio y árboles, está enmarcada con una guirnalda y dos rosas, la del lado derecho orientada hacia el lector y la de la izquierda mirando hacia abajo. La rosa tiene múltiples significados:

protegida con espinas, al poco tiempo marchita. Su belleza queda sólo en la memoria, igual que del proceso alquímico final queda solamente la memoria energética, transmitida ahora ya a otras sustancias, capaces de hacer resonar la materia del mismo modo que el proceso.

El concepto de memoria energética es muy importante porque es el secreto de la verdadera alquimia.

La denominada Piedra Filosofal no es más que un puñado de polvo cristalino que conserva la memoria energética del proceso de transformación.

Los cristales se caracterizan por su capacidad de memoria y poseen la información de las frecuencias vibratorias del medio en el que han actuado.

El espejo y su física son elementos simbólicos muy importantes, y el concepto de transparencia se encuentra en todas partes.

En esta figura también debe ser transparente la lectura de las abreviaciones y de los números: 21 11 82 Neg ha de leerse Génesis 28, 11, 12, el fragmento en donde se narra el sueño de Jacob. De la misma manera, 93 82 72 Neg corresponde a Génesis 27, 28, 39 y, por último, 82 81 33 Tued, a Deuteronomio 33, 18, 28.

Segunda ilustración

La segunda tabla está dividida en tres planos. En el primero, el más alto, aparece el Sol en posición central, rodeado de nubes de distintas formas y colores.

Forman parte del marco inferior de las nubes las alas, los rostros y dos de los cuatro brazos de los dos ángeles que ocupan la mayor parte del segundo nivel, el del medio. Estos tienen los pies apoyados en una superficie que podría ser agua. Son perfectamente nítidos y las piernas reflejan el mecanismo que ya hemos visto: el ángel de la derecha se apoya en la pierna izquierda, que aparece oscura, en posición retrasada, mientras que avanza con la derecha, bien iluminada. El ángel de la izquierda avanza con la pierna derecha, también iluminada, y se apoya en la izquierda, que está más retrasada y en la sombra. Los ángeles sostienen un gran matraz transparente, en cuyo interior Poseidón, rey del mar, está sentado en la isla de Delos, que él hizo surgir del mar para

Mutus Liber, *primera ilustración, de la edición francesa de 1773 (BFE)*

proteger a Leto, madre de los gemelos Artemides y Apolo, que se identifican con el Sol y la Luna, el Oro y la Plata, los principios masculino y femenino, el Plomo y el Azufre.

Estos cuentan con la protección de la humedad radical, simbolizada por las aguas, necesaria para su muerte y transformación en materia prima. Se trata de un agua especial que no moja las manos, ya que es un simple principio energético necesario para los procesos de transformación.

Es muy importante el símbolo del tridente, utilizado por Zeus para producir y dirigir los relámpagos, en clara alusión a la necesidad de un principio energético activador.

En el plano inferior, el alquimista y su esposa están arrodillados ante el horno (athanor), en donde el matraz hierve al fuego lento de una vela.

Su actitud es de humildad y, al mismo tiempo, fuerza. La mujer (principio femenino, pasivo, que atrae) alza la mano derecha, como si recibiera algo de arriba para pasarlo al horno.

El hombre señala el horno con la mano derecha, con el mismo respeto con el que un sacerdote convierte el pan y el vino en el cuerpo y la sangre del Redentor.

Si trazamos dos líneas, una desde el pie derecho del ángel de la izquierda hasta la mano izquierda de la mujer y otra desde el pie derecho del ángel de la izquierda hasta la mano derecha del alquimista, tendremos en el punto de intersección una sección del cono que protege el horno equidistante de los tres respiraderos superiores: la interacción energética de los cuatro personajes involucrados pasa a través de la acción del horno.

Por último, el brazo izquierdo de la mujer está colocado como si quisiera acoger a un niño, el fruto de la operación alquímica.

ORÁCULOS DE CALDEA

Recopilación de fragmentos poéticos, en hexámetros homéricos, escrita hacia el siglo II d. de C. de autor desconocido (quizá Julián el Teurgo, hijo de Julián el Caldeo).

Es el único testimonio que nos ha llegado de la magia teúrgica de los primeros siglos de nuestra era y, aunque incompleto y fragmentario, aporta informaciones fundamentales tanto sobre la teurgia como sobre la filosofía en la que estaba basada.

La obra consiste en la elaboración poética de textos utilizados durante las ceremonias de teurgia en las prácticas mediánicas (que hacen referencia a los médiums, poseídos por el dios).

En ellas el médium, controlado por un sacerdote y un evocador, entraba en trance y se identificaba con la divinidad llamada y, de esta manera, adquiría sus capacidades y sus prerrogativas, y podía interferir en lo real.

El trance se inducía con el ritual mágico y las invocaciones dirigidas a la divinidad, en lugares cerrados o bien al aire libre, preferiblemente a orillas del mar, junto al fuego.

Los fragmentos tienen orígenes distintos. El núcleo más interesante está compuesto por los textos que proceden de Caldea, a los que se añaden otros de diferentes derivaciones (por ejemplo, órfica).

La obra ha tenido una influencia significativa en muchos filósofos (sobre todo neo-

Mutus Liber, *segunda ilustración, de la edición francesa de 1773 (BFE)*

platónicos) como Numenio, Giamblico, Porfirio y Proclo.

La magnífica edición de Angelo Tonelli, publicada en 1995, consta de 191 fragmentos, de derivación directa caldea, que han sido la base de nuestro análisis.

LOS FRAGMENTOS

Fragmento 16
El breve fragmento 16 introduce la estructuración del cosmos según el pensamiento caldeo.

Los tres padres a los que hace referencia son los tres entes que corresponden a cada uno de los tres mundos circulares concéntricos: el empíreo, el más externo (noético), el empírico, en donde están las estrellas fijas, y el ílico, en donde está la Tierra.

Fragmento 34
El fragmento 34 describe el paso de la energía espiritual a través de la barrera

del mundo físico: la luz proviene del Padre, del cual emana con un brillo inimaginable, y alejándose del centro empieza a decaer, transformándose en acontecimientos y cosas.

Los rayos luminosos se desvían hacia abajo, pero mantienen su esplendor. Esto significa que cuando la energía espiritual se transforma en materia, esta conserva parte de sus características: la energía se congela en materia, pero el núcleo continúa vibrando en la frecuencia originaria.

Esta frecuencia interna es la que intentarán encontrar y despertar los alquimistas y los espagiristas, purificando la materia.

Fragmento 37
Es uno de los pasajes más importantes para la comprensión de la génesis del universo según los *Oráculos de Caldea*.

El Padre (en este caso, quizás, Apolo, el Sol) en su actividad intuitiva, modulando la frecuencia musical básica que emana de él mismo, crea frecuencias diferentes que generan las ideas primitivas, las cuales, gracias al fuego noético —energía pura que procede del Padre—, se dividen en varias ideas secundarias, que constituyen el modelo sobre el cual se forma todo el universo.

Estas ideas secundarias son como un enjambre de abejas que brillan en el cosmos y que se aproximan a la matriz del mundo para fecundarla. De ellas nacerán las cosas que hay en el universo material, o bien las cosas que existen en el mundo de la materia serán modificadas por la intervención de las ideas espirituales.

En esta visión hay varios aspectos que tienen una importancia fundamental.

En primer lugar, la matriz musical, la estructura sonora sobre la que se modulan las ideas, que son frecuencias creadas por la actividad intuitiva del Padre. En esto, el Padre es al mismo tiempo divinidad primordial y demiurgo que forma el universo.

No podemos olvidar todo lo dicho en otro lugar (*véanse Autores: Pitágoras* y *Temas: Arte*): en la genial intuición platónica el mundo es la traducción material de estructuras geométricas que se basan a su vez en relaciones de figuras geométricas que, a partir del triángulo, constituyen los elementos que originan la materia.

La relación, como enseñan los pitagóricos, puede representarse de diferentes maneras, por ejemplo, como cuerdas de diferentes longitudes que corresponden a intervalos musicales concretos.

Una vez más, nos encontramos ante frecuencias musicales, que se consideran importantes para explicar cómo funciona el cosmos.

Fragmento 39
Este fragmento destaca la importancia del amor como fuerza fundamental para mantener unidas todas las cosas. Es un amor (Eros) particular, que lleva dentro un fuego increíblemente poderoso.

La intuición del Padre es simultáneamente acción, alimentada por su *dynamis* (fuerza dinámica).

Sin embargo, una vez materializadas, las ideas intuidas por el Padre han de poder mantenerse, mediante el fuego que las alimenta directamente desde la fuente (o que se conserva en sus núcleos).

Fragmento 42
Este fragmento proporciona indicaciones importantes acerca de la relación entre amor y fuego.

El amor emana primero del Nous del Padre y se caracteriza por un fuego que tiene capacidades unificadoras. Es un fuego compuesto de la misma esencia que el Padre, revestida de más fuego.

La esencia espiritual del Padre, fuego primario, se convierte en sustancia espiritual fuego (o fuego secundario), que une las ideas surgidas del Padre, lo cual les permite agruparse en un sistema ordenado, gracias a la información recibida del fuego primario y transmitida mediante el secundario.

El proceso podría extenderse al mundo material y el fuego estaría relacionado con el mundo sensible. Así, el vínculo de Eros actuaría directamente en el mundo de la materia.

Fragmento 44
La importancia de la fuerza de Eros emerge claramente en este fragmento en el que se explica la composición del alma humana. El alma está constituida por una centella del alma del mundo, combinada con las esencias

divinas (el *Nous* y el signo de la divinidad, entendido como voluntad absoluta, desligada de cualquier vínculo con el pensamiento y anterior a este último), a las que se añade Eros, vínculo de todas las cosas y que de todas ellas es el domador.

Fragmento 49
En este fragmento se hace referencia a Aion, luz generada por el padre *(patrogenés fàos)*. Al ser de la misma sustancia que el Padre, puede recoger su *Nous* y, como manifestación de él que es, transmitirlo a las ideas.

Fragmento 56
El fragmento introduce a la diosa Rea, la Gran Madre, matriz de la creación.

En tanto que personaje femenino representa la polaridad negativa del cosmos que se contrapone al principio masculino (polaridad positiva) del cual recibe la información que transformará gracias a una acción dinámica.

La Gran Madre es la fuente de entidades superiores (los Beatos Noéticos) y puede ser identificada con Physis (Naturaleza), que, en su proceso circular, da vida a todo lo que está contenido en el universo.

Fragmento 65
Trata sobre el Sol, que desempeña una función de máxima importancia, ya que contiene el Fuego noético que transforma el mundo material en una energía que lleva vida *(zoeforión)*.

Es, por lo tanto, uno de los canales a través de los cuales el fuego inmaterial, de tipo espiritual, puede reunirse con el mundo de la materia y darle vida.

PUERTA MÁGICA

Puerta secundaria de la villa del marqués Palombara, en Roma.

La villa fue destruida completamente, pero la puerta, que la tradición popular había denominado Puerta Mágica, todavía existe y está situada en los jardines públicos de la romana plaza Vittorio.

Esta puerta es un verdadero concentrado de significados alquímicos y simbólicos.

En la obra *El Jardín de Hermes* (1986), Mino Gabriele reproduce los escritos que en la época figuraban en varios puntos de la villa.

• Escrito en la puerta de entrada: *Villae ianuam transeundo recludens Iason obtinet locuples vellus Medeae - 1680* («Traspasando la puerta de la villa, Jasón, descubridor, obtuvo el rico manto de Medea - 1680»). Hace referencia a la tradición bizantina según la cual el mito de Jasón sería una indicación clara a la búsqueda y el descubrimiento de un pergamino que contenía el secreto de la transmutación de los metales en oro.

• Sala en la planta baja, placa situada sobre la puerta de entrada: *Aqua a qua horti irrigatur non est aqua a qua horti aluntur* («El agua con la que se riegan los campos no es con la que se alimentan»). La alimentación de los campos tiene lugar con un agua más elevada que la normal: campo energético de otro tipo o agua mercurial.

• Puerta lateral, a la derecha de quien entra: *Cum solo sale et sole sile* («Permanece en silencio —es decir, satisfecho—, sólo con la sal y el Sol»). Es una referencia clara a los dos tipos de fuego: el que se utiliza en el ámbito químico (la sal) y el que proviene del cosmos (el Sol). Justo al lado se lee el siguiente escrito: *Sophorum lapis non datur lupis* («La piedra de los Filósofos no ha de ser dada a los lobos»).

Gabriele explica que «la fuente de esta aseveración se encuentra en los *Hieroglyphica* de Horapollo, en los que se dice que los antiguos egipcios representaban al hombre temeroso de lo oculto con las figuras de un lobo y de una piedra, por la creencia de que sólo esta última podía herir gravemente al animal, ya que ni el hierro ni el bastón podían hacerlo. La piedra como imagen del mundo oculto y el lobo, del hombre pávido, que puede trastornarse al entrar en contacto con dicho mundo y con sus peligros, están reinterpretados por el autor en las formas del *lapis philosophorum* y del desprevenido alquimista».

• Escrito en la otra puerta lateral en el lado izquierdo: *Qui potenti naturae arcana re-*

La Puerta Mágica, en un muro de los jardines de la Plaza Vittorio en Roma

Por lo tanto, la puerta fue trasladada de la villa al muro en donde se encuentra actualmente. Está hecha con cuatro bloques de piedra clara, en los que hay grabadas siete inscripciones que representan los metales, el antimonio y el vitriolo, con descripciones en latín de las operaciones alquímicas.

El orden de lectura está sugerido por el hecho de que las siete inscripciones repiten el orden de las siete «sílabas químicas» *(syllabae chimicae)*, las sílabas básicas del sistema combinatorio alquímico obtenidas de la combinación de los símbolos de los siete astros, de semimetales y sustancias (Mino Gabriele, *El jardín de Hermes. Massimiliano Palombara alquimista y rosacrucense en la Roma del XVII*).

LAS INSCRIPCIONES DE LA PUERTA

Primera inscripción
Arriba, a la izquierda, se encuentra la primera figura grabada, con el signo del plomo (Saturno) y el escrito *Quando in tua domo nigri corvi parturient albas columbas tunc vocaberis sapiens* («Cuando en tu casa los cuervos negros paran blancas palomas, entonces podrás llamarte sabio»).

Se hace referencia al paso de la *nigredo* a la *albedo*: si en el cuero de la transmutación alquímica se obtiene el blanqueo es que se está en el camino de la sapiencia.

Segunda inscripción
Arriba, a la derecha, está la segunda figura, con el signo del estaño (Júpiter) y el escrito *Diameter sphaerae thau circuli crux orbis non orbis prosunt* («El diámetro de la esfera, el tau del círculo, la cruz del globo no son de ayuda para los ciegos»).

El texto es muy importante porque hace referencia a la interpretación correcta del procedimiento alquímico. La esfera cortada por la mitad por un segmento horizontal simboliza la sal; la cortada por un segmento vertical, el nitrato potásico; el signo de tau en la esfera indica el vitriolo, y la cruz en la esfera, el moho.

Ahora bien, el conocimiento de las sustancias alquímicas no servirá para nada si no se es capaz de ver. Ceguera significa, en este caso, falta de capacidad de perci-

velat mortem quaerit («Quien revela los secretos de la naturaleza al poderoso busca la muerte»). Al lado, otro escrito: *Hodie pecunia emitur spuria nobilitatis sed non legitima sapientia* («Hoy con dinero se compra una nobleza ilegítima, pero no la sapiencia legítima»). Ambas inscripciones expresan un juicio moral especialmente duro sobre la relación con los poderosos y la nobleza verdadera; la ilegítima quizá puede ser comprada, pero la sapiencia verdadera no acepta este tipo de compromisos.

La puerta, como se puede ver hoy en los jardines de la plaza Vittorio, no se encuentra en su emplazamiento originario. De la villa del marqués ya no queda nada, porque fue demolida junto con otras villas a finales del siglo XIX para construir la plaza.

bir la luz de la verdad, es decir, de entender el sentido verdadero de los escritos de los alquimistas.

Tercera inscripción
De nuevo a la izquierda, encontramos el símbolo del hierro (Marte) y el escrito *Qui scit comburere aqua et lavare igne facit de terra caelum et de caelo terram pretiosam* («Quien sabe quemar con el agua y lavar con el fuego hace de la tierra cielo, y del cielo tierra preciosa»). Aquí se destaca otro punto fundamental de la obra: en una visión dinámica de la naturaleza, las transformaciones están en el orden de las cosas.

Los elementos pueden ser convertidos unos en otros, y los que se denominan opuestos sólo lo son relativamente.

Además es necesario realizar un salto analógico, abandonando la forma normal de razonar, superando las reglas del pensamiento lógico-deductivo al que estamos acostumbrados, como diciendo «¡Aquí ocurre algo más!».

Cuarta inscripción
En la cuarta inscripción, a la derecha, domina el signo del cobre (Venus) y se lee: *Si feceris volare terram super caput tuum eius pennis aquas torrentum convertes in petram* («Si has hecho volar la tierra sobre tu cabeza, con sus plumas transmutarás las aguas de los torrentes de piedra»).

Si observamos, por ejemplo, el matraz sometido a la acción del fuego veremos que las emisiones volátiles de la materia oscura van hacia arriba, por encima de esta.

Estas partes volátiles contienen la energía más sutil de la materia (las aguas de los torrentes), que ahora podrán ser fijadas en la piedra.

Quinta inscripción
La quinta inscripción se encuentra abajo, a la izquierda, y consiste en el signo del mercurio (Mercurio) con el escrito *Azot et ignis dealbando Latonam veniet sine veste Diana* («Cuando el azot y el fuego blanqueen Latona, entonces vendrá Diana sin vestido»).

Se refiere a la purificación del mercurio filosófico: después de haber sido tratado con el fuego y el azot (principio energético etéreo o sustancia purificadora), ya no tiene las impurezas que llevaba consigo (Diana sin vestido).

El procedimiento se llama blanqueo de Latona.

Sexta inscripción
La sexta inscripción está dispuesta abajo a la derecha, después del signo del antimonio: *Filius noster mortus vivit Rex ab igne redit et coniugio gaudet occulto* («Nuestro hijo, que había muerto, vive; vuelve rey del fuego y goza de la unión oculta»).

El Sol y la Luna (el azufre y el mercurio), después de la lucha furiosa, están unidos el uno al otro y han dado origen a un hijo (un nuevo compuesto), rey fulgente purificado por el fuego, rico de energía sutil liberada en el curso de la reacción.

El concepto de goce implica una emoción tan profunda que desde el ánimo es irradiado a todo el cuerpo, que también participa de él.

Séptima inscripción
La séptima inscripción, situada abajo en el centro, un poco por encima del nivel del suelo, indica el vitriolo: *Est opus occultum veri sophi aperire terram ut germinet salutem pro populo* («Es obra oculta del verdadero filósofo abrir la tierra, para que haga germinar salud —es decir, salvación— para el pueblo»).

Este es el programa alquímico del marqués. El objetivo es la salud (salvación, pero también elevación) de la gente, obtenida mediante el trabajo del alquimista, que consiste en dar a conocer los secretos de la tierra.

La expresión «abrir la tierra» *(aperire terram)* recuerda el término *vitrio*, que se compone juntando las iniciales de la frase *Visita Interiora Terrae, Rectificando Invenies Occultum Lapidem* («Visita los intestinos de la tierra, rectificando encontrarás la Piedra Filosofal»).

El signo del vitriolo encierra en sí los cinco metales (planetas), los cuatro elementos, el Sol y la Luna.

Justo encima de la última inscripción figura el escrito *Si sedes non is* («Si te sientas, no vas»). A esta le corresponde en la parte superior de la puerta, en el dintel, un escrito en caracteres hebreos: *Ruah Elohim* (el Espíritu de Dios, que fue considerado fuente de toda sabiduría).

Puesto que las letras hebreas se leen de derecha a izquierda y dado que ambas escrituras se corresponden (la primera está situada centrada en la parte superior del dintel; la segunda centrada en el travesaño inferior), el primer escrito nos sugiere que también se puede leer de derecha a izquierda el escrito inferior, con lo cual se obtiene *Si non sedes is* («Si no te sientas, vas»).

También en el dintel, debajo del escrito hebreo, está grabado lo que sigue: *Horti magici ingressum hesperius custodit draco et sine Alcide colchicas delicias non gustasset Iason* («La entrada al jardín mágico está custodiada por el dragón de Occidente, y sin el álcide —Hércules— Jasón no habría saboreado nunca las delicias de la Cólquida»).

Como se ha visto (*véase Autores: Apolonio de Rodas*), el héroe Jasón, que va en busca del Manto de Oro, representa a menudo al alquimista en su búsqueda de la Piedra Filosofal.

El acercamiento a Hércules quizá significa la dificultad hercúlea de la obra emprendida, mientras que el dragón se refiere al enemigo que hay que afrontar, que reside sobre todo en nosotros mismos: sólo derrotando nuestros bajos sentimientos podremos adquirir las características éticas, morales y espirituales necesarias para superar las dificultades y saborear las delicias del jardín de las Hespérides.

El florón, situado en el arquitrabe, se compone de un marco circular externo, que lleva el escrito *Tria sunt miribilia. Deus et Homo: Mater et Virgo: Trinus et Ununs* («Tres cosas maravillosas. El Dios y Hombre: la Madre y Virgen: el Trino y Uno»). El significado de esta expresión hermética es muy importante. Los tres ejemplos («El Dios y Hombre: Jesucristo; la Madre y Virgen: la Virgen María; y el Dios Uno y Trino») constituyen el desafío a la lógica al que se enfrenta el creyente.

¿Cómo es posible que un ser tenga dos naturalezas aparentemente contrapuestas: hombre y Dios? ¿Cómo puede una mujer parir y ser virgen? ¿Cómo puede un ente ser uno y al mismo tiempo tres?

No se puede llegar a la solución mediante la lógica humana, sino con un acto de fe. Esto podría significar que el universo no se basa en nuestro modelo lógico, sino en uno diferente del que el hombre puede concebir. Por lo tanto, el conocimiento no será solamente racional, sino que requerirá algo más, que quizá llegará desde lo Alto.

En la circunferencia más interna está representado el sello de Salomón. El centro exacto de la circunferencia coincide con el punto de diámetro máximo de un segundo círculo más pequeño (que recuerda una rueda con su eje) que termina un poco antes del vértice inferior del triángulo equilátero que mira hacia abajo. Este acaba, a su vez, en contacto con la circunferencia interior del primer círculo.

La simbología es clara. El primer círculo representa el macrocosmos, que se caracteriza por el contacto directo con los ángulos de los triángulos que representan los cuatro elementos, y por un centro que coincide con el límite extremo del círculo inferior, símbolo de la quintaesencia.

Justo en este punto, casi apoyada en el perímetro del círculo más pequeño, hay una cruz que se proyecta hacia arriba.

El círculo inferior es el microcosmos. Al no estar bloqueado por el contacto directo con el círculo externo, permite imaginar un movimiento rotatorio, que hace que todos los puntos estén en contacto con el centro (que coincide en este punto con la quintaesencia), que actúa casi como si fuera el motor que hace girar la rueda del microcosmos. De hecho, esta está presente en todas partes, tanto arriba como abajo. Por lo tanto, cualquier punto del microcosmos puede transformarse en centro del macrocosmos, si se convierte en «quintaesencia». La rueda tiene un margen con el escrito: *Centrum in trigono centri* («El centro está en el triángulo del círculo»).

El dibujo de la Puerta Mágica no es original, sino que está copiado, con ligeras modificaciones, de la obra *Aureum Seculum Redivivum* de Hinricus Madathanus, publicada en Frankfurt en 1677. En el friso del marqués no aparecen los cuatro ángeles alados del frontispicio, ni tampoco las dos letras «B» y «S», a izquierda y derecha de la cruz.

Friso del frontón

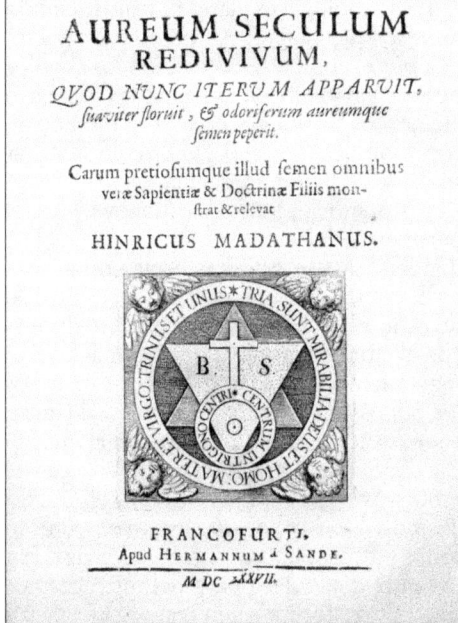

El friso del frontón ha sido reproducido en la obra Hinricus Madathanus, *Museum Reformatum et Amplificatum*, Frankfurt, 1677

PUPILA DEL MUNDO

Texto de la piedad del final de la Antigüedad atribuido a Hermes Trismegisto e incluido en la antología realizada por el estudioso bizantino Stobeo (siglo V d. C.) para su hijo. La obra representa el fruto de la unión entre la civilización egipcia antigua y la cultura helenística.

En esta obra encontramos la interacción de alma y divinidad, típica del hermetismo. La relación hombre/Dios está determinada por una acción del alma que, admirando la belleza del cosmos, quiere descubrir a su autor para lograr de un modo casi mágico acercarse a Dios y disfrutar de su luz resplandeciente, así como por la divinidad que le ayuda mediante la revelación.

Por otra parte, según la tradición egipcia, el conocimiento era revelación de la divinidad: es la divinidad (Thot) quien enseña las artes, las ciencias y la escritura. También es la divinidad quien envía una emanación propia (Isis y Osiris) para que libere al hombre de la ignorancia de las leyes del cosmos y de la vida.

La *Pupila del Mundo* constituye quizás el mejor testimonio de la forma en que la herencia del mundo egipcio fue absorbida y conservada en el mundo helénico, para ser transmitida, a través de la cultura árabe y bizantina, hasta nuestros días. Las intuiciones maravillosas sobre la luz, tan importantes en el hermetismo y que aparecen en la *Pupila del Mundo*, se repiten en el cristianismo, en donde se transportan a la figura de Jesucristo.

LOS TEMAS

La narración empieza con la revelación de que el mundo de la materia y de los seres vivos no es más que el resultado de la acción del mundo superior. Dicho de otro modo: la energía divina que viene desde las alturas conforma el mundo inferior y lo ordena.

El universo se muestra estático, inmóvil, carente de vida verdadera. Entonces Dios envía al dios Hermes (para los egipcios Thot), conocedor de todas las cosas, con la misión de salvaguardar este conocimiento mediante textos secretos. Estos escritos sólo podrán ser redescubiertos cuando aparezcan formas de vida inteligente superiores, capaces de leerlos e interpretarlos.

Asimismo, Thot instruye a su ahijado oralmente, para que este conocimiento pueda ser transmitido de maestro a discípulo.

Posteriormente la providencia divina envía a la Tierra a la pareja de dioses Isis y Osiris (como en el primer caso, aquí también se trata de una emanación de la divinidad suprema). Su función es doble: por un lado, salvar al mundo inferior de la barbarie, instaurando la civilización, y, por otro, recuperar los misterios escondidos por Hermes y revelarlos.

A continuación, Dios crea la Naturaleza y, seguidamente, a todos los entes espirituales, que lo ayudan en la creación, pero estos se rebelan, y entonces Dios decide crear al hombre.

EL CAMINO INICIÁTICO DE LA OBRA

> Después de haber leído estas cosas,
> Isis vierte primero a Oro
> la dulce bebida de la ambrosía,
> que las almas suelen recibir de los dioses.
> Así empieza Isis el discurso sagrado:
> «El cielo, rico de esferas, está por encima
> de toda la naturaleza de las cosas inferiores
> y en ningún lugar falta ninguna de ellas
> de lo que ahora el mundo posee.
> Todo debe haber sido ordenado
> por el mundo superior,
> y toda la naturaleza inferior
> ha de haber sido colmada completamente.
> Porque no es posible
> que las cosas del mundo inferior
> pongan orden en el mundo superior».

El inicio de la obra nos permite efectuar algunas consideraciones.

No se trata de un tratado filosófico griego. No tenemos a dos interlocutores, sino que es una persona la que narra (Isis, la Gran Diosa del mundo antiguo) y otra la que escucha. La relación es de madre e hijo, de quien posee el conocimiento y quien lo recibe, es decir, de dependencia directa de uno respecto a la otra.

De hecho, es Isis quien da el cáliz iniciático a Horus, el de la ambrosía (la bebida de la inmortalidad) y el del conocimiento de los misterios divinos.

Nos encontramos ante una clara referencia iniciática: el futuro adepto recibe el conocimiento transmitido oralmente del maestro al discípulo. Los conocimientos que se han conservado en los libros secretos escritos por Hermes/Thot no son accesibles para todo el mundo.

EL CONTENIDO

Tal como acabamos de ver, Isis, después de haber servido a Horus una copa de ambrosía, presenta el sistema físico y filosófico en el que se basa el universo.

Inicialmente los dos mundos, el superior —que había dado forma y orden al inferior— y el inferior —informado por el primero—, vivían separados.

El mundo inferior, que admiraba la belleza del superior, suspiraba recluido en la ignorancia de los secretos del cosmos. La belleza y los poderes del mundo superior eran tales que causaban gran sufrimiento al inferior, especialmente la vista del cielo, que era la imagen del Dios desconocido, tanto de día como de noche, cuando los astros emanaban sus efluvios sobre todas las cosas.

Había ignorancia por todas partes, y esto fue así hasta que Dios decidió enviar una primera emanación, un alma que estaba en sintonía con los misterios del cosmos. Era Hermes, que había conocido todas las cosas. «Él lo vio todo; al verlo, entendió, y al entender, estuvo en condiciones de desvelar y de mostrar».

Sin embargo, los descubrimientos de Hermes debieron ser de una magnitud tal que no quiso desvelarlo todo. El motivo de ello era en cierta manera preparatorio. De este modo, al no saber, cada época habría tenido que intentar encontrar la respuesta a las preguntas por su cuenta.

Y una vez transmitido parte de este conocimiento por vía oral a su hijo Tat (referencia a una tradición iniciática), Hermes, mirando hacia Oriente, percibió algo invisible que le hizo tomar la decisión de poner los símbolos sagrados de los elementos del cosmos junto a objetos secretos de Osiris.

Al legar los libros secretos, Hermes pronunció ciertas palabras significativas sobre los libros sagrados que habrían tenido que quedar, con el paso del tiempo, incorruptas y ocultas, hasta que en la Tierra aparecieran seres dignos de hallarlas.

Después de la vuelta de Hermes al cielo, la situación en el mundo no mejoró: la esterilidad y la falta de dinamismo imperaban.

Los seres celestiales se dieron cuenta de la situación desesperada y pidieron a Dios que interviniera de nuevo para llevar a cabo la creación, aportando otra vez orden al mundo inferior. Dios aceptó la propuesta, sonrió y creó a una mujer bellísima, la Naturaleza, a la que encomendó ser muy prolífica.

Observando la atmósfera de su alrededor, Dios ordenó que el cielo, el aire y el éter se rellenaran de todas las cosas, y así fue.

La Naturaleza obedeció la orden del Padre. Se unió a Pono y generó una hija de nombre Euresis, que se convirtió en la guía de los misterios comunicados a los seres creados por Dios.

Los pasos siguientes son muy importantes porque presentan al dios en su actividad de gran mago o alquimista. Él, que no quería que el mundo superior permaneciera inactivo, lo llenó de espíritu y empezó el trabajo de la creación utilizando elementos sagrados.

Extrajo de sí mismo espíritu suficiente y lo mezcló sabiamente con el fuego, lo amalgamó con otras materias desconocidas, fundió los diferentes elementos en una mezcla única y procedió a agitar la solución.

Y entonces apareció una sustancia más sutil, más pura y diáfana que aquellas de las que se había formado. Era transparente, y sólo su artífice podía verla. ¿Qué había aparecido? ¿Quizá la estrella de la tradición alquímica?

El texto continúa afirmando que era una costra que no se deshacía (era estable a la acción del fuego) y no se enfriaba (conservaba en su interior el fuego secreto vivificante). Era milagrosa porque su estructura venía del espíritu.

La divinidad la llamó Psicosis.

De ella el dios hizo nacer las almas, cada una de ellas con una consistencia diferente, aunque las diferencias no eran excesivas.

La sustancia de la que estaban hechas no era homogénea: el estrato superior era mejor, más denso y puro que el inferior. En total la divinidad creó 60 rangos de almas, a las que asignó zonas específicas en el mundo, ahora ordenado, para ayudarlo en su obra y para darle alegría.

Seguidamente mezcló agua con tierra, pronunció unas fórmulas mágicas, insufló su espíritu y con la costra creó las figuras del Zodiaco: primero los signos antropomorfos y luego los zoomorfos.

Los signos recibieron de Él la fuerza y el espíritu necesarios para siempre.

Finalmente dispensó a las almas lo que quedaba de esta sustancia mágica primera, para que continuaran la creación siguiendo sus órdenes.

La primera reacción que tuvieron las almas ante esta materia fue de mucha curiosidad, pero no lograron entender de qué se trataba.

Luego, por miedo al castigo del Padre por su curiosidad excesiva, obedecieron las órdenes sin dudar ya más. Con la parte superior de la sustancia, la costra más ligera, formaron los pájaros.

Posteriormente, cuando el compuesto empezó a hacerse espeso, formaron los cuadrúpedos y después los peces. Más tarde, cuando el compuesto se enfrió, formaron los reptiles.

En un cierto momento, las almas que habían colaborado con el Padre en el proceso de creación se enorgullecieron de su obra, que consideraban espléndida. Empezaron a salir de las zonas que se les había designado y a no cumplir las órdenes recibidas. Pero no creamos que el Padre no se daba cuenta de lo que ocurría.

Disgustado por lo que veía en el mundo inferior, decidió castigar a las almas, y por eso pidió ayuda a Hermes. Le hizo convocar a todas las almas, a las que mostró su estado en la Tierra y comunicó su intención de crear al hombre.

Las almas que representaban los siete planetas vieron que podían ofrecer algo de su poder a la nueva criatura: Helios (Sol), luz mayor; Selene (Luna), además de la luz nocturna, también Temor, Silencio, Sueño y Memoria; Cronos (Saturno), Justicia y Necesidad; Zeus (Júpiter), Suerte, Esperanza y Paz; Ares (Marte), Combate, Ira y Lucha; Afrodita (Venus), Deseo, Placer y Arroz; Hermes (Mercurio), además de crear materialmente a los hombres, les dio Sapiencia, Templanza, Convicción y Verdad.

Hermes, al preguntar qué sustancia podía utilizar para crear al hombre, recibió de las almas lo que quedaba de la materia prima que ellas habían usado para la creación, pero ya estaba seca.

Entonces la diluyó con abundante agua, para que la materia no fuera demasiado densa. Diluida de esta manera podría producir seres inteligentes, pero no lo suficientemente fuertes como para que constituyeran una amenaza para los dioses.

La obra fue un éxito, y tanto Hermes como Dios quedaron muy satisfechos.

Y llega el momento crucial de la narración, la caída de las almas (los ángeles) que se rebelaron contra Dios. El castigo que se les impuso fue la reencarnación en seres materiales. Su reacción fue dramática. Muchas gemían como bestias domadas, otras soltaban alaridos como áspides en edad avanzada. Todas alzaron al cielo sus lamentaciones. Eran infelices (y lo serían todavía más) porque después de haber experimentado la vida beata del Cielo, ahora estarían presas en viviendas indignas.

La súplica surtió algún efecto porque Dios, al oírla, decidió concederles, después de la vida en la Tierra, la posibilidad de volver al cielo si habían sido obedientes y se habían comportado como sus servidores.

En el caso de que estuvieran manchadas de culpas graves, estarían condenadas a reencarnarse, pero esta vez no en seres humanos, sino en animales carentes de razón (*àloga*).

Las almas mejores serían, en el mundo de los hombres, reyes, legisladores, filósofos, profetas, etc.; entre las aves, águilas; entre los cuadrúpedos, leones; entre los reptiles, dragones, y entre los peces, delfines.

Y he aquí que de pronto tomó forma un espíritu muy poderoso, que adoptó un aspecto humano, aunque terrorífico, y empezó a dialogar con Hermes.

El demonio, el verdadero espíritu de la tentación, se llamaba Momo e intentó convencer a Hermes de que los hombres, tal como habían sido formados, eran demasiado peligrosos, porque indagarían, investigarían, llegarían hasta los extremos límites de la Tierra e intentarían la escalada al Cielo de no haber algo que se lo impidiera o les infundiera temor.

Momo propuso a Hermes enviar a los hombres el amor por cualquier proyecto que no pudieran llevar a cabo, porque los de-seos, las esperanzas y los miedos les infundirían ilusión y desviarían su curiosidad. De ahí se deduce claramente que esta curiosidad, este deseo de conocer y de comprender no estaba bien visto por las divinidades.

Hermes siguió el consejo de Momo y produjo un instrumento mágico capaz de esclavizar a toda la creación. En el texto no se dice claramente de qué se trata, pero probablemente puede identificarse con la fatalidad, que con su poder constrictivo lo esclaviza todo.

En el texto que hay a continuación encontramos un nuevo concilio de dioses, con la descripción de cómo habían creado el cosmos. En este punto del relato la posición resulta un poco anómala, quizá depende de la existencia de una segunda fuente de entrada en la composición.

La creación era muy bella y espléndida, y a Dios le complació.

Sin embargo, en la Tierra las cosas no iban bien, y la ignorancia (*agnosìa*) reinaba por doquier.

Las almas, ahora en los cuerpos de los hombres, luchaban con los dioses y hacían que los hombres que no habían recibido alma lucharan unos contra otros.

Entonces intervinieron los cuatro elementos, que ya no soportaban más esta situación terrible.

El primero en hablar fue el Fuego, que se lamentó de no poder llevar a cabo la obra que le habría gustado, consumar sacrificios para la divinidad, porque se contaminaba con las acciones terribles de los hombres que no aceptaban a Dios. Conociéndolo y temiéndolo, los hombres aprenderían a liberarse del mal.

Luego fue el turno del Aire, que se lamentó de estar contaminado por las exhalaciones de los cadáveres.

El discurso del Agua fue del mismo tipo, y pidió que las corrientes de los ríos volvieran a ser puras, porque «los ríos y los mares o lavan a los que matan o bien acogen a los muertos».

Finalmente habló la Tierra, que se lamentó de estar llena de cadáveres: «Estoy corrupta e inundada por los fluidos impuros de los cuerpos». La Tierra pidió poder contener, además de los cuerpos de los hombres, también a Dios, o por lo menos una emanación suya. Y Dios se lo concedió en la figura de Osiris, que desempeñaría el papel de vigilante de los acontecimientos y de juez de los seres vivos y de la propia Isis.

Horus pregunta a la madre Isis de qué manera la Tierra ha recibido la emanación de Dios, pero ella no se lo explica para que los hombres no sepan cómo nacieron los dioses inmortales.

No obstante, le cuenta los beneficios que estos aportan a los hombres: han puesto fin a las masacres, han levantado templos, han hecho sacrificios, han dado leyes, alimentación y cobijo. Habiendo recibido de Hermes el conocimiento de todos sus secretos, los han difundido entre los seres humanos. Han instituido los tribunales y han hecho vivir a los hombres bajo el gobierno de la ley. Han estudiado la muerte y el aliento vital, y han instaurado en la Tierra las ceremonias sagradas, después de saber por Hermes que «por orden del demiurgo, las cosas que están abajo tienen un vínculo con las que están arriba».

Después de aportar todos estos beneficios que colmaron plenamente todo el universo, volvieron al Cielo.

REGLA DE LA COMUNIDAD (ESENIOS)

La *Regla de la Comunidad* es uno de los documentos más importantes de las obras qumránicas, el conjunto de manuscritos encontrado íntegro o en fragmentos en numerosos recipientes hallados en las grutas de la localidad de Qumran, cerca del mar Muerto.

El documento, escrito en hebreo, fue uno de los primeros en ser hallado, estudiado y publicado, y su importancia es fundamental para conocer la organización de la comunidad esenia de Qumran y, concretamente, para entender las normas que regían la vida de cada día de los integrantes de la secta.

Por medio de este documento, es posible entender cómo vivían y qué pensaban los esenios.

LAS FUENTES

La *Regla de la Comunidad* se conserva en 12 manuscritos de distinta calidad. Muchos de ellos, hallados en la cuarta gruta de Qumran, son fragmentarios, pero completan las no pocas lagunas del mejor manuscrito que nos ha llegado: el pergamino descubierto en la primera gruta, al que se ha denominado *IQS*.

Este pergamino, que formaba parte de un conjunto de escritos que circularon en 1947, incluye otras obras: la *Regla de la Congregación* y la *Recopilación de Bendiciones*, que todavía presentan lagunas más importantes.

El manuscrito está hecho sobre la base de pergamino blanquecino, fino, con el texto en columnas de 25 cm de altura y 13-18 cm de anchura. Cada columna contiene 26-27 líneas.

La obra fue analizada en una edición crítica por Corrado Martone (C. Martone, *La Regola della Comunità*). Hemos extraído de ella el fragmento que viene a continuación.

OBJETIVOS DE LA REGLA

El inicio de la obra, pese a presentar numerosos puntos de indefinición, nos permite entender las finalidades de la regla. En ella se definen las normas y los comportamientos encaminados a lograr objetivos eminentemente espirituales.

> [...] Libro de las reglas de la comunidad,
> para buscar a Dios, con todo el corazón
> y toda el alma; para realizar el bien
> y la rectitud ante Él, como ordenó
> a través de Moisés
> y de todos sus siervos, los Profetas;
> para amar todo lo que Él prefiere
> y odiar todo lo que Él odia;
> para mantenerse alejado de cualquier mal
> y para participar en todas las obras buenas;
> para restablecer el curso justo de las cosas,
> acatar debidamente la Ley
> y llevar la rectitud a la tierra,
> y no caminar más en la obstinación
> de un corazón culpable y de ojos infieles,
> causando todos los males,
> y para hacer entrar en el privilegio
> del pacto a aquellos que están dispuestos
> a cumplir los preceptos de Dios...

El texto con el que empieza la obra pone de relieve algunos elementos importantes. De hecho, no se puede entender el resto de la regla si previamente no se aclaran algunos conceptos.

El objetivo de quien entra a formar parte de la comunidad esenia es el esfuerzo continuo en la búsqueda de Dios, que se lleva a cabo haciendo el bien y actuando con rectitud, poniendo en práctica todo lo que Él ordenó a través de la Torah y los profetas.

El hombre ha de entrar en sintonía profunda con Dios, hasta el punto de amar lo que Él ama y odiar lo que Él odia, haciendo así el bien y manteniéndose alejado del mal, para realizar la voluntad de Dios en la Tierra.

Esta se obtiene en primer lugar con una conversión profunda del ánimo humano, que decide abstenerse del pecado y ayudar a los demás a participar de la misma situación de pureza y justicia.

En los fragmentos inmediatamente sucesivos la regla determina que la persona que entre en la comunidad deberá entregar su inteligencia, su fuerza y sus bienes a la «comunidad de Dios».

Tal como se explica en la voz *Temas: Esenios*, la posesión de bienes depende del nivel de iniciación del candidato. En una primera etapa, hasta que la aceptación no es definitiva, sus bienes se conservan en el tesoro de la comunidad, pero todavía no están cedidos. Esto último no se produce hasta que la comunidad acoge definitivamente al candidato.

Por otro lado, el iniciado que ha entrado en la comunidad debe respetar el calendario canónico de fiestas, sin anticiparlas ni retrasarlas.

ENTRADA A LA COMUNIDAD

En el momento de entrar a formar parte de la comunidad esenia se lleva a cabo una ceremonia solemne, que consiste en un pacto entre el candidato y la comunidad delante de Dios.

Los sacerdotes y los levitas bendicen a Dios y recuerdan al pueblo las gracias que Él ha otorgado a Israel. Los que realizan el pacto, por su parte, reconocen haber pertenecido a un pueblo de pecadores y haber transgredido los preceptos de paz y de justicia.

Seguidamente los sacerdotes bendicen a los justos, a quienes auguran la paz eterna, mientras que los levitas maldicen a aquellos que han actuado despreciando los preceptos divinos.

Al finalizar las bendiciones y las maldiciones, los candidatos dicen «Amén, amén».

Naturalmente, los miembros nuevos deben ser sinceros, ya que de lo contrario recibirán el castigo divino y serán expulsados de la comunidad.

Esta ceremonia se repite cada año, hasta el final de los tiempos (el fin del tiempo se considera algo muy cercano).

Se hace constar que la entrada a la regla debe producirse de forma ordenada: primero los sacerdotes, luego los levitas y finalmente todo el pueblo. Se destaca la necesidad de una estructura jerárquica férrea, en donde cada uno conserva su posición.

Si alguien no quiere acatar las reglas de la comunidad y se deja llevar por su inclinación malévola (confundiendo las tinieblas con la luz), no podrá formar parte de los justos. De nada servirán las prácticas de purificación (expiación o ablución): deberá someterse a las leyes divinas, con espíritu humilde y obediente, antes de poder ser acogido de nuevo en la comunidad.

LUCHA ENTRE LOS HIJOS DE LA LUZ Y LOS HIJOS DE LAS TINIEBLAS

En este punto de la regla encontramos un texto muy importante para entender la visión del mundo de los esenios.

Dios dio a cada hombre dos espíritus, el de la luz y el de las tinieblas, que intentan arrastrarlo cada uno en su dirección, hacia el bien o hacia el mal. Según la reacción del hombre, se forman dos auténticos ejércitos: el de los hijos de la luz y el de los hijos de las tinieblas. Así se exterioriza la lucha interior del hombre entre dos tendencias.

Sin embargo, la distinción no es solamente teórica, sino también práctica. Con el examen que se realiza a quien solicita entrar a la comunidad se puede reconocer quién tiende hacia una u otra dirección, ya que hay una serie de signos que dan a entender cuál es el estado espiritual de la persona. Además, también es preciso identificar las fuerzas de bandos (probablemente se hace alusión al bando de los ángeles y al de los diablos), sobre todo para reconocer a los enemigos.

La verdad depende del ángel de la luz y la injusticia, del ángel de las tinieblas.

Esta división no es de tipo maniqueo (el principio del bien que combate en un plano de igualdad con el principio del mal). En este caso, aunque el ángel de las tinieblas es creación divina, el ángel del bien está al lado de Dios, con los otros hijos de la luz. Además, Dios ama al ángel de la luz desde siempre, y odia al otro, el espíritu de las tinieblas, también desde siempre.

Los dos espíritus son portadores de las virtudes y de los pecados del hombre.

Pese a que en el momento actual los dos espíritus están en un cierto equilibrio (los dos reinos coexisten en un régimen de igualdad), llegará pronto el momento en que, con la visita de Dios, el genio de los malvados será exterminado para siempre. Por lo tanto, se da un tiempo finito para esta situación de equilibrio entre las dos tendencias, y finalmente el mal sucumbirá.

Entonces se realizará el reino de la justicia y los hijos de la luz podrán volver al estado del Edén (se dice que todo será la gloria de Adán).

La *Regla de la Comunidad* continúa revelando que su existencia es para los hombres que están del lado del bien, que observan los preceptos y se someten a los sacerdotes, y para la mayor parte de hombres píos de la comunidad, cuya función es acatar y hacer acatar el pacto.

Estas autoridades (los sacerdotes y la mayor parte de los justos de la comunidad) son quienes expresan la opinión sobre todo lo que es esencial para la existencia del individuo.

En particular, quien entra en la comunidad debe aceptar vivir respetando la ley de Moisés, tal como fue transmitida y es interpretada por los sacerdotes, y debe separarse de cualquier persona indigna (en la práctica, de cualquiera que no pertenezca a la secta).

A causa de la impureza del pecador, los integrantes de la comunidad han de abstenerse de toda relación con él, porque el contacto provocaría la contaminación.

Una vez más se insiste en el hecho de que la purificación no es fruto de la ritualidad, sino que requiere sobre todo una auténtica conversión interior, sin la cual ningún bautismo no sirve para nada.

EL EXAMEN DEL CANDIDATO

En esta parte de la regla se dictan las normas para la valoración de quien entra o quiere entrar en la comunidad.

Su espíritu es examinado por los sacerdotes, y a continuación pasa a una estructura iniciática en donde encuentra el puesto que se adapta a sus características.

Cada año efectuará un examen en el que se valorarán su inteligencia y las obras que ha realizado, para permitirle acceder a niveles superiores de iniciación.

Las posibles carencias pueden ser castigadas con el retroceso a niveles inferiores.

Un aspecto importante es la relación que se instaura entre los miembros de la secta de los distintos grados. Estos deberán ayudarse y estimularse: quien pertenece a un nivel superior ha de ayudar al que todavía está en uno inferior, basando su intervención en la verdad, la humildad y el amor por los demás.

No se deberá hablar con los hermanos de corazón duro o espíritu malévolo.

La persona que se encuentra en situación de pecado ha de ser reprendida el mismo día, si es necesario, en presencia de algunos testimonios y, si se confirma la acción perpetrada, en asamblea.

La importancia de la jerarquía se aprecia especialmente en la gestión del trabajo y de los recursos económicos, que está reservada a los estamentos superiores.

Por lo demás, una vez que el candidato ha sido aceptado como miembro efectivo de la comunidad, todas las otras actividades se realizan en común: las comidas, las oraciones, las decisiones.

Estas últimas se toman en reuniones de pequeños grupos (de diez personas) dirigidas por un sacerdote, que interpela a cada uno de los presentes en función del grado. Cada grupo de diez comparte las comidas, reza con el sacerdote e incluye a una persona dedicada constantemente al estudio de las Escrituras, que luego las explica a los demás para su mejora espiritual. Sin embargo, ello no exime a los otros miembros del grupo de estudiar las Escrituras. En efecto, un tercio de la noche tiene que dedicarse a la lectura, al estudio y a la bendición en común.

LA ASAMBLEA

La asamblea (consejo de la comunidad) se reúne siempre respetando la jerarquía: primero se sientan los sacerdotes, luego, los ancianos y finalmente, el pueblo, según los distintos grados jerárquicos.

Cada uno habla cuando es su turno, sin interrumpir, siguiendo el orden jerárquico.

Normalmente no se permite que nadie intervenga fuera de su turno, a menos que la asamblea no lo autorice expresa y excepcionalmente.

La asamblea interviene también en la admisión de nuevos candidatos. Después de haber sido valorado por el jefe del Consejo, el candidato deberá someterse al juicio de la asamblea, en donde cada integrante deberá expresar su opinión favorable o desfavorable a la aceptación. Si es aceptado, no puede participar en las purificaciones de la comunidad durante un año, al término del cual pasa un nuevo examen.

Al final del segundo año de aprendizaje, y superando un examen, el candidato se convierte en miembro de pleno derecho de la comunidad, y sus bienes pasan al tesoro común.

La participación en la vida de la comunidad presenta algunas puniciones. Si alguien miente en referencia a los bienes, es castigado con la exclusión de la purificación común y se le reduce la ración de pan. Si alguien actúa con desprecio y falta de amor hacia un hermano (se utiliza la expresión «trocear el fundamento de la comunión») o si alguien se insubordina y toma la justicia por su mano, es expulsado de la comunidad durante un año.

Una serie de castigos (casi siempre consistentes en el alejamiento de la comunidad) se prevén para quien maldice leyendo los textos sagrados o habla con cólera contra los sacerdotes más respetables, para quien sostiene la falsedad, comete engaños, actúa con negligencia, se comporta de modo indecoroso, calumnia o murmura contra terceros.

LA TRAICIÓN

El delito más grave, para los esenios (por lo menos en lo que respecta a la vida interna de la secta), es la traición. La traición se castiga del siguiente modo: con la expulsión por un periodo que puede llegar a los tres años, con un posterior acercamiento gradual, año tras año, en los casos en que haya arrepentimiento y conversión; con la expulsión de por vida (a la que son conminados también los eventuales cómplices) en el caso de un hombre que haya sido diez años miembro de pleno derecho de la comunidad.

EL CONSEJO DE LOS QUINCE

En el capítulo octavo de la regla aparece un nuevo Consejo, distinto a la asamblea que se ha tratado anteriormente: el Consejo de los Quince.

No existe un acuerdo sobre el sentido que debe darse a esta institución. Se trata de un grupo separado de los otros miembros de la comunidad, compuesto por tres sacerdotes y doce hombres, todos ellos con una gran preparación teológica, solidez moral, profundidad espiritual y capacidad de enseñar a los demás los grandes valores de los que son portadores.

Según algunos autores, podría tratarse de un primer núcleo de un consejo esenio compuesto por personas procedentes de las distintas comunidades esenias, con la función de reafirmar la fe verdadera y la tradición de Israel.

Hasta que esto no ocurra, la comunidad permanecerá asimilada al mismo Templo que —como precisamente se dice en un punto de otro importante documento esenio, la *Regla de la Guerra*— actualmente está profanado por un culto ilegítimo.

OTRAS NORMAS LEGISLATIVAS

Los capítulos VIII (20-27) y XIX (2) tratan nuevamente sobre el tema del castigo para los transgresores de la ley. Se estipulan dos tipos de transgresiones, una voluntaria (se dice «con mano alzada o a causa de negligencia»), debido a la cual el culpable es expulsado definitivamente de la comunidad, y una involuntaria («descuido»), que da lugar a una serie de restricciones. En este segundo caso al culpable se le aparta de la purificación y ve anulados sus derechos de miembro de la asamblea, entre los que están la facultad de juzgar y de emitir su opinión. El periodo de castigo dura dos años, al término de los cuales el caso se somete a la apreciación de la mayoría. El juicio sobre cuestiones legales y relativas a los bienes en general es expresado por un sacerdote, de cuya opinión depende la suerte de todos los miembros de la comunidad.

En la parte final del capítulo noveno se abordan algunos de los temas tratados en el principio de la obra, concretamente la finalidad de la regla, que es llevar al hombre por el camino de la perfección.

El capítulo décimo empieza con una frase breve, que enlaza con el texto precedente, en la que se hace alusión al culto que el hombre justo ha de profesar hacia Dios «según los tiempos establecidos por Él», y continúa con un himno final que presenta, entre otras cosas, el calendario religioso de la comunidad. Aunque es difícil de interpretar, especialmente la primera parte, en dicho calendario se indican las horas canónicas de la oración y los periodos sagrados del año.

Siguen una serie de bendiciones dirigidas a Dios, la descripción de la actitud típica del esenio en tanto que hombre justo en su relación con el prójimo: el esenio sigue un camino de perfección, gracias a la iluminación exclusiva que Dios concedió al hombre que forma parte de la comunidad, reconoce su terrible pequeñez ante el Creador y, a la vez, tiene conciencia de Su ayuda y de Su intervención salvadora.

REGLA DE LOS TEMPLARIOS

Los documentos originales de la regla y de los estatutos de los templarios se han perdido.

Existen tres copias en francés antiguo de los siglos XIII y XIV, que se conservan en Italia y en Francia, en las que Henri de Curzon se basó para la elaboración de una edición importante en el siglo XIX: *La Règle du Temple* (París, 1886).

Además, existen otros nueve manuscritos en latín de la regla primitiva y una redacción incompleta en catalán de los estatutos.

Es probable que la regla se conociera fuera del ámbito de los templarios, mientras que los estatutos solamente circularan en las altas esferas de la jerarquía.

LAS OBLIGACIONES DE LOS TEMPLARIOS

La regla primitiva consta, en la versión francesa, de 76 párrafos, que van del prólogo inicial a las fiestas que deben observarse.

El primer capítulo explica para quiénes está abierta la puerta del camino templario: para los caballeros seculares que hasta ese momento han seguido sólo sus inclinaciones. Ahora se les propone seguir al Rey supremo, vistiendo la armadura de la obediencia. Gracias a la fe, pueden dar un nuevo brillo a los valores de la caballería, que por desgracia se han dejado de respetar.

Lo que se propone a los caballeros es defender a los pobres, las viudas, los huérfanos y las iglesias.

En los párrafos 3 a 8 se explica cómo llegaron a Troyes los miembros del Concilio en el año 1128, para oír, de boca de Hugo de Payns, la historia de los orígenes de la orden (nueve años antes) y para acordar la aprobación de la regla, en presencia de altas autoridades (entre las que figuraban el papa Honorio II, el patriarca de Jerusalén, Esteban, San Bernardo abad de Chiaravalle) y de un grupo de templarios que llegó con Hugo de Payns.

A partir del párrafo 9 empieza la regla propiamente dicha «de los Pobres Caballeros del Templo».

Los caballeros deben observar la oración de las horas canónicas. Si se encuentran lejos, sustituirán la audición del oficio divino por la recitación de un cierto número de padrenuestros.

El párrafo 11 hace referencia a la aceptación en la orden, que no ha de ser inmediata ni superficial. El candidato debe ser puesto a prueba y tiene que presentar oficialmente la solicitud de admisión ante todos los hermanos.

Los párrafos 12 y 13 hacen referencia a la acogida de los caballeros excomulgados, lo cual es posible después de obtener el perdón por parte del obispo y si llevan una vida honesta.

El párrafo 14 determina un límite de edad para poder entrar en la orden: el joven ha de ser capaz de tomar las armas y de usarlas con valor. A partir de este momento, los padres podrán llevarlo ante el maestro y los caballeros, que examinarán su candidatura.

Los párrafos 15 y 16 están dedicados al comportamiento en la iglesia y los que van del 17 al 22 se refieren a la indumentaria, la ropa interior y el calzado. El resultado es una normativa muy severa y un alejamiento de todo deseo de riqueza, vanidad y soberbia.

Los párrafos 23 a 32 se refieren a la comida, la lectura, los cubiertos, los alimentos, las limitaciones rituales y el silencio. Comen todos juntos, en silencio, escuchando la lectura de las Sagradas Escrituras. Como falta vajilla, comen de dos en dos, compartiendo el mismo plato. Pueden consumir carne tres veces a la semana, salvo en determinadas fechas. El domingo, los caballeros y los clérigos comen dos veces carne, mientras que los escuderos y los condestables una sola vez. Los demás días, se sirven platos a base de legumbres o cereales. Los viernes se come igual que en cuaresma, excepto los miembros de la orden que estén enfermos o sufran debilidad.

Al finalizar las comidas se recita una oración de gracias, a ser posible en la iglesia. Los mendrugos de pan sobrante se dan a los pobres.

Antes de anochecer se distribuye una comida ligera. Por la noche, antes de acostarse, se hace silencio, excepto en caso de emergencia.

Los hermanos enfermos pueden estar exentos de algunas oraciones comunes, pero han de recitar un número determinado de veces el padrenuestro (párrafo 33), y la petición de los sanos por los enfermos figura claramente en el párrafo 34.

Los párrafos siguientes están dedicados a la figura del maestro, que puede repartir los bienes de los hermanos como desee, y del Consejo, en el que pueden participar los hermanos que el maestro considere más maduros o, en el caso de cuestiones importantes (como la admisión de un nuevo miembro), toda la cofradía.

Los hermanos que viajen a ultramar deberán tener una conducta irreprochable. En general, el comportamiento de todos los hermanos ha de tender a mantener la paz. Todos deben obedecer al maestro, al que se equipara en este aspecto a la voluntad misma de Dios.

Por ejemplo, los hermanos no podrán ir a la ciudad sin autorización, excepto para las visitas nocturnas al Sepulcro o a otros lugares de oración en Jerusalén. Allí podrán pasear sólo en pareja.

Ningún caballero puede ir a la batalla sin la orden del maestro, así como tampoco puede comprar ni vender nada, excepto cosas pequeñas, sin autorización.

Los párrafos 45 a 49 tratan sobre las faltas y los pecados cometidos por los caballeros. Las faltas leves que nunca antes habían sido cometidas serán perdonadas, pero las más graves comportarán la privación de la compañía de los otros hermanos (y a comer solo) y luego la expulsión de la orden.

Se hace referencia al maestro, que «rige el bastón y la vara», de lo que se puede deducir la existencia de castigos corporales duros, aunque nunca excesivos.

Son especialmente condenables la maledicencia y la calumnia. Si se descubre que alguien ha pecado, se le puede amonestar en privado o en presencia de otros. En los casos extremos, ante todos los miembros. Y cuidado con jactarse de los propios pecados.

Los párrafos 50 a 58 están dedicados a la posesión de bienes, tierras y animales, a la caza y los diezmos. Cada caballero tiene derecho a un máximo de tres caballos y un escudero; los arreos deberán ser simples, en ningún caso preciosos, y las lanzas no tendrán vaina ni los escudos, coberturas.

La caza está prohibida, en especial la que se sirve de aves de presa. Del texto se deduce la prohibición de todas las formas de caza, incluso con armas arrojadizas (ballestas y arcos) y perros. Sin embargo, el caballero puede acompañar al cazador para defenderlo de los sarracenos y manteniendo siempre un porte correcto. El león, por el peligro que representa para el hombre, es el único animal que puede ser cazado.

Bienes y campesinos pueden ser gestionados por los Caballeros del Templo que, habiendo abrazado la pobreza, tendrán derecho a percibir el diezmo.

El párrafo 59 autoriza a los templarios a desempeñar la función de jueces entre partes en causa, a condición de que ambos litigantes estén de acuerdo en ello.

Los párrafos 60 y 61 hacen referencia a los hermanos ancianos y a los enfermos, que deberán ser cuidados con la mayor celeridad posible.

Para los difuntos (párrafos 62 y 63) se celebra una misa y, durante los siete días siguientes, los caballeros rezan cien padrenuestros. Además, durante 40 días deben dar carne y vino a un pobre, como si el hermano difunto todavía existiera, y comportarse con compunción, movidos por una fe profunda.

Los párrafos que van del 64 al 71 versan sobre las relaciones con curas y clérigos, caballeros laicos, condestables, hermanos casados, monjas y mujeres.

A los clérigos que sirven en la orden se les da alimento y ropa.

Los caballeros laicos que prestan servicio durante un cierto periodo de tiempo han de ser tratados como Caballeros del Templo. En caso de muerte, un pobre será alimentado durante siete días y cada hermano rezará treinta padrenuestros. Además, la cofradía participa parcialmente en las exigencias materiales del caballero laico, de su caballo y de su escudero.

Los condestables, de diferentes procedencias, sobre todo si prestan servicio durante un tiempo limitado, deben realizar un juramento solemne.

El manto blanco de la orden es prerrogativa de los caballeros. Todos los demás tienen ropa diferente: capas negras o vestidos poco costosos.

Los hermanos casados pueden ser acogidos en la cofradía, pero sus mujeres, que inicialmente pueden entrar en la orden, a partir de ese momento ya no.

Gran Maestro de la Orden del Temple. Paul Lacroix, L'Ancienne France. La chevalerie et les croisades, París, 1887 (BNF/G)

Los últimos párrafos, aparte del 72 y el 73, que tratan sobre la obligación de no hacer de padrino y sobre el hecho de que las disposiciones de la regla están a discreción del maestro, presentan una relación de festividades que deben ser celebradas y de días de ayuno.

PARTE IV

SÍMBOLOS

ÁGUILA

El águila es un animal que en casi todas las civilizaciones se asocia a conceptos que tienen que ver con su comportamiento, real o imaginario.

Es un animal de vista aguda (a distancia, pero no de cerca), que alcanza alturas imposibles para el hombre (llega a los cielos más cargados de energía espiritual), capaz de mirar al Sol sin sufrir daños (cuanto más se acerca a él, más rejuvenece y se hace vigorosa) y que se lanza en picado hacia el suelo. El águila es orgullosa y soberbia, pero también fuerte y despiadada.

De estas características derivan probablemente las distintas simbologías que suelen relacionarse con el águila. Al ver excepcionalmente bien de lejos pero no de cerca, simboliza la soberbia del que no es capaz de ver lo que hay a su alrededor. Subiendo al cielo simboliza el movimiento ascensional, de la Tierra al Cielo, del mundo material al espiritual, de la muerte a la vida; con esta ascensión puede alimentarse del fuego superior, etéreo, que se encuentra en la medida máxima en el Sol (que lo toma del mundo espiritual y lo redistribuye por el material), con el consiguiente rejuvenecimiento. Al igual que el primer hombre, al principio de los tiempos era una criatura divina, pero cayó a la Tierra por amor al mundo material; el águila apunta al suelo para aferrar lo que le entra por los sentidos.

En alquimia, el término *águila* puede remitir a las sublimaciones a las que hace falta someter a la materia (7 o incluso 10) en una parte de la Obra.

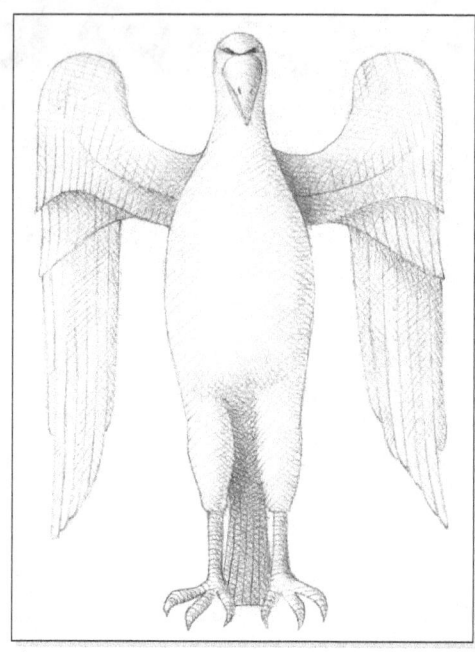

Águila (FS)

En las representaciones antiguas simboliza a Júpiter y a Jesucristo (muerto, resucitado y ascendido al cielo) y se utiliza en numerosos emblemas y escudos militares (el águila romana, el águila bicéfala bizantina o la bicéfala del imperio Austriaco).

En los países de habla germánica se ha asociado a la nobleza, jugando con el parecido entre los términos *adler* («águila») y *adel* («nobleza»).

ÁNGEL

Del griego *ánghelos*, «mensajero», se trata de una criatura espiritual, ayudante de la divinidad y mensajero suyo para el hombre.

En el Antiguo Testamento el ángel aparece en una primera etapa como personificación de la voluntad divina, como ser espiritual a su servicio, encargado de llevar a cabo varios cometidos, entre los que destaca comunicarse con el hombre.

Es una figura que aparece en todas las religiones y mitologías, que acompaña a divinidades, héroes y antepasados, y se caracte-

San Miguel con las armas de caballero. Paul Lacroix,
L'Ancienne France. La chevalerie et les croisades,
París, 1887 (BNF/G)

riza por una actitud positiva o negativa ante la creación y ante el propio ser humano.

Se puede identificar con alguno de los genios alados de la Antigüedad, criaturas de aspecto agradable, si son buenas, o desagradable (con dientes terribles o garras), si son malvadas.

El término griego se encuentra en la Biblia de los Setenta en correspondencia con el hebreo *mal'ak*, que tiene el significado de «mensajero». Por lo tanto, más que una entidad indica una función, y puede referirse indistintamente a un ser angelical o a un hombre.

En numerosos fragmentos del Antiguo Testamento (por ejemplo, en los Libros de los Reyes, Salmos y Daniel), Dios aparece rodeado de una corte celestial, formada por seres que reciben el nombre de hijos de Dios, héroes o santos.

En Daniel 7, 10 el profeta ve, en torno al trono de Dios, que está representado como un anciano vestido de blanco, una gran cantidad (miles y miles) de servidores y de seres que están delante de Él.

En Isaías 6, 2-7 se hace referencia explícita a los serafines, una de las jerarquías de ángeles. El profeta tiene una visión del Señor que le aparece sobre un trono alto; encima de Él hay unos serafines con seis alas: con dos se cubren el rostro, con dos los pies y con otras dos vuelan.

En este caso su función es glorificar a Dios, entonando el *Qadosh*: «Santo, santo, santo es el Señor de los Ejércitos, toda la Tierra está llena de su gloria».

Ángeles y demonios se encuentran a menudo asociados en las prácticas de la goecia, en las que el mago insta mediante un ritual determinado a un ser angelical o diabólico a llevar a cabo un cometido determinado.

Todavía hoy, en muchos rituales mágicos se recurre a las inteligencias angelicales, aunque sea con la función de motor para arrancar la operación que se pretende realizar.

En alquimia el ángel puede representar la ascensión de un principio volátil o también la sublimación.

ÁRBOL

Se trata de uno de los símbolos más extendidos en todas las tradiciones religiosas y esotéricas.

El aspecto más significativo del árbol es su capacidad de estar en varios niveles al mismo tiempo: las raíces se hunden en la tierra, estableciendo una conexión con el mundo de los infiernos, el tronco se alza de la tierra a la altura del hombre, para proseguir hacia lo alto, en donde las ramas y las hojas están en contacto con el cielo.

De este modo el árbol conecta los tres niveles de existencia que el hombre conoce, el infierno (la muerte), el suelo (la vida física) y lo celestial (la vida futura o de los dioses). El hombre planta en la tierra unos bastones sagrados que imitan esta función, con el objetivo de crear un eje que conecte los tres reinos, a cuyo alrededor se pueda construir el mundo ordenado del pueblo y la ciudad.

En alquimia es importante la imagen de un árbol hueco, que representa la materia prima.

En la mitología es fácil encontrar el árbol como elemento fundamental de las cosmogonías originarias o como soporte de toda la estructura del mundo. Un ejemplo clásico de esta función, que aclara el papel cosmogónico, es el árbol de la antigua mitología nórdica Yggdrasil.

EL YYGDRASIL

Las mejores informaciones sobre el árbol de los antiguos escandinavos nos las proporciona la obra *Edda*, del erudito islandés Snorri Sturluson (1178-1241).

El rey Gylfi interroga a tres sabios de la corte de los ases, con el engaño de hacerse llamar Gangleri. Y estos responden a sus preguntas.

Una de ellas hace alusión a la residencia principal de los dioses, y el sabio Hár responde que se encuentra en el fresno Yggdrasil. Y se realiza la descripción del fresno, la columna que sostiene la cosmología nórdica.

Las ramas del fresno apuntan hacia el mundo, mientras que las tres raíces se hunden una en la tierra de los ases (en el cielo), otra en la de los gigantes de la escarcha (donde antiguamente estaba el abismo de Ginnungagap, en la tierra) y la tercera sobre el mundo de los infiernos, llamado Niflheimr.

Debajo de la raíz de la tierra de los gigantes se esconde la fuente de la sabiduría, llamada Mímir.

Debajo de la que se encuentra en la tierra de los dioses está la fuente sagrada de Urdharbrunnr, donde los ases tienen su tribunal.

Bajo el fresno hay una sala, junto a la fuente, en donde tres mujeres jóvenes, las Nornas, dan vida a los seres humanos; otras Nornas, más o menos benévolas (algunas incluso malvadas), dan vida y destinos diversos a los hombres.

En las ramas del fresno hay una águila y entre sus ojos, un halcón llamado Vedhrfölnir. Una ardilla que corre arriba y abajo por el tronco lleva las palabras del águila al dragón de los infiernos, Nídhögrr, y viceversa. Por las ramas corren también cuatro ciervos que comen las hojas del fresno. Debajo del árbol, a lo largo de la raíz que desciende a los infiernos, junto al dragón hay numerosas serpientes que, a su lado, roen las raíces del árbol. Un poco más abajo, en el extremo de la raíz inferior, se encuentra el reino de los infiernos.

BASILISCO

Animal fantástico cuyo nombre significa pequeño rey.

Según la tradición, es un híbrido de sapo (u otro animal) y gallo, y tiene el poder de fulminar con una mirada a quien se cruce con él. Su mirada es tan potente que si se mira en un espejo muere inmediatamente.

Cuenta la tradición que aparece en verano, durante las lluvias.

Estas características lo convierten en un símbolo alquímico: el pequeño rey nace de la humedad cálida y tiene el poder de deshacer las cosas o de transmutar los metales.

CADUCEO/VARA

La vara (bastón, baqueta, caduceo) está asociada siempre al doble concepto de poder y conocimiento.

Basilisco (FS)

En una de las representaciones de emperadores chinos más antiguas que se conservan, la del emperador Ta Yü, fundador de la dinastía Xia (siglo XXIII a. de C.) este aparece representado con una vara de doble punta en la mano. El emperador era famoso por haber descubierto minas de minerales y manantiales de agua.

En este caso, la vara se identifica con la clásica baqueta rabdomántica que se utilizaba en la Antigüedad: tenía forma de bastón bifurcado que se sostenía con ambas manos o de larga baqueta curvada, que los rabdomantes etruscos del ejército romano llevaban en una mano.

Un ejemplo clásico de baqueta utilizada con fines rabdománticos es aquella de la que se habla en el Éxodo, en donde se describe la búsqueda de agua de Moisés.

La vara mágica tradicional, hecha con una madera especial, en determinadas épocas del año, tiene un fuerte poder constrictivo sobre seres de la otra dimensión.

El caduceo que sostiene el dios Mercurio (Hermes) es un desarrollo de la vara tradicional. Dos serpientes se enrollan a su alrededor, lo cual significa que en torno al eje del mundo, que conecta las tres dimensiones (inferior, terrenal y celeste), existen dos caminos animados con energía vital,

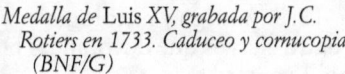

Medalla de Luis XV, *grabada por J.C. Rotiers en 1733. Caduceo y cornucopia* (BNF/G)

dobles en sus polaridades que se neutralizan recíprocamente y que encuentran un equilibrio momentáneo al reflejarse el uno en el otro.

Esta tensión fortísima, que tendería a la explosión, pero que sin embargo está contenida, encuentra una contraposición dinámica en la forma circular adoptada por la serpiente, que parece devorarse a sí misma y que forma la figura del Uroboros.

CIERVO

Según la tradición alquímica, el ciervo encarna el alma y puede representar al azufre.

En una ilustración del *Pequeño Tratado sobre la Piedra Filosofal* de Lambsprinck se observa al ciervo contrapuesto al unicornio, que representa el espíritu. Los dos animales simbolizan los dos principios que hay en el cuerpo: alma y espíritu.

Uroboros (FS)

Ciervo (FS)

En la antigua mitología nórdica, hay cuatro ciervos que devoran las hojas del árbol Yggdrasil.

En general, el ciervo, a causa de la analogía entre sus cuernos, que se regeneran continuamente, y las copas de los árboles, cuyas hojas caen y vuelven a brotar, se considera un símbolo de la vida que se regenera.

Quizá por este motivo en algunas tradiciones el cuerno del ciervo se ha utilizado como medicamento.

CINCO

El número cinco constituye un desarrollo del cuatro. Aunque este último representa lo completo, sigue conteniendo el germen de la transformación de la estructura cerrada en un sistema diferente, abierto a los efectos del dinamismo del quinto elemento, fuego escondido, principio vibratorio fundamental, relacionado con la existencia de todas las cosas.

En la totalidad del cuatro también se esconde el principio sutil, que hace evolucionar un sistema muy estable a uno abierto a numerosas posibilidades de modificación.

El cinco representa simultáneamente el esquema del microcosmos y del macrocosmos. El pentágono, al representar los cinco vértices que están en contacto con la circunferencia del universo, representa al hombre vitruviano y establece, en las relaciones de la sección áurea elaboradas por los griegos *(véase Temas: Arte)*, un ideal de equilibrio y belleza.

Además, el cinco, con respecto a los otros números mágicos —cuya suma da 10 (1+2+3+4)— representa el resultado de la suma del primero y el cuarto, o bien del segundo y el tercero, y es un elemento importante de la secuencia numérica del 1 al 10.

CÍRCULO

Figura geométrica bidimensional que se caracteriza por la equidistancia de todos los puntos de su perímetro con respecto al centro.

Es un símbolo importante del movimiento y, al mismo tiempo, del vínculo. Si

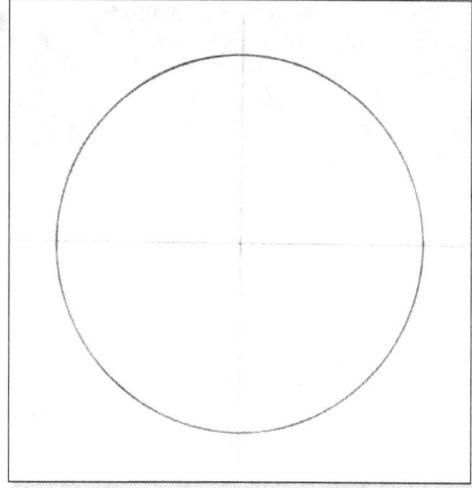

Círculos (F.S)

es cierto que todas las cosas están sometidas a transformación, también es verdad que esta no muda la esencia de la cosa, sino sólo su apariencia.

Cualquier punto de la circunferencia puede cambiar de posición, pero la distancia al centro (el radio) permanece constante.

Esto significa que la distancia de cualquier cosa al centro del ser, a pesar del movimiento aparente, sigue siendo la misma, y, por consiguiente, toda transformación es aparente y no sustancial.

Lo que existe en el origen se mantiene como constituyente de lo individual, y no se modifica con el cambio del tiempo y el espacio. La verdadera transformación se produciría en el momento en que se tuviera que romper la equidistancia desde el centro.

En este caso, el alejamiento del centro (del Padre que emana, según los gnósticos) comporta la necesidad de una disminución de la irradiación energética originaria, conservada constantemente por el movimiento circular, con un consiguiente cambio de estado.

La tendencia de la sustancia espiritual en alejamiento del Padre, centro espiritual, es convertirse en materia, es decir, en energía (o luminosidad) congelada *(véase también Temas: Magia)*.

COMPÁS

Es un instrumento fundamental para dibujar el círculo, para localizar puntos en segmentos y en figuras geométricas, y para tomar medidas. Está formado por dos piernas articuladas, unidas por un engranaje central.

Gran parte de la geometría antigua se basa en el uso del compás. En la época medieval este instrumento es indispensable. El compás es el instrumento de medida por excelencia, a través del cual se puede conocer el cosmos.

En el cristianismo medieval Jesucristo aparece representado a menudo como el Gran Arquitecto del universo (expresión que fue asimilada por el lenguaje masónico), que mide el universo con el compás.

Algunos autores ven en el compás el símbolo de la mente humana, que tiene capacidad de razonar de diversos modos, como diversos son los grados de abertura de las piernas del compás.

Los masónicos lo consideran un símbolo de la capacidad humana de traspasar la frontera de lo visible y medirse con el infinito.

CRUZ

La cruz es uno de los símbolos más antiguos y difundidos que aparecen en todas las culturas y épocas. Puede reproducirse de forma muy diversa, pero la base está siempre constituida por el cruce de dos segmentos a 90° (excepto en la cruz de San Andrés).

El símbolo originario de la cruz debe buscarse quizás en el círculo, que hace referencia a la bóveda celeste (o a todo el universo), dividida en sus cuatro cuadrantes, o bien en el círculo que simboliza al Sol, sin la línea de la circunferencia, para sugerir el dinamismo (la rotación) y la emanación de energía. Esta segunda forma da origen a la esvástica, una cruz de origen indio y muy difundida en la Antigüedad grecorromana. Respecto a la forma primitiva, se produce una geometrización lineal de los arcos de circunferencia.

Ambos valores, el del círculo y el del cruce de los segmentos, se encuentran todavía en la Edad Media en la cruz céltica, una circunferencia alrededor del punto en donde se cruzan los segmentos, uno de los cuales, el vertical, es más largo que el horizontal.

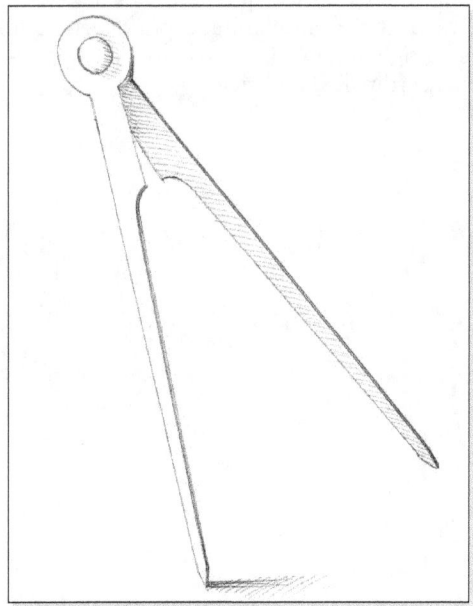

Compás (FS)

La esvástica, evolución de una primera cruz formada a partir del disco solar o de la subdivisión en cuatro cuadrantes de la bóveda del cielo (FS)

La cruz de la vida de origen egipcio, de la que existen testimonios desde las épocas más antiguas (*ankh* en egipcio antiguo), sustituye al tramo superior del segmento vertical con un asa, empuñada por las divinidades del panteón egipcio. La cruz egipcia recibe de la divinidad la energía superior que emana de ella y la transmite a la persona o ente a los cuales es entregada.

SIMBOLOGÍA DE LA CRUZ

La cruz simboliza las dos polaridades de la existencia, la positiva, representada por el segmento vertical que pone en contacto el mundo celestial con el mundo subterráneo, y la negativa, representada por el segmento horizontal, la superficie terrestre que separa los dos reinos. En esto es parecida al palo que se clava en la tierra para poner en contacto los tres reinos (celeste, terrestre e inferior), al Árbol de la vida o al hombre que abre los brazos, en representación del microcosmos que refleja el macrocosmos.

La cruz, en la medida que pone en contacto las dimensiones superiores con las inferiores, constituye un auténtico altar en donde un posible sacrificio actuaría como catalizador del proceso de intercambio entre las energías procedentes de arriba (+) y las de abajo (−). Su consecuencia sería la positivación energética ambiental, resultado de la neutralización de las dos energías.

De este modo, el símbolo de la cruz se plantea como sistema ideal para neutralizar las negatividades ambientales (tanto de tipo geopático como espiritual) y se utiliza desde la más remota Antigüedad como protección contra seres de otras dimensiones.

LA CRUZ CRISTIANA

Desde el inicio del cristianismo la cruz adquiere nuevos e importantes significados que se suman a los de la tradición. Si el sacrificio en el altar o en la cruz ya tenía fuerza para positivar el ambiente, el sacrificio de Jesucristo comporta una profunda revolución porque la positivación no es solamente energética, sino también espiritual. No es el ambiente el que se beneficia del sacrificio, sino toda la humanidad, que de pronto se encuentra liberada del peso del pecado y reconciliada con la divinidad.

Jesucristo en la cruz atrae hacia sí mismo todos los pecados del hombre, como un torbellino enorme que aspira el mal del mundo y que cuando se apaga agota el propio mal.

Una vez muerto el mal, también se mata a la muerte, su hija, mediante la resurrección. De este modo el hombre recupera la dimensión originaria, la del Edén, en donde imperaba el espíritu, capaz de ennoblecer la materia hasta el punto de hacerla inmortal.

CUADRADO

El cuadrado es una figura geométrica de dos dimensiones formada por dos triángulos equiláteros, o bien por dos rectángulos, cada uno de ellos formado por dos triángulos.

Una vez más, el triángulo puede considerarse como un ladrillo del universo, que se encuentra entre las figuras geométricas más importantes.

El triángulo tiene una importancia máxima para el pensamiento esotérico porque comporta una división automática en cuatro sectores, que representan los cuatro cuadrantes en los que se divide la Tierra (cada uno está delimitado por la cruz que se dirige hacia cada uno de los cuatro puntos cardinales) o el cielo.

Cuadrado (FS)

Es, al mismo tiempo, símbolo de estabilidad (cuatro puntos fijos capaces de anclar la tierra) y de dinamismo comprimido (dos triángulos equiláteros, que se reflejan uno en otro).

Para que el cuadrado pueda ponerse en movimiento es necesario otro elemento, un punto central, que sugiere un quinto pilar, gracias al cual la estaticidad de los pares se convierte en movimiento de los dispares.

Hay cuatro lados y cuatro ángulos: el número cuatro, que entra en la figura, indica que el cuadrado es el desarrollo natural del triángulo que, después de haberse puesto en movimiento, se ha reflejado en sí mismo y se ha reequilibrado, encontrando la paz al duplicar su forma triangular.

El cuadrado tiene una relación particular con el círculo, figura que puede inscribirse en el cuadrado o circunscribirlo. Esta doble posibilidad hace del cuadrado un componente necesario de la estructura del cosmos.

EL CUADRADO COMO DEFENSA ENERGÉTICA

La física microvibracional nos enseña que el cuadrado tiene una importante función protectora. Lo que se inserta en un cuadrado se conserva desde el punto de vista energético y queda protegido de cualquier influencia externa.

Hay que prestar atención a este tipo de defensa: del mismo modo que lo que está dentro del cuadrado se conserva dentro, lo externo se conserva fuera, y así se impide que lo que está dentro del cuadrado (objeto, muestra biológica, fotografía) reciba la energía positiva del cosmos.

CUATRO

El esoterismo representa con el número cuatro un pensamiento cerrado, pero con posibles desarrollos. Está cerrado porque está constituido por el tres, primera conclusión del desarrollo del ser, que era uno en el origen, al que se añade una unidad, representando, por lo tanto, un desarrollo del tres.

Puede tener un desarrollo posterior, porque en su plenitud también ha de contener necesariamente un elemento dinámico, vital, capaz de transformar todo el sistema.

Si bien son cuatro los elementos del pensamiento tradicional, es impensable colocarlos en una situación de realidad sin considerar el quinto elemento, éter dinámico que todo vivifica y sin el cual no es posible proceder a la transformación de los otros elementos.

En la civilización egipcia antigua, el número cuatro es, sin duda, uno de los más representados. Su sentido es precisamente el de totalidad o plenitud, que deriva del hecho de que los cuatro puntos cardinales representan la totalidad de la Tierra.

En sentido esotérico, tanto para los antiguos egipcios como para los griegos, el cuatro es un número importante, porque es el último que, sumado a los tres primeros (1+2+3+4) da un resultado de 10, el número perfecto, que engloba en sí a todos los demás, del 1 al 9.

Encontramos el cuatro en la cosmografía egipcia: cuatro pilares aguantaban el cosmos y cuatro eran los lados de la base de la pirámide. El cuadrado, desde el punto de vista radiestésico, es una primera protección importante.

Cuatro veces se pronunciaban las fórmulas mágicas, una para cada punto cardinal, y también existen numerosas representaciones de grupos de cuatro dioses que indican todas las categorías de las divinidades.

En general, los egipcios representaban con el número 3 divinidades concretas, con rasgos diferenciados claramente, y con el 4, divinidades genéricas, con rasgos indiferenciados.

CUERVO

Pájaro asociado con Apolo y el Sol.

En la tradición de los misterios relacionados con el culto del dios Mitra, el cuervo (corax) representa el nivel más bajo de la jerarquía, formada por 7 niveles iniciáticos, y se encuentra bajo la protección de Mercurio. La representación típica del primer

Cuervo (FS)

nivel de la orden está constituida por un cuervo, el caduceo de Mercurio y la copa que se ofrece en el banquete ritual.

Este animal también es mensajero del Sol. Las estatuas y los frescos de Mitra dedicados al sacrificio del toro (tauroctonia) representan al dios dirigiendo la mirada hacia un cuervo enviado por el Sol (que se reconoce detrás del pájaro) para transmitir su mensaje a Mitra.

En alquimia el cuervo indica la nigredo, primero de los tres colores de las operaciones alquímicas, o la putrefacción.

El cuervo también puede identificarse sólo con su cabeza, y la expresión «Cortar la cabeza al cuervo» puede indicar un momento de las operaciones, cuando se separa el Mercurio de los Filósofos, separando el molde con un golpe seco.

La forma francesa de cuervo es *corbeau*, que algunos esoteristas leen como *corps beau*, «cuerpo bello».

DELFÍN

Animal marino de gran inteligencia, sociable y amigo del hombre.

Los pueblos marineros han creado varias leyendas sobre la relación entre hombres y delfines. Concretamente se destaca que han salvado más de una vez a marineros o personas caídas al mar. En la antigua Grecia los delfines estaban asociados a diferentes divinidades, especialmente a Afrodita, Poseidón y Apolo.

En alquimia el delfín entra en juego en la fase de la sublimación, cuando nada en la superficie del agua agitada, antes de que vuelva la calma después de la desaparición del agua y la reabsorción de los vapores.

DIEZ

El número diez constituye, desde la antigua civilización egipcia en adelante, un límite esotérico infranqueable porque representa la totalidad de los números con significado simbólico definido.

Tanto para los egipcios como para los griegos, el número diez constituye el término y la perfección de todos los sistemas numéricos, ya que resume y encierra las series numéricas anteriores. El resto no es más que la composición de este con otros

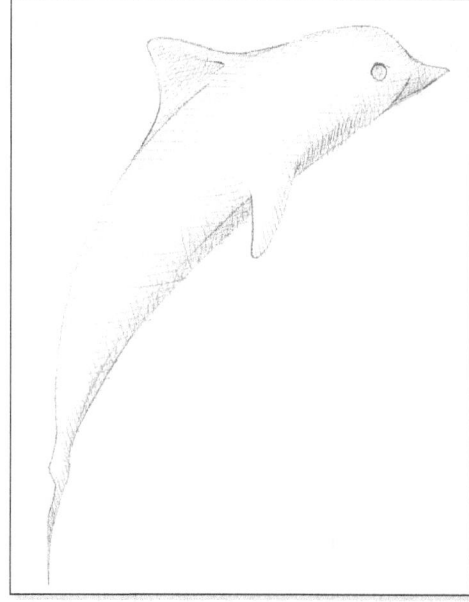

Delfín (FS)

números, por lo cual todo el universo está formado por repeticiones del numero diez (pluralidad de 10, *esrim*).

El número está compuesto por dos grupos de 5, y por consiguiente resume la capacidad mutable y dinámica del 5, equilibrada en la neutralización recíproca de los números opuestos.

Para los egipcios este número tiene una importancia particular, no sólo porque al utilizar el sistema decimal el número representa la perfección, sino también porque el 10 es la base de una serie de sistemas de cálculo: los treinta días del mes (3 x 10), los múltiplos de 10 de las medidas de las construcciones (por ejemplo, de los templos, como el de Karnak, que mide 200 x 100 m^3).

En la tradición occidental, por lo menos a partir de la introducción de la numeración arábiga (procedente, a su vez, de los números indios), la cifra 10 puede verse como la contraposición de los dos elementos que la componen. El 10 representa la totalidad porque está formado por 1, la unidad y también la existencia, y 0, la no existencia. El 10 comprendería, por lo tanto, todo el cosmos, surgido de la relación entre ser y no ser.

DOS

El número dos, según la moderna tradición esotérica, tiene diferentes significados.

Por ejemplo, a la luz del esquema identificado por Papus, este número es por el sexo, par, femenino, pasivo; por el origen, la unidad repetida dos veces; por el sentido sefirótico, la Sabiduría, y por el significado numeral esotérico, el reflejo pasivo de la Unidad y el origen de los errores mentales del hombre.

Corresponde a la Luna, a la letra *beth* de la cábala y a la Puerta del Santuario en el tarot (Papus, *La Ciencia de los Números*).

Una de las civilizaciones que más ha celebrado el número dos es la egipcia. En efecto, raramente se ha asignado una carga simbólica tan fuerte al concepto de dualismo como ocurrió en el antiguo Egipto. Su pensamiento estaba condicionado por la visión dualista de toda la existencia. Y, al mismo tiempo, dado que todo se consideraba doble, y todo era uno en su pensamiento, también utilizaban el dos para referirse a la unidad.

Existen argumentos válidos que justifican esta visión del mundo. El dos está muy presente en la estructura del territorio y la situación política: dos eran los Estados (Alto y Bajo Egipto), con la consiguiente duplicación de todo lo que tenía que ver con ellos: dos coronas y doble coronación; doble simbología, dobles ceremonias, doble serie de animales, dioses, templos, etc.

La geografía física distinguía claramente, por una parte, entre el valle del Nilo y el desierto, y, por otra, entre zona baldía y fértil, y entre países y poblaciones del norte y del sur.

La dualidad también aparecía en la visión religiosa. En efecto, había un mundo celeste y uno terrestre; un mundo de los vivos y uno de los muertos; un área habitada normalmente por los vivos (oriente) y otra destinada a la sepultura (occidente).

Lo mismo ocurría en el mundo de los dioses, que estaban acompañados por las diosas: Isis acompaña a Osiris y Maat, a Ra.

Junto a la representación típica de parejas (masculino-femenino), la duplicidad también se utilizaba para otros tipos de copias, llegando hasta la repetición de la misma persona. En efecto, en estatuas y frescos vemos parejas de hombre y mujer, de dignatario y servidor, de faraón y divinidad.

Las ciudades del sur se mencionaban junto a las del norte, en pareja. Por lo tanto, en el mundo egipcio representado en el arte, todo funcionaba en pareja.

De todos modos se cree que la simbología del dualismo está contenida en la unidad: Alto y Bajo Egipto significan Egipto, del mismo modo que la unidad de la Luna está simbolizada por un jeroglífico que distingue sus dos momentos más importantes: el primer cuarto y la Luna llena, fundidos en un símbolo único.

Siguiendo el mismo procedimiento, la totalidad del día está indicada por el Sol y la Luna, y para designar al enemigo se menciona al enemigo del norte y del sur.

DRAGÓN

Animal mítico, representado en forma de dinosaurio, normalmente alado, con una larga cola y unos dientes enormes. Las ilustraciones también lo representan con aspecto unas veces de cocodrilo, otras de serpiente.

Su iconografía está difundida sobre todo en Eurasia, en donde adquiere características diferentes según los pueblos y las civilizaciones.

En Oriente el dragón es una figura fundamentalmente positiva, asociada a la abundancia, la fortuna y la fertilidad. Las estaciones lluviosas estarían provocadas precisamente por los dragones, igual que los truenos.

En Occidente, el dragón se ve como la personificación de la fuerza bruta de entes primordiales que deben ser destruidos, para devolver el orden al cosmos.

Durante toda la Edad Media el dragón representa, de alguna manera, el mal que debe ser combatido y se identifica con el demonio.

En la mitología nórdica (y también en otras tradiciones) es el guardián de grandes tesoros.

En alquimia el dragón puede simbolizar uno de los elementos básicos de las operaciones alquímicas (para algunos autores sería la materia prima).

Dragón (FS)

ESCUADRA

Símbolo de la rectitud, moral e intelectual.

No puede existir sin el compás, al que normalmente se asocia. Es un instrumento fundamental de todos los cálculos.

Simboliza la materia, rectificada y ordenada por el hombre, así como el trabajo que el hombre debe hacer sobre sí mismo para su propio crecimiento espiritual.

FÉNIX

Pájaro mítico, de color rojo, al que la leyenda atribuye el poder de renacer de sus propias cenizas, por lo que se convirtió en

Dragón sobre el portón del palacio de Vía Settembrini, 7, de Milán, construido a principios del siglo XX (A)

Ave fénix (FS)

símbolo de la inmortalidad. El nombre de fénix viene del griego *Phoinix* («rojo»).

Es el símbolo del cumplimiento de la obra alquímica y de la Piedra Filosofal.

Es probable que el origen del ave fénix deba buscarse en el pájaro Bennu de los egipcios, que presumiblemente era un pájaro primordial que se posó en el montículo originario de la creación, en la noche de los tiempos.

Según la tradición sólo está vivo cada 500 años.

En Oriente se representa normalmente como una garza real de plumas fantasiosas.

En la tradición cristiana, el ave fénix simboliza al alma inmortal o la resurrección de Jesucristo.

En tanto que ave inmortal (o de vida muy larga) también aparece en la tradición judaica.

GALLO

Ave consagrada a Asclepio y asociada a otras divinidades griegas (por ejemplo, a Ares y Apolo). Simboliza el renacimiento y el Sol, a los que, según tradiciones de diferentes pueblos, el animal despierta del sueño con su canto.

GATO

El gato ha suscitado siempre un interés particular en ambientes mágicos y esotéricos. Fue adorado por los egipcios (se embalsamaba y se le daba sepultura en un sarcófago).

Parte de su importancia se debe a la variedad cromática: puede ser negro, blanco, rojo y de muchas otras combinaciones de colores y dibujos, y por eso puede representar las diversas fases de la obra alquímica.

Considerando el significado y la importancia del color negro (fertilidad, pero también muerte, putrefacción y renacimiento), se comprende que haya diferentes formas de valorar al gato negro. Para unos es símbolo de fortuna (el pensamiento alquímico estima que el negro es el punto de partida esencial en la transformación de los elementos); para otros, que sólo contemplan el aspecto superficial de este significado, representa la conexión entre el negro y la muerte, la disolución.

El gato se veía como un mensajero y un ayudante en las obras de magia y en las interacciones con el mundo de las tinieblas.

Su capacidad de ver en la oscuridad lo convierte en el mensajero ideal en una dimensión oscura como es la del mal, que crece y se desarrolla precisamente en las tinieblas.

Era el animal preferido de las hechiceras, que lo utilizaban para descargar la

Gallo (FS)

Gato (FS)

energía negativa derivada de sus prácticas mágicas y energéticas.

Por ejemplo, basándose en la característica del gato de neutralizar lo que llamamos geopatías o cargas negativas ambientales, se solía seguir la norma de hacer que el cliente lo acariciara para desprenderse así de su carga negativa y evitar que surgiesen energías negativas en cualquier forma de contacto.

Hay quien sostiene que el gato puede distinguir si un ser humano está en una zona geopatógena y que tiende a neutralizar los efectos negativos de esta subiéndose encima de la persona y colocándose en un lugar concreto. Esto explicaría por qué algunos gatos a veces se suben encima de su amo de noche y otros se mantienen alejados, hecho que depende de si la persona se halla o no en un punto geopático que le causa molestias.

GRIFÓN

El grifón es un animal fantástico, con cabeza y pecho de águila y cuerpo de león.

En alquimia posee un valor simbólico claro: es la unión de dos naturalezas, íntimamente conectadas, una volátil, representada por el pájaro, y otra fija, representada por el cuerpo del león.

Normalmente indica la unión del azufre y el mercurio.

LEÓN

Animal que se caracteriza por una gran fuerza, energía y estabilidad. Símbolo guerrero por excelencia, se utiliza en la tradición alquímica, con colores variados, para indicar diferentes conceptos. El león verde podría identificarse con el fuego secreto de los filósofos y el león rojo, con el resultado final de la obra (el león verdadero).

Sus características son la fuerza, la realeza (no en vano es el rey de los animales), el color dorado y las crines. Por todo ello es el mejor símbolo del Sol y del oro.

Demonizado como enemigo del hombre o, todo lo contrario, simbolizando sus mejores características, es uno de los animales utilizados con más frecuencia en los escudos heráldicos, superado solamente por el águila.

NUEVE

Número muy importante en la tradición egipcia por tratarse de la repetición cíclica del tres. Nueve, en tanto que múltiplo de tres, podría significar una multiplicidad concluida y ordenada, como demuestra el hecho de que haya nueve dioses egipcios, divididos en dos grupos: uno probablemen-

Grifón (FS)

León, de Illustrations de la Ménagerie du Muséum National d'Histoire Naturelle, *París, 1808 (BNF/G)*

te primordial, compuesto por el dios Atum, por sus hijos Shut y Tenut, y por los hijos de estos Nut y Geb, y otro grupo incorporado posteriormente, formado por los hijos de Nut y Geb: Osiris, Isis, Seth y Nefti.

Según Papus, el nueve es el número de la materia y representa a Júpiter y a la letra *teth* de la cábala.

OCA

Animal domesticado desde tiempos remotos, asociado a menudo con Afrodita, Eros y Marte.

La locuacidad de este animal ha dado pie a varias leyendas (San Martín, las ocas del Campidoglio).

Los chamanes observaban su vuelo para ser transportados por sus alas al estado de trance.

En alquimia puede designar el mercurio de los Filósofos, y el propio Juego de la Oca sugiere una alegoría del camino iniciático: hay que superar pruebas para llegar a un estado superior.

OCHO

Los esoteristas lo consideran un número par, pasivo y femenino. Por lo tanto, interpretado como la duplicación del cuatro indicaría la perfección de la forma.

Corresponde a la Justicia (octava lámina del tarot) y a la letra *heth* del alfabeto hebreo.

Simboliza la resurrección alquímica.

Ocho son las divinidades en varias tradiciones, como la *ogdoade* egipcia de Hermópolis o las ocho emanaciones gnósticas.

PALOMA

En la tradición judeocristiana, la paloma es la mensajera que comunica al hombre, después del Diluvio Universal, la vuelta a la vida. Desde el punto de vista simbólico representa la búsqueda de un punto fijo a partir del cual reiniciar un ciclo de existencia. Puede compararse a la mente que indaga, en busca de nuevos caminos de conocimiento.

Se asocia a veces con un principio volátil, sutil, espiritual, útil para la elevación del hombre. Uno de los ejemplos más importantes es el descenso del Espíritu Santo sobre Jesucristo después de ser bautizado en el Jordán. Igual que durante el Diluvio la paloma representa el retorno a la vida después de la destrucción del mundo y de la gracia

Oca (FS)

Paloma (FS)

que Dios concede a Noé y a su familia, así el descenso del Espíritu de Jesucristo después de sumergirse en las aguas del río Jordán (muerte en el agua primordial) corresponde al renacimiento después del bautismo y al mensaje que Dios comunica a los hombres: la voz de Dios anuncia que aquel es su Hijo predilecto, de quien está satisfecho.

PAVO

Del latín *pavus* y este, a su vez, del griego *taos*.

Animal consagrado a Era que llegó a Samos procedente de la India (símbolo solar) y que estaba considerado un animal muy raro.

Según el mito, obtuvo el color de sus ojos después de la muerte de Argos, el monstruo de los cien ojos.

Aparece en muchas representaciones de la cultura islámica, en donde solía tener un significado simbólico astronómico (representaba al Sol o la Luna).

En Oriente, sobre todo en China, hay representaciones de pavos espléndidas.

En las culturas occidentales, el pavo puede tener connotaciones positivas y negativas. Considerado el animal que lucha contra las serpientes y convierte su veneno en energía solar que modifica los colores de sus plumas, se asocia al concepto de resurrección y renovación (las plumas caen y se regeneran). En el cristianismo, esto se representa a menudo como dos pavos que beben en un bebedero en forma de cáliz.

Debido a su policromía, en alquimia indica una de las fases de la Obra, como ocurre con otros animales: el cuervo indica la *putrefactio*, el cisne, el *albedo*, el pavo, la policromía (llamada precisamente *cauda pavonis*) y el ave fénix, la *rubedo*.

Algunos autores interpretan la aparición de los colores de la cola del pavo como un signo de paso inminente de la materia de lo húmedo a lo seco.

La aparición de representaciones de pavos en ilustraciones alquímicas indica el paso a una nueva fase del trabajo alquímico y es una señal de que se está avanzando en la dirección correcta hacia el cumplimiento de la Obra.

PEZ

Animal simbólico por excelencia cuyas connotaciones derivan de sus características tanto físicas como comportamentales.

Vive en el agua, elemento que tiene un significado cosmogónico importante: el pez es un principio vital capaz de resistir las tormentas y el caos del agua marina.

Sin embargo, como animal de agua fría, es merecedor de un comportamiento frío y distante.

Pese a ello, en algunas tradiciones se relaciona con la sexualidad, la fertilidad y la abundancia.

Aparece desde los tiempos más remotos en las figuras halladas en paredes, cerámicas o esculturas (por ejemplo, en las culturas griega y egipcia).

Con el cristianismo se convierte en el símbolo del cristiano, es decir, de quien ha sido bautizado y aspira, pues, a la inmortalidad. Quizás en ello queda algún recuerdo del trato que Dios había dispensado a los peces durante el Diluvio Universal, al ser los únicos animales que no entraron en el

Pavo (FS)

Las pirámides de Gizeh

arca para ser salvados. El nombre en griego antiguo del pez *(Ikthys)* pasa a significar Jesucristo Hijo de Dios, Salvador.

Una parte de la obra alquímica está representada a veces como el Diluvio: el arca de Noé fue sacudida por el oleaje hasta que una rémora, que vive en las aguas profundas, la retuvo como un ancla, impidiendo que fuera a la deriva.

PIRÁMIDE

Forma geométrica tridimensional de numerosas características energéticas. Desde la más remota Antigüedad representa la mejor relación entre fuerza y equilibrio, y confirma el conocimiento de las leyes básicas del universo y del mundo de las energías sutiles por parte de los antiguos.

Fue utilizada en varias civilizaciones en diferentes partes del mundo.

Puede tener dos desarrollos muy diferentes: la forma tradicional, que se encuentra en Egipto y China, y que se contrapone a la pirámide en forma de cono truncado de América central y meridional.

Estos dos desarrollos tienen una gran importancia porque comportan resultados energéticos completamente diferentes.

LAS ENERGÍAS DE LAS PIRÁMIDES

La radiestesia y la quinesiología pueden demostrar la función de la pirámide en el plano energético.

No se trata de energías conocidas, que puedan ser medidas con instrumentos convencionales, sino de energías sutiles que sólo pueden ser captadas por vía radiestésica o por los efectos que tienen en el ambiente y en los seres vivos.

Estos efectos pueden estudiarse en laboratorios con modelos de distintos tipos: materiales que reproducen únicamente su estructura y con las paredes abiertas o bien con estructura y paredes llenas; los resultados se repiten siempre de forma idéntica.

La pirámide actúa como un amplificador de la energía, como un acumulador o una pantalla potente, según su colocación.

EMISIONES PROPIAS DE LA PIRÁMIDE

La física macrovibratoria nos explica cómo la pirámide emite ondas de forma propias *(véase Temas: Ondas de forma)* sustancialmente negativas para la materia viva.

El hecho de que esto se produzca cuando la pirámide está colocada según un determinado esquema, que tiene como referencia los puntos cardinales, es una prueba de que las ondas son el efecto de la interacción entre la estructura geométrica de un objeto y el campo magnético terrestre capturado por este, «informado» y emitido nuevamente con características propias.

La pirámide más conocida, reproducida más de setenta veces en el Egipto faraónico después de un periodo de elaboración (véase la pirámide de Joser), es la que tiene en la parte superior el clásico *pyramidion* (llamado *ben ben*).

Colocada con las cuatro caras orientadas hacia los cuatro puntos cardinales, no emite ondas de forma y conserva cualquier emisión de energía dentro de su estructura. Esto significa que si se coloca sobre un punto geopatológico, actúa como pantalla de la carga negativa y no la deja salir.

Las comprobaciones radiestésicas efectuadas dentro de la pirámide de Keops (y en otras del mismo tipo) han demostrado que las redes energéticas que rodean el globo, como la red de Curry y la de Hartmann, no se encuentran dentro de la pirámide.

En cambio, una orientación distinta de este tipo de pirámide comporta emisiones de otro tipo. Así, además de tener las caras orientadas hacia los puntos cardinales, los vértices del cuadrado de la base de la pirámide pueden estar orientados también hacia los cuatro puntos cardinales: en tal caso no se emiten ondas de forma, pero cualquier tipo de energía que se halle dentro de la pirámide (positiva o negativa) saldrá libremente al exterior. Si la pirámide no se encuentra en ninguna de las dos posiciones anteriores, no sólo liberará la energía que esta (o el lugar donde se encuentra) emite normalmente, sino que además irradiará las ondas de forma negativas que le son propias.

LAS PIRÁMIDES EN FORMA DE CONO TRUNCADO

La pirámide en forma de cono truncado, típica de América central (civilización azteca) o meridional, tiene las mismas características que la pirámide tradicional construida con los vértices de la base orientados hacia los cuatro puntos cardinales, con lo cual no hace de pantalla a ningún tipo de energía.

Además, emite hacia arriba la energía que contiene.

Es interesante reflejar la función de las pirámides en América central. En la terraza situada en la parte alta se realizaban sacrificios de seres humanos (miles y miles en el caso de los aztecas).

La pirámide en forma de cono truncado tiene la capacidad de recoger la energía que tiene debajo (por ejemplo, la geotelúrica proveniente de la zona) y proyectarla hacia arriba, donde normalmente se colocaba a las víctimas de los sacrificios.

Los sacerdotes se representan completamente desnudos, para interaccionar positivamente con la energía del lugar, o con pesados vestidos cuando se protegen de un ambiente hostil, mientras que las víctimas, elegidas según la polaridad correcta, están siempre desnudas.

Su sacrificio libera energía y actúa como un catalizador entre las cargas negativas que se recogen del ambiente y que se proyectan hacia arriba, y la carga positiva del campo energético que llega de arriba abajo, con una neutralización de los opuestos y una mejora energética ambiental.

SALAMANDRA

El nombre de salamandra viene, según Fulcanelli, de *sal* y *mandra* («gruta, eremitorio»), y es un símbolo alquímico del fuego secreto de los sabios, representación del Mesías nacido en una gruta, el fuego verdadero que ha llegado para vivificar espiritualmente a todo el conjunto de la humanidad pecadora.

En época precristiana se consideraba un animal frío, capaz de apagar el fuego. Posteriormente se convierte en guardián.

Salamandra (FS)

Sin quemarse, el animal saca el alimento de las llamas y perfecciona sus colores.

SEIS

El número seis posee vida propia y refleja. Vida propia porque, al corresponder a los seis vértices del sello de Salomón, dibuja en el espacio la estrella de seis puntas, símbolo de los cuatro elementos y de la totalidad del cosmos. Y vida refleja porque, sobre todo en el pensamiento antiguo (básicamente egipcio), correspondía a la duplicación del tres.

Dada la gran importancia del concepto de dos y del de reflejo, los egipcios veían en los números compuestos del doble de otro la repetición de este, con sus prerrogativas y sus características dobladas.

El seis constituye, además, la superación de la primera mitad de la decena (el cinco), con el paso de la indicación de la unidad añadida por la izquierda (por ejemplo, IV) a la unidad añadida por la derecha (VI), después del cambio de vertiente que significa el V.

SELLO DE SALOMÓN

El sello de Salomón es uno de los símbolos más potentes que jamás ha elaborado el pensamiento esotérico.

Contrariamente a lo que se podría pensar, el sello no fue inventado por Salomón, si bien tomó su nombre de él quizá debido a la importancia del símbolo y para darle una pátina de antigüedad.

En cualquier caso se trata de uno de los símbolos esotéricos más importantes y está formado por dos triángulos equiláteros, colocados uno con un vértice hacia arriba y otro con el vértice hacia abajo.

Los dos triángulos representan los cuatro elementos; concretamente, el triángulo orientado hacia arriba simboliza a los elementos fuego y aire, y el triángulo orientado hacia abajo, al agua y la tierra.

Cuando los dos triángulos llevan en el centro un punto, que simboliza la quintaesencia, representan todos los elementos del cosmos.

En la tradición mágica antigua, el sello de Salomón se utilizaba como defensa contra los espíritus malignos.

El mago lo llevaba en la prenda que cubría su cuerpo y constituía, junto con el círculo mágico, trazado en el suelo con una espada, una de las mayores defensas con las que contaba durante los rituales de magia medievales.

Actualmente se puede explicar el efecto del sello de Salomón a través de la física microvibratoria moderna.

Es un símbolo que emite ondas de forma potentes, reequilibradoras y estabiliza-

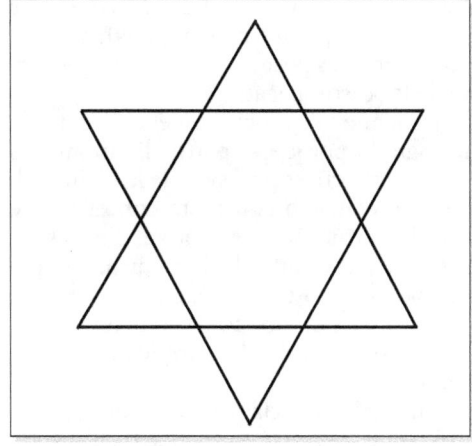

El sello de Salomón

doras, debidas a la contraposición de los triángulos.

La fuerza dinámica emitida por el triángulo con valencia positiva se equilibra con la del triángulo con valencia negativa, produciendo un campo que tiende al orden. Esta tendencia al orden (entropía negativa) intercepta los campos energéticos del lugar o provenientes de una sesión de evocación, con lo cual se recupera la situación de equilibrio.

Hoy en día se puede utilizar el sello de Salomón para el reequilibrio energético de campos alterados.

Se puede llevar a cabo el experimento siguiente: después de haber realizado un test de resistencia muscular *(véase Temas: Experimentaciones esotéricas)* en un campo neutro, se pone un teléfono móvil no protegido a la altura del timo, sosteniéndolo con la mano izquierda; a continuación, se efectúa un test de resistencia muscular. Se observará una fuerte caída energética. El paso siguiente es colocar debajo del teléfono móvil el sello de Salomón y repetir el test. El brazo que realiza el test debería dar una respuesta clara de mayor resistencia, indicando que el campo físico creado por el teléfono ya no actúa debilitando al organismo.

SERPIENTE

Animal con varios valores simbólicos. Se encuentra en todas las culturas, tanto en su forma simple como en las más complejas (dragón, serpiente con plumas), y tiene connotaciones positivas o, en la mayor parte de los casos, negativas.

A menudo se asocia con el concepto de lo sagrado porque, a partir del momento en que la tierra es posesión de la divinidad, vivir en contacto constante con ella hace que la serpiente absorba su dimensión sagrada y esté en relación con la propia divinidad. Esto es especialmente válido si la tierra ha sido objeto de la aparición de un dios o si vive en ella, porque hay un santuario.

En la tradición clásica griega, un ejemplo típico es el de Apolo Pizio, que mató, según la leyenda, la serpiente-dragón Pitón.

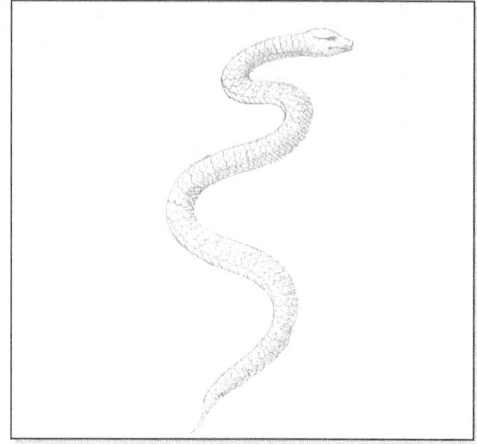
Serpiente (FS)

En las tradiciones hebrea y cristiana la serpiente se considera el animal más astuto de todos los que creó Dios, y la serpiente del Paraíso se identifica con Satanás.

Por otra parte, el hecho de que la serpiente mude de piel, nazca de un huevo y duerma sobre su propia espiral la convierte en un símbolo de renovación y renacimiento, y en un símbolo cósmico, que indica el carácter cíclico del tiempo y de las cosas.

Una forma particular de serpiente es el Uroboros, la que muerde su propia cola, formando un anillo. Como la serpiente se renueva, así el ciclo de la vida se repite infinitamente.

En alquimia representa el ciclo cerrado de operaciones que debe ser repetido varias veces y puede ser representado como dos criaturas que se comen recíprocamente la cola: una situada encima, dragón alado, y otra debajo, la serpiente propiamente dicha.

SIETE

Número mágico por excelencia, quizá porque se considera que está compuesto por el 3 (pluralidad) y el 4 (totalidad), números de importancia capital en la tradición esotérica. Desde tiempos inmemoriales está asociado a la acción divina del mundo (los siete días de la creación), o bien con cualquier concepto que implique un espacio temporal sagrado.

Según el pensamiento tradicional, siete son los metales como siete son los planetas.

En el antiguo Egipto, los dioses se agrupaban a menudo en grupos de siete. También eran siete los ungüentos sagrados y siete los nudos mágicos contra el dolor de cabeza. Además, también se creía que el dios Ra tenía siete almas.

Geométricamente siete es la combinación del triángulo (3 vértices) y del cuadrado (4 vértices). Por lo tanto, desde el punto de vista esotérico es la combinación de un principio dinámico y otro estático. El triángulo dinamiza al cuadrado, que tendería al estatismo. Juntos constituyen el alma del cosmos.

En la cultura hebrea y judeocristiana el número siete adquiere un valor cosmogónico: la creación se llevó a cabo en siete días y las locuciones, típicas del pensamiento hebreo, «siete veces siete» o «setenta y siete veces siete» indican un número elevadísimo (muchas veces).

TRES

El tres puede significar, según las distintas tradiciones, pluralidad, plenitud, base de cualquier evolución posterior hacia una unidad superior.

Podría entenderse como el primer desarrollo hacia la plenitud de la idea del ser, inicialmente uno (Lacuria, 1899). Según el esquema utilizado por Papus (Papus, *La ciencia de los números*), en lo que se refiere al sexo el 3 es impar, masculino, activo; respecto al origen, es la unidad repetida tres veces; en cuanto al sentido sefirótico, representa la Inteligencia infinita; su significado esotérico es el de primer término de cualquier creación; representa los tres astros mayores (Sol, Luna y Tierra), y está conectado con la cábala con la letra *ghimel*, con la naturaleza o con las tres madres (*alef*, *mem* y *shin*).

En el idioma egipcio antiguo el 3 indicaba el plural, que se formaba con la repetición de la misma palabra (o parte de esta) tres veces o con la escritura de tres guiones o tres puntos (jeroglífico para el número 3) debajo de la palabra.

En primer lugar, el 3 simbolizaba para los egipcios la pluralidad: representar tres cosas, tres dioses o tres personajes significaba representarlos a todos. Los mismos egipcios asignaban al número 3 un papel importante en la división cíclica del tiempo: había tres estaciones en el año y cada mes se dividía en tres décadas.

En escultura, tres estatuas indicaban un sistema cerrado, como en el caso del faraón Micerinos, representado junto con la diosa Hator y una divinidad de uno de los nomo.

El tres también indicaba un grupo de tres divinidades (padre, madre e hijo), como Osiris, Isis y Horus, o Atum y sus dos hijos Shu y Tefnut, o una tríada asociada, como Amón, Ra y Ptah, o Ra, Khepri y Atum.

TRIÁNGULO

Es uno de los símbolos más importantes de la tradición filosófica, religiosa y esotérica.

Esta figura se conoce desde la más remota Antigüedad, como mínimo desde los egipcios, y es la base de la construcción de todas las figuras geométricas más significativas de la tradición hermética.

La conexión entre tradición egipcia y griega se efectúa con Tales, Pitágoras y, quizá, Platón.

El *Timeo* de Platón constituye la base de buena parte de la especulación sucesiva sobre el triángulo y su función. Para Platón, el triángulo constituye el ladrillo base del universo.

Gracias a sus innumerables aplicaciones se pueden construir las figuras geométricas que dan lugar a los cuatro elementos.

Algunas indicaciones del *Timeo* sugieren que Platón ya había intuido, reflexionando sobre el triángulo, la estructura básica de la quintaesencia.

El triángulo, debido a la importancia de la trigonometría, es un punto fundamental del pensamiento filosófico occidental. También simboliza la relación entre tres entes considerados similares (triángulo equilátero) o diferentes (triángulo escaleno).

A menudo indica relaciones astrológicas particulares o un fluido energético dinámico. En efecto, comporta la introducción de un componente dinámico de estructuras equilibradas: dos triángulos pueden crear figuras muy estables, como el cuadrado o el rectángulo, del mismo modo que las dos polaridades, positiva y negativa, puestas en contacto, pueden crear una forma de equilibrio, una tensión estática, parecida a la que se crea entre yin y yang.

El triángulo recuerda la forma del triskel, una figura de origen antiquísimo, capaz de interaccionar con la energía procedente del cosmos.

El triángulo representa, además, una figura básica de muchas tradiciones esotéricas, especialmente si se le superpone un segundo triángulo, indicando en esta combinación los cuatro Elementos de la tradición antigua. El triángulo equilátero con el vértice hacia arriba representa los dos elementos sutiles, fuego y aire, y el equilátero con el vértice hacia abajo, los dos elementos menos sutiles, el agua y la tierra (*véase Símbolos: Sello de Salomón*).

TRISKEL

Figura de origen probablemente indoeuropeo, especialmente difundida en las culturas célticas y germánicas antiguas (se observa en alguna de sus variantes en incisiones rúnicas del primer milenio después de Cristo).

El triskel es uno de los símbolos más importantes de la tradición mágica y esotérica occidental.

Normalmente consiste en una escultura de piedra situada en el marco de ventanillas redondas en las iglesias góticas. En este caso es bastante fácil encontrar dos triskels, uno en la sección izquierda de la fachada de la iglesia y otro, invertido, en la sección derecha.

Un ejemplo tradicional de triskel es el de la catedral de Como, situado en la fachada de la nave izquierda.

El triskel también puede hacer de soporte de otras figuras simbólicas con valen-

El triskel tal como estaba representado en algunas monedas griegas antiguas (FS)

cia similar. La simbología más antigua es de tipo solar y cósmico.

Además, este símbolo ha estado asociado siempre al concepto dinámico de polaridad energética. Actúa como un potente remolino energético; colocado con la parte inferior plana en determinados puntos del cuerpo es capaz de capturar el exceso de energía de un lugar o de una persona, pero también de dar energía si es colocado con la parte superior (en relieve) en contacto con el punto al que conviene dicha energía.

El triskel, desde hace siglos un instrumento energético de captación y eliminación de la energía cósmica y telúrica, ha sido utilizado recientemente para el reequilibrio energético de las personas según los conocimientos de las medicinas orientales. Así se han desarrollado conjuntos de siete triskels, seis de dimensiones reducidas y uno de dimensiones mayores, que se aplican a los chakras del organismo. Según las exigencias de cada chakra (obtener energía o dispersarla), los triskels se aplican con una de sus caras en contacto con el cuerpo del paciente.

La comprobación directa de las exigencias específicas del organismo se efectúa mediante la radiestesia o test quinesiológicos de resistencia muscular.

Otro uso muy importante es la positivación ambiental. En este caso se utilizan triskels de grandes dimensiones, colocados en las paredes de los edificios.

INTERPRETACIÓN DEL TRISKEL

El triskel actúa como un simple gancho que se relaciona con el campo taquiónico (éter dinámico) creando un remolino con doble valencia, aspirante y energizante.

Se activa con las ondas cerebrales del operador o con ciertos ritos heredados de la tradición.

A causa de las grandes cantidades de energía sutil que están en movimiento, el uso de la figura del triskel con fines reequilibradores (positivación ambiental, reequilibrio energético de los seres vivos) debe estar limitado a quienes conocen a fondo las características de este símbolo y sus peligros potenciales.

UNICORNIO

Animal fabuloso, representado generalmente como un ciervo, con una larga crin de caballo y un único cuerno de forma espiral en la frente.

Se cree que el origen de la leyenda debe buscarse en las descripciones de los rinocerontes, ya que se otorga al cuerno del unicornio las mismas características terapéuticas que al del rinoceronte.

En la tradición alquímica, el unicornio representa el mercurio volátil de los filósofos y el espíritu, en contraposición al ciervo, que representa el azufre y el alma.

UNO

Nos encontramos ante uno de los conceptos más simples y, al mismo tiempo, más difíciles de toda la tradición esotérica.

Todo el mundo puede intuir lo que es la unidad, pero esta está ligada necesariamente a la multiplicidad: si podemos pensar el uno es porque existe lo que es diferente del uno y el uno no podría presentarse como unidad si no existiera una «otredad» que lo hiciera identificable.

Un uno solitario sería toda la existencia y nada más, y ni tan siquiera tendría la posibilidad de presentarse como «uno».

El uno requiere, por lo tanto, la necesidad de que exista el dos, su repetición. Todos los números son, en el fondo, la repetición de la unidad, y en ello participan de la doble dimensión de la unicidad y la multiplicidad.

Tres es tres veces la unidad (la unidad que se repite) y algo que se diferencia de la unidad misma, porque constituye una triple unidad.

En las antiguas tradiciones cosmológicas, incluso cuando la Unidad era el único ser que existía, aparecía de pronto otra cosa, que existía al mismo tiempo que la Unidad, como si esta exigiera la presencia de algo a lo que pudiera contraponerse.

El uno también constituye la base de los cuatro números mágicos del pensamiento pitagórico: $1+2+3+4$ hacen la decena, que es el límite infranqueable de los números (el resto es sólo repetición) y representa la perfección, según el pensamiento egipcio.

BIBLIOGRAFÍA

A.A. V.V.: *Introduzione alla Magia* (3 vol.), Ed. Mediterranee, Roma, 1987.
Alexandrian, Sarane: *Historia de la filosofía oculta*, Valdemar, Madrid, 2003.
Al-Kindi: *De radiis*, Mimesis, Milán, 2001.
Alleau, René: *Aspetti dell'Alchimia Tradizionale*, Atanor, Roma, 1989.
Ambesi, A.C.: *L'Enigma dei Rosacroce*, Ed. Mediterranee, Roma, 1990.
Andreae, Johann Valentin: *Las bodas químicas de Christian Rosenkreutz*, Edicomunicación, Barcelona, 1990.
Ansaloni, A., E. Eberle y P. Vecchi: *Modificazioni della VES indotte da campi bionenergetici umani*, Gazzetta Medica Italiana, Archivio Scienze Mediche, Vol. 147, n.° 5.
— y P. Vecchi: *Sensibilità dei Colloidi di oro alle emissioni bioenergetiche umane: test all'oro della bioenergia*, Rassegna Chimica, n.° 6, noviembre-diciembre 1986.
—, S. Portas y P. Vecchi: *Ulteriori indagini chimiche sulle acque attivate dal pranoterapeuta*, Rassegna Chimica, n.° 2, marzo-abril 1991.
Archaron/Helmond: *L'Alchimia dei Rosa Croce d'Oro,* Ed. Mediterranee, Roma, 1994.
Aromático, Andrea: *Alchimia, l'oro della conoscenza*, Electa, Milán, 1996.
Avril, A.C. y Lenhart, P.: *La lettura ebraica della scrittura*, Ed. Qiqajon, 1984.
Bacon, Roger: *I Segreti dell'Arte e della Natura e Confutazione della Magia*, Archè, Milán, 1999.
Bailey, Alice A.: *Tratado sobre la magia blanca*, Editorial Sirio, Málaga, 1987.
Balducci, Corrado: *Il Diavolo*, Mondadori, Milán, 1994.
Bayard, Jean-Pierre: *I Rosacroce* (2 vol.), Ed. Mediterranee, Roma, 1990.
Beneviste, J., et al.: *Human basophil degranulation triggered by very dilute antiserum against IgE*, «Nature», vol. 333, n.° 6.176, 30 de junio, 1988.
Berger, Klaus: *I salmi di Qumran*, Piemme, 1995.
Bernus, Alexander Von: *Alcimi y Medicina*, Luis Cárcano, Madrid, 1981.
Bianca, M. y Di Lluca, N.M.: *Le radici esoteriche della Massoneria*, Atanor, Roma, 2001.
Blake, William: *Visioni*, Mondadori, Milán, 1965.
Blavatsky, H.P.: *Isis sin velo*, Editorial Sirio, Málaga, 1988.
Boehme, J.: *Sex puncta theosophica*, Ed. Spano, reprint.
Bonvicini, E.: *Rosacroce. La storia di un pensiero*, Bastogi, Foggia, 1996.
Bortone, F.: *La Radiestesia applicata alla medicina*, Palestrina, 1975.
Boucher, Jules: *La Simbologia Massonica*, Atanor, Roma, 1997.
Boulenger, Jaques (a cargo de): *I Romanzi della Tavola Rotonda*, Oscar Classici Mondadori, Milán, 1988.
Brown, Thomas J.: *The Lakhovsky Multiple Wave Oscillator Handbook*, Borderland Sciencies, Bayside, USA, 1994.
Bruno, Giordano: *La magia e le ligature*, Mimesis, Milán, 2000.
— *Opere Magiche*, Mimesis, Adelphi, 2001.

BURCKHARDT, Titus: *Alchimia, Significato e visione del mondo*, Guanda, Parma, 1986.
— *Introduziones alle dottrine esoteriche dell'Islam*, Ed. Mediterranee, Roma, 1987.
BUSI, G. y LOEWENTHAL, E. (a cargo de): *Mistica Ebraica*, Einaudi, 1999.
CALVESI, M.: *Arte e alchimia*, Art Dossier, Giunti, Florencia.
CANSÉLIET, Eugène: *Alquimia explicada sobre sus textos clássicos* (vol. I), Ed. Luis Cárcamo, Madrid, 1981.
— *L'alchimia, simbolismo ermetico e pratica filosofale* (vol. II), Ed. Mediterranee, Roma, 1996.
CHARPENTIER, Louis: *I misteri della cattedrale di Chartre*, Arcana Ed., Turín, 1972.
CHRÉTIEN DE TROYES: *El libro de Perceval o el cuento de Grial,* Editorial Gredos, Madrid, 2000.
Chrysopeia, Tomo VI (1997-1999), *Cinq traités alchimiques médiévaux*, Archè, Milán, 2000.
CICERÓN: *Sobre la adivinación. Sobre el destino. Timeo*, Editorial Gredos, Madrid, 1999.
— *Sobre la naturaleza de los dioses*, Editorial Gredos, Madrid, 2001.
CODAZZA, D. y PAIANI, M.: *Interazioni tra campi biomagnetici eterologhi: variazioni ponderali ed ematologiche in topi sottoposti a campi biomagnetici umani*, «Archivo Veterinario Italiano», vol. 39, n.º 3, 1988.
COHEN, Abraham: *El Talmud*, Laterza, Roma, 1999.
CORBIN, Henry: *Storia della filosofia islamica*, Adelphi, Milán, 1991.
CRASSELLAME: *Lux Obnubilata*, Ed. Mediterranee, Roma, 1998.
D'AMORE, Francesco: *La Spagyria del vegetale*, Erga, Génova, 1999.
DAVIDSON, H.R. Ellis: *Gods and Myths of Northern Europe*, Penguin Books, 1979.
DAY, L. y WARR, George dela: *Radionica: Medicina del Futuro*, MEB, 1978.
DE MEO, James: *The Orgone Accumulator Handbook*, Berlín 1989.
DE PASCALIS, A.: *L'Arte Dorata*, L'Airone, Roma, 1995.
DE SAINT-MARTIN, Louis-Claude: *Ecce Homo*, Bastogi, Foggia, 1998.
— *Il Ministero dell'Uomo Spirito*, M.I.R. Edizioni, 2000.
DEL GIUDICE, E y DEL GIUDICE, N.: *Omeopatia e bioenergetica*, Cortina International, Verona, 1999.
DEMURGER, Alain: *Vita e morte dell'Ordine dei Templari*, Garznti, 1996.
D'ESPAGNET, Jean: *Trattato Ermetico della Fisica Reintegrata*, Phoenix, Génova, 1983.
— *Opera Arcana della Filosofia Ermetica*, Phoenix, Génova, 1984.
DILLON, Kenneth J.: *Healing Photons*. Washington, D.C., Scientia Press, 1998.
DUBOIS, Geneviève: *Fulcanelli*, Ed. Mediterranee, Roma, 1996.
EISENMAN, R.H. y WISE, Michael: *Manoscritti segreti di Qumran*, Piemme, 1994.
ELIADE, Mircea: *From Primitives to Zen*, Collins Fount Paperbacks, GB, 1979.
— *El mito del eterno retorno*, Altaya, Barcelona, 1994.
— *Lo sagrado y lo profano,* ed. Paidós Ibérica, Barcelona, 1998.
— *El chamanismo y las técnicas arcaicas del éxtasis*, Fondo de Cultura Económica de España, Madrid, 2001.
Epopea di Gilgamesh, Adelphi, Milán, 1986.
ESCHENBACH, Wolfram Von: *Parzival*, Ediciones Siruela, Madrid, 2001.
EVOLA, Julius: *La tradizione ermetica*, Ed. Mediterranee, Roma, 1996.
— *El misterio del Grial*, Ed. José De Olanyeta, Palma de Mallorca, 1997.
FIORENTINO, Maria Pia: *Itarocchi e cammino iniziatico*, Ed. Mediterranee, Roma, 1997.
FLAMEL, Nicolás: *El libro de las figuras jeroglíficas*, Ediciones Obelisco, Barcelona, 1996.
FRATER, Albertus: *Manuale dell'Alchimista*, Roma, 1978.
FRIETSCH, Wolfram: *Die Geheimnisse der Rosekreuzer*, Hamburgo, 1999.
FULCANELLI: *Misterio de las catedrales*, Plaza & Janés, Barcelona, 1996.
— *Le Dimore Filosofali* (Vol. I y II), Ed. Mediterranee, Roma, 1996.
GALLIANI, M.: *Campo tachionico. Energía vibrazionale del futuro*, Tecniche Nuove, Milán, 1999.
GIAMBLICO: *La vita pitagorica*, Bur, Milán, 1991.
GOETHE, J.W.: *La serpiente verde*, Herder, Barcelona, 1999.

GUÉNON, René: *Simboli della Scienza sacra,* Adelphi, Milán, 2000.
GURWITSCH A., y G. FRANK: *Sur les rayons mitogénétiques et leur identité avec les rayons ultraviolets.* «Comptes rendues des séances de l'Académie des Sciences», París, 4 de abril de 1927.
HARTMANN, F.: *Il Mondo Magico di Jacob Boehme,* Ed. Mediterranee, Roma, 1982.
— *Il Mondo Magico di Paracelso,* Ed. Mediterranee, Roma, 1982.
Heptamerón (Pietro de Abano) / *Rituali Mithriaco,* Hermes Edizioni, Roma, 1984.
HERMES TRISMEGISTO: *Hábeas Hermeticum,* Ediciones Índigo, Barcelona, 1998.
— *La pupilla del mondo,* Marsilio, Venecia, 1994.
HESÍODO: *Teogonía,* Edicomunicación, Barcelona, 1996.
I Ching, S. Di Fraia Editore, Nápoles, 1997.
JACQ, Christian: *La Massoneria,* Mursia, Milán, 1998.
JOLLIVET y CASTELLOT, F.: *Storia dell'Alchimia,* Bastogi, Foggia, 1992.
KAZNACHEYEV, V.P.: *Electromagnetic Bioinformation in Intercellular Reactions,* «PSI Research», 1 (1) marzo, 1982, pp. 47-76.
— y MIKHAILOVA, L.P.: *Sverkhslabye izlucheniya v mezhkletochnykl vzaimodeystviyakh (Radiaciones ultradébiles en las interacciónes celulares),* Movosibirsk: Nauka, 1981.
KERÉNY, K.: *Gli Dei e gli Eroi della Grecia,* Garzanti, 1976.
KREMMERZ, G.: *La porta Ermetica,* Ed. Mediterranee, Roma, 1981.
LA PERA, Ovidio: *Conoscere L.C. De Saint-Martin,* M.I.R. Edizioni, 2000.
LAKHOVSKY, Georges: *La natura e le sue meraviglie,* Milán, Fratelli Bocca, 1938.
LASSEK, H.: *Orgontherapie. Heilen mit der reinen Lebensenergie,* Scherz Verlag, Berna-Mónaco-Viena, 1997.
Le Bahir, Le Livre de la Clarté, Editions Verdier, 1983.
LINDSAY, Jack: *Le origini dell'alchimia nell'Egitto greco-romano,* Ed. Mediterranee, Roma, 2001.
LUCK, George: *Il magico nella cultura antica,* Mursia, Milán, 1994.
— (a cargo de): *Arcana Mundi,* Fondazione Lorenzo Valla/Mondadori, 1997.
LULLO, Raimondo: *Il Trattato della Quinta Essenza,* Atanor, Roma.
MACGREGOR MATHERS (a cargo de): *Magia della Cabala,* Ed. Mediterranee, Roma, 1981.
MAHDIHASSAN, S.: *Alchimia Indiana,* Ed. Mediterranee, Roma, 1998.
MAIER, M.: *Atalanta Fugiens,* Ed. Mediterranee, Roma, 1999.
MARTONE, Corrado: *La Regola della Comunità* (edición crítica), Quaderni di Enoch, Silvio Zamorani Ed., Turín, 1995.
MOHRMANN, CH. (a cargo de): *Vita di Antonio,* Fundazione Lorenzo Valla/Mondadori, 1974.
MOLLE, J. Vincenzo (a cargo de): *I Templari, La regola e gli statuti dell'Ordine,* ECIG, Génova, 2000.
MORALDI, Luigi (a cargo de): *I Manoscritti di Qumran,* TEA, Milán, 1994.
— *Oracoli Caldaici,* Rizzoli, Milán, 1995.
— *Mutus Liber,* Vivarium, Milán, 2000.
PANCALDI, Augusto: *Alchimia pratica,* Atanor, Roma, 1997.
PAPUS: *Tratado elemental de ciencia oculta,* Editorial Humanitas, Barberà del Vallés, 1980.
— *La scienza dei numero,* Brancato, Catania, 1991.
PARACELSO: *Los siete libros de la archidoxia mágica,* Editorial Humanitas, Barberà del Vallès, 1982.
— *I nove libri sulla natura delle cose,* Phoenix, Génova, 1988.
PLATÓN: *Diálogos,* Planeta De Agostini, Barcelona, 1996.
Poemetti mitologici babilonesi e assiri, Humanitas, España, 1988.
POISSON, Albert: *Teorie e simboli dell'alchimia,* Moizzi (se encuentran copias fotostáticas en algunas librerías especializadas).
Popol Vuh, Editorial Lumen, Barcelona, 1988.
POPP, F.A.: *Nuovi orizzonti della medicina,* Ed. IPSA, Palermo, 1985.
PORFIRIO: *Vida de Pitágoras. Argonáuticas órficas. Himnos órficos,* Editorial Gredos, Madrid,

1987.
PREPARATA, Giuliano: «*QED Coherence in Matter*», World Scientific, 1995.
RANQUE, Georges: *La pietra filosofale*, Ed. Mediterranee, Roma, 1989.
REALE, Giovanni: *Per una nuova interpretazione di Platone*, Vita e Pensiero, Milán, 1997.
REICH, W.: *Esperimenti bionici sull'origine della vita*, Sugarco Ed., Milán, 1979.
RENDHELL, F.: *Alta Magia práctica y evocativa*, Hermes Edizioni, Roma, 1987.
— *Trattato di Alta Magia,* Hermes Edizioni, Roma, 1996.
RICCIARDELLI, G. (a cargo de): *Inni Orfici,* Fondazione Lorenzo Valla/Mondadori, 2000.
RIPEL, F.G.: *Il Segreto della Pietra Filosofale*, Ed. Sarva, Imola (BO), 1991.
RIVIÈRE, Patrick: *Alchimia e sparigia*, Ed. Mediterranee, Roma, 2000.
RUPESCISSA: *Trattato sulla Quintessenza*, Ed. Mediterranee, Roma, 1998.
RUSSEL, E.W.: *Rapporto sulla Radionica*, MEB, 1977.
SACCHI, Paolo: *Storia del Secondo Tempio*, SEI, Turín, 1994.
SAFRAN, Alexandre: *Sabiduría de la Cábala*, Riopiedras, Barcelona, 1999.
SCHOLEM, Gershom: *La cábala y su simbolismo*, Siglo XXI de España Editores, Madrid, 1985.
SCHWALLER DE LUBICZ, R.A.*: Il Tempio nell'Uomo.*
Sefer Yerzirah, Atanor, Roma, 1995.
SENDIVOGIUS, Michelle: *Lettera filosofica*, Phoenix, Génova, 1989.
SHAH, Idries: *El camino del Sufí,* Paidós Ibérica, Barcelona, 1995.
SIMONETTI, Manlio (a cargo de): *Testi Gnostici in lingua latina e greca*, Fondazione Lorenzo Valla/Mondadori, 1993.
STEINER, Rudolf: *Teosofía*, Editorial Rudolf Steiner, Madrid, 1994.
STURLUSON, Snorri:: *Edda*, Adelphi, Milán, 1982.
SWEDENBORG, E.: *La Vera Religione Cristiana*, Sear Ed., 1988.
— *Del cielo y el infierno*, Ed. Siruela, Madrid, 2002.
TESTI, Gino: *Dizionario di Alchimia e CchimicaAntiquaria*, Ed. Mediterranee, Roma, 1998.
The Lakhovsky multiple wave oscillator video (formato NTSC), Borderlands Sciencies, Bayside, USA s.d.
TOLOMEO: *Tetrabiblos*, Editorial Barath, Madrid, 1987.
TOMÁS DE AQUINO: *Tratado de la piedra filosofal*, Muñiz Moya-Editores Extremeños, Brenes, 1986.
TRESOLDI, R.: «Ripensare la biopranoterapia» en *Nuova Era e Meditazione* (noviembre), 1998.
— *Il mondo magico dell'antico Egitto*, De Vecchi, Milán, 2000.
— *I segreti dell'Alchimia*, De Vecchi, Milán, 2000.
— «*Terapie Vibrazionali»,* Tecniche Nuove, Milán, 2000.
— y LAKHOVSKY, G.: *Nuova Era e Meditazione*, n.º 37 (diciembre).
Upanishad, Boringhieri, Turín, 1968.
VALENTINO, Basilio: *Azoth*, Ed. Mediterranee, Roma, 1988.
— *Cocchio Trionfale dell'Antimonio*, Ed. Mediterranee, Roma, 1988.
— *Le Dodici Chiavi della Filosofia,* Ed. Mediterranee, Roma, 1988.
VALSAN, Michael: *Sufismo ed Esicasmo*, Ed. Mediterranee, Roma, 2000.
VENTURA, Gastone: *Tutti gli uomini del Martinismo*, Atanor, Roma, 1978.
VIERO, A.: *Geobiologia tra Radioestesia e Rabdomanzia*, Vanini, Gussago, 1999.
VILLANOVA, Arnaldo: *La Scorciatoia del Sentiero*, Phoenix, Génova, 1979.
WEHR, Gerhard: *Novecento Occulto*, Neri Pozza Ed., Vicenza, 2002.
WILHELM, Richard (a cargo de): *I Ching*, Adelphi, 1995.
WIRTH, Oswald: *I Tarocchi*, Ed. Mediterranee, Roma, 1973.
YEATS, W.B.: *Una visión,* Ediciones Siruela, Madrid, 1991.
— *Rosa alchemica*, Adea Edizioni, Cremona, 1993.
ZAMPA, Pietro: *Elementi di radiestesia*, Vanini, Brescia, 1990.

TEXTOS ESPECÍFICOS SOBRE LA MASONERÍA

A.A. V.V.: *Etica della tolleranza*, Pontecorboli, Florencia, 1997.
— *Scienza, etica e comunicazione*, Angeli, Milán, 1998.
— *Diritti umani, individualismo e solidarietà*, Società Umanitaria, Milán, 1999.
— *Vecchie e nuove povertà nell'area del Mediterraneo*, Società Umanitaria, Milán, 1999.
— *La Massoneria e l'uomo*, Atanor, Roma, 2002.
BAIGENT, M. y R. LEIGH: *Il tempio e la Loggia*, Newton Compton, Roma, 1998.
BONVICINI, E.: *Massoneria Antica*, Atanor, Roma, 1989.
BOUCHER, J.: *La simbologia massonica*, Atanor, Roma, 1970.
DELLA CAMPA, M. y G. GALLI: *La Massoneria italiana*, Angeli, Milán, 1998.
DE PASQUALLY, M.: *Trattato della reintegrazione degli esseri*, Amenothes, Génova, 1982.
FRESCHI, M.: *Dall'occultismo alla politica. L'itinerario illuministico di Knigge*, «Aion», quaderni di studi tedeschi, Nápoles, 1979.
GIARRIZZO, G.: *Massoneria e illuminismo*, Marsilio, Venecia, 1994.
JACOB, M.C.: *La Massoneria*, Mursia, Milán, 1978.
— *Massoneria Illuminata*, Einaudi, Turín, 1995.
KNIGHT, C. y R.. LOMAS: *La chiave di Hiram*, Mondadori, Milán, 1997.
MOLA, A.A.: *Storia della Massoneria italiana dalle origini ai nostri giorni*, Bompiani, Milán, 1992.
Rituali dei gradi simbolici della Massoneria di Memphis e Misraim, Bastogi, Foggia, 1981.
YATES, F.: *L'illuminismo dei Rosa-Croce*, Einaudi, Turín, 1972.

ÍNDICE DE NOMBRES

Abdul-Hadi, *véase* Agueli, Gustaf 56
Abelardo, 218
Abraham, 234
Abraham el Judío, 118
Abrams, Albert, 78, 194, 195
Abu, al-Iraqi, 12
Abu Bakr, al-Rhazi, 12
Abulafia, Abraham, 130
Adami, Tobía, 32
Aezio, 78
Agueli, Gustaf, 56
Al Basire, 22
Al Kindi (Ya'aqub Ibn Ishaq), 13
Alberto Magno, 219
Allenbach, Adèle, 62
Allende, Salvador, 182
Amalarico, 208
Anaximandro, 77
Anderson, James, 182
Andreae, Jakob, 14
Andreae, Johann Valentin, 14, 15, 181, 199-201, 231
Antonino Pío, 16
Apolonio de Rodas, 15, 243
Apolonio de Tiana, 16, 63, 172
Apuleyo, 10, 16, 17, 20, 115, 218
Arcimboldi, Giuseppe, 118
Aristófanes, 187
Aristóteles, 77, 110, 187, 234
Artemidoro de Daldi, 103
Ashmole, Elías, 181
Assurbanipal, 109
Atenágoras, 47
Bacon, Roger, 21, 23
Bailey, Alice A., 21, 22
Balduino I, 208
Balsamo, Giuseppe, *véase* Cagliostro, Alessandro, conde de

Bar Yokhai, Shimeon, 130
Barchusen, 110, 118
Baucourt, Abad, *véase* Lévi, Eliphas Zahed (Constant Alphonse Louis)
Beaujeu, Guillermo de, 210
Ben HaKana, Ne'hunya, 130
Ben Nahman, Moshé, 130
Benveniste, Jacques, 106
Benzelius, Erik, 83
Bernardo, da Treviri, 86
Besant, Annie, 21, 25, 61, 82
Blake, William, 22-24, 27, 84, 118
Blavatsky, Helena Petrovna, 22, 24-26, 83, 96
Boehme, Jakob, 20, 24, 26-28, 39, 40, 84, 98, 118, 130
Boeklin, Charlotte de, 39
Bolívar, Simón, 182
Bombast de Hohenheim, Philippus Aureolus Theophrastus, *véase* Paracelso
Bonifacio VIII, 211
Borri, Francesco Giuseppe, 69
Boucher, Catherine, 23
Bouts, 117
Breton, André, 34, 119
Brownlee, 151
Bruce, Robert, 213
Bruno, Giovanni, 29
Bruno, Jordano, 29, 30, 44, 181, 219
Bulwer Lytton, Edward, 63
Burkhardt, Titus, 9
Cadiot, Noémi, 63
Cagliostro, Alessandro, conde de, 31, 60
Caillaird, Raymonde, 33
Calímaco, 15
Campanella, Tommaso, 31-33
Canseliet, Eugène Léon, 33-36, 48, 53, 80, 113

Canseliet, Henri Joseph, 33
Cantarelli, 45
Cardano, Gerolamo, 34, 35
Carlos XII, 83
Carlos de Anjou, 210
Carpócrates, 161
Carratelli, G. P., 224
Cartesio, 181
Casaubon, 218
Castaneda, Carlos, 152
Cavendish, 104
Cellini, Benvenuto, 162
Champagne, Jean-Julien, 33, 35, 36, 53, 80, 208
Chances, maestro, 48
Charaka, 36
Chaumery, 196, 198
Churchill, Winston, 182
Cicerón, 100
Cilón, 77
Clemente V, 93, 181, 208, 210, 211
Clemente de Alejandría, 159
Confucio, 221
Constant, Alphonse Louis, *véase* Lévi, Eliphas Zahed
Cosme de Médicis, 47
Cosmopolita Sethon, Alexandre, 36, 80
Crassellame (marqués Francesco Maria Santinelli), 36, 37, 68
Cristina de Suecia, 36, 37, 68
Croce, Benedetto, 45
Crowley, Aleister, 205
Curzon, Henri de, 252
Da Barberino, Francesco, 157
Da Cremona, Gerardo, 55
Dalí, 119
Dante Alighieri, 23, 157
De Bélizal, 196, 198, 199
Dee, John, 41, 153
Deleuze, Joseph, 67
Della Porta, Giambattista, 31, 41
Delville, 119
D'Espagnet, Jean, 42, 86, 135, 177
Diógenes Laercio, 77, 78, 219
Di Pistoia, Leonardo, 218
Doinel, Jules, 70
D'Olivet Anton, Fabre, 42, 64, 70
Drdhabala, 36
Drown, Ruth, 195
Dubois, Geneviève, 53
Dujols, Pierre, 35, 36, 53
Dumézil, George, 44
Dürckheim, Karlfried, 43

Durville, Henri, 67
Eberhardt el Barbudo, 79
Eddy, 25
Eduardo II, 213
Eduardo VI, 41, 153
Einstein, 180
El Bosco, 117
Eliade, Mircea, 34, 44, 140
Elisabeth I, 41
Encausse, Gérard, *véase* Papus
Enoc, 64, 109, 234
Enrique III, 29, 161
Epifanio, 159, 161
Erasmo, 29
Eratóstenes, 15
Ernst, Max, 119
Eschenbach, Wolfram von, 163, 169
Escipión dal Ferro, 34
Esquilo, 100
Esteban, patriarca de Jerusalén, 252
Eudoso, 143
Eurípides, 100, 187
Eusebio de Cesarea, 151
Evans, Walter, 21, 22
Evola, Julius, 45, 46, 98, 157, 163, 169, 170
Farinacci, 45
Federico I, 14, 83
Federico II, 93
Federico V, 235
Feliciani, Lorenza, 31
Felipe el Hermoso, 181, 208, 211
Ferecide, 77
Fichte, 98
Ficino, Marsilio, 29, 44, 47, 76, 204, 218
Filalete, Ireneo, *véase* Vaughan, Thomas
Filón de Alejandría, 35, 150, 151
Flamel, Nicolás, 10, 47, 48, 88, 111, 118
Flammarion, 53
Flamsteed, 83
Flavio, Filostrato, 16
Flavio, Giuseppe, 150
Flavius, Mithridates, 74
Flaxman, 23
Fludd, Robert, 52, 53, 65, 87, 118
Formisano, Ciro, *véase* Kremmerz, Julian
Forster, Bailey, 22
Foye, Jean de la, 196
Fozzi, 45
Frater, Albertus, 113
Fraulissa, Savolino, 29
Fu Xi, 222
Fugger, Sigismund, 71

ÍNDICE DE NOMBRES 285

Fulcanelli, 33-36, 53, 80, 201
Fuseli, Henry, 118
Früssli, 23
Gabriele, Mino, 240, 241
Gaudin, Tialdo, 210
Ge Hong, 54
Geber (Abu Musa Jabir Ibn Hayyan), 12, 54, 55
Gentile, Giovanni, 45
Germain, Jeanne, 80
Giamblico, 8, 77, 194, 238
Giovetti, Paola, 85
Giudice, Emilio del, 105, 106
Giudice, Nicolás del, 105, 106
Goethe, Johann Wolfgang, 55, 56, 82
Gonne, Maud, 96
Goya, 118
Grosparmy, 48
Guaita, Stanislas de, 38, 70, 205
Gualdus, Fridericus, 37
Guénon, René (Jean Marie Joseph), 35, 56, 57
Guilmot, Max, 189, 190
Gurdjief, Georges Ivanovic, 57, 58
Gurwitsch, Alejandro, 179
Hahnemann, 105, 180
Halley, 83
Harris, Paul, 182
Harun-Al-Rashid, 54
Harvey, 59
'Hayim, Vital, 131
Hegel, 99
He'Hassid Yehuda, 130
Helmont, Jan Baptiste van, 59, 93
Helmont, Mercurius van, 59
Henry, Pars, 22
Henry, Steel Olcott, 25
Hermes Trismegisto, 47, 70, 91, 109, 144, 170, 172, 174, 175, 218-221, 244-248
Hesíodo, 47, 142, 188
Hesse, Hermann, 56
Hipólito, 81, 159
Hippins, María, 43
Hodler, 119
Hoehne-Wronski, Jozef Maria, 63
Homero, 74, 189
Honorio II, 163, 252
Hubert, Aline Victorine, 33
Hugo de Payns, 208, 252
Hyde-Lees, Georgie, 96
Ibn Ata Allah, 192
Ibn Khaldun, 178
Inocencio VI, 79
Ionescu, Nae, 44
Ireneo, 81, 159
Jacques de Vitry, 208
Jakob, Boehme, 10, 24, 26-28, 39, 40, 84, 98, 118, 130
Jollivet-Castellot, 36, 70, 93
Judge, W. Q., 25
Jung, Carl Gustav, 88, 119, 204
Kardec, Allan, 153
Karl August, duque, 55
Kaznacheyev, V., 179
Kelly, Edward, 41, 43, 153
Kepler, 14, 42
Khunrath, Heinrich (Ricemus Thrasibulus), 7, 60, 87, 118
Kircher, Athanasius, 37, 69
Klee, Paul, 119
Kremmerz, Giuliano, 60, 172
Krishnamurti, Jiddu, 61, 62, 82
Lafontaine, Charles, 67
Laforgue, 118
Lao-Tze, 43
Lavoisier, 104
Leadbeater, Charles, 61
León III, 163
Leonardo da Vinci, 113
Lesseps, Ferdinand de, 35
Lévi, Eliphas Zahed (Constant Alphonse Louis), 38, 63, 64, 69, 205
Licurgo, 143
Lisis, 42
Llull, Ramon, 64, 113
Loerh, Gustav, 182
Lorenzo el Magnífico, 76, 79
Lubicz, Milosz Vladislav de, 36, 53, 80
Lucas, Louis, 69
Luis XIII, 32
Lytton, 63, 64
Madame de la Croix, 39
Madame de Luzignan, 39
Madathanus, Hinricus, 243, 244
Magritte, 119
Mahadihassan, S., 202
Maier, Michael, 65, 66, 178
Mallarmé, 118
Manetone, 190
Manget, J.-J., 236
Mantegna, 204
Marcel, Julie, 42
Marco Aurelio, 16
María I Tudor, 41, 153
Marta, G. A., 31
Martone, Corrado, 248

Matisse, 80
Maximiliano II de Bohemia, 41
Mazarino, 67
Meister, Eckhart, 43, 98
Mesmer, Franz Anton, 65, 67
Michelstaedter, 45
Milton, 22
Mocenigo, Giovanni, 29
Moisés, 76, 129, 131-133, 234, 248, 250
Molay, Jacques de, 181, 210-212
Moncada, Raimundo Guillermo, *véase* Flavius Mithridates
Montfaucon de Villars, 67, 211
Mordente, Fabrizio, 29
Moreau, 118
Morel, P.A., 198, 199
Moshe de León, 130
Nangis, Guillermo de, 208
Napoleón, 42, 182
Nettesheim, Agrippa de (Heinrich Cornelius), 12
Newton, Isaac, 83, 181
Nicolás Alejandro III, 70
Nietzsche, 45, 99
Nostradamus (Michel de Nostredame), 68
Onomácrito, 187
Orígenes, 159, 219
Palamas, Gregorio, 193
Palingeniuse, *véase* Guénon René (Jean-Marie-Joseph)
Palombara, Maximiliano, marqués, 33, 37, 68, 69, 240
Papus (Gérard Encausse), 69, 70
Paracelso, 10, 59, 71-74, 76, 84, 111, 129, 152, 179, 196, 197, 202, 219, 232
Pascalis, Andrea de, 109
Pasqually, Martínez de, 38-40, 70
Paul, Arnold, 15
Péladan, Joséphin, 38, 70, 118
Picabia, 119
Pico della Mirandola, Giovanni, 76, 79, 195
Pietro de Abano, 162, 178
Pitágoras, 8, 60, 76-78, 143, 148, 186
Platón, 47, 108, 110, 113, 116, 204, 234, 275
Plinio, 150
Plotino, 47, 99, 204
Plutarco, 115, 143, 149, 190
Polhem, Christopher, 83
Popp, F., 179
Porfirio, 47, 77, 159, 194, 238
Pound, Ezra, 96

Preparata, Giuliano, 106
Previati, 119
Pseudo-Diógenes, 219
Pudentilla, 17
Qalawu'n, sultán, 210
Rabia, 192
Rachewiltz, Boris de, 226
Rafael, 117
Raman, B. V., 119
Reich, Wilhelm, 158, 180
Reuchlin, Johann, 76, 79
Ribbentrop, Joachim von, 43
Richard, Russel, 55, 137
Rigaud, Benoist, 68
Rigaud, Pierre, 68
Rimbaud, 118
Rivail, H., *véase* Kardec, Allan
Robert de Chester, 55
Rodolfo II, 41, 65
Roquetaillade, Jean de la, *véase* Rupescissa
Rosenkreutz, Christian, 15
Rupescissa, 79, 199-201, 231
Russel, Richard, 55
Rutilio el Viejo, 118
Sabellicus, Jorg, 162, 163
Saboya, Luisa, 12
Safran, Alexandre, 132, 133
Saint-Martin, Claude François de, 38, 39
Saint-Martin, Louis-Claude de, 39, 70, 84, 205
Saint-Yves, Alexandre, marqués, 70
Salomón, 156, 184, 196, 198, 234, 243, 273, 274
Salzman, Rodolphe de, 39
San Bernardo, 208, 252
Santinelli, Francesco Maria, *véase* Crassellame
Sauvage, Gaston, 33, 36
Savonarola, Gerolamo, 47
Schelling, 98
Schiele, Silvester, 182
Schwaller de Lubicz, René, 36, 53, 80
Sendivogius, Michele, 8
Senócrates, 47
Servi, Pasquale de, 60
Shah, Idries, 203
Shakespeare, 23
Shorey, Hiram, 182
Simón el Mago, 159-161
Sófocles, 100
Solón, 143
Spinelli, Altiero, 182
Spinoza, 55

Stein, Charlotte von, 55
Steiner, Rudolf, 61, 81, 82
Sttindberg, 84
Stobeo, 78, 244
Sturluson, Snorri, 141
Swedberg, Jesper, 83
Swedenborg, Emanuel, 83
Ta Yü, 259
Tales, 77, 143, 186, 187, 194, 275
Tartaglia, Niccolò, 34
Tedeschi, Alberto, 180
Telesio, 32
Teón de Smirna, 78
Teuda, 161
Thoelde, Johann, 87
Tignosi da Foligno, Nicolò, 47
Timoteo, 190
Tiro, Guillermo de, 208
Tolomeo, 35, 86, 119
Tolomeo, Claudio, 86
Tolomeo II, 190
Tolomeo III Evergete, 15
Tonelli, Angelo, 238
Toorop, 119
Trever, 151
Trevisano (de la Marca Trevisana), Bernardo, 42, 86
Trismosinus, 71
Trithemius, Johann, 71
Tromp, 199
Troyes, Chrétien de, 163, 165, 169

Urbano VIII, 32
Valentino, 159-161
Valentino, Basilio, 11, 34, 87, 88, 91-93, 118, 134, 179, 180, 197
Valois, 48
Van Helmont, 59, 93
Van der Weyden, Roger, 117
Vaughan, Thomas (Filalete), 93
Verlaine, 118
Vicot, 48
Vilanova, Arnau de, 93-95
Villaret, 210
Villiers de l'Isle-Adame, 118
Warin, Marie, 42
Weininger, 45
Wilhelm, Richard, 222
Willermoz, 39
Wilson, Woodrow, 182
Winckelmann, 23
Wirth Oswald, 35, 70, 205
Wolfart, Erasmus, 60
Worms, Eleazar de, 130
Wronski, Jozef Maria, 63, 64
Ya'akov Yossef HaKohen, 131
Yeats, William Butler, 27, 84, 96, 97
Yits'hak, Luria, 133
Yits'hak el Ciego, 130
Young, Edward, 23
Ysrael Ba'al Shem Tov, 130
Zheng Ying, 54
Ziegler, Leopold, 98
Zósimo de Panópolis, 98, 109

www.ingramcontent.com/pod-product-compliance
Lightning Source LLC
Chambersburg PA
CBHW081328230426
43667CB00018B/2868